일본
내셔널리즘의
사상사

일본 내셔널리즘의 사상사

'전시-전후체제'를 넘어 동아시아 사상과제 찾기

초판 1쇄 발행 2018년 8월 31일
초판 2쇄 발행 2019년 11월 20일

지은이 조관자
펴낸이 오세정
펴낸곳 서울대학교출판문화원

출판등록 제15-3호

주소 08826 서울 관악구 관악로 1
대표전화 02-880-5252 | 팩스 02-888-4148
도서 주문 02-889-4424, 02-880-7995
이메일 snubook@snu.ac.kr
홈페이지 www.snupress.com

ISBN 978-89-521-2038-0 93150

이 저서는 2014년 정부(교육부)의 재원으로 한국연구재단의 지원을 받아 수행된 연구임 (NRF-2014S1A6A4027627).

일본 내셔널리즘의 사상사

'전시-전후체제'를 넘어
동아시아 사상과제 찾기

조관자 지음

서울대학교출판문화원

An Intellectual History of Nationalisms in Japan

In search of new visions of East Asia beyond the "transwar" regime

JO, Gwan-Ja

Seoul National University Press

| 책머리에 |

이 책은 일본의 내셔널리즘에 대한 사상사 연구를 시도한다. 그 목적은 내셔널리즘이 충돌하고 있는 동아시아에서 새로운 지역질서를 향한 사상과제를 찾는 데 있다. 솔직히 필자에게는 턱없이 벅찬 작업이다. 그러나 일본을 연구한다면 누구라도 한일관계의 얽히고설킨 실타래를 풀어낼 단서를 찾고자 노력할 터이다. 식민지배의 원죄를 탓하고, 일본 정부의 비윤리적 태도를 비난하는 것은 어렵지 않다. 하지만 상대에게 잘못을 납득시키지 못한다면, 시비를 따져서 무엇에 쓸까? 양국 국민 간에 서로 증오하는 흐름을 돌려세우고 인류 사회의 미래 비전을 함께 나누지 못한다면, 어떤 비판과 심판도 자기만족의 매너리즘에 빠지는 게 아닐까? 불통의 벽을 뚫고 일본 사상사의 핵심 문제를 어떻게 끄집어내고 풀어가야 할까? 2012년 이후 반일과 혐한의 갈등 수위가 고조되어갈수록 필자의 고민도 깊어갔다.

역사가 중요한 까닭은 그것이 인류의 공동선을 밝혀갈 공공의 지식으로 거듭날 수 있기 때문이다. 현재는 찰나이고 미래는 미지다. 미래의 불확실성은 사람들을 불안하게 한다. 무지와 불안으로 인해 공포심과 이기적 생존본능이 커진다고 한다. 사람들이 과거에 집착하고 공동체의 원초적 일체감이나 강한 국가를 욕망하는 것도 현재와 미래의 불안에서 벗어나고픈 심리의 역작용일 수 있다. 그러나 과거사의 의미에 잘못 집착하면 과거는 한낱 늪이 되고 만다. 사라진 시공간 속에는 인류의 흥망성쇠와 좌충우돌, 부조리한 운명과 사회구조의 모순, 도전과 의지가 파노라마처럼 흐르고 있다. 정보를 공유하는 시대에 그 모든 사건과 이야기는 미래를 밝히기 위한 공공재로 거듭나야 한다. 발굴하고 다듬어야 할 사상과제가 우리를 기다리고 있다. '고고학적 사유'를 통해 보다 바람직한 역사적 의미를 드러내고, 새로운 의식과 질서의 창출을 도모하는 길은 무엇일까?

먼저 역사인식의 자기중심성과 적대적 경계를 허물고, 가치판단의 준거를 공유해가는 과정이 필요하다. 이때 모두가 가치회복의 주체라는 사실을 인정해야 한다. 나의 문제를 돌아보지 않고 상대를 '악'으로 원망하고 질책한다면, 상대는 내가 쏜 화살을 되돌려 줄 뿐이다. 가령 1970년 일본의 여성운동가가 '위안부 문제'를 제기한 이래 일본의 언론에서 조선인 위안부의 존재를 먼저 제기했다. 그 후에도 고노 담화와 '여성을 위한 아시아 평화 국민기금'은 한국인 위안부 할머니들의 증언에 회답하고자 했다. 그러나 지금 한국에서 일본은 여성의 인권을 짓밟는 패륜국이자 야만국으로 전락한 느낌마저 든다. 한국 시민운동 측에서 일본국의 법적 책임을 촉구하면서, 한일 국민국가의 갈등구도가 격화되었다. 역사적 반성이라는 보편적 사상과제를 국가의 법적 심판이라는 틀에 가두면서 본말이 전도되었다. 법적 판단을 받으려면 희생을 증거하고 죄를 증거해야 한다. 역사의 정의가 실증주의와 법리 해석에 의존하는 위치로 전락한 것이다. 결국, 일본 내 '자기반성'의 목소리는 무력해졌다. 오히려 위안부 피해자의 '위증'과 보도기관의 '낭설'을 제기하며 국익 옹호에 나선 실증주의자들의 목소리가 더욱 집요하게 불거졌다.

그렇다면 바로 그 충돌 지점에서 자타의 문제를 관찰하고 분석해서 새로운 전환점을 마련하는 과정이 필요할 것이다. 위에서 언급한 '위안부 문제'뿐만 아니라 오늘날 일본의 역사수정주의와 한일의 역사인식논쟁에서도 핵심 문제는 내셔널리즘에 대한 이해에 있다. 늘 피해자의 위치에서 내러티브 전략을 짰던 한국 사회의 지성은 일본의 우경화를 탓했을 뿐, 아직까지 일본의 내셔널리즘이 어떻게 작동해왔는지를 분석적으로 돌아본 적이 없다. 이러한 연구사의 결핍을 통감하며 이 책에서는 내셔널리즘을 근본 문제로 놓고 일본 내 좌우 이념의 갈등과 '좌우합작'의 효과에도 주목하고 있다.

역사의 격언은 '지피지기(知彼知己)'와 '역지사지(易地思之)'를 강조한다. 『손자병법』에서는 싸우지 않는 승리가 최선이며, 지피지기하면 백전불태(百戰不殆), 즉 적을 알고 나를 알면 백 번 싸워도 위태롭지 않다고 했다. 만인의 존엄성이 밝혀지고 과학기술이 진보한 오늘날에는 모두가 승리하지 않으면 싸움도 끝나지 않는다. 자기변명과 정당화로 일관하며 타자를 악으로 몰아가는 이중 잣대로 다른 나라의 내셔널 히스토리를 폄하하거나 어느 한쪽에 불리한 심판을 내린다면 분쟁의 씨앗이 자라날 뿐이다. 인류의 분쟁사가 남긴 교훈은 '서로 논의하고 납득하여 함께 승리하는 길'을 찾으라는 것이다. 공정성과 공생이 곧 함께 승리하는 길이다. 사상사 연구도 결국 시대와 공간을 넘나들며 지피지기와 역지사지를 통해 자타상생을 실천하는 과정이라 생각된다.

한국과 일본의 역사인식에서 싸움의 관건은 무엇일까? 한국인이 일본의 무엇을 알아야 서로가 이기는 방법을 찾을 수 있을까? 그 해답은 한국이 일본을 대하는 태도의 관건이 무엇인지를 돌아보면 나온다. 이 책은 그것을 내셔널리즘에서 찾았다. 한국의 내셔널리즘을 대하듯이 일본 내셔널리즘의 역사를 '불편부당(不偏不党)'하게 접할 수 있다면, 일본을 알게 되고 일본과 공생할 길도 더욱 명쾌하게 밝힐 수 있게 되리라 기대한다.

이 책은 일본 내셔널리즘의 사상사를 통해 오롯이 떠오르는 사상과제를 찾고자 했으며, 그 과정에서 동아시아 근·현대사의 격변을 살다 간 수많은 사람들의 집념과 마주했다. 필자는 그들 삶의 흔적과 말의 편린 속에 숨겨진 뜻을 과거와 현재, 서양과 동양, 보이는 것과 보이지 않는 것, 국경과 이념의 모든 장벽을 넘어 인류의 미래 전망 속에서 끄집어내어 되새겨보고자 했다. 그 노력은 미진하지만, 여기에 인용된 모든 언어와 삶의 의지가 인류 보편의 가치를 구현해가는 도정에서 서로 융합하여 세상을 밝힐 공공지식과 집단 지성으로 거듭나길 소원한다. 좌충우돌의 모순된 환경을 풀어내라고 공부거리를 남겨주신 그 모든 삶에 감사드린다.

2016년 6월 유튜브에서 '정법강의'를 듣지 못했다면, 필자는 '비판적 지식인'이란 허명과 '능동적 허무'에 빠져서 잘난 척하는 자신의 모순을 돌아보지 못했을 것이다. "네가 백성의 희생을 먹고 자란 지식인이라면 그 누구도 탓하지 말고, 세상을 이롭게 할 새로운 패러다임과 그것을 운용할 너의 실력을 보여라. 자본가와 백성은 제 할 일을 다 했다. 지식인들이 사회를 탓하며 제 먹고살 궁리만 하고 있어서 되겠는가? 널리 세상을 이롭게 밝히는 공인으로 살라"며 벼락처럼 일깨워주신 천공스승님께 감사드린다. 자료 찾기와 복사를 도와주시던 아버지와 연구에 전념할 수 있도록 배려해주는 가족들에게도 감사드린다. 서울대학교 일본연구소를 비롯하여 필자의 모자람을 채워주시고 이끌어주시는 모든 인연과 지성에 감사드리며, 이 책의 출판을 위해 노고해주신 서울대학교출판문화원의 여러분, 특히 김미진 편집자에게도 감사드린다.

2018년 7월

조관자

| 차례 |

제3장

우익의 국가주의와 아시아주의

제4장

'사회과학-혁명'논쟁과 동아협동체론

제5장

제국의 낭만과 동아시아 반근대 민족주의

제6장

내셔널리즘의 역사의식과 미의식

제7장

신좌익의 '문화대혁명'과 전후민주주의 비판

제8장

반미주체화–아시아 연대의 '공동환상'을 넘어서

종장

동아시아 지역질서를 위한 사상과제를 찾아서

서장

일본 내셔널리즘과 마주하며

1. 글로벌 관점과 내셔널리즘의 사상사

(1) 세계적 연환 속의 일본 내셔널리즘

사상사 연구가 문화적 경계나 이념적 동일성에 집착하면 해석학적 동어반복(tautology)에 빠지기 쉽다. 실제로 '유럽정신과 그리스정신', '동양정신과 일본정신', '계급사상과 혁명사상' 등을 표방한 숱한 담론이 연구 주체가 설정한 논리적 틀에서 양산된 모놀로그(monologue)인 경우가 많았다. 1930년대 황국사관과 민족문화론이 융성하게 된 일본에서 그러한 문제를 일찌감치 제기했던 철학자가 있었다.

도사카 준은 1937년에 발표한 「과학적 정신은 무엇인가? 일본문화론을 언급함」이란 글에서 문헌학의 고전 연구를 통해 일본의 "특수성이나 구체성으로 생각되던 것"이 오히려 "사실을 지워버리는 편견"일 가능성을 제기한다. 그의 생각에 과학적 연구는 '일본정신'이 아닌, 일본의 현실을 파악하는 '보편적 정신'에 있다. 이때 "일본적 현실"은 "세계로 이어지는 일본의 한 고리(一環)"로 인식된다.[1] 도사카는 1930년대 일본의 국학 연구에서, 파시즘으로 내닫는 일본의 현실이 '일본정신'으로 바꿔치기 되고 있는 사실을 문제 삼았다. 현실의 '세계 연관성'을 중시하는 그 태도는 자민족중심주의를 벗어나 글로벌 사회와 연관된 일본의 현실을 강조한다. 그는 일본 연구의 타당한 방법을 '세계로 연환하는 일본의 현실'에서부터 찾는다.

도사카의 논지에 공감하며, 필자는 글로벌 가치에 주목하면서 일본의 내셔널리즘 사상사를 조망하고자 한다. 내셔널리즘 자체가 민주

1 戸坂潤, 「科学的精神は何か-日本文化論に及ぶ」(1937. 3), 『戸坂潤全集』 一, 勁草書房, 1966, p.305.

주의와 함께 유럽 사회의 근대화를 추동하고, 세계사를 지배해온 가장 강력한 정치사상이다. 냉전의 붕괴로 글로벌리즘이 확대된 세기 전환기의 세계에서 잠시나마 국민국가를 넘어서는 글로벌 가치가 세계를 통합할 비전으로 제시되는 듯했다. 1990년대 일본에서도 다문화 공존정책이 실시되고, 아시아는 세계질서의 다원적 조화를 이끌 대안으로 부상했다.

그러나 2008년 금융위기로 글로벌 자본주의의 불확실성이 확대되었다. 오늘날 동북아시아에서는 미중의 패권구도와 한중일의 내셔널리즘이 복잡하게 충돌하고 있다. 오늘의 세계적 현실에서는 실업과 빈곤, 혐오와 차별, 난민과 테러 문제로 하루도 평안할 날이 없다. 글로벌 사회의 문제에 각국은 내셔널리즘의 장벽을 높여 대응하려고 하고, 이는 다시 민주주의의 위기로도 나타나는 상황이다.

탈냉전 이후 일본 사회에서도 '안전-성장-평화'의 신화가 서서히 무너지고, 정치적·사상적 보수화가 두드러졌다. 이 와중에 생산노동인구의 감소와 아베노믹스의 성장 기조로 2014년부터 외국인 노동자의 유입이 증가하여, 그 수가 2016년 10월 108만에서 2017년 10월 현재 128만 명을 넘어섰다.[2] 파장은 아직 크지 않지만 일본에서도 이민 문제가 갈등의 요소로 떠오르기 시작했다. 다민족제국으로 팽창하려다가 패전을 경험한 전후 일본에서는 이민이 금기시되었다. 하지만 1980년대 버블경제 당시부터 노동력이 부족해졌기 때문에, 노동력 확보를 위해 외국인 연수제도를 활용하고 출입국관리법을 개정해왔던 것이다.

---

2 일본 후생노동성 홈페이지에서 '외국인의 고용'을 검색하면 정책과 현황 자료가 나온다. 공영방송 NHK에서는 현황보도와 국민계몽을 위한 프로그램을 제작, 방영하고 있다. '世界がわかる 明日が見える'의 2017년 2월 17일 방송 〈外国人労働者100万人時代 "働く留学生"の実態は〉 참조.

일본 정부는 노동력을 충원하는 외국인 고용정책과 이민은 다른 것이라고 설명한다. 하지만 2014년 '이민·다문화공생정책에 반대하는 일본국민모임'이 출범하여 외국인 노동자의 확대 수용에 반대하기 시작했다. '사쿠라 모임'이라는 별칭의 이들 이민 반대론자들은 치안 악화와 임시방편적인 고용제도의 모순을 제기한다. 고용 노동자의 생존권을 비롯한 사회적 책임을 강조하면서 무책임한 노동자 수용에 반대한다. 자신들도 특정한 인종을 차별하는 배외주의에 반대한다고 한다. 이들의 말에도 일리가 있다. 그러나 외국인의 생존권에 대한 근본적인 책임감 때문에 노동자의 수용을 반대한다면, 가난한 나라에도 일자리를 창출하여 인류가 더불어 공생할 책임부터 나누고 그 방안을 연구해야 할 것이다.

'사쿠라 모임'이 근본 문제로 삼는 것은 국가의 존재 방식이 변질할 가능성이다. "대량의 외국인 노동자(이민) 수용은 단순한 경제만의 문제가 아니"라, "'자연국가'였던 일본을 미국이나 싱가포르처럼 이민에 의해 성립하는 '인공국가'로 만들어버리는, 즉 국가의 존재 방식을 바꾸어버릴 정도로 큰 문제"라는 것이다.[3] 이들은 단일민족의 지속 가능성을 상상하면서 이민, 난민, 외국인 노동자를 수용하는 글로벌리즘에 반대한다. 제국일본의 식민정책이 재일코리안 문제를 남긴 것을 골치 아파하는 만큼, 이들은 이민 문제가 폭동과 테러로 이어진 유럽과 미국의 현실을 참조하고 있다.

하지만 오늘날처럼 상호의존성이 확장된 글로벌 사회에서 배타적 울타리를 쳐 안전을 도모하는 것처럼 무방비한 방책도 없다. 이민 찬성도, 이민 반대도 문제의 해결책은 아니다. 이제 세계를 우리 삶의

3 八重桜の会, 「移民·多文化共生政策に反対する日本国民の会(愛称: 八重桜の会)の趣旨について」(http://www.sakuranokai.org/article/395934766.html).

터전으로 알고 세계 속에서 더불어 문제를 해결할 새로운 비전을 찾아야 한다. 누구든 새로운 각성으로 글로벌 사회를 자신의 일터라고 생각할 때, 공생의 비전도 밝아올 것이다. 내셔널리즘의 문제를 사유할 때에도 마찬가지다. 그것을 일본의 울타리나 한일 간의 갈등 구도에서 볼 것이 아니라, 인류 사회의 미래 전망 속에서 검토해야 한다.

이러한 의미에서 이 책은 동아시아와 세계로 이어지는 동시대의 연환(連環)에서 일본의 내셔널리즘을 고찰하고자 한다. 내셔널리즘 자체가 세계적 연환 속에서 변화하는 권력운동이자, 시대적 맥락 속에서 재해석되는 관계성의 표현이며 공동체의 이념이다. 따라서 이 책은 특수한 일본의 현실을 고찰하되, 보편적 세계로 연결되는 한 고리로서 일본의 현실을 사유해본다.

(2) 네이션의 변화와 근대적 산물로서의 내셔널리즘

내셔널리즘이란 용어는 국수주의, 애국주의를 포함할 정도로 다의적으로 해석된다.[4] 이 책은 복합적 의미의 내셔널리즘 용어를 그대로 사용하되, 분절적 의미를 강조하는 경우에 민족주의, 국가주의, 국민주의로 분해하여 쓰기로 한다. 민족주의 개념은 일본에서도 중요한 역사적 문맥을 갖는데, 민족적 정체성과 국가적 통합을 중시하는 이념이자, 자민족=국민=국가의 주체 확립과 외압에 대한 저항을 주장

---

4 〈스탠퍼드 철학백과사전〉에 따르면 내셔널리즘 용어는 일반적으로 ① 자신들의 내셔널 아이덴티티에 관한 구성원의 태도, ② 자기결정권을 유지하거나 성취할 때 네이션이 취하는 행동, 이 두 가지 현상을 서술하는 데 사용된다고 한다. "Nationalism", *Encyclopedia of Stanford Philosophy* (first published Thu. Nov. 29, 2001; substantive revision Mon. Dec. 15, 2014)(https://plato.stanford.edu/entries/nationalism/).
* 이 책에서 참고한 모든 인터넷 자료의 최종 검색(접근)일은 특별한 언급이 없는 경우 2018년 4월 30일.

하는 태도로 함축된다.

다만 일본에서는 민족주의가 학술용어로 기피되는 경향이 있다. 일본의 근대사에서 '저항민족주의'의 정당성을 훼손했기 때문이다. 구미제국과의 불평등조약에 반대하며 일어난 일본의 민족주의는 다양한 역사적 버전을 갖는다. 개항기와 전시기에는 구미제국에 반대하는 아시아주의로도 발현했다. 1950년대 전반에는 공산당이 반미민족통일전선을 펼치고, 민족주의와 국민주의, 아시아 연대를 강령적 개념으로 채택하기도 했다. 그리고 1970년대에 미시마 유키오(三島由紀夫)의 죽음에 자극을 받아 부상한 신우익이 얄타체제의 타파, 즉 반소와 반미의 민족자결을 외치며 '민족파'를 선언했다. 이렇듯 전후에도 민족주의를 내세운 좌익과 우익의 '민족운동사'가 펼쳐졌지만, 일반적 학술 담론에서는 '내셔널리즘'이라는 용어를 사용한다. 그렇기에 이 책은 보편사의 한 현상을 가리킬 때 '내셔널리즘'을 주로 쓰되, 동아시아의 특수한 맥락에서 발현되는 사상운동을 강조할 때 '민족주의'를 쓰기로 한다.

조상숭배와 단일민족 의식이 강한 한국과 일본에서 민족과 국가는 '본래적·생득적'인 '정치적 운명체'로 통한다. 유럽의 어원에서도 마찬가지다. 네이션(nation)의 어원인 라틴어의 나티오(natio)는 태어남(a being born, birth), 인격화된 탄생의 여신(personified, natio, the goddess of birth), 품종·인종·종(a breed, race, species) 등을 의미한다.[5] 그 개념은 일차적으로 '신으로부터 주어진 생래적인 친족 집단'을 가리킨다. '탄생의 여신 나티오'는 한국의 '삼신할머니' 신앙과도 닮아 있다.

유럽에서 네이션의 의미는 변화해왔다. 『민족주의: 근대에 이르

5 Charlton T. Lewis and Charles Short, *A Latin Dictionary* (http://www.perseus.tufts.edu/hopper/text?doc=Perseus:text:1999.04.0059:entry=natio).

는 다섯 갈래 길』의 저자 리아 그린펠드에 따르면, 로마제국에서 '나티오'는 시민권이 없는 외국인(foreigners) 집단을 업신여기는 문맥에서 쓰였다.[6] 중세에 대학이 생겨난 후, 네이션은 동향의 학생 집단에서 차차 당파적 의견을 갖는 엘리트 집단을 가리키게 되었다. 그들의 정치력이 확대되면서 16세기 초 영국에서 주권자(a sovereign people)라는 표현이 생겨나고, 나아가 국민성(a unique people) 개념이 통용되기 시작한다.[7] 중세 이후 대학과 지식의 발전 속에서 데모크라시와 내셔널리즘이 동시에 태동하는데, 영국에서는 청교도를 중심으로 공화주의적인 정치공동체의 이상이 싹튼 것이다.

애초에 로마제국의 인구 이동에서 '나티오'가 '외국인'을 가리켰듯이, 인류의 전쟁사를 거치면서 네이션은 씨앗(인종, 민족)이 싹튼 본래의 땅(조국)에서 이동을 시작한 존재였다. 근대 국가에서 조국과 민족 정체성 개념이 구축되었지만, 동시에 식민지 경영과 경제 활동을 통해 고유한 민족성으로부터 탈각하고 다민족 국가를 형성할 가능성을 내포하고 있었던 것도 자명하다. 단일민족 국가로부터 다민족 국가로의 변화는 내셔널리즘 및 자본주의의 제국주의적 발전과 궤도를 같이 한다. 그렇다면, 이러한 역사적 변화와 인간 종의 생물학적 변화를 종합하여 근대 이후의 세계사적 현상에 적합하도록 네이션 개념을 정의해보기로 한다.

이 책은 '네이션' 개념에서 민족, 국민, 국가의 문명사적 변천을 포괄하고자 한다. 즉 네이션은 지식과 경제를 창출하고 시공간을 이동하면서 인간종과 문명의 '이종복합'적 현상을 거쳐 글로벌 사회에

---

6 Liah Greenfeld, *Nationalism: Five Roads to Modernity*, Harvard University Press, 1992, p.4.

7 위의 책, pp.8-9.

서 변화를 거듭하고 있는 생물(살아 있는 것)이라고 정의해보는 것이다. '생물'이란 표현에서는 '종' 개념의 변화와 함께 '국가'의 확장 가능성을 적극적으로 포착하고자 하는데, 단일국가의 소멸이 아닌 세계국가로의 성장 가능성을 유기체에 비유하고자 한다. 네이션 개념의 역사적 변천과 복합성 때문에 내셔널리즘은 정치사상사와 문화인류학, 사회학 등의 범주에서 다의적으로 해석되어왔다.

내셔널리즘 연구에서 가장 유력하게 인용되는 것은 어니스트 겔너의 정의다. 그에 따르면 "내셔널리즘은 기본적으로 정치적 단위와 민족적 단위가 일치해야 한다고 주장하는 하나의 정치적 원리"다.[8] 가령, 프랑스혁명 시기의 프랑스어 'nation'은 '불가분의 하나'로서 오직 한 국가, 즉 '불가분의 전체'를 형성하는 시민집단(민족)으로 정의되고, 이 시민이 자신들의 집합적 주권으로 국가를 구성한다고 추론되었다.[9] 애초에 민족국가는 내부의 차이와 계층적 분열을 배제하고 단일한 전체성으로 통합할 것을 요구하는 정치적 이념이었던 것이다. 겔너는 민족을 "인간의 신념과 충성과 연대감으로 생성된 인공물"로 보았다.[10] 민족주의의 의지와 문화적 통합력을 중시한 그는 산업화와 기술문명의 발전에서도 민족주의가 필수적으로 기능한다고 역설했다.[11] 에릭 홉스봄도 겔너의 정의를 따르고 있다.[12] 네이션이 원격지(遠隔地)를 매개하는 출판자본과 미디어의 발전 속에 형성된 '상상의 공동체'라고

---

8 アーネスト ゲルナー(Ernest Gellner), 加藤節監 訳, 『民族とナショナリズム』, 岩波書店, 2000, p.1. 이 일본어 번역본에서 '네이션'은 '민족'으로 번역되었으나, '내셔널리즘'은 가타카나(외래어 표기)로 되어 있다.

9 에릭 홉스봄, 강명세 역, 『1780년 이후의 민족과 민족주의』, 창작과비평사, 1998, pp.35-36.

10 ゲルナー, 앞의 책, p.12.

11 민족주의와 산업화에 대해서는 Ernest Gellner, *Nationalism*, Weidenfeld and Nicolson, 1997, pp.25-30.

12 홉스봄, 앞의 책, p.25.

정의한 베네딕트 앤더슨도 마찬가지다. 이들은 모두 근대성의 발전에서 만들어지고 변형되는 내셔널리즘에 주목했다.

내셔널리즘론의 고전인 앤더슨의 『상상의 공동체(*Imagined Communities: Reflections on the Origin and Spread of Nationalism*)』(Verso 1983; 2nd edition 1991; revised edition 2006)는 일본어판이 1987년, 한국어판이 2004년에 출판된다. 홉스봄의 『만들어진 전통(*The Invention of Tradition*)』(1983)은 일본어판이 1992년, 한국어판이 2004년에 나왔다. 반면, 홉스봄의 『1780년 이후의 민족과 민족주의(*Nations and Nationalism since 1780: Programme, Myth, Reality*)』(1990)는 한국어판이 1998년에 먼저 나오고, 일본어판이 2001년에 나왔다. 겔너의 『민족과 내셔널리즘(*Nations and Nationalism*)』(1983)의 일본어판은 2000년에 나왔다. 그 한국어판은 1988년에 나왔지만 번역이 매끄럽지 못해 절판 상태다. 후술하게 될 스미스의 저서 중 일본어판이 1995년부터 현재까지 4권 번역되었고, 한국어판은 2012년부터 2권 번역되었다.

일본의 번역문화가 원래 두텁고 신속한 데다가, 자국의 내셔널리즘에 대한 관심이 한국에 못지않으며[13] 세계 각국의 내셔널리즘에 대한 연구 성과도 갖고 있다. 제국주의의 경험 및 전후 경제발전으로 지역연구의 기반이 충실한 편이다. 후술하듯이 일본 근대의 특수한 경험으로서 일본 내셔널리즘에 대한 연구 또는 내셔널리즘의 재정립 운동은 전후 지식인들에 의해 꾸준히 시도되었다. 근대성을 성찰하는 보편이론으로서 내셔널리즘 연구는 서구에서 1980년대에 활발해진 만큼, 일본에서도 1980년대 중반부터 시작된다. 1990년대에는 세계적으로 제국과 탈식민주의 연구가 대두하고, 2000년대 일본 국내에

13 일본 국회도서관에서 '일본 내셔널리즘'을 검색하면, 2018년 7월 현재 총 3,452건, 단행본 1,308건, 박사학위논문 58건이 나온다.

서는 우익사상 및 아시아주의와 관련한 다양한 서적의 복간과 연구도 활발해졌다. 1970년대 이후 일본의 탈정치적 소비문화와 애국심/공동체의식의 결여를 문제 삼았던 좌우의 지식인들이 1990년대에 탈냉전의 충격을 수습하면서 새로운 사상지형을 펼쳐온 것이다.

2. 탈제국, 탈식민, 탈냉전의 비전과 민주주의

(1) 포스트콜로니얼리즘과 내셔널리즘

1990년대에 태동한 포스트콜로니얼리즘(post-colonialism, 탈식민주의) 연구는 문화론의 관점에서 내셔널리즘 연구의 외연을 확장시켰다. 그 이론은 주로 제국지배로 변화한 네이션과 문화를 탐구하며, 식민주의 극복을 위한 정치적 주체의 확립까지도 지향한다. 제국주의 이후 글로벌 세계는 단일한 민족 아이덴티티와 내셔널리즘을 내파(內破)하는 방향으로 변화했지만, 내셔널리즘에 의한 문화적 통합도 부단히 시도되었다. 근대의 거대담론이 푸코로부터 시작된 포스트모더니즘에 의해 탈구축(deconstruction)되었다면, 포스트콜로니얼리즘은 내셔널리즘의 균열과 통합을 세밀하게 바라보는 새로운 관점을 제공한 것이다. 포스트콜로니얼리즘은 에드워드 사이드의 오리엔탈리즘이 푸코의 근대 비판과 파농의 '저항-모방' 심리학과 만나면서 형성된다.[14]

사이드는 『오리엔탈리즘』(1978)에서 서양의 시점으로 만들어지는 동양에 대해 언급했지만, 서양과 조우하는 동양인의 저항과 동서양의

---

14 그 이론적 계보에 대해서는 박종성, 『탈식민주의에 대한 성찰-푸코, 파농, 사이드, 바바, 스피박』, 살림출판사, 2006 참조.

상호작용을 간과했음을 반성한다. 그 결과, 20세기 말의 가장 중요한 철학적 문학비평서의 하나로 평가받는 『문화와 제국주의』(1993)를 내놓는다.[15] 사이드가 비평한 텍스트에는 아프리카 원주민의 함성 속에서 그들을 착취하는 문명인의 위선을 조명한 콘라드의 소설 『어둠의 심연(*Heart of Darkness*)』이 있는가 하면, 라마승과 아일랜드 혼혈 소년이 스승과 제자로 만나 떠난 순례여행을 재미있게 묘사한 키플링의 소설 『킴(*Kim*)』도 있다. 인도에서 태어난 영국 작가 키플링은 제국주의를 미화한 것으로 비판받았다. 하지만 사이드는 제국과 식민지의 이항대립을 넘어선 정신적 교감의 가능성, 오락 및 문화의 창출 가능성을 부인하지 않았다.

제국의 확장에서 사이드가 발견한 것은 단순히 동서양의 역사적 차이와 지정학적 갈등만이 아니라 문화영역에서의 상호의존 관계다. 사이드는 동시대 문화연구의 유력한 시점, 즉 단일한 정체성을 단선적으로 포괄하려는 역사관을 비판하면서, 제국주의 시대를 거치면서 모든 문화가 잡종적·혼성적인 상태(hybridisation)로 변한 현실을 환기시킨다. 동일성이 아닌 차이를 중시하며, 다문화 상태를 전망하는 새로운 방법으로 사이드는 "대위법적이면서 때때로 유목민적인" 독법을 제시한다.[16] 음악 용어인 대위법(對位法, counterpoint)은 독립성이 강한 둘 이상의 멜로디를 수평적으로 동시에 결합하는 작곡 기법을 말한다.[17] 대위법의 독해는 사이드가 제국주의와 저항민족주의를 모두

---

15 エドワード サイード(Edward W. Said), 大橋洋一 訳, 『文化と帝国主義』, みすず書房, 1998. 같은 책 서론의 전반부(pp.1-4)에서 오리엔탈리즘에 대한 사이드의 반성을 알 수 있다.

16 혼성성과 대위법에 대해서는 위의 책, pp.25-26 참조.

17 다선율의 음악에서는 음의 수직적 결합을 중시한 화성법과 수평적 결합(melody)을 중시한 대위법이 사용된다. 전자는 동성음악(homophony: 호모포니), 후자는 다성음악(polyphony: 폴리포니)으로도 불린다(〈두산백과〉 '대위법' 항목 참조(http://

고려하는 방법이었다.

사이드의 문화연구를 계승한 인도 출신의 미국인 호미 바바는 포스트콜로니얼리즘 연구를 주류 담론으로 확립시켰다. 바바는 『문화의 장소』(1994)에서 식민지를 표상하는 문화적 기호와 담론이 인종적·문화적 계층화를 가져오는 정치적 효과를 문제 삼는다. 그러나 그가 식민담론을 탈구축하려는 의도는 그 이데올로기적인 오류나 억압을 폭로하기 위해서가 아니다. 그는 오히려 식민지에서의 권력이 어떻게 생산적인가 하는 양가성(ambivalence)을 밝히고, 그 차별적 표상이 만들어내는 "체제의 조감도"를 그려내는 것을 중시한다. 식민담론이 그려내는 대상에 내재하는 "생산적 양가성"을 이해할 때 비로소 "고정관념화된 차이"를 넘어설 수 있다고 여기기 때문이다. 그러한 탈식민주의적 방법 속에 "욕망과 경멸의 대상으로서의 타자, 기원과 동일성의 환상에 의해 봉인되어버린 타자성 영역의 경계를 허무는 가능성이 배태되어 있다"고 본 것이다.[18] 식민지와 제국의 문화적 차이의 시스템에 귀속되지 않는 사유 형식으로서의 포스트콜로니얼리즘은 이문화(異文化) 간의 혼성성과 양가성, 모방과 문화적 차이 등의 개념을 정식화함으로써 제국 이후의 모든 지정학적 위치에서 관찰 가능한 문화비평의 시점을 제공했다.

바바는 모방과 혼성성의 증가가 제국의 지형을 바꿀 새로운 전복의 가능성을 역설했지만, 그 문체의 난해함과 이론적 저항의 한계 및 역사 지식의 부정확성을 지적받고 있다. 한 인도인 마르크스주의자의 비판에 따르면, 포스트콜로니얼리즘은 동서양의 문화적 차이가 서로

---

www.doopedia.co.kr/doopedia/master/master.do?_method=view&MAS_IDX=101013000696676)).

18 ホミ K. バーバ(Homi K. Bhabha), 本橋哲也 訳, 『文化の場所: ポストコロニアリズムの位相』, 法政大学出版局, 2005, p.118.

를 가로질러 보편적 열망과 관심사를 갖지 못하는 고정적이고 본질적인 것처럼 인식한다. 포스트콜로니얼리즘은 모든 계몽적 가치를 유럽중심적인 것으로 환원시킨 결과, 역설적으로 문화 본질주의와 오리엔탈리즘을 입증하기 위한 자료에 머물게 된다는 것이다.[19] 그 이론적 유행으로 엇비슷한 문화 해석이 양산되었기 때문에 이러한 비판이 나와도 어색하지 않다. 그러나 바바가 상정한 문화적 차이는 단순히 민족적인 동일성에 기초하는 것이 아니라, 권력, 성, 인종, 세대, 지정학적 공간 등 보다 복합적이고 보편적인 갈등 요소를 내포하고 있다. 그 연구의 역동적 가능성을 이끌어내는 것은 각 연구자의 몫이라 할 것이다.

포스트콜로니얼리즘이 대두한 동시대의 동유럽에서는 냉전 붕괴로 민족분쟁과 독립운동이 전개되었다. 탈식민 담론이 제국과 식민지의 상호작용에서 다민족·이문화의 '섞임'에 주목했다면, 탈냉전 지역에서는 소비에트연방 권력으로부터의 민족적·문화적 '분리'가 당면 과제였다. 폴란드와 헝가리에서도 좌우이념의 교체 속에서 새로운 내셔널 아이덴티티를 정립하고, 사회주의 진영에서의 이탈 또는 유럽연합으로의 통합에 대응하는 새로운 통합과 분리의 역학이 작동했다.[20] 동구권의 내셔널리즘은 '미완의 근대'를 달성해가는 근대 이행의 한 프로세스로 볼 수 있지만, 내셔널리즘의 고유한 생명력을 환기시키는 압도적인 물결이기도 했다. 동구권이나 이슬람권에서만이 아니라, 글로벌리즘이라는 원심력이 '작용'하던 모든 지역에서 민족주의가 발흥

---

19 Vivek Chibber, "How Does the Subaltern Speak?: Postcolonial Theory Discounts the Enduring Value of Enlightenment Universalism at Its Own Peril", *JACOBIN*, 2013. 4. 21(https://www.jacobinmag.com/2013/04/how-does-the-subaltern-speak).

20 동유럽의 내셔널리즘과 새로운 사회적·사상적 이슈에 대해서는 柴宜弘·木村真·奥彩子 編, 『東欧地域研究の現在』, 山川出版社, 2012 참조.

하여 국민적 아이덴티티를 재확립하려는 구심력이 '반작용'했다. 탈냉전과 탈근대, 글로벌리즘의 이슈가 내셔널리즘을 새롭게 불러일으킨 것이다. 이러한 내셔널리즘의 지속 가능성을 관찰하고 옹호한 연구자가 영국의 앤서니 스미스다.

스미스는 내셔널리즘을 단순히 근대의 산물로 본 겔너의 정의에 의문을 던진다. "근대의 요구로 네이션들을 간단히 도출해낼 수 있는가"를 의심하며, "네이션들을 직접 창조한 것은 근대가 아니"라고 답한다.[21] 그는 근대적 내셔널리즘의 시민(civic) 영역이나 사회 구조의 변화 속에서도 유지되는 상징·신화·기억·가치·전통의 문화적 요소들에 주목한다. '상징적 영역'에 주목함으로써 민족(에스닉, ethnic) 공동체와 국가 구성원의 '내적 세계'에 들어갈 수 있다고 확신한 것이다.[22] 이렇듯 민족상징주의(ethno-symbolism)와 민족학(ethnology)의 관점을 중시한 문화인류학에서는 근대주의보다 앞선 민족(에스닉)의 원초적 의의를 보다 적극적으로 옹호한다. 물론 스미스는 에스니(ethnie)가 공동체의 문화를 수호하기 위해서라도 근대의 정치·경제적 활동 주체로 변신하고, 에스닉 문화가 국가의 공적인 문화에 포섭되는 과정을 인정한다.[23]

근대 이전부터 고유하게 존재해온 에스닉 문화도 글로벌 시대의 구속력 안에서 변형된다. 근대 이후 일본 안에 아이누와 오키나와의 에스닉, 코리안 에스닉, 남미 이민자의 후손, 동남아 등지의 난민과 취업 이민들이 공존한다. 엄밀하게 말하자면 천황제와 일본의 지방 문화도 민족상징주의의 관점에서 고찰할 필요가 있는 독자적 문화 영

21 Anthony D. Smith, *The Antiquity of Nations*, Polity Press, 2004, pp.66-67.

22 Anthony D. Smith, *Ethno-symbolism and Nationalism: A Cultural Approach*, Taylor & Francis, 2009, p.25.

23 위의 책, pp.26-29.

역이다. 다만 이 책에서 다루는 내셔널리즘의 영역은 국가 및 사회 변동과 관련된 사상사적 문제에 한정하기로 한다.

일본에서 탈식민 연구는 제국 연구와 대쌍적 관계를 이루면서 '식민지제국' 연구로 전개되었다. 정치학자인 후지와라 기이치가 번역 소개한 피터 두스의 「식민지 없는 제국주의」는 1930년대 이후 일본제국주의의 특징을 위임통치의 형식과 범민족주의(pan-nationalism)로 수식된 '대동아 공영권'의 이념에서 찾는다.[24] 일본은 윌슨의 민족자결주의로 식민지 지배의 정당성이 상실된 세계에서 뒤늦게 만주국을 건립하고 점령지를 확대한 만큼, 아시아 민족주의로 서양 제국과 대결하고 식민지 민족과의 통합을 시도했다. 그 과정에서 식민지의 내셔널리즘이 제국의 지배이념에 포섭되는 양상도 나타났다. 가령 '친일내셔널리즘'도 일본 내셔널리즘의 이념적 지배구도에서 생겨난 것이다.

일본의 식민지제국 연구는 주로 '대위법적 독해'를 시도한다.[25] 두 가지 비전, 즉 탈식민(脫植民)과 역식민(逆植民, counter-colonisation)이 주목받게 된 것도 그 결실로 볼 수 있다. '역식민' 용어는 식민정책의 경험이 본국에 거꾸로 이식되는 역류(逆流)의 현상을 읽어낸다. 이 용어는 1940년대에 농경제학자 도바타 세이치가 처음 사용했다. 그는 「역식민」이란 글에서 식민지의 경제개발은 대체적(代替的)·경쟁적인 것으로서 일본의 농업 문제를 해결하도록 자극하고 일본 경제에 보완적

---

24 ピーター ドウス(Peter Duus), 藤原帰一 訳, 「植民地なき帝国主義: 『大東亜共栄圏』の構想」, 『思想』 814, 1992. 4, p.107. 두스의 시점에는 영국의 '비공식제국'(정치적·경제적 직접통치를 피하고 동인도회사를 중심으로 한 자유무역제국주의)의 개념이 녹아 있다.

25 식민지제국의 상관성에 입각하며 대위법적 독해를 시도한 駒込武, 『植民地帝国日本の文化統合』, 岩波書店, 1996; 연구리뷰로 戸邉秀明, 「ポストコロニアリズムと帝国史研究」, 日本植民地研究会 編, 『日本植民地研究の現状と課題』, アテネ社, 2008. 6, pp.37-70; 板垣竜太·戸邉秀明·水谷智, 「日本植民地研究の回顧と展望: 朝鮮史を中心に」, 『社会科学』 40-2, 同志社大学人文科学研究所, 2010. 8, pp.27-59 등이 있다.

으로 작용한다고 지적하면서, 식민주의를 극복할 경제개발을 촉구했다.[26] 식민지와 제국의 상호의존성에 주목하는 논리는 중국 대륙의 반봉건적 농촌을 개발할 일본의 역사적 사명 위에서 강조되었다. 여기에는 물론 전시경제하에서 농촌노동력의 부족이나 농업생산력의 저하를 해결해야 했던 일본 경제의 절박한 목적성이 숨어 있었다.[27] 오늘날, 식민지제국에서의 개발주의가 감춘 제국의 모순을 극복하면서 그 상호의존적 호혜성을 발전시키는 것이 글로벌 사회의 미래 전망에 필요하다.

바바의 탈식민주의도, 스미스의 민족상징주의도 문화연구와 내셔널리즘 연구를 접목시키고 있다. 이 책에서 정치학과 사회학 등 다른 분야의 내셔널리즘 연구까지 폭넓게 살피지는 못했지만, 탈냉전기의 민족자결주의에 입각한 분리·독립운동은 민주주의의 실천과 무관하지 않을 것이다. '사회주의 제국'으로부터의 국가 독립은 슬라브 민족과 그 밖의 민족 간 갈등만을 의미하지 않는다. 그것은 민주주의와 경제성장을 요구한, 모든 '중심과 주변부'의 갈등에서 일어나는 주변부의 정치적 분리운동으로 볼 수 있을 것이다. 그렇다면 오늘날, 글로벌리즘의 모순과 내셔널리즘의 증강 속에서 감지되고 있는 민주주의의 위기는 어떻게 바라볼 수 있을까?

26 東畑精一, 「逆植民」, 『人口及東亜経済の研究』(上田貞次郎博士記念論文集 四), 科学主義工業社, 1943, pp.286-291. 도바타를 비롯한 경제학자들의 아시아 민족주의를 경제적 리얼리즘의 관점에서 포착한 연구는 辛島理人, 『帝国日本のアジア研究: 総力戦体制·経済リアリズム·民主社会主義』, 明石書店, 2015 참조.

27 趙寛子, 『植民地朝鮮-帝国日本の文化連環』, 有志舎, 2007, p.182.

(2) 민주주의의 위기, 포퓰리즘을 넘어서

내셔널리즘과 데모크라시는 근대 이전부터 존재했지만 근대에 강력하게 거듭난 정치적 쌍생아다. 홉스봄은 프랑스혁명에 관한 한 보고서를 인용하면서, "민족=인민=국가"라는 등식 속에 서로 상이한 "혁명적-민주적 개념"과 "민족주의적 개념"이 교차하고 있음을 지적한다.[28] 전자는 '주권적 시민=인민'의 국가 원리인 데모크라시를 포함하고, 후자는 '선험적 공동체의 역사'에 연유하는 민족의식과 집단의 감정을 갖는다. 양자를 보완적으로 결합한 내셔널리즘은 국가통제주의(statism)와 비교하여 더 선한 가치로 인정된다. 하지만 어떤 민주주의 정체에서도 주권자와 비주권자를 나누는 '배타적 통치'를 합법화하고 있다.

프랑스가 베트남을 식민지로 편입한 1882년, 에르네스트 르낭은 '국민이란 무엇인가'를 연설한다. 그에 따르면, 국민이란 '매일매일의 국민투표', 즉 법적·정치적인 공동생활의 영위에 동의한 사람들이 공공의 공간에서 자유의지를 행사함으로써 탄생한다. 네이션의 가능성을 공화정인가 제정인가의 문제가 아니라, 투표를 통해 미래의 삶을 정립하는 민주적 절차와 정신적 결합에서 찾은 것이다. 이 연설에는 왕정이나 프랑스 문명으로의 동화주의를 옹호한 르낭의 입장이 표명되어 있다.[29] 흔히 르낭의 연설은 종족과 언어로 국민을 규정한 피히테의 1808년 연설 '독일 국민에게 고함'과 대비되었다. 그러나 르낭이 중시한 정신적 원리도 역사적 유산을 공유하는 집단적 기억을 계

---

28 홉스봄, 앞의 책, p.40.

29 프랑스의 제2제정은 권위주의 체제였지만 국민투표로 인민주권을 옹호했고, 나폴레옹 3세도 투표로 황제에 등극했다. 에르네스트 르낭, 신행선 역, 『민족이란 무엇인가』, 책세상, 2002.

승하고 있는 점에서 피히테의 국민론과 공통된 분모를 갖는다.[30]

르낭 자신은 권력을 신의 섭리로 받아들이는 종교가였다. 사이드가 오리엔탈리즘의 실례로 르낭의 문헌학을 거론했듯이, 그는 프랑스 국민이 식민지의 열등민족을 문명화해야 한다는 사명감에 젖어 있었다.[31] 보수성과 혁신성이 어울린 르낭의 내셔널리즘은 신성을 절대시하면서도 '인간 예수'를 응시하는 그의 종교적 태도처럼 단선적이지 않고 복합적이다. 그는 예수의 실천을 "정신적 혁명"으로 말하고, "신의 나라"를 "정신의 나라"로 해석한다.[32] 신성과의 단절을 촉구하면서 이성을 신격화한 것이 근대적 합리성이라면, 신의 섭리와 인간 이성을 조화시킨 르낭의 태도는 전근대와 근대의 정신적 결합과 영속적 삶을 추구한 것으로도 읽힌다. 유럽에서 정치혁명을 촉발한 프랑스의 근대 내셔널리즘에서는 민주주의와 공포정치, 공화정과 제정, 민족주의와 동화주의, 제국주의와 평등주의, 초월적 신성과 합리적 지성 등 서로 모순된 것들이 농축되어 나타났다. 그 갈등 속에서 역사가 지그재그로 진보해온 것이다.

1920년대부터 대두한 파시즘은 당대의 지배 사조인 자유민주주의와 사회민주주의, 공산주의에 모두 반대하면서 대중의 '열광'을 불러일으키는 데 성공했다. 파시즘은 현실에 대한 대중의 분노를 정확히

---

30 ジョエル ロマン(Joël Roman), 「二つの国民概念」, 鵜飼哲 他 編, 『国民とは何か』, インスクリプト, 1997, pp.8-40. 르낭에 앞서, 나폴레옹의 베를린 점령 시기인 1808년에 피히테가 '독일 국민에게 고함'을 연설했다. 그 일본어 번역본이 1917년 문부성에서 출판된다. 피히테의 위기의식과 독일통일의 내셔널리즘은 근대 일본의 국가정신과 일치하는 것으로서 국민교육의 교본처럼 환영받은 것으로 보인다. ヨーハン ゴットリーブ フイヒテ(Johann Gottlieb Fichte), 『ドイツ国民に告ぐ』, 帝国教育会, 1917, pp.2-3.

31 エドワード サイード(Edward E. Said), 『オリエンタリズム』, 平凡社, 1993, pp.308-309.

32 エルネストルナン(Ernest Renan), 津田穣 訳, 『イエス伝』, 岩波文庫, 1941, p.142.

읽어냈고, 정신적 힘에 기초한 내셔널리즘과 사회적 협동주의에 기초한 혁명을 주장했다. 1922년 10월 27일 로마 진군의 총동원령을 내린 「파시스트 사천왕 선언」에서는 "파시즘이 바라는 것은 오직, 국민에게 규율을 제시하고, 국민의 경제적 성장과 복지를 증대할 일체의 힘을 조장"하고, "이탈리아 국민의 생활에 곤란이나 불행을 가져온 많은 어려움을 해결"하여, "조국의 안전과 위대함에 공헌"하는 것임을 밝힌다.[33] 파시스트들은 제1차 세계대전을 전후한 시기에 약진한 애국주의와 사회주의에 기초하면서, 정당정치의 민주주의를 배격하고 민족주의적 심성과 결합하는 강력한 지도력을 주장한 것이다.

1922년 로마 진군에 앞서 열린 파시스트당 대회에서 무솔리니는 "우리에게 국가는 단순한 영토가 아니라 정신적인 무엇이고", "국가가 실재하는 힘을 그 정신으로 변환했을 때 국가는 위대해진다"고 연설했다.[34] 그는 "이탈리아 민족의 최고 스승이 되어, 정신적인 혁명을 지도하는 것이 자신의 천명이라고 느끼고 있었다."[35] 또한 1926년에 나치당(국가사회주의독일노동당)의 총통이 되어 사회주의 좌파를 배척한 히틀러는 1927년 노동절을 마감하는 축사에서 마치 레닌처럼 연설했다. "우리는 사회주의자다. 우리는 책임감과 능력이 아닌 부와 재산으로 인간을 부적절하게 평가하고, 그 불공정한 임금으로 경제적인 약자를 착취하는 오늘의 자본주의경제 체제의 적이다. 우리는 어떤 조건하에서도 이 시스템을 파괴할 것을 결정했다."[36] 파시스트들은 숭

---

33 ローラ フェルミ(Laura Fermi), 柴田敏夫 訳, 『ムッソリーニ』, 紀伊国屋書店, 1967, p.180.

34 Roger Griffin(ed.), "BENITO MUSSOLINI, Fascism's Myth: The Nation", *Fascism*, Oxford University Press, 1995, p.44.

35 ロマノ ヴルピッタ(Romano Vulpitta), 『ムッソリーニ: 一イタリア人の物語』, 中央公論新社, 2000, p.163.

36 John Toland, *Adolf Hitler*, Doubleday, 1976, pp.224-225.

고한 국가 정신과 자본주의 타도를 외쳤다. 결속을 의미하는 파시즘(fascism) 속에 당대의 보수적 사상과 혁명적 이상이 모두 결속되어 있었던 것이다.

데모크라시와 내셔널리즘은 다수결과 국민주권의 원칙으로 소수자를 배제하고 다수자를 동원하는 메커니즘을 갖는다. 이것은 어느 민주국가에서도 상황에 따라 그 역기능이 분출될 수 있음을 의미한다.[37] 내셔널리즘의 팽창으로 제국주의가 출현했고, 제국과 식민지의 민족주의는 서로 대립하면서도 서로의 이익을 도모했다. 제2인터내셔널의 사회민주주의는 제1차 세계대전의 발발과 함께 내셔널리즘으로 흡수되었다. 종전 후 성립한 독일 바이마르 공화국의 민주주의에서 나치스 정권이 합법적으로 탄생했다. 또한 볼셰비키혁명과 제3세계 민족운동이 전개된 세계사에서는 민족(국가)사회주의, 국가통제주의, 사회주의 애국주의(social patriotism), 반제민족주의, 민중적 민족주의 등 내셔널리즘의 다양한 버전이 출현하여 인민을 계몽하고 국가권력을 강화했다.[38]

홉스봄도 1918년부터 1950년 사이의 관전기(貫戰期)를 '민족주의의 극성기'로 표현한다. 1830년 무렵부터 사회 담론의 하나로 등장한 '민족의 원리(principle of nationality)'가 승리하여, 제1차 세계대전의 전

---

37 나폴레옹 전쟁에서 나치즘에 이르기까지 유럽의 정치·문화적 상징과 대중운동에 대해 연구한 조지 모스는 파시즘이 민주주의 정치와 마찬가지로 대중의 자발성과 전체적 합의를 형성시키면서 국민을 창출해온 것을 검증했다. ジョージ L. モッセ(George L. Mossee), 佐藤卓己·佐藤八寿子 訳, 『大衆の国民化』, 柏書房, 1994.

38 사민주의를 '사회파시즘'으로 비판했던 스탈린은 1924년 트로츠키의 세계혁명론을 배척하고 일국사회주의의 전체주의로 향했다. 윌슨의 민족자결주의는 식민지의 우파 민족주의 및 자치론을 지지했다. 식민지의 민족부르주아를 매판자본주의로 비판한 마오쩌둥은 프롤레타리아가 주도하는 민족혁명론(신민주주의론)을 펼쳤고, 김일성은 사회주의적 애국주의를 강조했다.

후에 세계질서의 지배적 이데올로기로 되었다는 것이다.[39] 1929년 세계대공황의 여파 속에서 뉴딜정책과 통제·계획경제를 주도하는 국가권력이 더욱 강화되고, 대중문화의 발전과 함께 내셔널리즘은 미디어와 스포츠, 대중동원의 포퓰리즘과도 결합한다. 이로써 네이션과 내셔널리즘은 자연적인 뿌리 의식, 즉 종적 기원에 입각한 '자연신화'보다 더욱 강력하게 권력 집중적인 '정치신화'를 세계사적 범주에서 주조하게 되었다.

근대 국민국가를 구성한 두 기둥인 내셔널리즘과 데모크라시는 양차 세계대전을 치르는 과정에서 마치 서로 분리되어 작동하는 것과 같은 이미지를 만들 수 있었다. 파시즘과 민주주의의 대결로 정리된 제2차 세계대전 후, 대중을 결속시킨 파시즘과 다수결의 민주주의가 서로 대립적인 것으로 해석되었다. 그러나 최근에 내셔널리즘의 강화와 데모크라시의 위기로 드러나는 포퓰리즘의 문제는 그동안의 이분법적인 패러다임에서 벗어나 현실의 문제를 재인식할 것을 자극한다.

2016년 6월 영국의 브렉시트 찬반투표에서 EU 탈퇴가 결정되고, 11월 미국에서 도널드 트럼프 대통령이 당선되었다. '민주주의 선진국'에서 이민을 배제하고 보호무역의 장벽을 높이려는 내셔널리즘이 약진하고 있다. 이것은 선거민주주의에서 가능했다. 그렇다면 2000년대 이후 국제사회의 변화를 내셔널리즘이나 데모크라시의 이분법적 잣대로 옹호하거나 비판하는 것은 더 이상 의미가 없게 된다. 그것을 우경화로 몰아부치면서 기성의 좌우 정당 및 이념의 경쟁구도로 접근할 성격의 문제도 아니다. 새로운 패러다임의 인식 구도와 구체적인 대안을 찾아야 할 때이며, 그를 위해 현실의 모순을 보다 정확하게 찾

39 홉스봄, 앞의 책, pp.35, 172-208.

아내야 할 것이다.

그렇다면 오늘의 시공간에서는 어떠한 양가적 모순이 작동하고 있는가? 글로벌리즘에 반대하는 새로운 내셔널리즘을 과거처럼 파시즘이나 인종주의로만 간주하고, 포퓰리즘을 민주주의의 위기로만 단정하는 것도 문제를 피상적으로 접근하는 태도가 아닐까? 복잡한 현상의 이면에서 지그재그로 걸쳐 있는 문제의 핵심을 찾을 때, 당파성과 일국 내셔널리즘을 넘어서는 공정한 해법을 모색할 수 있을 것이다.

가령 프랑스에서는 국민전선(Front National)이 극우 이미지의 탈피를 위해 복지와 자유, 민주주의와 민족주의를 구사하고 있다. "자유로운 프랑스를 회복하는 애국주의인가, 글로벌리즘인가"는 국민전선의 대표 마린 르펜의 일본어판 책의 제목이다.[40] 프랑스혁명의 전통을 환기하는 그 이미지 전략에서, 이슬람은 동성애자와 여성을 억압하고 정교일치의 원리주의로 테러를 일삼는 반민주 세력으로 부각되고 국민전선 스스로는 국민의 직접행동과 국민투표를 통해 개혁 바람을 일으키는 민주주의 세력으로 거듭난다. 이들의 약진은 기성 정당을 무력화시키고, 에마뉘엘 마크롱의 개혁 돌풍이 일어나도록 자극했다. 마크롱은 '강한 국가'를 약속하고 '반트럼프' 이미지를 구축하는 등 '글로벌 지도자'라는 평가를 얻었지만, 유럽에서 '프랑스의 위대함'을 회복하려는 국민정서가 마크롱의 총선 압승까지 밀어준 것으로도 해

---

40 マリーヌ ルペン(Marine Le Pen), 『自由なフランスを取りもどす 愛国主義か, グローバリズムか』, 花伝社, 2017. 이 책은 프랑스 대선이 있던 날(일본 시간 4월 22일)에 출간되었다. 르펜은 1차 투표에서 21.7%로 760만 표를 얻고, 결선 투표에서는 33.9% 득표로 낙선했다. 신동규, 「프랑스 민족전선의 인종정치와 반이민 담론의 형성」, 『역사비평』, 2017. 8에서는 인종차별을 근거로 르펜이 이끄는 'Front National' 당을 '민족전선'으로 번역했으나, 그동안 한국의 언론과 일본에서는 '국민전선'으로 번역해왔다. 필자는 국민주의에 대응하는 반이민 정책을 드러내기 위해 '국민전선' 용어를 채택한다.

석된다.[41] 르펜이 패배하고 마크롱이 승리해서 다행이라는 생각만으로는 문제의 핵심에 접근할 수 없을 것이다.

다수의 표심을 구하는 민주주의가 내셔널리즘 및 포퓰리즘과 무관할 수 없다. 일본의 유럽정치 연구자 미즈시마 지로는 유럽 우익정당의 '반이슬람' 포퓰리즘과 남미 국가의 '반미' 포퓰리즘 모두에 주목한다. 대중에 영합하는 포퓰리즘이 '민주주의의 적'인지, 파워 엘리트의 지배에서 소외된 자들의 '해방의 요구'인지를 묻고 있는 것이다.[42] 포퓰리즘은 다수자에 의한 '억압'이거나, '개혁'의 시작일 수 있다. 개혁과 해방의 논리가 늘 성공한 것은 아니었다. 해방의 기치를 내걸었던 마오주의와 김일성주의, 차베스주의도 지배 이데올로기로 구축되었다. 정치적으로 대립하는 가치가 서로 보완하고 역전되는 현상은 데모크라시와 내셔널리즘이 공존해온 세계사에서 익숙한 현상이다. 파시즘도 그 불완전한 것들의 혼재 속에서 출현했다.

한편, 프린스턴 대학의 정치사상 연구자 얀-베르너 뮬러는 포퓰리즘을 "정치의 도덕주의적 상상(moralistic imagination of politics)"이라고 정의하고, 그 핵심적 주장은 '다원주의에 대한 반대를 도덕화한 형태'라고 고발한다.[43] 포퓰리즘은 마치 도덕적으로 순수해서 완전히 통일된 인민이 실재하는 것처럼 전제하고, 이러한 픽션에 도덕적으로 부패한 엘리트를 대치시켜 정치 세계를 인식하는 방법이라는 것

---

41 마크롱은 트럼프의 파리기후협정 탈퇴를 야유하며 '지구를 다시 위대하게'라는 연설을 트위터에 게시하여 세계적인 화제가 되었다.「마크롱 프랑스 대통령, 트럼프 비꼬는 트윗으로 화제」, 〈연합뉴스〉, 2017. 6. 13(http://www.yonhapnews.co.kr/bulletin/2017/06/12/0200000000AKR20170612136400009.HTML?input=1195m).

42 水島治郎,『ポピュリズムとは何か-民主主義の敵か, 改革の希望か』, 中公新書, 2016. 12, pp.5-6.

43 ヤン=ヴェルナー ミュラー(Jan-Werner Müller), 板橋拓己 訳,『ポピュリズムとは何か』, 岩波書店, 2017, pp.27-28.

이다. 자신들만이 진정한 인민의 대표라고 주장하는 포퓰리스트들은 언론 및 정당과 같은 간접민주주의의 매체(media)와 그 중개를 배제하며, SNS를 통한 인민의 직접 소통과 인민에 의한 국가의 점거(occupy)를 꾀한다.[44] 그들은 자신들의 도덕적 잣대로 사법권과 언론에 직접적 영향력을 행사하고, 인민의 범주 밖으로 이민과 소수자를 배제시킴으로써 다원주의와 민주주의에 위배한다는 것이다.[45] 뮬러는 포퓰리즘이 대의제 민주주의와 함께 출현한 그 그림자이지만, 권력에 대한 중화 작용 없이 '인민주권'을 앞세워 '국가 점유'를 노리는 권력 형태의 위험성을 제기한다. 그의 논의는 미국과 프랑스만이 아니라 차베스주의나 헝가리의 반(anti)리버럴리즘 세력까지 거론하면서 민주주의의 퇴락 가능성을 염려한다. 그러나 지식인과 정당정치에의 불신 및 경제적 곤란을 소수자에게 전가하는 대중의 반응에 대한 대책은 여전히 미지수다.

EU의 관료적 통합주의 및 엘리트주의에 대항하여 반지성적 배외주의와 포퓰리즘이 대두했다면, 그 현상을 비판한다고 해서 다원적 민주주의가 회복되지는 않는다. 엘리트 그룹이 지도력을 발휘했던 시절에는 그들도 당대 현실에서 다중(multitude)의 요구에 부합하고 있었다. 자본주의 및 지식사회의 성장기에는 복지국가의 분배 시스템이 작동하고, 자본·노동·물류의 글로벌 이동에서도 아직까지 문제가 폭발적으로 분출하지 않았다. 하지만 그 와중에 지식·문화자본의 편중·편재는 지속되었고, 성장의 그늘에서 희생했던 지역은 양극화의 모순과 함께 방치되었다.

---

44 위의 책, pp.45-46, 58-59.

45 민주주의는 인민의 의사형성의 프로세스를 거친 후에 평화적인 권력의 이행을 보증하는 메커니즘이라고, 뮬러는 그 최소한의 의미를 정의한다. 위의 책, p.70.

고도성장이 멈춘 후 엘리트 집단이 새로운 패러다임과 방법을 이끌지 못하고 기득권을 독점해왔다면, 그들이 위기에 직면하는 것은 당연하다. 사회의 에너지가 편중되고 막혀 있다면, 과거의 파시즘처럼 선거민주주의가 대중사회 및 민족국가의 배타적 권력을 집중시키는 계기로 작용하는 현상도 자연발생적으로 일어난다. 지식인들이 자신의 책임을 내려놓은 채 역사의 흐름을 '반동'으로 규정하는 지적 권위도 '정치적 도덕주의'를 가장한 자기중심의 변명에 불과하다. 그렇다면 히틀러를 비롯한 역사의 패자에게만 물었던 책임을 이제부터라도 모든 민족국가와 민주주의(자유민주주의/사회민주주의) 세력에도 되묻고, 과거를 다시 돌아보아야 할 것이다. 마찬가지로, 일본의 역사수정주의에 대한 비판도 역사의 현재적 흐름에 대한 책임의식을 공유할 때 비로소 설득력을 갖게 될 것이다.

3. 일본 내셔널리즘을 조망하는 시점

일본 내셔널리즘 사상사 연구를 시도하는 이 책의 독창성은 다음의 네 가지 영역을 복합적으로 고찰하는 것에 있다.

① '내셔널리즘과 데모크라시'의 상관성에 착목하여, 그 관계를 '근대와 현대' 또는 '전전과 전후'라는 장기 변동의 역사적 시간대에서 고찰하며, 그 단절과 연속의 모든 계기에 주목한다.

② '전전-전시-전후', '전후-탈전후'와 같은 다층적인 시간의식이 공존하는 일본 사회에서 '비동시적 동시성'의 양상을 분석하고, 전시-전후체제의 형성과 균열을 고찰한다.

③ '좌우대립' 속에서 '좌우합작'의 작용을 밝힌다.

④ '저항민족주의'의 정언명령과 '일본적 이로니'의 서사양식을 살핀다.

위 항목 중에서 따옴표 안에 묶은 대쌍적(對雙的, dual) 이념, 혹은 시계열(時系列)의 범주들은 각각이 독립적 계기를 띠면서 서로 대립하거나 의존적으로 보완하는 관계를 형성한다. 서로 대립적인 것들은 서로 등을 대고 밀쳐내면서도, 서로를 모방하고 끌어당기며 동시대의 전체적인 울림을 만들어낸다. 내셔널리즘과 데모크라시를 대쌍적 개념으로 읽고, 비동시적이거나 대립적인 범주를 동시대의 층위에서 읽어내는 방법은 사이드가 명명한 대위법의 독해법과도 연결된다.

(1) '내셔널리즘과 데모크라시'의 상관성

'내셔널리즘과 데모크라시'의 상관성은 1990년대 이후 글로벌 세계의 문제에서도 주요하게 떠오른 연구 과제다. 그 상관성은 파시즘이 대두한 1930년대 독일과 일본을 조명하는 핵심 개념이었고, 일본 사회의 정치사상적 문제의 조망에서도 주시할 필요가 있다. 이 문제에 접근하기 위해 필자는 마루야마 마사오와 하시카와 분조의 내셔널리즘 연구에서 그 관점의 차이에 주목한다. 마루야마는 전후민주주의를 대표하는 세계적 연구자이고, 하시카와는 그의 후배이자 제자로서 전후 일본민족주의의 '재활'에 기여한 선구적 연구자다. 두 사람은 전시기의 내셔널리즘을 '초국가주의=파시즘'으로 규정하면서도 각기 다른 방향에서 비판적으로 사유했다.[46]

1947년 「일본 파시즘의 사상과 운동」을 발표한 마루야마 마사오

46 '전후사상'의 형성에 미친 마루야마와 하시카와의 사상을 두 사람의 전쟁체험에서부터 천착한 연구로 平野敬和, 『丸山昌男と橋川文三 「戦後思想」への問い』, 教育評論社, 2014 참조.

는 일반적으로 '아래로부터' 현상한 파시즘의 강렬함은 민주주의의 강고함에 의해 규정된다고 설명한다.[47] 가령 제1차 세계대전 후 독일과 이탈리아에서는 부르주아 민주주의 기반 위에 강대한 노동자 조직이 형성되고, 사회민주주의 정당이나 공산당이 확고한 정치 세력으로 활동했다. 공산당이 현실의 강력한 경쟁 세력이었기에 나치스는 강렬한 반공주의를 채택하고 "교묘한 민주주의적 위장"으로 "급진적인 변혁"을 추동할 수밖에 없었다.[48] 제1차 세계대전의 패전 후 집권한 바이마르 공화정의 정치적 자유를 높게 평가한 마루야마의 이해는, 후술하듯이 동시대의 블로흐가 독일 민주주의의 '공동(空洞)화'를 문제 삼은 것과 배치된다. 하지만 마르크스주의의 정치 세력화를 비교해볼 때, 일본인의 입장에서는 당대 독일 민주주의가 선진적으로 보였을 터이다.

파시즘과 민주주의의 역설적 친근성을 지적한 마루야마는 일본 파시즘의 문제를 민주주의의 불모성에서 찾으려 했다. 일본에서는 민주주의의 기반이 취약해서 '아래로부터의 파시즘'이 헤게모니를 얻지 못했다. 그 결과 일본의 파시즘은 '억압의 이양'이라는, 주체성이 결여된 왜소한 성격을 띠면서 전후에 철저한 자기반성에도 이르지 못했다는 생각이다. '파시즘 혁명'조차 실패했다는 마루야마의 통절한 일본 비판은 일본 농촌사회의 반봉건성과 전후민주주의의 과제를 강조한다.[49] 그러나 마루야마는 아래로부터의 '자발적 동원'이나 파시즘

---

47 일반적으로는 바이마르 공화정에서 히틀러가 대두한 사실을 '민주주의의 비극'으로 이해한다. 山口定, 『ヒトラーの抬頭-ワイマール·デモクラシーの悲劇』, 朝日新聞社, 1991.

48 丸山眞男, 『現代政治の思想と行動』(増補版), 未来社, 1964, pp.80-81.

49 마루야마는 강좌파 마르크스주의에 영향받은 것으로 알려졌지만, 공산당계의 지식인과 신좌익은 마루야마를 근대주의자, 시민파, 강단 민주주의자로 비판했다. 우파의 다니자와 에이치(谷沢永一)는 마루야마의 파시즘론이 사회계층에 대한 분석이나 그

내부의 동인을 주시하지 않았다. 그는 위로부터의 지배구조를 문제 삼고 시민혁명의 '공백'을 메우려 했다. 그러한 현실인식은 국민의 전쟁책임에 침묵한 채 천황제 지배구도만을 공격했던 당시 일본공산당의 반봉건 민족혁명론과도 일맥상통한다.

전쟁 직후의 역사인식과 파시즘 비판이 갖는 문제가 1955년 '쇼와사논쟁'[50]에서부터 불거진 뒤, 1950년대 말부터 새로운 관점의 사상사적 연구가 선보인다. 마루야마와 공산당의 한계를 넘어서고자 한 하시카와 분조는 『일본낭만파 비판서설』(1960)을 출간한 이래, '아래로부터' 파시즘에 협력한 우익들의 사상을 적극적으로 재평가했다. 그는 우익 청년들의 테러리즘을 일본 근대화의 모순에 대한 저항이자 '인간적 참극'으로 읽어냈다. 그러한 우익 연구는 다케우치 요시미가 일본낭만파적인 민족주의 및 아시아주의를 '근대의 초극'을 위한 관점에서 재해석한 것과 맥락을 공유한다.[51]

마루야마의 농촌 인식에 비판적이었던 하시카와는 내셔널리즘과 데모크라시의 상관성을 또 다른 방식으로 이끌어낸다. "일본의 '우익'이란 극히 순진 소박한 무사주의(士族主義)에 불과"하지만, 그들도 근대 민주주의의 가치를 실현하려는 행위자였음을 밝힌 것이다. 그 실례로 정한론의 사무라이로 자유민권단체인 애국사의 일원이었던 시마다 이치로(島田一郎)가 제시된다. 시마다는 1878년에 "공의(公議)를

들이 파시즘운동에 참가했는지의 검증도 없이, 파시즘을 일본의 사회적 기반으로 단정했다고 비판했다. 또한 마루야마가 국민을 냉혹하게 2분류(제1유형은 공장주, 자작농, 학교교원, 제2유형은 도시의 문화인, 저널리스트, 학생층)로 나누어 차별의식을 심은 거짓 지식인이자 권위주의자였다고 지적한다. '거짓 지식인'이라는 비판은 1960년대 신좌익의 전후민주주의자 비판을 흉내 낸 것이다. 谷沢永一, 「戦後民主主義の理論的指導者·丸山眞男への告発状」, 『悪魔の思想: 「進歩的文化人」という名の国賊12人』, クレスト社, 1996, pp.85-110.

50 이 책 제5장 제5절 참조.

51 竹内好, 「近代の超克」(1959), 『近代の超克』, 富山房, 1979.

두절하고 민권을 억압하여, 정사(政事)를 사(私)적인 것"으로 취급했다는 이유로 유신정부의 수뇌인 오쿠보 도시미치(大久保利通)를 암살했다.[52] 하시카와는 시마다의 명분이 '일반의지'에 맞닿아 있다고 보았다. 루소의 『사회계약론』이 『민약론』이라는 제목으로 일본에서 첫 출판된 것이 1877년이었으니 그 분석은 틀리지 않았다.[53] 한편, 공의는 동아시아 차원에서 유교의 근대적 버전으로도 해석된다.

막부 말기인 1860년대부터 막부와 천황의 결합을 시도한 '공무합체(公武合体)'론, 그리고 공의와 여론을 집결하는 '공의정체(公議政体)'론이 제기된 터였다.[54] 공의와 공정무사는 왕정복고 당시 메이지 천황의 5개조서문(五箇条の御誓文)에도 명시되었다. 이처럼 군주제의 '공의'나 테러의 명분에 민주주의 원리가 담긴다. 로베스피에르는 루소의 '일반의지'를 원용하여 공포정치의 입법자로 행세하기도 했다. 여기에 민주주의와 폭력의 결합 가능성도 암시되어 있다. 그렇다고 하시카와가 테러 행위를 옹호한 것은 아니다. 그는 공의가 입각해야 할 '일반의지'를 '천황의 의지'에 국한시킨 일본 내셔널리즘을 문제 삼았다. 하시카와는 민권론에서 출발하여 국권론으로 굴절한 아시아주의 단체 현양사(玄洋社)의 우익들도 소박한 무사정신에서 출발했지만, 천황제 내셔널리즘과 파시즘에 구속되었다고 본다.[55]

따라서 시민민주주의의 결여를 비판한 마루야마나, 천황제의 국

---

52 橋川文三, 『ナショナリズム』(紀伊國屋新書 復刻版), 紀伊国屋書店, 1994(초판: 1968), p.186.

53 ジャン ジャック ルーソー(Jean Jacques Rousseau), 服部徳 訳, 田中弘義 閲, 『民約論』, 有村壮一 蔵版, 1877; 中江篤介 訳解, 『民約訳解』 第1巻, 仏学塾出版局, 1882. 메이지 정부 차원에서는 민법과 형법의 개정, 육군사관학교 및 견사공장의 설립에서 프랑스인의 자문을 얻었다.

54 高木不二, 「横井小楠における政権構想の展開: 公武合体論から公議政体論へ」, 『史學』 49(4), 1980. 3, pp.405-420.

55 橋川文三, 앞의 책, p.185.

가의지를 비판한 하시카와 모두 국가주의를 비판하고 민주주의를 옹호하는 큰 흐름에서 합류한다. 두 사람의 차이에서 필자가 중시하는 것은 일본민족주의 사상의 부활을 알리는 사상사적 변곡점이다.[56] 전후 민주화 공간에서 전시기 일본의 내셔널리즘은 '우익사상=국가주의'로 비판받았다. 그러나 하시카와의 작업은 '전후민주주의 역사관'(이른바 도쿄재판 사관)을 비트는 지식사의 새로운 흐름을 예고한다.

'아래로부터'의 내셔널리즘을 내재적으로 접근한 하시카와의 그 연구는 관료 비판적인 우익사상을 민중사 및 민중적 민족주의와 접목시킨 것이다. 이로써 일본민족주의는 농촌의 관료 비판적인 자치 의식과 향토적 농본주의에 기초한 긍정적 에너지, 민중의 자치와 연대를 상징하는 원동력으로 재해석된다. 대신에 국가주의는 팽창적 국권의식으로 자본주의 세계체제에 구속된 지배 이데올로기로서 전쟁책임을 떠맡는다. 이렇게 국가주의로부터 구제된 민족주의가 1960년대 신좌익의 전후민주주의 비판과 결합하고, 1990년대 이후 풀뿌리 내셔널리즘과 결합한다.[57] 이 책에서는 진보적 지식인과 좌익운동에서 시작한 전후민주주의에 대한 비판적 인식이 오늘날 일본에서 전통 회귀의 내셔널리즘을 견인하거나 민족주의 단체 '일본회의'의 사상적 토대를 이룬 것으로 파악한다.

하시카와의 작업은 후지타 쇼조(藤田省三)의 '천황제의 정신구조' 연구와 호흡을 나누고, 1970년대 말부터 마쓰모토 겐이치(松本健一)의 아시아주의 및 우익 연구로 이어진다. 그 연구가 대중적 관심을 불러일으키며 확장한 것은 동아시아 차원에서 아시아 공동체론과 일본 우

---

56 학술계와 별도로, 1959년 우익단체의 연합체 성격을 갖는 '전일본애국자단체회의'가 결성된다. 이들은 1959-1960년의 안보투쟁에 대응한 반공주의 조직체다.

57 絓秀実, 『革命的な, あまりに革命的な: 「1968年の革命」史論』, 作品社, 2003. 이 책의 제3장에서는 하시카와의 '실존적 로맨티시즘'과 신좌익의 탄생을 연결시키고 있다.

경화론이 동시에 제기된 2000년대부터다. 특히 다케우치의 아시아주의와 하시카와의 우익 연구에 관련한 서적의 복간과 연구가 활발했다. 한편, 오구마 에이지는 전후 일본에서 민주주의를 추동한 사상가들이 '애국'의 민족주의에 기반하고 있는 모습을 방대하게 다루었다.[58] 신진연구자 중에서 내셔널리즘의 긍정적 출로를 모색하려는 작업도 주목된다. 나카지마 다케시는 일본에서는 보수주의가 진보적 리버럴리즘을 내포한다고 강조한다.[59] 오구마와 나카지마는 내셔널리즘과 데모크라시의 결합 가능성을 옹호한 셈이다. 『영속패전론』(2013)이란 베스트셀러로 각광을 받은 시라이 사토시(白井聡)는 반미 내셔널리즘을 촉구하고 있다.

(2) 전후체제의 형성과 균열

일본 근현대사에서는 '전전-전시-전후-탈전후'라는 시계열이 존재하는 가운데, '전후'라는 시간의식이 지속되고 있다. 1956년 7월 일본 정부의 『경제백서』는 "이제 더 이상 전후가 아니다"라고 선언했다. 그러나 여전히 "전후는 아직 끝나지 않았다"라는 시간의식이 지속된다. 많은 사람들이 '탈전후'를 지향하는 오늘날, '전후 일본'이라는 시대 구분은 전쟁의 종언이 아니라, 점령하에서 제정된 헌법체제, 즉 '전후체제'의 지속력을 의미하기 때문이다.

'전후'로 표상되는 시간대 안에는 중첩되면서도 서로 다른 의미와 지향성을 갖는 '비동시적'인 시간의식들이 경합하고 있다. 사회학자들은 고도소비사회에 진입한 1972년부터 '포스트전후'를 말했고, 문

---

58 小熊英二, 『民主と愛国: 戦後日本のナショナリズムと公共性』, 新曜社, 2003.
59 中島岳志, 『「リベラル保守」宣言』, 新潮社, 2015(초판: 2013), 제1장, 제8장.

화론자들은 1980년대 버블경제 호황기에 '포스트모던'의 징후를 읽었다.[60] 반미운동이 1972년 오키나와 반환과 함께 저물고, 일본은 탈정치화한 소비사회로 인식되었다. 그러다가 1990년대에 탈냉전으로 변화된 국제정세에서 경제불황과 안보위기가 고조되자 내셔널리즘이 다시 고개를 든다. '반미보수' 논객들은 걸프전쟁 이후 헌법개정 논의가 활발해진 사회적 변화상을 '탈전후'로 읽었고, 포스트모던 사회 담론에서는 1995년 이후를 '불가능성의 시대'로 표현하기도 했다.[61] '전후'라는 시간대 속에서는 전후체제의 탈각을 지향하는 정치의식, '전통'을 호출하는 공동체의식, 그리고 고도성장기 일본의 활력을 돌이키려는 생활보수주의, 다양성의 공존-공생을 추구하는 미래 의지가 중첩해 있으면서 서로 길항하기도 한다.

2012년 아베 정권의 등장 이후 일본 사회의 정치적 지향성은 '전후레짐으로부터의 탈각'으로 집약될 수 있다. 그 사상적 특징으로 '전후민주주의 비판' 및 일본회의와 같은 보수단체의 '전통회귀'론이 주목된다. 탈전후 내셔널리즘에서 전후체제는 1945년부터 패전으로 규정된 평화헌법체제를 의미한다. 아베 정권의 전후체제 탈각론은 전후 일본이 마치 전전과의 단절 속에서, 미국의 점령하에 타율적으로 강제된 역사인 것처럼 해석한다. 그 역사인식은 패전의 부정적 기억을 해소하는 것과, 탈냉전 이후 국가적 안보 위기를 해결하는 것을 역사적 과제로 삼는다.

그러나 1990년대부터 일본의 관전기(貫戰期) 및 전후체제 연구에서 전시체제와의 연속성을 밝혔듯이, 일본의 전후사를 단순하게 타율

60 호황기의 세속풍경을 그려낸 '포스트모던' 소설로 田中康夫, 『なんとなく, クリスタル』, 河出書房新社, 1981이 유명하다.

61 전후-탈전후의 시대구분, 사회학적 담론에 대해서는 조관자 편, 『탈전후의 사상과 감성』, 박문사, 2017, 서장에서 상세하게 논했다.

성의 역사로 말할 수 없다. 오히려 일본은 패전으로 주어진 전후 평화헌법체제의 수혜를 충분히 누린 만큼, 새로운 역사적 임무를 수행한다는 자세로 동아시아의 지역질서와 사상과제를 동아시아인들과 함께 모색해야 마땅할 것이다. 그리고 한국과 중국에서도 일본과 협조하여 새로운 지역질서를 추동해간다는 자세로 피해자의 집단적 기억을 벗어나려는 노력을 도모해야 할 것이다.

'전후'가 끝나지 않은 까닭은 1951년 샌프란시스코 조약으로 형성된 '전후체제'가 지속하고 있기 때문이라고 한다. 1988년 아마미야 쇼이치는 전후체제의 하부 시스템으로 일당우위(1955년 체제), 경제의 비군사화(민간수요 중심)와 평화헌법, 종신고용제 및 협동주의를 강조한 '기업사회체제'(일본형 사회주의)를 거론했다.[62] 아마미야를 비롯한 연구자들은 권력집중과 협동주의 사회 시스템이 전시기 총동원체제와 연속하는 성격을 강조했다. 1990년대 '잃어버린 10년'을 지나면서 전후의 사회 시스템이 일본 사회의 정체를 가져왔다고 인식한 고이즈미 정권은 신자유주의 개혁을 추진했다. 2002년에는 전후 시스템의 붕괴를 예상하면서 지방을 주축으로 새로운 전망을 논하는 '탈전후체제'론도 제기되었다.[63] 그러나, 현실의 굴곡진 변화와 미래 불확실성은 어떠한 일의적 해석도 허락하지 않는다.

일당우위 양당구도인 '1955년 체제'(이하 55년 체제)는 1993년에 해체되었으나, 정권의 잦은 교체와 신자유주의 개혁에 의한 사회적 양극화가 노정되었다. 그 결과 2000년대 후반부터 '강한 국가와 강력

62 雨宮昭一,「戦後体制の形成」, 日本現代史研究会 編,『戦後体制の形成』, 大月書店, 1988, p.27.

63 雨宮昭一,「脱戦後体制と地域: 戦後史のパースペクティブ」, 第三五回歴史科学協議会大会報告特集 歴史における社会と権力(2); 第二日目 地域の歴史像をどう把握するか,『歴史評論』623, 2002. 3, pp.86-97; 雨宮昭一,『戦後の越え方 歴史·地域·政治·思考』, 日本評論社, 2013.

한 리더십'을 요구하는 내셔널리즘이 고조되었고, 2012년 이후 아베의 장기집권하에 성장정책이 추진 중이다. 2016년 참의원 선거에서 개헌 발의 의원 수를 충족한 자민당의 압승으로 '일당우위'가 회복되었다. 55년 체제하에서 자민당이 파벌과 개인후원회에 기초한 분권적 조직으로 '이익 유도형'의 정치를 했다면,[64] 새로운 시대에는 파벌의 모순을 해소하고 국민적 지지를 회복하기 위한 자민당의 재건 정책이 필요했다. 정치적 역학의 변화 속에서 2015년 현재 자민당 의원 중 246명과 아베 내각의 다수가 '일본회의' 의원연맹에 속한 '이념 통합형'의 정치가 실행되고 있다. 이른바 '사죄외교'의 청산과 '소신외교'의 실천으로 한국과 중국과의 관계도 악화되었다.

지방정치의 측면에서 볼 때, 전후체제는 농협이나 우파 노동조합과 함께 1960년대의 지역개발 연합체제에 포섭되어 보수 우위를 정착시킨 것으로 평가된다.[65] 그러다가 2000년대 지방인구의 감소 등 '지방소멸'론이 등장했고, 아베 정권하에서 '지방창생' 정책이 강력하게 추진되고 있다. 사회 시스템으로서 의미를 가졌던 기업의 종신고용제가 장기불황과 신자유주의 개혁으로 서서히 붕괴되는 모습이었지만, 아베노믹스의 성장전략으로 2014년 이후 정규직과 비정규직의 고용이 꾸준히 신장하고 실업률도 감소하는 추세다.[66] 전후체제는 이제 전후민주주의와 아베의 대미협조를 비판하는, 반미 내셔널리스트의 공격 대상이 되었다.[67]

---

64 斉藤淳, 『自民党長期政権の政治経済学: 利益誘導政治の自己矛盾』, 勁草書房, 2010.

65 功刀俊洋, 「地方政治における戦後体制の成立」, 赤澤史朗 編, 『戦後体制の形成: 1950年代の歴史像再考』(年報·日本現代史 第13号), 現代史料出版, 2008, pp.29-49.

66 총무성의 노동력 조사에 따르면 2017년 4월 완전실업률은 2.8%였다. 総務省統計局, 「労働力調査」(http://www.stat.go.jp/data/roudou/sokuhou/tsuki/index.htm, 접근 2017. 6. 15).

67 藤井厳喜, 『教科書では教えない戦後民主主義の幻想-戦後体制の呪縛から脱出せよ』,

탈냉전 이후 아시아의 정세 변화로 인해 일본 경제의 비군사화와 평화헌법체제도 기로에 서 있다. 중국의 군사대국화를 견제하면서 미일동맹이 강화되었고, 헌법개정 논의가 가속화하는 중이다. 2015년 방위성은 '안전보장 기술 연구 추진제도'를 통해, 방위장비 물품을 개발하는 대학과 민간기업의 기초 연구에 자금을 제공하기로 했다. 이에 대해 일본학술회의는 군사 목적을 위한 대학의 군사 연구와 군산학의 연계를 경계한다.[68] 그러나, 가령 '유독가스를 흡착하는 시트의 개발' 등과 같은 "자위의 목적에 부합한 기초적 연구개발"을 장려해야 한다는 주장도 맞서고 있다.[69] 아직까지는 이러한 움직임을 경제의 군사화로 예단할 수 없다. 하지만 동아시아의 내셔널리즘이 분쟁하는 동안 일본 경제의 군사화는 진전될 것이다. 갈등과 경쟁이 고조되는 상황에서 경무장을 요구해도 통하지 않는다. 글로벌 사회의 상생 패러다임만이 일본의 극단적 변화를 막아낼 것이다.

(3) '전후'의 비동시적 동시성

근대 이후 일본의 내셔널리즘을 전 시간대로 확대해서 보면 어떠한 사상과제가 떠오르게 될까? '탈전후'를 지향하는 일본의 내셔널리즘 안에 '전전-전시-전후-탈전후'라는 시간대가 공존하고, 각 층위를 환기하는 사상들이 서로 모방하고 경합한다. 그 다층적 역사에 보다

日新報道, 1997. 아베의 대미협조를 비판하는 '반미보수' 고바야시 요시노리(만화가), 집단적 자위권에 찬성하지만 '전후 70년의 역사담화'를 전후레짐을 긍정하는 것으로 비판한 미즈시마 사토루(水島総: 일본문화채널 사쿠라 대표) 등이 있다.

68 特集「人文学と軍産学の共同の行方」,『現代思想』, 2016. 11.

69 「'軍事'と大学: 岐路に立つ科学者たち」, NHKクローズアップ現代 No.3868, 2016. 9. 28(水) 放送(http://www.nhk.or.jp/gendai/articles/3868/1.html?utm_int=detail_contents_news-link_003).

밀접하게 접근하기 위해 이 책은 연구의 대상에 '전시-'를 포함시켰다. '전후체제'에 '전시-'를 삽입하고, 일본 내셔널리즘의 운동을 막부 말기 일본의 내전에서부터 포착했다. 하급무사들의 존왕양이운동과 막부타도운동에서부터 고찰한 것이다.

이 책에서 '전시-전후체제'는 막부 말기와 유신기의 내전에서부터 동아시아의 근대적 질서를 형성하는 청일전쟁과 러일전쟁의 '전시' 및 '전후'까지 포함한다. 이러한 '전시-전후'의 시간대 설정은 일본의 전후 역사학에서 만주사변 이후 '15년 전쟁'을 전시기로 설정한 것과도 차별성을 띠는 독창적 접근법이다. 연구 대상을 소급하여 내셔널리즘의 태동기부터 다룬 것은 일본 내셔널리즘의 향방과 그 핵심 정서의 뿌리까지 전체적으로 이해하기 위해서다.

과거는 현재에서 다시 창조되고, 찰나적 현재는 끊임없이 과거로 들어간다. 시간의 물리적인 흐름에서 서로 다른 세대와 시간대의 경험들이 축적되기 때문에 역사적 현재는 늘 '비동시적인 것들의 동시대성(contemporaneity of the uncontemporary)'을 구성하게 된다. 비동시적인 것들은 3차원의 사회적 공간에서 지그재그로 연결된다. 그것들은 인류의 모든 역사적 경험에서 이념, 국경, 기술, 문화 등의 층위를 넘나들며 새로운 연결망과 조형을 그려나갈 수 있다. 대위법적 사고와 독법도 3차원과 비가시적인 4차원으로 확장된 공간에서 시도될 수 있다. 비동시적이고 비가시적인 과거와 미래를 어떻게 연결해야 인류의 다양한 역사적 삶이 조화롭게 공존할 수 있을지를 사유하는 것도 동시대의 과제일 것이다.

비동시성이란 개념은 독일의 철학자 에른스트 블로흐가 1935년, 나치스를 피하여 망명한 직후 집필한 『이 시대의 유산』이란 책에서 나온다. 이 책은 민주주의의 개화를 자부하던 바이마르 공화정에서 파시즘이 탄생한 이유를 관찰한 동시대의 기록이다. 블로흐는 프롤레타리아와 부르주아, 농민과 소시민이 공존하는 독일 사회에서 전근대와 근대의 비동시적인 것들의 모순을 목격했다. 가령 부르주아와 소시민은 소비생활에 탐닉하거나 궁핍화를 두려워했고, 농민은 낭만적 향토주의를 내세워 자본주의에 심정적으로 저항했으며, 마르크스주의자들은 농민과 소시민의 비합리성을 공격했다. 사민당과 공산당은 적대적 관계에서 정쟁을 벌였다. "오늘날에는 이러한 비동시대성의 모든 모순이 오로지 반동(反動)에 봉사하고 있다"고 블로흐는 증언한다.[70] "시민의 국가"로 진보하지 못한 부르주아의 몰락 속에서 무수한 공동(空洞)이 생겨나고 소시민의 불안과 내셔널리스트의 열광을 모두 빨아들이는 파시즘이 부화했다는 것이다.[71]

포퓰리즘이 성황인 오늘의 글로벌 사회에서도 과거가 미래의 대안 가치로 호출되고, 민주주의가 공동화하는 현상이 확대되고 있다. '전근대-근대-부정형(不定形)의 탈근대', '과거-현재-불확실성의 미래'를 구성하는 요소들과 현상을 전망하는 각각의 이념들이 글로벌 차원의 불균등 발전 상태를 비집고 출현하고 있다. 비동시적인 것들이 공존하는 동시대는 혼성적 상태를 이룬다. 그 혼성성을 거부하고 동일성에 집착하며 과거 회귀를 환상할 때 배외주의적 폭력성이 싹튼다. 글로벌 사회의 '우경화' 현상은 양차 세계대전 사이의 불안한 흐름을 상기시키고, 역사의 불행을 회피하기 위해서라도 그 시대의 문

---

70 エルンスト ブロッホ(Ernst Bloch), 池田浩士 訳, 『この時代の遺産』, 三一書房, 1982, p.62. 블로흐의 개념을 계승한 역사인류학자 리하르트 반 뒬멘은 "특정한 사회의 발전이란 도리어 '비동시적인 것의 동시성'이란 원칙에 따라 이루어지게 마련"이라고 설명했다. 서유럽의 문명화에서도 불균등 발전으로 낙후된 지역이 발견되며, 근대의 "모든 사회집단은 자신의 고유한 역사와 경험을 갖는다"고 한다. 리하르트 반 뒬멘, 최용찬 역, 『역사인류학이란 무엇인가』, 푸른역사, 2001, p.74.

71 ブロッホ, 위의 책, p.165. 블로흐의 저서에 대한 자세한 독해는 栗原幸夫, 「空洞, 非同時代性, 占拠 ブロッホ, 『この時代の遺産』を読む」, 『新日本文学』 38(9), 1983. 9, pp.33-37 참조.

제를 재조명할 과제를 환기시킨다.

실제로 냉전 해체로 '20세기 세계 시스템'이 종언한 1990년대 세계에서 전쟁을 관통해온 글로벌 역사에 대한 관심이 고조되었다. 흥미롭게도 새로운 결론은 전전과 전후의 '단절'을 부정하고 있다. 1990년대 일본에서 활발해진 '총력전 연구'는 전후사회의 생활과 문화, 사회 시스템 속에 깃들어 있는 전전과의 연속성을 중시했다.[72] 2005년 나카무라 마사노리는 일본의 전후사를 글로벌한 관점의 관전사(貫戰史)로 서술하면서, 기시 노부스케가 매개하는 '1940년 체제'와 '1960년 체제'의 연관성에 주목한다.[73] 그는 또한 1930년대와 1990년대의 글로벌 흐름의 상관성에 주목하면서 평화, 민주주의, 식민지 독립, 냉전 해체 등의 주제를 풀어감으로써 전후민주주의의 가치를 재고한다. 새로운 연구는 전후민주주의의 근거를 다이쇼 데모크라시에서부터 찾고, 복지사회의 기원을 전시기에서 읽어냈다.[74] 총력전 시기에 만주국 등지에서 펼친 혁신관료들의 정책이 패전 후 일본 고도성장기의 산업화와 도시화 정책으로 계승되었음도 밝혀졌다.[75]

미국의 일본 연구에서도 전간기(戰間期) 연구와 관전기(貫戰期) 연구가 우세했다. 한국어로도 출판된 앤드류 고든의 일본 현대사 저술은 도쿠가와 막부에서 세기말을 거쳐 2001년까지 다루며, 일본사의

---

72 山之内靖·成田龍一·J. Victor Koschman, 『総力戦と現代化』, 柏書房, 1995; 山之内靖·酒井直樹, 『総力戦体制からグローバリゼーションへ』, 平凡社, 2003.

73 中村政則, 『戦後史』, 岩波書店, 2005. 관전사를 포함한 전후체제론의 다양한 관점은 赤澤史朗 編, 앞의 책 참조.

74 高岡裕之, 『総力戦体制と「福祉国家」: 戦時期日本の「社会改革」構想』, 岩波書店, 2011. 복지정책에서 병력 증강을 목적한 육군성과 생산력 증강을 목적한 내무부의 불화 문제, 과잉 인구의 만주 이식과 농업정책을 중시한 군부와 중공업화를 중시한 관료 등의 갈등을 부각시키고 있다.

75 小林英夫, 『帝国日本と総力戦体制-戦前·戦後の連続とアジア』, 有志舎, 2004. 만주국에서의 총력전 시스템이 일본 국내로 역류하고 전후 고도성장의 토대가 되었음을 밝힌다.

근대성을 세계사와의 상호연관성에서 고찰한다.[76] '전간기의 민주주의와 제국'에 주목한 그 책 10장에서는 다이쇼 데모크라시와 함께 팽창한 제국주의를 '제국민주주의'로 개념화한다. '경제와 사회 변용'에 주목한 14장에서는 1920년대부터 1950년대에 걸친 사회 시스템의 연속성을 '관전기 시스템'으로 포착하여 분석한다. 그는 전전의 대기업, 정당, 관료기구의 헤게모니가 점령기에도 지속됨으로써 민주화의 과제를 남겼고, 그것이 다양한 사회운동으로 분출되었다고 본다.

고든의 연구는 관전사의 '비동시적 동시성'과 양가적 가치의 역학을 중시하는 혼성성의 관점에 입각해 있다. 관전사의 관점은 식민지기 역사를 근대화의 연속선에서 보거나 '친일 잔재'로 보는 한국의 해방 전후사 연구와도 일맥상통하는 지점이 있다. 또한 도시와 농촌, 중간층과 노동자, 체제 수립과 체제 혁신, 자유와 권력 등, 다층적 분단 상황에서 일어난 정치적 긴장과 변화의 동력을 밝히려는 태도는 혼성성에 주목하는 보편적 연구 관점이다.

고든의 업적을 포함하여 1990년대 이후에 활발해진 전간기 및 관전사 연구의 주된 관심사는 사회 시스템 및 정치, 경제, 관료와 재벌, 생활사, 사회운동사에 다양하게 걸쳐 있다. 다만 여기에서 우익 내셔널리즘, 특히 관료와 재벌, 심지어 군부까지도 비판하면서 '혁명적 제국', '왕도주의 제국'을 상상했던 우익의 논리는 거의 주목받지 못했다. 가령 우익의 대표적 인물인 기타 잇키와 이시와라 간지의 경우, 그 시대와 인간상을 조명하는 개별적 연구가 활발했을 뿐이다. 그렇다면 전후의 냉전적 맥락에서 전전 일본의 내셔널리즘은 어떻게 재구성되어 왔는가? 이 책은 관전사의 사회 시스템보다는 '전시-전후체

76 앤드류 고든, 문현숙·김우영 역, 『도쿠가와 시대에서 현대까지: 현대일본의 역사』(개정판 1, 2), 이산, 2016, 서장.

제'에 대한 일본인의 역사인식이 사회 변화를 창출하고 역사를 재구성해내는 현상을 조명하고자 한다.

사실, 1990년대 이후 일본의 새로운 연구 업적, '새 역사교과서 만들기 모임'의 탄생과 분열, 역사수정주의의 대중화가 모두 글로벌 미래로 연결되는 일본의 현실을 구성해가는 중이었다. 그렇다면 관전사의 학술적 성과와 역사수정주의는 무엇이 다르며, 어떤 관련성을 보이는가? 양자가 빚어내는 동시대의 혼성성은 무엇인가? 만일 학술성과가 역사인식의 수정을 필요로 하고 있다면, 수정주의의 어떤 측면이 편견이고 그릇된 인식인가?

현실을 도식화하는 이항대립, 나에게만 관대하고 남의 잘못만 탓하는 이중 잣대, 공정한 가치를 내세우면서도 그 정립과 진보를 가로막고 과거의 명분에 얽어매는 이중 구속(double binding)의 역사관, 변화를 수용하지 않는 고정관념을 벗어날 방법은 없는가? 냉전시대 역사학의 성과가 진리가 아닌 이상, 그 역사인식의 수정은 보다 공정한 미래 질서를 위해 필요할 것이다. 현실의 타자에 분노하는 배타적 내셔널리즘, 포퓰리즘으로 표출하는 반지성주의는 주로 어떤 역사관에 기초하는가? 이런 질문들을 따라 맴돌다 보면, 역사인식의 문제가 더욱 명료해지고, 서로의 공통성과 차이를 재인식함으로써 미래의 공공적 가치를 함께 모색할 가능성이 보일지도 모르겠다.

(4) '좌우대립'과 '좌우합작'의 혼성성과 동아시아

'좌우합작'은 한일의 민족적 대립에 고착화된 역사인식과 서로가 섞일 수 없는 존재인 것처럼 적대시하는 좌우의 대립 전선에 던지는 '화두'이다. 일본 내셔널리즘의 사상사에 나타난 '좌우합작'의 문제는 '대위법'의 독법과 '혼성성'의 개념으로 접근하면 더욱 명백하게 밝혀질 수 있다. 이 책에서 좌우합작 용어는 좌우 양익의 현상적 대립과 배제는 물론, 그 이면에서 벌어지고 있는 상호 포섭과 혼융의 결과, 실질적인 협력 관계까지를 포착한 개념이다. 우파와 좌파는 대립의 칼날을 세워 각각의 세력을 키우지만, 그들이 역사 속에서 빚어낸 결과는 사회 전체의 울림으로 퍼진다. 그들 모두가 동시대의 자장 안에서 작용과 반작용을 거치며 서로의 사상과 실천을 변화시키고 시대의 변화를 함께 만들어왔다. 전향 문제도 단순히 권력에 대한 저항이 야합으로 변절했다기보다, 좌우가 교착(交着)하고 착종(錯綜)하면서 시대 변화의 흐름을 생성해가는 과정으로 볼 수 있다.

이러한 시점은 동시대 대립물들의 경합과 투쟁에 대하여 그 역사적인 책임의 공동성을 인정한다. '좌우합작'은 대립물의 사상적 혼성성과 실천적 전체성에 주목한 개념이다. 역사적 사유는 3차원에 머물기 쉽지만, 글로벌 미래 비전을 위해서는 4차원에서 존재의 연결망과 재현의 방식을 상상하고 조망해내는 체험이 필요하다. 4차원의 사유에서는 추상적으로 보이지 않는 세계를 기하학적 구조로 풀어냄으로써 공간의 반전 가능성을 보여준다.[77] 미세한 공간에서 광대한 공간으로의 이동이 가능하고, 여러 다면체나 관계망이 위치를 변화시키면서 서로를 연계하는 축을 갖는다. 다양한 공간의 층위를 넘나들며 다른 세계로의 통로나 문제 해결의 새로운 축을 발견하는 등, 개인과 사회, 경계와 환경, 생과 사를 넘어서는 우주적 차원의 상상력을 가질 수 있다면 내셔널리즘이나 좌우이념에 고착된 사고도 변화 가능하다. 이 책에서 '좌우합작'이라는 개념은 '좌-우'가 고정된 축이 아니라는 사실을 환기시키며, 나아가 고착된 틀과 경계를 벗어나서 모순된 현상

77 4차원에 대한 철학적 사유는 佐道来夢, 『4次元思想とフラットランド』, デザインエッグ社, 2017; 4차원의 움직임을 시각적으로 보여주는 웹페이지(http://www.entropygames.net/) 참조.

을 보다 확장된 인류사의 관점에서 풀어가기 위한 사유의 통로이다.

주지하듯이 일본의 근현대사는 서구제국과의 불균등 발전 상태를 따라잡기 위해 자국의 야망과 모순을 아시아로 팽창시켰다. 아시아에서 유일하게 제국주의에 진입한 일본에서는 민권과 국권이 청일전쟁을 계기로 '합작'을 이루었고, '대동합방·동아협동체·대동아공영권·근대의 초극'론과 같은 서구적 근대에 길항하는 일본 내셔널리즘의 변형들이 명멸했다. 그리고 전후에는 자유/사회민주주의, 인민혁명과 동아시아 인민연대, 민족통일전선과 민중적 민족주의, 포스트모더니즘이나 반미아시아주의와 같은 새로운 좌우의 이념들이 충돌하면서 공존했다. 또한 총력전과 관전사 연구에서도 밝혀졌듯이, 과거의 시스템과 과거의 목소리는 전후에도 소생하였고 비동시적인 것들의 모순을 자아내 왔다.

평화헌법(1947)과 미일동맹을 근간으로 하는 전후체제는 동아시아의 냉전구조를 확정한 한국전쟁의 와중에 샌프란시스코 강화조약의 서명(1951년 9월) 및 발효(1952년 4월)로 형성된다. 1950년 '평화문제담화회'의 미일 단독강화 반대와 중립국 지향은 한국전쟁의 발발로 좌절된다. 스탈린(코민포름)의 지시와 당시 중국 망명 중이던 일본공산당(이하 공산당) 지도부의 명령으로, 1951년 공산당은 미국의 한국전쟁 개입을 '아시아 침략전쟁'으로 간주하며 반미군사투쟁 노선을 채택한다. '기지국가의 탄생'으로 설명되는 일본의 전후체제 자체가 동아시아 좌익의 공산화 혁명운동과 대치하면서 동아시아 좌우 진영의 작용-반작용으로 형성된 셈이다.[78]

아마미야는 전후체제의 형성을 샌프란시스코 체제와 상응한 것으

78 한국전쟁과 관련된 일본 전후체제의 성격에 대해서는 남기정, 『기지국가의 탄생: 일본이 치른 한국전쟁』, 서울대학교출판문화원, 2016 참조.

로 설명하지만, 대미종속적인 과정으로 해석하지 않는다. 전후체제의 형성은 일본 내 좌우 정치 세력의 구상과 상호작용의 결과라는 것이다. 그에 따르면, 한국전쟁 당시 일본의 재군비와 헌법 9조의 개정 움직임을 저지한 것은 요시다 정부와 사회당 좌파였다. 요시다는 미국과의 협상을 앞두고 사회당과 총평에 재군비 반대대회를 요청했다. 또한 사회당의 가쓰마타 세이치(勝間田清一)를 경제안전본부 관료로 앉혀서 비군사적 민간수요의 경제정책을 이끌어갔다.[79] 공산당도 평화헌법을 옹호함으로써 전후체제의 형성에 기여했다. 대정익찬회의 이념인 '협동주의'를 계승한 국민민주당(1950-1952)과 그 후신인 개진당은 민족주의에 입각한 '사회연대와 협동정신'을 주요 강령으로 채택하고 '일본형 사회주의'의 확립을 이끌었다.[80]

전후체제의 형성을 '좌우합작'의 산물로 이해한다면, 전후체제를 탈각하려는 움직임도 역시 '좌우합작'의 관점에서 관망할 수 있다. 여기에서 '좌우합작'이란 '좌우대립'을 내포한 혼성적인 움직임이다. 실제로 전후체제는 전후체제의 내파와 탈각을 노리는 동북아시아의 반미민족주의 및 좌우 진영의 대립과 맞물려 형성되었고, 매 순간 균열의 계기를 내포한 채 현재에 이르고 있다.

일본에서 민족주의를 재정립하는 사상사적 태동의 과정도 동아시아 차원의 사상연대 및 좌우합작에 근거하고 있다. 그와 관련하여 이 책은 1950년대 초반 공산당의 반미투쟁과 1960년대 후반 신좌익의 마오이즘에 주목한다. 한국전쟁 당시 재일조선인과 공산당은 미국의 개입을 아시아에 대한 신식민지 침략으로 간주하며, 비합법적인 실력

---

79 雨宮昭一, 「戦後体制の形成」, pp.12-13, 18-19.

80 위의 글, p.21.

투쟁과 대중적인 민족통일전선 및 평화운동을 병행했다.[81] 1955년부터 활발해진 아시아·아프리카의 반제민족해방운동은 일본 내에서 반미민족주의를 부활시키는 자극제로 기능했다.

반제민족통일전선 운동은 1960년대 한일회담 반대운동과 공명한 후, 중국의 문화대혁명 및 프랑스의 5월혁명과 공진했던 1968-1969년의 전공투운동에서도 나타난다. 1960년 4·19학생운동(혁명) 이후 한국과 일본의 '인민연대'가 재개된 것도 그와 같은 시대정신 속에서 고찰할 수 있다. 1965년 한일회담으로 경제협력만이 아니라, 사회운동의 연대도 활발해졌다. 재일조선인의 정치 조직도 1955년까지는 일본공산당의 조직 체계 안에 소속되어 있었지만, 조선총련이 설립된 이후 일국혁명론에 입각한 차원에서 조일우호운동을 벌였다. 1970년대에는 신좌익 세대와 일본에 정착하려는 2세들의 민족차별 철폐운동이 시작되고 일본의 신좌익 세대가 그 운동을 지원하고 연대한다.

일본의 전후체제 타도운동은 1955년 공산당의 반미 무장투쟁노선이 철회된 후, 1960년대 신좌익에 의해 새롭게 전면적으로 제기되었다. 분파마다 용어와 노선은 달랐지만, 신좌익은 전후체제를 '천황제 체제', '요시다 체제' 등으로 부르면서 '전후제국주의', 국가독점자본주의, 미일동맹, 전후민주주의를 총체적으로 부정하는 '혁명전쟁'을 그렸다. 그들의 "계급투쟁은 제3 카테고리의 존재를 허락하지 않고, 체제 총체의 시비를 따지고, 피아의 공방관계에 군사의 모멘트를 내재화하는 권력투쟁의 시대의 단서를 열어가자는 것"이었다.[82]

신좌익에 대립하여 등장한 신우익도 1970년대부터 대미자립을 위

81 조관자, 「재일조선인 운동과 지식의 정치성, 1945-1960」, 『일본사상』, 2012. 6, pp. 193-214.

82 社会主義学生戦線(フロント), 「全共闘を再編強化し, 七〇年代へ総進撃を開始せよ」(1970. 1. 1), 新左翼理論全史編集委員会 偏, 『新左翼理論全史』, 流動出版, 1979, p.489.

한 미일안보조약의 파기를 주장했다. 1972년에 창설된 일수회(一水会)는 얄타체제가 민족자결의 원리를 무시하고 동서분단의 냉전을 가져왔다고 비판하며, 얄타체제에 상응하는 전후체제의 타도와 자주헌법의 제정 등을 강령으로 삼았다.[83] 베트남전쟁 당시 신좌익과 신우익 모두 미일동맹의 해체를 통한 전후체제의 타도를 촉구한 것이다. 1979년 무렵부터 에토 준(江藤淳)과 같은 보수계 평론가들이 대미 자주성의 회복 문제를 공식적으로 제기했고, '일본회의'의 전신인 종교, 우익문화 단체에서도 헌법개정을 주장해왔다. 그리고 2006년 제1차 아베 정권은 헌법개정을 통한 '전후레짐으로부터의 탈각'을 정치적 목표로 삼았다.[84] 2010년대에는 '전후체제'를 '영속패전 체제'(영속패전 레짐)로 주장하는 '진보(리버럴)' 논객도 등장했다.

이 책은 위와 같이 좌우로 대립한 세력들이 내셔널리즘, 특히 반미민족주의의 전선에서 서로 모방하고 융합한 사실을 밝힌다. 그렇다면 전후민주주의와 평화주의를 위선으로 비판하며 '순수-혁명'에 집착한 신좌익 청년들의 폭력은 1930년대 청년장교들의 관료 암살과 쿠데타, 혹은 1950년대 좌익의 반미무장투쟁과는 이질적인 것일까? 그 답은 쉽게 증명되지 않겠지만, 일본에서 민권과 국권, 좌익과 우익의 사상적 뿌리는 존왕양이에 있다. 애국과 혁명의 정동(情動)이나 무정부주의적 폭력 충동은 일맥상통한다. 그 친근성은 국제수배 중인 일본적군 오카모토 고조(岡本公三)의 위조여권에 사용된 이름이 1923년 당시 황태자를 저격했던 무정부주의자 난바 다이스케(難波大助)였

83 일수회의 설립 취지와 강령에 대해서는 일수회 웹페이지(http://www.issuikai.jp/issuikai.html) 참조.

84 小宮修太郎, 『脱「戦後日本」のナショナリズム: 90年代以降の三つの流れ』, 第三書館, 2016. 코미야는 책의 3장에서 2000년대 일본에서 전후레짐의 해체와 강한 국가를 추구하는 현상을 '친(親)나치즘적 내셔널리즘'으로 칭한다.

다는 사실에서도 확인된다.

실제로 서양 열강에 대한 불평등조약 개정운동, 진주만 습격으로 고조된 반미아시아주의는 1950년대 좌익의 반미아시아연대론으로 부활했다. 막부 말기 존왕양이운동을 계승한 대륙낭인이나 국가개조운동에 눈뜬 청년장교들은 관료와 재벌에 대한 혐오의식을 품고서 정치가에 대한 테러를 일삼았다. 패전 이후 '전후민주주의'는 그들을 '우익 파시스트'로 추방했다. 하지만 1950년대 공산당의 반미무장투쟁은 좌익 추방을 불러오는 한편, 우익 추방과 우익의 사상적 금기를 해제하는 실질적 계기로 작용했다. 이리하여 전전 우익의 테러리즘이나 반미성전은 실질적으로 1950년대 초반 공산당의 반미민족해방 노선을 거쳐, 1960년대 신좌익의 제국주의 및 국가독점자본에 대한 테러리즘으로 지그재그로 연결되어 간다.

이처럼 관전사의 시점에서 보면 의도치 않게 '좌우합작'의 결과가 연출된 사실이 드러난다. 또한 신좌익의 전후민주주의 비판과 반미안보투쟁은 신우익과 신보수의 반미민족주의로 합류한다. 1990년대에 등장한 역사수정주의와 '반미보수', '전후레짐으로부터의 탈각'을 촉구하는 '일본회의'의 사무국은 1960년대 후반부터 등장한 신우익과 직접 연결되어 있다.[85] 한국의 언론에서는 1990년대 말부터 일본 사회의 변화를 '좌파의 몰락'과 '보수화·우경화'로 비판해왔다. 하지만 이 책에서는 그 변화를 거시적인 '좌우합작'의 관점에서 고찰하고자 한다. 즉, 좌우합작의 내셔널리즘에 주목하여 존왕양이운동 시기에서부터 일본 내셔널리즘(민족주의)의 사상사적 맥락을 되짚어본다.

---

85 青木理, 『日本会議の正体』, 平凡社, 2016, pp.62-66.

(5) '저항민족주의'의 정언명령과 '일본적 이로니'의 서사양식

이 책은 전후 일본에서 반복되는 '사유-서사' 양식으로서 '저항민족주의'와 '이로니'를 꼽는다. '저항민족주의'는 서구제국주의의 서세동점 속에서 근대적 세계체제에 편입된 아시아에 공통된 정언명령이다. 이로니(Ironie)는 아이러니(irony)의 독일어로 독일낭만파를 대표하는 미학적 개념이다. 이 책은 동아시아를 관통하며 '저항적 주체'를 호출하는 정언명령과 일본적 미의식 및 역사의식을 관통하는 '이로니'라는 반어법을 고찰하고, 그 극복의 사상과제를 모색한다.

1930년대 일본낭만파가 서구적 근대를 비판하는 미학적 개념으로 제기한 이로니는 1950년대 말 하시카와 분조의 일본낭만파 연구 및 다케우치의 '근대의 초극' 해설을 통해 환기되었다. 1930년대 근대적 진보에 맞서는 '낭만적 반항'의 정신은 무사정권에 패배한 고대 천황제로부터 가미카제 특공대의 죽음의 미학으로까지 확장되었다. 그리고 패전 이후, 이로니 어법에 내포된 '반어적 역설'과 '자기부정'의 방식이 '패배를 껴안고' 일본인의 주체성을 정립하는 '일본적 미의식'으로 고착화되어 간다. 패배감이 민족정서를 파고들며 전후체제에 대한 비판적 저항 의지로 표출될 때마다 반어와 역설의 어법이 반복된 것이다.

이로니의 어법과 미의식은 전후 일본에서 현실 비판적 '비평의식'의 딜레마, 가령 '대미종속을 통한 대미자립'이나 '아시아 침략을 통한 아시아 해방'과 같은 역설, 이상과 현실의 괴리 현상을 품어낸다. 의도와 결과가 엇갈린 뒤틀린 현실에서 역사인식의 수정이나 현실의 혁명적 비약까지도 머금는 서사 양식이 이로니인 것이다. 이 책은 하시카와, 다케우치, 미시마, 신좌익의 혁명 서사에 이르기까지 다양하게 재현되는 이로니의 양상과 그 논리적·심리적 문제를 확인한다. 또한 이 책의 종장에서는 동아시아의 사상과제로서 저항민족주의의 정언명령과 일본적 아이러니를 모두 지양하고, 인류 사회에서 상생의 미래 가치를 탐색하고 구축할 것을 제안한다.[86]

이 책은 한국연구재단의 저술지원 사업(2014. 7-2017. 6)의 지원을 받아 출판에 이르게 되었다. 처음 사업에 지원할 당시의 연구 목적은 1945년 이후 '전후체제'의 형성과 균열 속에서 일본 내셔널리즘의 변화 양상을 고찰하는 데 있었다. 그러나 일본의 내셔널리즘을 시대적 격변 속에서 전체적으로 이해하기 위해서는 근대의 시작점까지 거슬러 올라가야 했다. 그 결과 이 책은 막부 말기부터 세기 전환기, 즉 1850년대부터 2010년대까지 일본의 내셔널리즘을 '전시-전후체제'의 맥락과 '좌우합작'의 관점에서 고찰하고 있다.

내전에서 시작하여 패전으로 끝난 일본의 근대, 그리고 전후와 탈전후의 시간의식이 갈등하는 일본 내셔널리즘의 사상사, 동아시아의 근대사 및 냉전사와 연결된 그 역사적 시간대 속에는 수많은 사람들의 집념과 회한이 녹아있으리라. 그들의 풀지 못한 사상과제가 좌충우돌하며 일본과 동아시아에서 역사인식의 갈등을 일으키고 있다면, 일본 바깥에서 그것을 투명하게 읽어내는 작업도 필요하다. 이는 서로를 탓하는 오랜 역사적 앙금을 풀어내고 미래의 새 세상을 더불어 만들어 가기 위해 꼭 필요한 작업이다.

일본의 근대가 식민지-제국의 역사였던 만큼, 일본의 문제를 한

86 '사상과제'라는 용어는 야마무로 신이치, 정선태·윤대석 역, 『사상과제로서의 아시아』, 소명출판, 2018(山室信一, 『思想課題としてのアジア』, 岩波書店, 2001)에서 유래한다. 야마무로는 아시아가 사상의 과제로 가로놓여 있다는 문제의식을 품고, 근대 아시아에서 벌어진 사상 연쇄의 현상을 문명·문화·인종·민족·공간 인식의 기축, 정치적 실천을 동반한 투기라는 분석 틀을 구사하면서 연구했다. 동학과 서학, 국민국가와 만국법 사상, 아시아에 대한 인식 자체가 연구 대상에 포함되어 있다.

반도의 문제와 관련시키지 않을 수 없다. 이 책은 단순한 일본에 관한 연구서가 아니다. 필자는 한국 사회의 일본 인식과 역사인식의 과제를 염두에 두며 한국인들의 사상과제로서 일본 인식의 문제를 제기하고 풀어내고자 노력했다. 이 책은 특히 한국인의 일본 인식에 지대한 영향을 끼친, 일본의 '저항민족주의'를 이끈 강좌파 마르크스주의의 자장에서 벗어나고자 했다. 강좌파 역사학의 업적과 당대적 의의를 폄하해서가 아니다. 그 시각만으로 필자가 해명하려고 했던 '좌우합작', '아시아적 저항민족주의'와 '일본적 이로니'의 문제를 투명하게 조명할 수 없기 때문이다.

본문의 각 장은 일본의 내셔널리즘을 맥락화하기 위해 좌우 민족주의의 사상운동을 시대별로 선별하여 배치했다. 각 장은 독립된 주제를 가지면서도, 책 전체의 흐름에서 시대의 역동적 변화 과정과 인과관계가 드러날 수 있도록 집필했다. 그를 위해 각 장에서 ① 당대 정세의 특성을 드러내고, ② 좌익과 우익의 탄생과 전개를 밝히고, ③ 당대 이후의 변용, 즉 후세에 재구성되는 기억의 문제, 사상운동의 현재적인 쟁점까지 담고자 했다.

제1장

근대 일본의 내전과 역사 기억의 변주

1. '개국 대 양이'에서 막번체제의 해체로

일본의 근대는 내전으로 시작해서 패전으로 끝났다. 우리는 메이지유신의 성공신화에 익숙하지만, 사실 일본의 근대화는 숱한 모순과 갈등을 빚어낸 험난한 과정이었다. 일본인들 중에도 '한'을 간직한 사람들이 많을 듯하다. 그러나 전후 일본의 역사학 주류에서는 자국 내셔널리즘의 우월성이나 민중 투쟁사를 부각시키는 데 열중했고, 한국과 중국에서는 침략전쟁을 원망하기에 바빴다. 일본의 역사학과 동아시아 각국의 일본 이해에서는 아직까지 일본의 내전과 전쟁이 갖는 동시대적 의미를 충분히 밝히지 못하고 있다.

막부는 미국의 압박으로 개국을 단행했다. 개국에 반대한 존왕양이파의 하급무사들이 막부를 해체시켰다. 그것은 내전을 수반하는 과정이었고, '양이' 세력은 막부 타도를 위해 도중에 '개국'으로 돌아섰다. 결국 메이지유신은 개혁을 추진하던 막부와 웅번(雄藩)의 권력 투쟁으로 이루어진 체제변혁이다. 서세동점에 반발하거나 그 충격을 흡수하면서 벌어진 무사들의 내전은 메이지유신을 추동한 세력 안에서도 일어났다. 이때 '전시-전후'의 주요 논제는 미국의 흑선 출현 이후 존왕양이와 막부타도운동, 보신(戊辰)전쟁과 세이난(西南)전쟁까지를 포함한다. 내전의 종료 후에는 청일전쟁과 러일전쟁이 이어진다.

그렇다면 체제 내부를 스스로 파괴하고 새 판을 짜내는 추진력은 어디서 나온 것일까? 구체제인 막부에 대한 긍정사관은 뒤늦게 출현했다. 1980년대부터 일본 역사학의 주류는 막부의 개혁 정책과 전통사회의 민중이 갖는 저력이 일본을 개국과 자립으로 이끌었다고 해석해왔다.[1] 이는 전통사회를 '누습'과 '미개'로 표현하는 메이지 정부와

---

1 민중의 저력에 대해서는 이노우에 가쓰오, 이원우 역, 『막말 유신』, 어문학사, 2013,

근대 계몽주의에 대한 비판이기도 하다. 막부를 부패 무능 정권으로 보았던 마르크스주의 역사학도 1970년대부터 퇴조했다. 일본이 경제대국으로 성장하고 다시 정치대국으로 발돋움하려던 시기에, 새로운 역사학에서는 막부와 무사들의 개혁에서 일본 내셔널리즘의 '우수한 통합력과 리더십'을 읽어냈다.

그러다가 1990년대 탈냉전과 2000년대 세계적인 반미운동의 고조 속에서, 일본에서도 전후체제를 탈각하려는 움직임이 활발해지면서 다양한 '역사수정주의'가 출현한다. '식민지 근대화'와 '아시아 해방전쟁'론이 역사수정주의의 전부는 아니다. 전쟁으로 치달은 일본의 근대화 과정을 유신 세력의 탓으로 돌리며, 미일수교에 조인한 막부와 막부를 보좌했던 동북지방을 중심으로 근대사를 쓰는 현상도 주목된다. 가령 보신전쟁에서 유신정부군과 싸웠던 아이즈번(会津藩: 현재 후쿠시마현)에서 백호대(白虎隊)를 구성했던 16-17세 소년병들의 희생이 만화와 대하드라마, 연극무대의 작품으로 그려지고, 게임의 소재로도 다루어졌다.[2] 보신전쟁과 아이즈전쟁에 대해 쓴 호시 료이치는 "메이지유신은 기만에 가득한 것이고, 일본 근대사는 다시 써야 한다"고 주장한다.[3]

다른 한편에서는 존왕양이운동에 대한 집단적 기억이 '잃어버린 20년'의 침체기를 극복할 일본인의 사상적 자원으로 환기되었다. 2006년과 2012년에 자민당 내 권력을 장악한 아베 수상이 가장 존경

---

pp.8, 194 참조.

2 中島昭二,『まんが 会津白虎隊』, 歴史春秋出版株式会社, 1995; 〈白虎隊~敗れざる者たち〉(2013년 TV도쿄 역사극); 〈八重の桜〉(2013년 NHK 대하드라마).

3 星亮一,『会津戦争全史』, 講談社, 2005, p.244. 호시의 저작인『奥羽越列藩同盟-東日本政府樹立の夢』(1995),『よみなおし戊辰戦争-幕末の東西対立』(2001),『偽りの明治維新-会津戊辰戦争の真実』(2008) 등은 모두 아이즈의 입장에서 메이지유신의 '정의'에 의문을 던지며, 재검토를 요구한다.

하는 인물로 존왕양이 사상가인 요시다 쇼인(吉田松陰)을 거론한 후, 역사드라마와 출판·문화계, 관광산업에서도 쇼인이 활발하게 소비되었다. 여전히 반미 성향의 동아시아 공동체 담론이 활기를 띠던 2009년, 한 역사가는 "요시다 쇼인에서 아베 신조까지"의 리더십이 구미 열강의 아시아 유린으로부터 일본과 아시아를 구제할 것처럼 주장했다.[4] 물론 '아시아 구제'라는 일본의 환상은 2010년 중국의 부상 및 대국화와 충돌하면서 사라졌다.

미국과 아시아 사이에서 우왕좌왕하는 일본의 내셔널리즘과 역사 인식의 변주를 밝히기 위해 이 책은 막부 말기의 하급무사들이 변화의 동력을 생성하고 전쟁을 일으킨 역사에서 시작한다. 그 혼란과 격변을 간략히 정리하기는 어렵지만, 그 맥락을 짚어나가면 역사를 변혁시킨 무사들의 행보가 무엇인지 드러날 것이다. 근대 변혁기와 체제 변환의 갈등 구조에서 일본의 하급무사들이 어떤 행동을 취했는가. 막말의 갈등이 역사의 행방 속에서 어떻게 변화해왔는가. 이렇게 지나간 시대를 기억하고 서술하는 문제는 오늘을 살아가는 태도와 직결된다. 따라서 이 장에서는 그 폭력적 체제 변화를 일본의 내셔널 히스토리가 어떻게 서술하고 기억하고자 했는지, 역사학과 국민적 역사 인식의 양상을 중심으로 검토해보고자 한다.

2. 막부 개국의 '결과'로서 메이지유신

1850년대 아편전쟁 이후 동아시아 각국은 국제사회로의 개방과 국내사회의 개혁을 국가적 과제로서 풀어가야 했다. 중국에서는 1851

4 岡島茂雄, 『明日に続く道-吉田松陰から安倍晋三へ』, 高木書房, 2009.

년부터 14년간 태평천국운동이 벌어지고 1861년부터 청조의 부국강병책인 양무운동이 시도되었다. 하지만 근대적인 국민의식을 창출하는 내셔널리즘은 청일전쟁의 발발을 계기로 청 정부에 대항하는 한민족을 중심으로 펼쳐진다. 1894년 홍콩에서 국민당의 전신인 '흥중회'가 결성되고, 캉유웨이와 량치차오가 변법자강운동을 시작했다. 조선에서는 개화파 지식인들이 서양의 정보 수용에 적극적이었지만, 아편전쟁의 충격에 흥선대원군은 쇄국정책으로 대응했다. 이 시기 일본에서는 정치체제를 일대 격변시키는 소용돌이가 일고 있었다.

아편전쟁을 목격한 막부는 해안의 방위체제를 강화하면서도, 서양과의 무력 충돌을 회피하고 서양기술의 도입 필요성을 인정하기 시작한다. 1853년 페리의 군함이 들이닥치자 막부는 우왕좌왕하면서 개국에 이르고, 막부 정무의 책임자인 아베 마사히로(阿部正弘)가 '안세이(安政)의 개혁'을 감행한다. 쇼군친정(将軍親政)이 아닌 로주(老中), 다이로(大老)라 불리는 막부 관료가 행정을 책임지던 때였다. 국가적 위기에 처한 막부는 정부의 논의구조를 천황과 구게(公家), 웅번으로 확대시켜 공론을 형성하기로 했다. 개국 문제에 대응하기 위한 막부의 노력은 1860년대에 공무합체(公武合体)와 공의체제(公議体制)운동으로 발전한다.

페리의 수교 및 통상 요청에 대한 의견을 전국의 54개 번에 타진했을 때, 개국 찬성이 14개 번, 개국 반대가 8개 번, 나머지는 막부의 결정에 따르겠다는 의사를 표명했다고 한다.[5] 그러나 미일화친조약(1854)에서 미루었던 통상과 개항의 압박에 직면하여, 1858년 막부의 최고책임자 이이 나오스케(井伊直弼)가 천황의 칙허 없이 미일수호통

5 半藤一利, 『幕末史』, 新潮社, 2008, p.56.

상조약을 체결한다. 이에 고메이(孝明) 천황과 미토번(水戸)의 영주 도쿠가와 나리아키(徳川斉昭)를 중심으로 한 양이파의 반발이 거세졌다. 이이는 구게와 웅번의 양이론자 100여 명을 숙청하는 '안세이의 대옥(大獄)'을 집행한 후, 미토번과 사쓰마(薩摩)번의 무사들에게 암살당했다. 개국과 양이의 살벌한 격투, 막부와 웅번의 개혁정치는 메이지유신의 직접적인 원동력으로 작용한다.

메이지유신의 주역들은 막말부터의 혼란과 체험을 새로운 건국정신으로 농축시켜 '5개조서문'에 담았다.[6] '5개조서문'에서는 ① 널리 회의를 일으키고, 만사를 공론에 의해 결정할 것, ② 상하 마음을 하나로 하여 활발하게 경륜을 행할 것, ③ 문무백관이 하나가 되어 서민에 이르기까지 각자 뜻을 세워 민심이 흔들리지 않도록 할 것이라는 원칙에 합의했다. ④ 오래된 누습을 깨고 천지의 공도에 기초할 것과 ⑤ 지식을 세계에서 구하고 크게 황기(皇基)를 떨쳐 일으킬 것은 존왕양이와 개국의 이원적 대립을 극복한 화혼양재(和魂洋材)의 시대정신이기도 하다. 그러나 훗날, 식민지에서 보편적인 '천지공도'와 특수한 '황기'를 결합하려는 일본주의 통치 방식은 어김없이 공도만이 아니라 식민지 민족주의와도 충돌하는 모습을 빚어냈다.

막부는 '안세이의 개혁'을 통해 전국 각지에서 하급무사와 서민인재를 수용하는 번역 및 양학 교육기관·군사훈련소 등을 설치하여 근대적 개혁을 가속화했다.[7] 인재 등용의 입지전적 인물인 가쓰 가이

---

6 「御誓文」(慶応4年3月), 『法令全書』, 内閣官報局, 1912, p.64.

7 1854년 군사 연구 및 훈련기관으로 육군의 전신인 강무소와 해군의 전신인 나가사키 해군전습소가 건립되었고, 번역 및 양학 교육기관으로 도쿄대학의 전신인 양학소('蕃書調所'로 개칭), 1858년 나가사키 영어전습소, 1865년 요코하마 불어전습소 등이 설치되었다. 나가사키 양생소는 1861년에 개원한 의료기관으로 의학교육도 병행했다. 각 번의 인재들이 위 기관들에서 유학한 후, 다시 외국유학을 다녀오기도 했다.

슈(勝海舟)는 양이론자들을 설복시키며 해군 창설의 토대를 만든다.[8] 후쿠자와 유키치(福沢諭吉)도 미일수호통상조약의 비준 교환을 위한 미국 사절단의 말단 수행원에서 계몽사상가로 성장한다. 1862년 막부의 번역 요원으로 다시 유럽을 다녀온 후쿠자와는 1866년부터 『서양사정』을 출판한다. 미국의 독립선언문까지 번역 게재한 이 책을 통해 일본인들은 국제법과 독립, 문명화의 과제를 학습하기 시작한다. 1867년 파리 만국박람회에 참가했던, 마지막 쇼군의 신하인 기업가 시부사와 에이치(渋沢栄一)는 당시 프랑스에서 주식회사제도를 습득하여 1873년 일본 최초의 은행을 건립한다. 그는 1878년 부산에 제일국립은행의 지점을 내기도 했다.[9]

한편, 고메이 천황과 양이론자들은 개국 후에도 해방 및 양이 정책을 막부에 요구했다. 양이파 무사들이 통역관이나 외국인을 암살하고 외국 공사관을 습격하는 사건도 발생했다. 그 탓에 막부는 막대한 배상금을 지불하고 재정난을 겪는다. 특히 사쓰마번과 조슈(長州)번이 1863년부터 2년 동안 수차례 양이전쟁을 일으킨 결과 300만 달러의 배상금이 할당되었다. 막부가 그중 절반을 지불하고, 나머지는 신정부가 갚았다.[10] 양이론자들은 막부를 심판하여 권좌에서 끌어내렸지만, 당시 무역 총액이 3,000만 달러를 초과하는 상태에서 그들도 양이의 불가능성을 깨닫고 있었다. 부국강병을 추구한 그들도 무역의 직접적 관여자였으며, 양이 외교는 막부를 견제하는 정쟁의 수단일 뿐이었다.[11]

---

8 松浦玲, 『勝海舟』, 中公新書, 1968.

9 島田昌和, 「第一(国立)銀行の朝鮮進出と渋沢栄一」, 『経営論集』 9, 1999. 12, pp.55-69.

10 半藤一利, 앞의 책, p.199.

11 이노우에 가쓰오, 앞의 책, p.152. 양이전쟁의 구체상과 개국으로의 전환에 대해서는 같은 책, 제2, 3장 참조.

양이파의 웅번에서도 서양사정의 파악과 인재양성에 주력했다. 사쓰마번은 아편전쟁 이후 서양식 제철·조선·방적산업을 도입했고, 1855년 일본 최초의 증기선인 운코마루(雲行丸)의 운항에 성공했다. 영국과의 양이전쟁은 오히려 식산흥업을 중시하고, 영국에 접근하여 군함과 무기를 구입하는 계기가 되었다. 양이전쟁에서 영국의 포로가 되었던 고다이 도모아쓰(五代友厚)는 거꾸로 영국에 유학생을 파견할 것을 제안한다. 사쓰마번은 그를 포함한 유학생 15명을 영국에 파견했다. 고다이는 귀국 후 광산개발업에 성공하고, 금융업으로 오사카의 경제건설을 주도한다.

난학과 양학의 중심지이기도 했던 조슈번에서도 조슈 5걸로 불리는 인재를 영국에 파견했다. 이토 히로부미와 이노우에 가오루(井上馨)는 1880년대 일본의 헌정체제를 준비하고 이끈 정치가로 성장한다. 이노우에 마사루(井上勝)는 철도사업을 추진하고, 야마오 요조(山尾庸三)는 도쿄대학 공학부를 건립했으며, 엔도 긴스케(遠藤謹助)는 조폐국장이 된다. 서양 유학과 서양 전문가의 고용은 일본의 근대적 시스템 구축에 기여한 필수 조건이었다. 이토와 이노우에 가오루는 1863년 5월 영국 유학을 떠나기 전, 그해 1월에 영국 공사관 방화사건에 가담했던 자들이다. 함께 참가했던 존왕양이론자 시나가와 야지로(品川弥二郎)도 1870년 보불전쟁 당시에 독일과 영국을 유학한 후 유신정부의 관료로 활약한다. 시나가와와 이토는 쇼인의 제자였다.

1863년 영국 유학 중에 조슈번의 양이전쟁 소식을 접한 이토와 이노우에 가오루는 서둘러 귀국을 결행한다. 짧은 유학을 통해 그들이 얻은 결론은 개국과 체제변혁의 필연성이었다. 왕복 7개월간의 항해와 6개월의 체류를 끝내고 1864년 6월에 귀국한 그들은 양이론의 소용돌이 속에 다시 뛰어들어 개국을 주장하고 평화교섭에 애쓴다. 하지만 그 반응은 "매국의 적"을 "양이를 위한 피의 제물로 하자"는 협박이었고, 이토는 양이의 기세를 꺾지 못했다.[12] 결국 양이전에서 패한 조슈번은 막부의 징벌 대상이 되었다.

그러나 조슈번은 막부와 대결하기 위해 거꾸로 열강 4개국과의 강화를 모색함으로써 개국으로 돌아섰다. '조슈가 개국하면 일본 전체가 변화할 수 있다'는 이토의 신념대로 이후 정국의 변화는 급변해갔다. 1863년 고메이 천황이 양이친정(攘夷親政)에 관한 칙서를 내린 상태에서 막부는 삿초(薩長)번의 양이전쟁을 수수방관해야 했다. 하지만 모두가 연패한 상황에서 1865년 고메이 천황도 개국을 승인한다.

3. 초망굴기의 민족주의와 천황 상징

극단적인 존왕양이 세력인 조슈번의 무사들은 1864년 교토에서 막부를 보좌하며 공무합체를 추진하는 친번(親藩: 도쿠가와 혈통을 갖는 다이묘) 세력을 공격하는 등 군사적 행동을 지속했다. 이에 막부는 조슈 정벌을 두 차례 명령했지만, 그들의 기세를 꺾지 못했다. 번정 개혁으로 재정을 갖추고 군사적 혁신을 도모해온 사쓰마와 조슈번은 사이고 다카모리(西郷隆盛)와 기도 다카요시(木戸孝允)가 주축이 되어 1866년 3월에 삿초동맹을 결성하고 막부타도를 결의한다. 농민들의 요나오시(世直し: 세상 바로잡기) 폭동도 빈번했다.[13] 이런 가운데 1866년 12월 공무합체파의 추거로 도쿠가와 요시노부(徳川慶喜)가 쇼군(将軍)을 승계한다. 이 마지막 쇼군의 임기는 짧았다.

---

12 中原邦平, 『伊藤公実録』, 啓文社, 1910, p.273. 이토의 정치적 부상에 대해서는 한상일, 『이토 히로부미와 대한제국』, 까치, 2015, 제1부 참조.

13 이노우에 가쓰오, 앞의 책, pp.187-188.

존왕론의 압력 속에서 1867년 11월, 30세의 요시노부는 15세의 메이지 천황에게 통치의 정당성을 반환하는 대정봉환(大政奉還)을 실시한다. 정치적 실권은 여전히 막부에 있었다. 그러나 1868년 1월 3일, 천황은 막부를 폐지하고 천황친정의 왕정복고를 선언한다. 막부의 실권을 박탈하기 위해 구게(公家)인 이와쿠라 도모미(岩倉具視)와 사쓰마번의 오쿠보 도시미치가 쿠데타를 주도했다. 1월 27일 친막부와 반막부의 알력 속에서 막부의 군함이 사쓰마번의 군함을 공격하자, 교토의 도바·후시미(鳥羽·伏見)에서 전투가 시작되었다. 다음 날 조정은 삿초번의 군대에 관군(천황의 군대)의 자격을 부여하고, 막부군을 적군으로 간주한다. 그러나 전쟁에서 "이기면 관군"이 된다. 여전히 교토의 막부군은 15,000명, 관군은 5,000명으로 전세는 막부에 유리해 보였다. 하지만 조정의 적(朝敵)으로 몰린 쇼군은 에도로 잠적하여 막부군의 저항 의지를 외면한다.[14]

요시노부는 '평화로운 정권 이양'을 택했지만, 막부를 대신할 통치체제는 아직 들어서지 못했다. 막번체제의 수호에 사활을 건 세력도 아직 물러서지 않았다. 교토·에도의 치안유지를 담당했던 신센구미(新選組)·쇼기타이(彰義隊)를 포함하여, 아이즈번과 센다이(仙台)번 등 모두 19개 번에서 유신 세력에 대항하여 1년 5개월 동안 보신전쟁을 벌였다. 그들은 공무합체하에서도 존왕양이를 실현할 수 있다고 믿었다.

유혈 투쟁의 승자든 패자든, 막말 유신의 역사적 변혁을 이끈 주인공은 주자학과 난학, 국학과 병학을 익힌 무사, 그중에서도 하급무

14 미토번 나리아키의 아들인 요시노부는 히토쓰바시 도쿠가와가(一橋徳川家)에 입양되었지만, 도쿠가와 혈통 정치에 대한 집착을 보이지 않았다. 신국(神国)의 혈통에 근거해 『대일본사』를 편찬한 미토번주의 후손다운 선택으로 평가된다. 松浦玲, 『徳川慶喜』, 中公新書, 1975; 半藤一利, 앞의 책, pp.270-298.

사들이었다. 무사계급의 80%에 해당하는 하급무사는 화폐경제의 발전 속에서 부를 축적하는 상인과 달리 적은 봉록으로 궁핍한 생활을 보내야 했다. 태평시대에 무위를 떨칠 기회도 없었다. 조선에서 선비들이 과거제도로 신분 상승의 기회를 갖기 때문에 체제변혁을 주도하지 못했다면, 일본에서는 하급무사들의 누적된 폐색감과 탈출구 없는 불만이 막부체제를 붕괴시켰다는 비교 분석도 있다.[15] 그러나 체제변혁과 새로운 시대의 개척이 단순히 현실에 대한 불만의 기운을 뿜어내서 가능한 일이겠는가.

막말 유신기의 인재들은 서양 지식을 갖추기 위해 막부의 인재양성소와 각 번의 유명한 사숙(私塾)에 모여들었다. 중국의 개항지에도 파견되었다. 아편전쟁 직후 이이제이(以夷制夷)를 노리며 서양정보를 수집한 중국인 위원(魏源)의 『해국도지(海国図志)』(1843-1852)는 조슈번의 무사인 요시다 쇼인의 사숙에서도 읽혔다. 유교의 공도사상과 신국의 역사의식이 융합된 미토학(水戸学), 군사와 방위의 실천적 태세를 갖추려는 병학, 민중에 파고든 신도와 국학, 서구와 중국의 사정·실용 학문에 열중한 학구적 자세 등이 모두 무사와 민간인들의 역량을 키웠다. 농공상의 평민 중에서도 지력과 재력을 축적하는 자들이 늘어났다. 스미토모(住友)와 미쓰이(三井)는 막말에 이미 두각을 나타낸 재벌 기업이다.

주자학·양명학·신도·국학은 존왕양이의 미토학에 스며들면서 천양무궁(天壤無窮)의 신칙(神勅)과 일군만민(一君萬民)의 일체감을 불러일으켰다. 특히 민족의 단일한 역사의식을 배태하는 민족종교·민족문화로서의 지위를 획득하기 시작한 신도와 국학은 위로는 천황제의 왕

15 아오키 미치오, 허은주 역, 『일본대중문화의 원형』, 소명출판, 2016, pp.77-78.

도주의와 결합했고, 아래로는 신국(神国)의 민족주의 정념을 탄생시켰다. 일상의 희노애락에 지친 유한한 생명체들은 '신인(천인) 합일'의 생명력을 자신들의 심신에 불어넣었다.[16] 그 사상과 신념의 자장 속에서 대의명분에 기꺼이 생명을 바치는 초망지사(草莽志士)들이 출현했다.

초망(草莽)은 맹자에서 '초야의 은자'를 가리키던 말로, 관직을 갖지 않은 일반인을 의미한다. 막말 일본에서는 번을 이탈한 낭인(浪人)들이 정치운동을 주도할 때, '신분도 없이 뜻을 펼치는' 의미에서 초망지사로 불렀다. 중세 이행기부터 율령제의 불법행위자나 전란의 패자로 관직을 잃고 부랑(浮浪)하는 무리가 있었다. 도쿠가와 막번체제에서도 주군을 모시는 무사와 영주민들의 번 이탈을 금지하고 출입을 관리했으나, 막번체제가 정체되고 모순이 중첩되면서 사농공상의 사회적 신분을 버리고 번을 이탈하는 유랑객들이 생겨났다. 특히 막말에는 존왕양이의 이념을 품고 교토와 에도로 들어가 각 번의 무사들과 자유롭게 교류하며 막부타도운동을 벌이는 낭인들이 늘어났다.

낭인들에게 사상을 불어넣은 스승은 사숙 쇼카손주쿠(松下村塾)를 운영한 요시다 쇼인이다. 스스로도 조슈번을 이탈하여 미국 밀항을 시도했던 쇼인은 '안세이의 대옥' 사건으로 서른 나이에 사망한다. 그는 1859년 4월 7일 감금되기 직전, 병학자이자 주자학자인 사쿠마 쇼잔(佐久間象山)의 조카 기타야마 안세이(北山安世)에게 보낸 편지에서 초망굴기(草莽崛起)를 논한다. 재야의 낭인들이 우뚝 일어서야 일본을 구할 수 있다는 취지의 글이다.[17] "지금의 막부도 제후도 술 취한 사람들 같아서 서로 돕고 힘을 합할 여지가 없다. 초망굴기의 사람들에게 바

---

16 마에다 쓰토무, 이용수 역, 『일본사상으로 본 일본의 본질 兵學·朱子學·蘭學·國學』, 논형, 2014, pp.281-295.

17 「北山安世宛書簡, 安政六年四月七日, 吉田松陰の名文·手紙を読む」(http://www.yoshida-shoin.com/message/0soumoukukki.pdf).

랄 수밖에 없다." "초망굴기의 힘으로 가깝게는 본번(本藩: 출신지)을 유지하고, 멀리는 천조(天朝)의 중흥을 보좌할 수 있다면, 필부의 분에 넘치는 것 같지만, 신주(神州: 일본)에 큰 공적"이라는 내용이다. 막번체제의 폐단을 넘어설 '영웅 대망론'을 펼친 셈이다. 한편, 「유인록」이라는 옥중 서신에서는 서구제국주의에 대처한 영토 팽창론을 펼친다.

> 나라를 잘 보전한다는 것은 단순히 그 있는 곳을 잃지 않는 것만이 아니라, 그 없는 곳을 늘려야 한다. (…) 지금은 서둘러 무비를 갖추고, 함선과 대포를 준비한다면, 곧바로 에조[홋카이도]를 개간하여 제후를 봉하고, 틈을 노려 캄차카와 오호츠크를 빼앗고, 적절하게 류큐[오키나와]를 타이르며, 아침 회동에 다른 제후처럼 참석케 하고, 조선을 공격하여 공납을 받는 것을 고대의 번성기처럼 행하고, 북으로 만주 땅을 차지하고, 남으로 대만과 루손[필리핀]의 섬들을 거두며, 점차 진취의 기세를 보여야 한다. 그런 후에 백성을 사랑하고 무사를 양성하여 조심스럽게 변경을 지키면, 즉 나라를 잘 보전하는 것이라 할 수 있다. 그렇지 않고 오랑캐 무리의 경쟁 중에 앉아서 아무것도 행하지 않는다면 어찌 나라가 쇠망하지 않겠는가.[18]

쇼인의 호전적인 영토인식은 『일본서기』의 삼한정벌설과 『손자병법』에 기초하면서도 서구제국의 세계적 판도와 항로를 살피면서 제시한 것이다. 홋카이도 개척과 오키나와 합병, 조선의 속국화, 북방영토와 만주 및 대만과 필리핀까지 영유권을 노리는 야심찬 계획이다. 조선에 대한 조공 요구는 조선통신사에 대한 역발상이다. 중국에 대해서는 만주와 대만만을 언급하고 있다. 양명학을 존중한 쇼인이 한

18 「幽囚録」, 『吉田松陰全集』 第1巻, 岩波書店, 1940, pp.350-351([ ]: 인용자).

(漢)민족의 중국에 대한 침략 의욕을 보이지 않아서인지, 쇼인의 양명학은 중국으로 역수출되었다. 캉유웨이가 쇼인의 양명학을 연구하고, 량치차오는 상하이에서 『쇼인문초(松陰文鈔)』(1905)를 출판했다. 또한 1934년 도쿠토미 소호(德富蘇峰)가 집필한 『요시다 쇼인』도 중국에서 제법 읽혔고, 중국혁명에도 영향을 미쳤다고 한다.[19]

쇼인의 제자 중에서도 헌정체제를 주도한 이토 히로부미와 군사 및 관료 제도를 정비한 야마가타 아리토모는 서양의 지식과 제도를 수용함으로써 지도력을 완비했다. 다가올 문명개화의 시대에 쇼카손주쿠의 교육은 부분적인 역할에 그치지만, 막말 지사들에게 흡수된 사상은 세 가지로 요약된다.[20] 첫째, '군신의 의'를 확립하는 문제다. "천하의 임금은 하나"라는 쇼인의 주장은 막번의 지배를 부정하고, 훗날 기타 잇키(北一輝)에 이르러 '일군만민'의 평등 이념을 낳았다. 둘째, '화이의 분별'을 밝혀서 주체를 확립할 과제다. 쇼인은 모토오리 노리나가(本居宣長)가 중국과 조선의 중화주의를 뒤집어 일본 중심을 세운 것처럼, 조슈를 중심에 놓고서 일본 개혁을 구상하며 세계정세에 대비한 무비와 대륙웅비를 논했다. 셋째, '기걸비상'한 인재의 육성이다. 기걸비상은 비이장목(飛耳長目)을 실천해야 한다. 변화하는 세상을 살피고 긴 안목으로 미래를 준비하는 자세에서 '양이'와 '개국'이 동시에 가능해진다. 기걸의 비상함은 그 품은 뜻과 기상에 달려 있다.

> 무릇 사군자(士君子)의 됨됨이는 그 지기(志氣)가 어떠한가에 있다.
> 뜻(志)을 세움은 기걸비상(奇傑非常)의 무사(士)들과 서로 사귐에 있다.

---

19 満川亀太郎, 長谷川雄一 編·解説, 『三国干渉以後』, 論創社, 2004, p.100.

20 「松下村塾記」 小田村伊之助宛書簡, 安政三年十一月二十日(1856), 『吉田松陰撰集』, 松風会, 1996(http://www.yoshida-shoin.com/message/0shoukasonjyukuki.pdf).

기(氣)를 키움은 명산대천을 활보함에 있다.[21]

이들은 막번체제의 규율과 법도에 구속되지 않고, 새로운 시대사상과 행동양식을 만들어내며 초망지사의 네트워크를 확장해갔다. '초망굴기'의 정신으로 무장한 지사들은 일본의 명산대천에서 조선을 건너 중국과 유라시아 대륙까지 활보했다. 러일전쟁에서 패배한 러시아인들은 "일본의 병사와 장교는 죽음을 전혀 두려워하지 않았고, 철저하게 잔인하고 집념 강한 인간"이라고 묘사했다.[22] 초망지사의 행동양식을 '혁명가'의 그것으로 평가하는 논의는 '우익담론'에 한정되지 않는다. 신좌익 세대도 그들을 '횡단 좌익'의 역사적 원형으로 해석한다.[23]

막말의 낭인들은 존왕양이의 신념으로 기병대·유격대, 천주조(天誅組)·진충조(真忠組) 등을 조직했고, 초망의 신하(초망지신)라는 대의명분을 앞세워 암살과 패거리 싸움도 일삼았다(그림 1, 그림 2 참조). 이들은 보신전쟁에서 관군, 즉 천황의 군대로 승격되었지만, 유신정부의 외교에도 반대했다. 양이론의 정서는 불평등한 국제질서와 불평등 외교에 대한 저항 속에서 자기중심적 명분을 배양한다. 초망지사가 관료를 비판하며 외세에 대한 구국의 열정으로 일어난 점에서 조선의 동학농민운동 및 의병활동과도 통한다. 그 척양 정신과 현실정치에 대한 비분강개는 아시아의 반제·반일민족주의와 같은 정신적 뿌리에 닿는다. 한편, 막말 낭인들의 정치인 암살은 1930년대 국가개조운동

---

21 安政五年正月二十三日, 「児玉士常の九国·四国に遊ぶを送る敍」, 川口雅昭 編, 『吉田松陰一日一言: 魂を鼓舞する感奮語録』, 致知出版, 2006.

22 ドミトリー パヴロフ(Dmitry Pavlov), 「日露戦争に関するロシアの研究史」, 『戦争史研究国際フォーラム報告書 第3回』, 防衛省, 2005, p.13.

23 이 책 제7장 제4절 참조.

에 나선 청년장교들의 쿠데타로도 이어졌다.

자유민권운동에도 관여했던 초망지사의 다수는 조선과 중국으로도 넘어갔다. 그들에게는 도쿠가와 막부만이 아니라 조선과 청의 전제정권 모두 공공의 적이었다. 그러나 재야의 무관·무직자인 대륙낭인이 언제까지나 정권이나 체제 바깥에서 저항 세력으로 활약한 것은 아니다. 서구제국주의에 대한 공동 저항을 위해 아시아를 혁명하고 부흥시키겠다는 '천하공도'의 이념은 일본인의 편협한 애국심과 사리사욕의 명분도 정당화했다. 그들의 이념과 행동이 국가에 포섭되거나 공식적인 내셔널 히스토리로 흡수되는 것은 시간문제였다.

양이를 폐기한 유신정부는 존왕 사상을 국민교화의 정신으로 삼고자 했다. 막말에 존왕 신앙을 주도한 히라타파(平田派) 국학자들이 신정부에 침투하여 신불(神仏)분리와 제정일치를 주장했다. 하지만 문명개화가 시작된 새 시대였던 만큼, 고대 율령제의 최고 국가 기관이었던 신기관(神祇官)을 부흥시키고 신도를 정교(政教)로 국교화하려는 정책은 통하지 않았다. 대신 1872년에 종교통제와 국민교화를 목적으로 교부성(教部省)이 설립되었다. 교부성은 신관, 승려는 물론 하이쿠, 와카의 문예가, 통속소설의 작가를 교도직(教導職)으로 임명하여 3조의 교헌(三条の教憲)을 가르치게 했다. 경신애국을 기본으로, 천리인도(天理人道)를 밝히며, 천황을 받들어 국가질서를 확립한다는 내용이다.[24] 그러나 교부성도 1877년 폐지되어 내무성에 통합되고, 1890년 지금의 신사본청에 해당하는 신사국(神社局)이 독립되었다. 이미 1869년 2월 대학교 설립을 위한 정부의 포달 전문에서도 "황도 숭상"의 국학 이념을 폐기하고, "천지의 공도에 따라 지식을 세계에서 구하라

24 仮名垣魯文, 『三則教の捷径』, 中西源八蔵版, 1873; 明治文化研究会 編, 『明治文化全集』 第12巻(宗教篇), 日本評論社, 1992, pp.1-4.

는 성지"를 교육 이념의 요체로 제시했다.[25] 1875년 전국에 24,000개 소학교가 설립되고 1880년 새로운 교육령이 제정되면서, 이제 황도주의 국민 교화는 보통 교육의 교과 단위에서 수행하게 된다.

존왕 신앙과 천황제는 일본 내셔널리즘을 구성하는 중요 요소다. 막말의 존왕양이와 굴기의 정신은 제2차 세계대전 당시 학도병과 특공대 속에서 재현되었다. 전장에서의 참혹한 죽음을 미학적 숭고함으로 끌어올리기 위해 역시 천황과 국가의 신성한 일체화가 필요했다. 천황의 권능은 현실의 권력 투쟁과 일상의 규율 권력이 갖는 폭력성에 정당한 가치를 부여한다. 그것은 중세 무사정권의 탄생 과정에서부터 입증되었다.

무사계급은 율령제를 도입한 고대 천황제에서 군사, 경호, 법률, 의료, 농지개발 등 직능에 복무하며, 무예와 문예를 닦던 하급귀족 출신의 관료나 예능집단으로도 해석된다.[26] 8세기 헤이안 귀족문화의 번성 끝에 각 지역 호족들의 반란이 일어나는 과정에서 무사계급이 세력을 키웠고, 12세기 말에는 천황에게 임명받은 쇼군이 국가의 실질 통치자로 나서는 막부의 통치 시대가 된다. 천황은 실권을 상실했지만, 무사들의 권력 탈취에 정통한 지위를 부여하는 초월적 권위로 존재했다. 천손 신앙의 혈통을 갖는 천황은 승자와 패자로 갈리는 권력 투쟁의 원한과 허망을 덮고서, '내일도 떠오르는 태양'처럼 일상의

25 이권희, 『국가와 교육 메이지 국민교육사』, 케포이북스, 2017, p.39. 황도주의 교육의 좌절과 보통교육에서의 황도 및 국체 사상의 교화에 대해서는 같은 책, pp.37-50 참조.

26 高橋昌明, 『武士の成立 武士像の創出』, 東京大学出版会, 1999는 무사의 탄생을 귀족문화의 쇠퇴와 부국강병의 관점에서 보는 중세 내셔널리즘 및 무사를 예능집단으로 보는 학설사의 관점을 소개하고, 근대 일본에서 다양한 무사의 이미지가 만들어지는 역사적 과정을 보여준다. 森公章, 『古代豪族と武士の誕生』, 吉川弘文館, 2013은 관료제와 중앙집권제의 성립 과정에서 여러 직분의 무사가 성립하는 과정을 살피고, 関幸彦, 『武士の誕生』, 講談社, 2013은 지방 호족의 반란 사건에서 무사가 탄생하는 과정을 미시적으로 고찰한다.

지속 가능성을 보장하는 본원적 후광으로 존재해온 것이다.

1889년 대일본제국헌법에서 천황을 '국가원수와 통치권의 총람자'로 규정한 이래, 현실 권력이 천황에게 집중된 적은 없다. 유신 초기에 정부와 군부의 요직은 대체로 막부타도운동을 이끈 서남의 웅번, 즉 사쓰마(薩摩: 가고시마)·조슈(長州: 야마구치)·도사(土佐: 고치)·히젠(肥前: 사가) 출신이 차지했다. 정한론 논쟁 이후에는 '삿초독재'가 시작되다가 자유민권운동을 거쳐 1890년대 이후 헌정체제하에서 '국민주권'의 저변을 확대해갔다. 전후 일본에서 천황의 전쟁책임이 단순히 상징천황제의 폐지 문제가 아니라, 천황가와 일본 국민 모두가 성찰할 문제로 제기되어야 했던 것은 이러한 이유 때문이다.

강좌파 공산주의자들이 일본 국가의 권력 요체로 천황제를 지목한 이래, 좌익과 우익의 정치투쟁에서 일본을 천황제 국가로 규정하는 효과를 키웠다. 그러나 고대사에서 천황가의 왕정은 500여 년 유지되었을 뿐이다. 그것은 전국시대를 포함하여 700여 년 지속된 막부권력보다 연륜이 짧다. 외척과 상왕의 섭정을 제외한 천황친정은 실제로 100여 년에도 못 미친다. 신황정통기(神皇正統記)의 천황친정(親政) 이념은 역사적 상상의 산물에 가깝다.

천황에게 권력이 없다는 이유로, 일본의 우익은 근대 일본의 모순에 대한 책임을 자본주의와 서구적 합리주의를 구현한 '번벌, 관료, 재벌, 군부'에 전가했다. 1930년대 우익들은 그들을 테러의 대상으로 삼았다. 청년 장교들의 2·26 쿠데타에 놀란 사법부와 헌병사령부가 우익 단체와 인사를 시찰할 정도였다.[27] 아이러니하게도 공산당이 '우

27 『右翼団体名簿』, 陸軍省, 1933; 『左右翼主要団体名簿』, 憲兵司令部, 1936; 斎藤三郎, 『右翼思想犯罪事件の綜合的研究: 血盟団事件より二·二六事件まで』, 司法省刑事局, 1936; 楠原祖一郎 編, 『昭和十二年中における社会運動概況: 昭和十二年中における右翼社会運動概況 その2』, 社会思想対策調査会, 1938.

익, 전범'으로 분류한 대상과, 우익이 증오하고 테러를 범한 대상이 동일한 집단을 이루고 있는 셈이다.

4. 무사들의 반란과 자유민권운동

1980년대부터 일본의 민중사, 사회사 연구는 에도 시대의 요나오시 폭동이나 농민 잇키(一揆: 봉기)를 자연발생적 폭력이나 적대적인 계급투쟁에서 보던 것과 다른 새로운 해석을 내놓는다. 당대 사회에서 잇키가 합법적인 권리 행사로 용인되며 그다지 폭력적이지 않은 형태로 이루어졌고, 행위 주체들 사이에서 토지에 대한 권리의식과 신분제를 넘는 평등의식이 흐르고 있었다는 것이다.[28] 이로써 권리·평등에 대한 자각이 근대적 가치의식을 넘어선, 재화 및 사회적 관계가 충족되지 않는 현실에서 생기는 인간의 자연적 욕구이자 역사적 행동 양식이라고 인정하게 된다. 다만 그것이 공동체 바깥의 타자에게도 공정한 권리·평등의식이었을지는 의문이다.

유신 정책하에서도 관습의 폐지와 증세에 불만을 품은 농민과 양이파 무사들이 봉기와 혈세 폭동을 빈번하게 일으켰다.[29] 신정부는 관군에 가담했던 비(非)삿초의 웅번이 개혁 정책으로 성장하여 정부에 반발하는 현상도 견제해야 했다. 1871년부터 폐번치현 등, 중앙집권화를 위한 제반 조치가 이루어졌다. 신정부의 수뇌부가 구미사절단으로 외유 중(1871. 12. 23-1873. 9. 13)이던 때 사이고 다카모리가 이끄는 루스(留守: 남아서 지킴) 정부는 학제 개편, 세제 개정, 징병제, 태양력 사

28 이노우에 가쓰오, 앞의 책, pp.7-8, 125, 190-192.

29 위의 책, pp.208-215.

용 등의 개혁 정책을 실시했다. 국서를 소지한 외교사절이 조선 흥선 대원군의 척양척왜 정책에 부딪쳐 냉대를 당하는 일이 거듭되자 1873년에는 정한론도 들끓었다.

정한전쟁은 유신 개혁으로 특권적 지위를 상실하게 된 사족(士族)의 존재감을 만회할 절호의 기회였다. 이미 막부 말기에 하시모토 사나이(橋本左内), 쇼인, 가쓰 카이슈 등이 서구제국에 대항하기 위해 일본의 대륙웅비를 제창한 바도 있다.[30] 사이고는 일단 무사계급의 불만 타개책으로 정한론을 수용했지만, 군사적 행동에 앞서 자신이 먼저 조선을 방문하여 외교 교섭을 시도하기로 한다.[31] 스스로 군총사령관에 취임한 그는 도사번의 이타가키 다이스케(板垣退助)와 고토 쇼지로(後藤象二郎), 사가번의 에토 신페이(江藤新平)와 오키 다카토(大木喬任)를 요직에 등용했다.

그러나 구미사절단을 이끌었던 이와쿠라 도모미와 오쿠보 도시미치, 기도 다카요시는 자신들의 부재중에 벌어진 일방적 결정과 인사에 불신을 품었고, 부국강병을 위한 내치를 앞세워 정한론을 각하했다. 이에 사이고의 동조자 600여 명이 주요 관직과 군부에서 이탈하는 '메이지 6년의 정변'이 일어난다. 정한론의 권력투쟁에서 패배한 이타가키는 1874년 삿초의 번벌정치에 반대하는 '민선의원설립 건백서'를 제출한다. 1873년 징병제 실시에 이어 1876년 질록(秩禄) 급여가 폐지되자, 이에 반발한 무사들은 죽창 폭동을 일으켰다.[32] 1874년 사가(佐賀)의 난, 신풍련(神風連)의 난, 하기(萩)의 난에 이어, 1877년에는 '불평

30 圭室諦成, 『西郷隆盛』, 岩波書店, 1960, pp.129, 133. 다마무로는 사이고가 정한론자이며, 그가 봉건주의 세력의 재편을 기도하다가 실패한 것으로 본다.

31 毛利敏彦, 『明治六年政変』, 中公新書, 1979, pp.129-131. 모우리는 사이고를 정한론자로 보지 않는다. 파병론을 제기한 것은 이타가키이며, 사이고는 강경론을 견제하고 전쟁을 피하기 위해 외교 교섭을 자청했다고 해석한다.

32 이노우에 가쓰오, 앞의 책, pp.226-228.

사족'들이 사이고 다카모리를 추대하여 세이난전쟁을 일으킨다.

일본의 최후·최대의 내전이자, 장기 유격전의 성격을 띤 세이난전쟁은 징병제 이후 모집된 국민병이 최초로 치른 전투이기도 했다. 반란군 전사자는 6,700여 명, 정부군 전사자는 6,400여 명으로 집계된다. 후방 지원을 위해 경시대 약 9,500명도 조직되었고, 일본 적십자사에 해당하는 박애사가 조직되어 부상자를 돌보았다. 정부 경비는 1877년 총 세수액 4,800만 엔 중 4,100만 엔이 소요되었다고 한다.[33] 구마모토 전 지역에서 약 8개월 간 지속된 이 전쟁은 사이고의 죽음으로 종결되었다.[34] 마침 사이고와 같은 해에 조슈번의 기도가 병사하고, 다음 해에 사쓰마번의 오쿠보도 암살당한다. 메이지유신의 3걸로 불리는 원훈들의 죽음은 무사계급의 소멸과 근대 관료제의 확립을 알린다.

사쓰마번 출신으로 사이고를 제압한 오쿠보는 6인의 자객들에게 암살당한다. 주모자인 시마다 이치로는 암살의 명분으로 ① 공론과 민권을 억압하고, ② 뇌물과 부정부패를 일삼으며, ③ 도로 공사와 관청사 건설을 위해 재정을 낭비하고, ④ 강개충절(慷慨忠節)의 무사를 배척하고 우국적개(憂國敵愾)의 무리를 혐의(嫌疑)하여 내란을 조장하며, ⑤ 외국교제를 잘못하여 국권을 실추한 죄상을 거론했다. 자유당의 민권운동에 관여했던 그들의 살생부에는 이토 히로부미의 이름도 있었다.[35] 1890년 자유당의 민권론자들이 이토와 제휴했지만, 1909년

33 경비는 海軍省, 『明治十年西南征討志 附録』(復刻板), 青潮社, 1987(초판: 1885), pp.51-53. 전사인원표(戦死人員表)는 陸軍参謀本部編纂課 編, 『征西戦記稿』(復刻板), 青潮社, 1987(초판: 1887) 참조.

34 사이고의 영웅화에 비교하면 너무 늦은 2017년 9월 23일, 메이지유신 150년을 앞두고 세이난전쟁의 전몰자를 위한 위령탑이 건설되었다. 「西南戦争, 140年目の「仲直り」南洲墓地で慰霊塔除幕」, 『毎日新聞』(地方版), 2017. 9. 25.

35 板垣大助監修, 『自由党史』(上巻), 五車樓, 1910. 鶴見俊輔 他 編, 『日本の百年9: わき立つ民論』, 筑摩書房, 1963, pp.33-34에서 재인용.

이토를 저격한 안중근에게 오히려 감사해하는 구자유당원이 여전히 존재했을 가능성은 충분하다.

세이난전쟁은 '근대와 반근대의 결전'으로 해석되고, 반란군에 가담한 사이고의 선택에 대해서는 '반동성과 혁명성'이라는 양날의 해석이 공존한다.[36] 동시대의 기도와 오쿠보는 사이고를 문명개화와 정치에 무능한 관료로 보았다. 하지만 삿초번벌에 반대한 동시대의 후쿠자와 유키치는 사이고의 죽음 한 달 뒤에 쓴 『정축공론』에서 "사이고는 결코 자유 개진(改進)을 싫어하지 않았으며 진실로 문명의 정신을 사모한 자"라며 높이 평가했다.[37] 우치무라 간조(内村鑑三)도 『대표적 일본인』(1908)에서 '경천애인'을 강조한 사이고를 무사의 순수한 정열을 불태운 '신일본의 창설자'로 예찬했다.

반면, 강좌파의 이노우에 기요시(井上清)는 사이고를 사족(士族)군국주의자로 보고, 정한론의 논쟁도 사족군국주의와 관료군국주의의 대립으로 파악했다.[38] 역시 강좌파인 하니 고로에게 메이지유신을 배운 E. H. 노먼도 사이고가 이끈 전쟁을 '봉건주의 반동'으로 읽고, 정한론을 극우 세력과 대륙팽창의 원류로 간주했다. 대신 노먼은 농민과 도시빈민의 봉기, 자유민권운동을 전개한 자유당 좌파의 활동에서 민주주의운동이 싹텄다고 평가한다.[39] '민권파'와 '국권파'의 대립이

---

36 橋川文三, 『西郷隆盛紀行』, 文春学藝ライブラリー, 2014, pp.10-13, 22-28.

37 福澤諭吉, 『明治十年丁丑公論·瘦我慢の説』, 講談社, 1985, p.17.

38 井上清, 『新版 日本の軍国主義 II 軍国主義と帝國主義』, 現代評論社, 1975, p.86.

39 E. Herbert Norman, *Japan's Emergence as a Modern State*, Institute of Pacific Relations, 1940, pp.85-90(https://archive.org/details/JapansEmergenceAsAModernState.H.Norman) by Darcy Carvalho. 일본어 번역본은 E. H. ノーマン, 大窪愿二 訳, 『日本における近代国家の成立』, 岩波文庫, 1993, pp.140-146. 하니고로의 메이지유신 연구는 「幕末における思想的動向」, 『日本資本主義発達史講座: 第1部 明治維新史』, 岩波書店, 1933에서 시작한다. 전후의 하니는 "현대 일본의 직접적 기원은 메이지유신"이라며, 그 근거로 국민의 생활이 "헌법과 자유에 의해 보장되는 것"을 들었다. 메이지유신의 '헌정체제와 자유정신'을 인정하면서 '진보적 통제'라는 용어도 사용한다. 羽

의회제 민주주의 발전에 기여한 의미는 크지만 자유민권운동의 뿌리는 정한논쟁에 있다. '메이지 6년의 정변'으로 형성된 '야권'이 삿초 정권보다 우월하게 국권을 초월한 민주적 가치와 윤리적 정당성을 위해 분투한 것으로 평가하기는 어렵다. 국회의 조속한 개설을 촉구한 민권운동은 본질적으로 권위주의 정권의 개발독재에서 권력의 분유(分有)를 촉구한 것으로 이해된다.

흥미롭게도 유신 3걸 중 사이고 다카모리만이 당대부터 국민적 영웅으로 기억된다. 스스로 권좌에서 내려와 반란군의 수장이 된 반전 드라마와 삿초정권의 근대화 정책에 반발한 민심이 여러 가지 신화를 만들었다. 일본 국회도서관 웹페이지에서 '사이고 다카모리'를 검색한 결과, 1877년 한 해에 나온 자료로 전쟁기록, 시문, 전기, 컬러 삽화가 들어간 그림책, 니시키에(錦絵) 등 총 145건이 나온다. 그 다양한 기억과 집단적 정서가 전승되면서 사이고는 '경천애인'의 의리와 '계속 혁명'의 진취적인 기상을 표상하는 인물상으로 주조되어온 것이다.

세이난전쟁이 종식되고, 이제 신정부에 맞선 권력투쟁은 삿초정권에서 소외된 도사번(현재 고치현)의 정치단체 입지사(立志社)가 이끄는 자유민권운동에 집중되었다. 민권이론가 우에키 에모리(植木枝盛)는 사족반란에 비판적이었다. 그에 따르면 전쟁은 '하늘에 짓는 대죄'일 뿐이다. 부채 농민의 소요나 혈세폭동에 가담하는 자는 민권가가 아니다. 아메리카 인민은 곤궁해서 납세를 거부한 것이 아니라, '대표 없으면 과세 없다'는 정치적 권리를 인식하고 관철함으로써 독립을 쟁취했다. 마찬가지로 일본의 조세감면운동, 조약개정운동도 먼저 민선의원의 개설에서 시작해야 한다. 전제정치는 국가의 부강 문명을

仁五郎,『明治維新: 現代日本の起源』, 岩波書店, 1946, pp.2-4.

해하고 인민을 나약하게 하며 인민의 결합을 방해하는 것이 실로 많다. 입헌 정체는 군주의 권리를 해하는 공화정이 아니니다. "인민과 군주의 권리를 확증"하는 군민공치(君民共治)로서 "국가안태의 기본"을 이루는 것이다.[40] 이러한 민권운동은 메이지유신의 근대성과 민주주의를 발전시킨 계기로 평가되었다.

민권운동, 국회개설운동으로 1881년부터 헌법제정 논쟁이 시작된다. 후쿠자와의 문하생들과 보수야당인 진보당의 오쿠마 시게노부(大隈重信)는 영국형 의원내각제 헌법을 지지했지만, 정부의 시기상조론에 밀려 추방당했다. 메이지 14년의 정변이다. 9년 후인 1890년에 국회개설을 약속한 천황의 칙령도 발표되었다. 막부가 프랑스의 군사기술과 군사교육 등을 도입했던 것과 달리, 유신정부는 군주대권을 인정하는 비스마르크 헌법을 취하고 부국강병책을 추진했다. 메이지유신 3년 후인 1871년에 프로이센의 비스마르크가 독일제국의 통일을 이룩한 반면, 프랑스는 보불전쟁에서 패배하고 나폴레옹 3세의 제2제정도 붕괴되어가는 상황이었다. 왕정복고로 만세일계의 이데올로기를 확립해가는 일본에서 단두대의 처형이 반복된 프랑스혁명을 참조했을 리는 없어 보인다. 1882년 3월부터 13개월 간 이토는 독일을 중심으로 유럽의 헌법을 조사하고 베를린대학과 빈대학에서 헌법강의를 들었다.

1889년 드디어 대일본제국헌법이 공포되고, 1890년 선거 실시로 제국의회가 열린다. 헌정체제하에서 자유민권운동도 막을 내린다. 이

40 植木枝盛,『植木枝盛集』(第3巻), 岩波書店, 1990. 본문에 관련한 문헌의 제목과 발표연도, 게재 면은「戦ハ天二対シテ大罪アルコト雑ヘタリ 万国統一の会所ナカルベカラザルコト」, 1872, pp.1-2;「民権家」, 1880, pp.151, 155;「立憲政体弁」, 1880, pp.169, 171에서 인용. 민권운동에 대한 평가는 稲田雅洋,『自由民権運動の系譜』, 吉川弘文館, 2009, pp.14-17, 23 참조.

타가키가 이끄는 자유당이 이토 내각의 청일전쟁에 협력했고, 다시 1898년 오쿠마의 진보당과 합당하여 헌정당(憲政党)의 이름으로 집권했다. 삿초번벌이 아닌 정당내각(隈板内閣)이 드디어 탄생했지만 그 결합은 길지 못했다.[41] 이후 구자유당계인 헌정당은 지속적인 의석 확보를 위해 1900년 이토가 결성한 보수 정당인 입헌정우회(약칭 '정우회')에 합류한다. 청일전쟁을 통해 자유당 내 좌파를 납득시키고 파벌정부와 대타협할 수 있는 기반이 만들어진 것이다.[42] 이로써 1900년대 일본은 헌정체제를 이루고 정치적 대연합을 이끌어 러일전쟁을 수행할 수 있는 국가체제를 정비했다.

강좌파 지식인들은 자유민권운동이나 지치부(秩父) 봉기를 호농과 상인에 기반을 둔 "부르주아민주주의 혁명운동"으로 규정했지만, 1890년대 자유당이 "반(半)봉건적 기생 지주와 거대 재벌과의 정치적 융합"을 시도하고 "산업 부르주아의 지배" 구도를 형성했다고 비판했다.[43] 민권운동의 좌절, 실패라는 시각은 한국에도 널리 수용되었다. 하지만 강좌파의 이념적 잣대가 당대 민권운동의 이념과 현실을 설명하는 것은 아니다. 자유민권파는 애초에 자신들 정당운동의 지속 가능성을 목적으로 삼았다. 민권이 국권으로 흡수되는 현상은 자유당의 변절이나 죽음을 의미하지 않는다. 그것은 근대의 정당운동에서 내셔널리즘과 데모크라시가 양립하고 결합하는 보편적 현상을 보여준다.

초기의 민권운동도 내셔널리즘에 입각해 있었다. 입지사(1874-1883), 애국공당(愛国公党, 1874/1890), 애국사(愛国社, 1875-1880), 자유당

---

41 진보당 계열은 '헌정본당'이란 이름으로 활동하다가 1927년에 입헌민정당으로 개칭한다.

42 坂野潤治·田原総一朗,『大日本帝国の民主主義 嘘ばかり教えられてきた!』, 小学館, 2006, pp.58-59.

43 平野義太郎,『日本資本主義発達史講座 第5: ブルジョア民主主義運動史』, 岩波書店, 1932, p.27.

(1881-1884)의 논객들은 정한론을 물리친 삿초정권에 대항하여 국민의 애국심을 선동했다. 그들의 자유와 민권은 삿초정권과 서구열강의 불평등조약에 대한 적개심, 정치적 권익을 향한 이기심을 내포한 것이다. 메이로쿠사(明六社)의 지식인들은 1874년 발표된 '민선의원설립건백서'에서 그러한 문제점들을 발견했다. 건백서에는 입법권이나 참정권에 대한 민주적 관점이 결여된 채, 정부의 외교적 저자세에 대한 비판과 조세 감면의 요구가 실렸을 뿐이라는 지적이다.[44] 자유당의 기관지 『자유신문』에 근무했던 고토쿠 슈스이(幸徳秋水)도 1890년 이후 자유당의 애국심이 삿초정권에 대한 증오심일 뿐, 인민에 대한 사랑이 아니라고 비판한다. 자유당원들은 일찍이 사회주의자를 능가하는 비분강개의 열혈 지사들이었지만, 의회의 다수를 차지하는 정당의 목적을 달성하기 위해 부패해버렸다는 것이다.[45]

자유민권사상은 서구사상을 수용한 지식단체와 언론사, 입헌개진당(立憲改進党: 진보당의 전신) 계열의 정치적 결사를 통해서도 이루어졌다. 후쿠자와의 게이오의숙과 미타(三田)연설회, *Self Help*(西国立志篇, 일명 自助論)와 *On Liberty*(自由之理, 自由論)를 번역한 나카무라 마사나오(中村正直)와 도진사(同人社), 공리주의를 연구하고 와세다대학의 설립에 실질적으로 공헌한 오노 아즈사(小野梓)와 정치계몽단체인 고손도슈(共存同衆), 1873년 법률강습회에서 시작하여 토론과 강연을 이어간 오메이사(嚶鳴社)의 활동이 모두 중요하다. 그들의 대중연설과 강연활동, 사교클럽과 언론활동 모두 일본의 민주주의와 내셔널리즘의 토

44 모리 아리노리(森有礼), 니시 아마네(西周)는 건백서를 '거짓 논리(偽論)'로 비판했다. 稲田雅洋, 앞의 책, pp.75, 80.

45 고토쿠 슈스이, 임경화 역, 「20세기의 괴물 제국주의」, 『동아시아 사회주의의 기원, 고토쿠 슈스이 선집 나는 사회주의자다』, 교양인, 2011, pp.53, 404.

대를 확장시키는 데 기여했다.[46] 자유주의를 수용하는 활동에서 기업가 교육과 자유교역도 중시되고, 산업과 경제 개념도 확장되었다. 오메이사의 발기인 다구치 우기치(田口卯吉)는 1878년에 『자유무역 일본경제론』을 출판하고, 1879년에 『도쿄경제잡지』를 창간한다.[47] 에도의 한학과 난학에서 출발한 하급무사들이 피어린 내전을 수습하고 새롭게 자유주의와 민주주의를 펼쳤다. 이러한 자유민권사상은 다이쇼 데모크라시에 계승된다.

5. '막말 유신'과 '통합'의 내셔널 히스토리

1869년 신정부는 '개국화친'을 국시로 정했다. 하지만 양이론의 난무 속에서 개국을 주도한 막부의 역사적 활약은 역사학계에서 오랫동안 주목을 받지 못했다. 메이지유신의 영웅 신화와 근대주의 승리사관, 그리고 반봉건 계급주의 혁명사관과 반외세 민족주의 저항사관 모두 막부 말기의 역사를 부정적으로 보았기 때문이다. 천황제를 주요 모순으로 삼는 좌익과 천황제를 만세일계의 전통으로 삼는 우익 모두 왕정복고의 의미를 중시했다. 다만 우익은 '전통 회귀'를 자랑스러워했고, 좌익은 그것을 '봉건적 퇴행'으로 적대시했다.

유신 호걸들의 활약상과 황국사관을 정립하기 위한 유신 사료의 출판은 1887년부터 시작된다.[48] 1911년 문부성 산하에 유신사료편찬

---

46 稲田雅洋, 앞의 책, pp.72-182.

47 森田康夫, 「イギリス自由主義の流入-福沢諭吉と田口卯吉」, 住谷悦治 偏, 『講座·日本社会思想史/明治社会思想の形成』, 芳賀書店, 1969, pp.50-62.

48 저자 불명의 유신 관련 자료는 1868년도 인쇄물부터 검색되지만, '유신 사료'라는 제목의 출판물은 1887년부터 발견된다. 富岡政信 編, 『維新史料』(一), 野史臺, 1887; 野史台 編, 『維新史料』(第1-30巻), 野史臺, 1887-1892.

회가 설립되어 실증주의와 정신사의 학문적 방법론을 결합시킬 수 있는 조직적 토대도 마련된다. 그러나 메이지유신에 대한 체계적인 사회과학 연구는 마르크스주의 역사가들이 처음 수행한 것으로 평가된다. 공산당계 강좌파 지식인들은 『일본자본주의발달사강좌』(1932-1933)에서 '막말 유신'이란 시기 구분을 사용하며, 메이지유신을 미완의 부르주아 혁명으로, 일본을 반(半)봉건 절대군주제 국가로 규정했다.[49] 그 계급투쟁사관에서 지배 세력은 '반동'으로 폄하되는 만큼, 막부는 대외적 위기에서 지도력을 상실한 무능한 퇴물로 인식된다.

사이고의 반동성을 비판했던 노먼은 보신전쟁과 세이난전쟁을 미국의 남북전쟁과 같은 '시민전쟁(civil war)'으로, 유신을 '복고(restoration)'로 번역했다. 일본의 마르크스주의자들은 메이지유신을 농민, 수공업 자본가, 상인을 포함한 부르주아 계급 혁명의 관점에서 논했다. 의회제도와 사적소유의 법제도, 자본주의 경제발전은 1890년대에 실현되었기 때문에 그들은 '위로부터 혁명의 불철저함' 또는 '반(半)봉건성' 문제를 지적해왔다. 세계의 혁명사를 섭렵한 기타 잇키도 메이지유신을 '시민혁명'이란 보편사의 관점에서 해석했다. 그러나 신도 사상가인 아시즈 우즈히코(葦津珍彦)는 메이지유신을 시민혁명이나 봉건적 절대왕정의 확립으로 보는 "좌파사관의 오류"를 비판한다. "메이지유신은 19세기 아시아의 조건에서 일본 민족이 민족고유의 조건에 기초하여 근대국가 건설을 위해 행한 독자적 변혁 형태"라는 것이다.[50]

다만 유럽 중심의 비교 시점을 거부한 '민족사관'에서도 근대국가

49 『일본자본주의발달사강좌』에 대해서는 이 책 제4장 참조.

50 葦津珍彦, 『明治維新と東洋の解放』(復刊版), 皇学館出版部, 1995(초판: 新勢力社, 1964; 복간판 제3쇄: 皇学館出版部, 2005), p.29.

건설이라는 동시대사의 사명을 적극 인정한다. 아시즈는 메이지유신을 내셔널리즘과 아시아주의의 관점에서 정립한다. 신도가인 만큼 그는 일본 내셔널리즘의 원천이자 메이지유신의 최대 원동력을 “존왕정신”에서 찾는다. “천황의식”이야말로 막부와 삿초번의 봉건적 권력뿐만 아니라, 신정부에 대한 불신과 반감이라는 민족적 분열조차도 극복하게 만든 최고의 존엄이라고 여긴다. 전통적인 권위가 “변혁을 두려워하지 않고 새로운 제도에 대응하려고 한 기풍” 속에 확립되어, 지배층과 국민 일반에 강렬하게 작용했다는 식의 자부심도 드러낸다.[51] 이는 강좌파와 달리 근대 입헌국가의 정체로서 천황제의 진보적 가치를 적극 옹호하는 입장이다.

한편, 전후에도 강좌파 마르크스주의는 역사학계의 주류를 형성하여 근대주의의 여러 조류와 교섭했다. 1990년대까지 한국에 소개된 메이지유신사도 천황제의 절대주의 권력과 자유민권운동의 대립을 부각시켰던 강좌파의 정치사, 민중사 연구가 주류를 이루었다.[52] 전후의 메이지유신 연구를 대표하는 강좌파 도야마 시게키는 메이지유신의 시기를 1841년부터 1877년까지로 잡으며 이는 메이지유신기 구분의 표준이 되었다. 그밖에 강좌파 연구자로 도쿄대학 사료편찬회에 근무하며, 민중투쟁의 관점에서 봉건체제의 해체를 조망했다고 평가받는 하니 고로(羽仁五郎)와, 최후의 강좌파로 불리는 나카무라 마사노리(中村政則) 등이 있다.

고도성장기에 접어들면서 인민혁명론이 퇴조한 역사학계에서는 민중사와 사회사에 대한 관심이 고조되고, 에도 시대의 자주적 발전상과 일본문화론을 부각시키는 방향에서 새로운 연구가 모색된다. 그

---

51 위의 책, pp.26-31.

52 遠山茂樹, 『明治維新』(遠山茂樹著作集 第1巻), 岩波書店, 1991, pp.351-359.

러나 서민의 지식과 문화를 꽃피운 에도의 태평성대가 부각될수록, 원래 무공을 세워 출세해야 할 무사계급은 역시 몰락할 수밖에 없는 존재로 대비되었다.

막말의 체제 위기와 대외종속성을 강조하던 막말사의 연구시점이 획기적으로 달라진 것은 일본 경제의 화려한 성공으로 반미운동과 계급운동이 모두 퇴조한 1970년대부터다. 재야의 지방사 연구에도 막말사 모임이 생겼다. 1972년에 막부의 신센구미를 연구했던 31인의 동호인 모임이 1977년에 도쿄 마치다시(町田市)에서 막말사연구회를 시작했다.[53]

학술 연구에서는 탈근대의 철학적 사유를 이끈 프랑스에서 근대 혁명의 발원지로 평가되어온 프랑스혁명에 대해 새로운 해석이 전개되고 있었다. 1978년, 프랑소와 퓨레는 프랑스혁명이 봉건적 구체제하에서 이미 진행되고 있었던 자본주의화의 '완성'이라는 새로운 견해의 저서를 내놓는다.[54] 그 관점에서 볼 때, 앙시앵레짐과의 단절을 강조해온 공화주의와 마르크스주의 진보사관은 부르주아 혁명 및 프롤레타리아 혁명에서의 단절과 진보를 정당화한 '혁명의 환상'이자 '목적론적 도식'에 불과하다. 새로운 근대 연구는 전근대 농촌에서의 부르주아화 현상과 귀족 계급의 자본 형성에 주목했다. 프랑스혁명의 급진성이 갖는 폐해와 진보주의 환상에 대해서는 이미 1790년에 영국의 보수주의자 에드먼드 버크가 지적한 바이기도 했다.[55]

---

53 31인회(三十一人会)는 1973년부터 『막말사연구』라는 회보지를 간행하고, 신센구미와 자유민권운동 관련 자료를 수집한 고지마자료관(小島資料館)도 운영하고 있다.

54 フランソワ フュレ(François Furet), 大津真作 訳, 『フランス革命を考える』, 岩波書店, 1989. 같은 책의 역자 후기에서는 퓨레가 '장기지속'적인 변동을 분석하는 아날학파와 1789-1794년의 단기간 급변을 연구하는 혁명사회학의 방법론을 구사한 것으로 평가한다(pp.435-436).

55 에드먼드 버크, 이태숙 역, 『프랑스혁명에 관한 성찰』, 한길사, 2008.

오늘날 글로벌 세계의 불균등 발전과 이해관계의 복잡성을 반영하듯, 근대-탈근대 담론과 더불어 복고풍의 보수주의 담론도 공존한다. 서구 중심의 근대화 담론을 해체하려는 문제의식은 결과적으로 근대의 시공간을 확장시키는 효과도 가져온다. 가령 자주적 근대화론에서는 근대의 내재적 원형을 강조하며 자국사의 더 오랜 과거에서부터 근대의 시작점을 찾아내고자 했다.

일본 사학계의 주류에서는 1976년 『일본사상대계』 중 『막말정치논집』의 해설을 담당한 사토 세이자부로가 '개국 대 양이' 또는 '종속 대 주체'라는 민족주의의 대립 관점을 국가적 통합 논리로 화해시킨다.[56] 그에 따르면, 대외적 위기에 직면하여 막부의 개국 정책과 하급 무사들의 존왕양이론이 역동적으로 대립하다가 '공무합체'와 '공의정체(公議政体)'를 모색한다. 각개 분투하던 정치 주체들은 결국 왕정복고와 유신으로 정치적 통일을 이루고 '개국적 양이론'을 취했다는 것이다. 이로써 메이지유신은 막말의 정치적 대립을 거국일치의 민족적 연합으로 승화시킨 대사건이 된다. 사토는 메이지유신의 정치적 과정에서 국민국가의 내셔널리즘을 적극 도출해낸 것이다.

새로운 연구 경향은 사토의 제자인 미타니 히로시의 저서 『메이지유신과 내셔널리즘』(1997)에서 진일보한다. 프랑스혁명에서 구체제와의 연속성에 관한 연구 성과에 주목한 미타니는 일본 내셔널리즘의 내재적 발전과 근대화의 동력을 페리 내항 이전 시기에서부터 읽어낸다. 그 근거로 유력 번의 다이묘들 사이에서 부국강병책 및 공의(公議) 운동이 모색되고, 쇼군가에 신분제 변화가 일어난 사실이 제시된다.

56 佐藤誠三郎, 「幕末における政治的対立の特質」, 『幕末政治論集』(日本思想大系 56), 岩波書店, 1976, pp.575-577. 막말과 메이지유신에 대한 사토의 대표적 저작은 佐藤誠三郎, 『「死の跳躍」を越えて-西洋の衝撃と日本』(改訂版), 千倉書房, 2009(초판: 都市出版, 1992).

미타니의 이 책은 프랑스혁명에 비해 적은 희생으로 무사계급의 해체를 신속하게 이루어낸 일본 내셔널리즘의 수월성도 강조했다.[57] 미타니는 막말의 외교와 개혁의지를 세밀하게 살피면서 막말 일본의 내셔널리즘을 '프로토 내셔널리즘(Proto-Nationalism)'으로 명명하고, '프로토 국민국가'라는 개념을 적용하기도 했다.[58] 서구 중심의 이식된 근대가 아닌, 자국 근대의 주체성을 강조하는 역사학자의 자의식 속에 거꾸로 내셔널리즘의 보편적 구속력이 관철되고 있다.

자국 근대의 자율성을 강조함으로써 결과적으로 보편적 근대의 외연을 확장시키고 복수의 근대성을 구축해가는 모습은 한국의 역사학이나 동아시아의 근대성 담론에서도 목격된다. 가령 1980년대 아시아의 경제발전과 1990년대 중국의 개혁 개방에 힘입어, 아시아의 근대화에서 전통적인 소농사회의 역할이나 유교적 정치문화의 근대적 함의에 대한 논의가 더욱 활발해졌다.[59] 연구 관점은 역사적 계기마다 새로운 시대정신과 만나면서 변화한다. 1949년 중국혁명은 마르크스주의의 아시아적 정체(停滯)성론을 극복하는 계기였다. 1966년 문화대혁명은 서구적 근대에 대한 비판적 대안, 또는 소련식 사회주의와 다

57 三谷博, 『明治維新とナショナリズム: 幕末の外交と政治変動』, 山川出版社, 1997. 책의 내용에 대해서는 1997년 산토리 학예상의 심사평(野田宣雄, 「選評」)(https://www.suntory.co.jp/sfnd/prize_ssah/detail/1997sr2.html) 참조.

58 Hiroshi Mitani, "A Protonation-State and Its 'Unforgettable Other': Prerequisites for Meiji International Relations", *New Directions in the Study of Meiji Japan*, eds. Helen Hardacre and Adam Lewis Kern, Brill, 1997, pp.293-310. 영어로 발표한 이 논문은 일본 내셔널리즘의 보편사적 우위성을 영어권에 발신하려는 노력의 산물로 보이지만, 제목 중 'protonation'이라는 용어는 '양성자화, 양성자 첨가'라는 과학기술 용어와 충돌하며, 사회과학의 보편적 의미를 획득하기 어려워 보인다. 미타니 히로시의 영어판 프로필에서는 같은 책에 실린 논문을 "Proto-nationalism in Early Modern Japan"이라는 제목으로 바꾸어 소개하고 있다. 접두어 proto-는 '원초의, 최초의, 원생의'라는 뜻이다.

59 한국과 일본의 유교 지식인들의 개국사상에 대한 검토는 張寅性, 『19世紀儒教知識人にみる開國と普遍主義: 横井小楠と金允植』, 東京大學出版会, 1994 참조.

른 아시아의 혁명적 가치라는 의미를 유럽과 아시아의 신좌익에 각인시켰다. 천안문사건으로 서구 근대의 대안으로서 주목된 문화대혁명에 대한 환상이 무너졌지만, 아시아의 독자성을 찾으려는 아시아주의 담론은 더욱 다양해졌다.

정치학에서는 '공의·공론'을 근대적 의회제에 대응하는 장치로서 주목한다. 미타니 다이이치로는 메이지의 입헌체제가 막번체제에서 형성된 '권력 억제 균형 메커니즘', 즉 합의제와 권력 분산, 상호적인 감시 기능을 계승한 결과, 복수정당의 '논의'에 입각한 통치체제를 성립시켰다고 밝힌다. 하지만 현실정치에서는 분권주의 체제를 통합하기 위해 번벌과 정당이 상호 접근했고, 그 반작용으로 1930년대 초반부터 '입헌적 독재'로 변질되어갔다고 분석한다.[60] 근대적 정치 시스템의 형성에서 그 기초를 제공한 막부 말기의 정치문화는 유학 지식인들의 학파와 여론 형성이란 관점에서도 고찰되었다.

한국의 일본 연구자 박훈은 왕정복고의 명분과 공의여론을 이끌어낸 메이지유신의 동력을 사무라이의 사화(士化)에서 찾는다. 그에 따르면 18세기 후반부터 일본에서 사무라이에 대한 유학 교육이 확산하면서 다양한 '학적 네트워크'가 형성되었고, 이것은 초망지사의 집단적 사화까지 가능케 했다. 조선 말의 사대부 정치가 세도정치의 폐단으로 쇠락했다면, 일본 막말에 형성된 사대부적 정치문화는 막부 정치를 쇄신할 신흥 세력의 투쟁역량으로 성장했다는 설명이다. 이는 유학의 관점에서 일본 지식사회와 정치문화의 변화를 추적하고, 동시대 조선과 일본에 사대부 정치라는 비교 관점을 제공한 새로운 연구 성과다. 하지만 유학 동인에 대한 강조가 자칫 한국인의 입맛에 맞는

---

60 三谷太一郎, 『日本の近代とは何であったか: 問題史的考察』, 岩波新書, 2017, 제1장.

단선적인 일본 이해에 머물지 않도록 주의가 필요하다.[61]

100여 년 지속된 전국시대의 혼란을 끝내기 위해 도쿠가와 막부는 병농분리 정책과 문서 행정을 취했다. 이로써 에도 시대에 촌락 단위의 연공 징수와 부역 징발에서부터 막부 중앙의 행정에 이르기까지 '문자사회'가 형성된다.[62] 테라코야(寺子屋)와 주쿠(塾)의 교육기관이 정착하고, 출판기업과 서적상이 활발하여 광범한 독자층도 형성되었다. 난학자인 와타나베 가잔(渡辺崋山), 병학자인 사쿠마 쇼잔 등 식자들 대부분이 유학을 섭렵했다. 한문서적의 독해력이 식자층의 기초교양이었다. 18세기 후반에는 유학·국학·병학·난학의 지식 네트워크 모두 급성장하고, 상품경제와 도시의 발전 속에서 미의식과 대중문화에서도 근대 국민문화의 원형이 형성된 것으로 평가된다. 그러한 지식문화의 총체적 기반 위에 양학의 번역 및 국제사회에 대한 견문이 더해지면서 유신의 새로운 제도화가 가능했다.

6. '내전'에 대한 기억의 변주

막말 연구의 다양한 축적 속에서 일본에서는 한도 가즈토시(半藤

61 박훈, 『메이지유신은 어떻게 가능했는가』, 민음사, 2014, 제5장. 박훈은 이 책에서 무사(武士)를 사무라이(侍)로 통칭하나, 무사는 애초에 사농공상의 사(士)에 해당한다. 즉, '사'가 무사를 의미한다. 반면, "사무라이의 사(士)화"에서 '사'는 무사의 특성을 거세한 채, 유학 중심의 의미를 부각시킨다. 그 결과 조선의 사대부와 일본 무사의 차이가 오히려 불분명해지는 문제가 발생한다. 무사의 탄생에 대해서는 이 장 각주 26에서 논했듯이 여러 가지 설이 있다. 12세기부터 19세기까지 실질적인 지배계급으로 존재한 무사가 무예와 문장력을 겸비하는 존재라면, 시종으로 일하는 하급귀족을 지칭하던 사무라이는 전국시대의 전투자로 활약했다. 에도 시대에 그 명칭이 혼용되었다고 하는데, "사무라이의 사화"를 논하려면 일본사의 문맥에서 양자의 용법과 혼용, 그리고 무사와 사의 용어 차이에 대해서도 설명이 필요해 보인다.

62 아오키 미치오, 앞의 책, pp.207-213.

一利)의 『막말사』(2008)가 베스트셀러에 오른다.[63] 개국의 공적을 빼앗긴 도쿠가와 막부를 동정하는 내용이다. 그 책에서 유신이란 용어는 사쓰마와 조슈번의 승리자가 하급무사들의 '폭력혁명'을 '구폐어일신(舊弊御一新)', '대정어일신(大政御一新)'이라는 적폐청산의 이념으로 포장해낸 신화로 여겨진다.

메이지유신을 하급무사의 '폭력혁명'으로 규정하는 역사관은 아카데미즘의 정통 학술계에서는 오랫동안 통용되지 않았다. 그러한 관점은 일본의 '근대적 진보'를 폄하하여, 고작 전국시대에 횡행하던 '하극상의 반란'과 같은 권력투쟁 차원으로 끌어내리기 때문이다. 1928년에 『메이지유신사』를 출간하고 강좌파의 필진으로 활약한 핫토리 시소는 "부르주아적 지도를 빠트린 '하급무사' 혁명론은 넌센스"라고 단언한다. 설사 부르주아와 하급무사의 동맹관계가 일시적으로 맺어져도 하급무사는 "본래의 반동적인 자기자신으로 되돌아간다".[64] 유물사관의 논리에서 무사계급은 부르주아의 적대 계급이므로 역사에서 소멸되어 마땅한 봉건적 지배층으로 불신되었다.

아시즈도 하급무사들에 의한 계급투쟁이란 관점은 역사적 사실에 부합하지 않는다고 거부한다. 다만 그가 부정한 것은 무사들의 역할이 아니라 계급사관이다. 농민 출신인 도요토미 히데요시의 정치활동이 농민의 계급운동과 무관하고, 하급무사였던 사이고와 이토가 각각 웅번의 지도자와 근대국가 관료의 거두로 변신한 사실을 계급투쟁으

63 하급무사들의 내전을 폭력혁명으로 보는 한도의 『막말사』는 일본 아마존의 일본사 서적 판매 랭킹 11위(2017년 9월 기준)이다. 막말 유신사에 대한 학계의 연구 현황에 대해서는 박훈, 「'연속하면서 혁신': 幕末정치사와 明治維新을 보는 시각」, 『日本歷史研究』 제40집, 2014. 12, pp.119-138 참조.

64 服部之総 『日本資本主義発達史講座 明治維新の革命及び反革命』, 岩波書店, 1933, p.20. 핫토리는 도쿄제대 문학부 사회학과를 졸업한 강좌파 역사가이다.

로 설명할 수 없다는 말이다.[65]

일본 사학의 주류에서는 내셔널리즘의 '통합' 능력을 강조했지만, 무사들의 내전은 거꾸로 주군에 대한 충성심이나 구질서의 이해관계에 대한 집착, 지방(번) 단위의 공동체의식을 강렬하게 드러낸 것으로도 읽힌다. 보신전쟁에서 천황의 군대인 신정부군과 구막부군의 대결 구도는 도쿠가와 막부를 탄생시킨 세키가하라(関ヶ原) 전투에서 서군(西軍)과 동군(東軍)의 구도를 반복하는 것이기도 하다. 260년 전 패배했던 서군(外様)이 이제 동군을 멸망시키고 역전승을 이룬 셈이다. 한도는 그 전쟁에서의 관심사가 자신들의 번이 어떻게 존속할 것인가의 문제였으며, 거국일치의 문명사적인 의의까지 생각한 흔적은 없다고 한다.[66] 문명사적 전환을 이끌며 거국일치의 공명심을 진작하는 태도는 유럽에 유학한 후 양이에서 개국으로 전향한 유신의 호걸들이 품은 뜻에서 나온다.

반면, 농민과 부유한 상인층에서는 연공 경감에 동의하여 관군을 지원했다가, 신정부가 '연공 반감령'을 철회하자 이에 반항하는 사례가 발생했다. 신정부는 '가짜 관군'이라는 죄목으로 그 간부를 효수형에 처했다.[67] 그런가 하면 1874년 어느 만담가는 삿초군이 에도에 입성했을 당시를 회고하며, "관군도 공연한 트집을 잡아 죠닌(성곽 상인)을 벴다". 도망자를 쫓아가 마구 베는 그들이 "어깨에 비단 보자기를 둘렀기에 '비단 조각(錦切れ)'으로 부르며, 모두가 치를 떨며 싫어했다"고 전한다.[68] 기레(切れ)는 '베다, 자르다'의 뜻으로 긴기레(비단 조각)는 관군의 무자비한 잔혹성을 중의적으로 표현한 어휘다. 〈그림 1〉

65 葦津珍彦, 앞의 책, pp.29-30.

66 半藤一利, 앞의 책, pp.375-376.

67 이노우에 가쓰오, 앞의 책, pp.186-187.

68 鶴見俊輔 編, 『日本の百年10: 御一新の嵐』, 筑摩書房, 1963, pp.101-102.

〈그림 1〉(왼쪽) 名誉新談 岡十兵衛; 〈그림 2〉(오른쪽) 名誉新談 會藩 宮崎市五郎

출처: 大蘇芳年(그림), 松林伯円(글), 1874년경.

은 쇼기타이(彰義隊)의 한 무사(岡十兵衛)가 관군의 비단 조각을 빼앗고 쾌재를 부르는 장면으로, 당시 에도의 아이들은 막부군 무사들의 '비단 조각 빼앗기'를 기뻐했다고 한다. 화가가 막부군 편에 서서 관군에 대한 적대감을 표현하고 있음을 알 수 있다.

아이즈전쟁의 전사자 2,407명을 비롯하여 전체 보신전쟁에서의 희생자 수는 4,620여 명에 이른다고 한다.[69] 〈그림 2〉는 1868년 1월 3일, 쇼군 요시노부의 교토 상경에 즈음하여 아이즈번과 구와나(桑名)번 등 막부 주력군이 교토 봉쇄를 목적으로 출병하여, 교토에 주둔하고 있던 사쓰마번의 병사들을 토벌한 사건을 묘사한다. 결국 도바·후시미 싸움이 일어나서 아이즈번의 전사자가 120명에 이르렀지만, 이 그림에서는 아이즈번의 군사가 마치 승리자처럼 회군하고 있다. 이

69 加藤長四郎 編, 『会津藩戦死殉難者人名録』, 1911. 星亮一, 『会津戦争全史』, pp.214-215에서 재인용.

그림들은 징병제 실시로 기득권을 잃어버린 무사들이 사족반란을 일으킨 1874년경의 작품이다. '명예 신담'이라는 제목에서 근대적 혁신을 단행하는 유신정부에 대한 불만과 막번체제의 사수에 목숨을 걸었던 구막부군을 명예롭게 회고하는 심정이 엿보인다.

1930년생인 한도는 1945년 도쿄 공습을 피해 니가타현의 나가오카(長岡)시로 옮겨 중학생 시절을 보냈다. 그곳에서 그는 삿초 정부가 보신전쟁에서 니가타의 쌀을 5만 석이나 훔쳐갔다며, 유신정부를 '도둑놈'으로 기억하는 어른들의 이야기를 들었다. 한도의 증언은 교토와 에도를 수비했던 신센구미나 쇼기타이의 무사들, 막부를 보좌하며 공무합체를 실현하려던 아이즈의 무사들에게도 해당할 것이다. 치열했던 생존투쟁이 메이지유신의 내란에서 벌어졌지만, 살아남은 자들의 삶은 결국 근대 내셔널리즘의 테두리 안으로 수렴되어간다. 하급무사의 내전으로 체제 전복이 이루어지고, 그 과정에서 새롭게 부상한 지도 세력이 근대문명화의 새로운 이념으로 새 시대의 질서를 이끌어갔다.

하지만 막말 유신기에 벌어진 내전 자체는 국민적 일체감에 근거한 내셔널리즘의 형성을 의미할 수 없다. 실제로 일본의 국민적 통합은 30여 년 뒤, 헌법체제와 교육제도가 갖추어진 상태에서 청일전쟁과 삼국간섭을 계기로 실현되었다.[70] 이러한 관점에서 본다면, 사토와 미타니의 내셔널리즘 연구는 자국사에서 국민적 통합과 국민국가의 원형을 읽어내려는 현대적 욕구를 과거에 투사하고 있다. 그러나 그들의 연구는 막번체제와 메이지유신의 연속성을 실증적으로 밝혔고, 미국 및 서양과의 수교와 통상을 이끌어낸 정치적 리더십을 긍정적

70 佐谷真木人, 『日清戦争「国民」の誕生』, 講談社, 2009.

으로 평가했다. 이러한 자세는 포퓰리즘을 견제하는 정치적 리더십이 배외주의나 고립주의를 극복할 가능성을 시사하고 있다. 타협의 정치적 리더십을 존중하는 면에서 이들 아카데미즘의 막말 연구는 한도의 막부 개국 옹호론에 계승되는 점도 있다.

메이지유신 150주년을 맞은 2018년, 일본 서점가에는 학계의 역사인식을 뒤집는 역사평론가, 르포 작가들의 책들이 쏟아져 나왔다. 새로운 관점은 삿초번 중심의 역사관이나 국민작가 시바 료타로의 사카모토 료마(坂本龍馬)와 가쓰 가이슈 이야기에 의문을 던지고, 오히려 유신의 국민적 영웅의식에서 배제된 신센구미나 양이파를 탄압하여 막부의 권력 강화를 노렸던 이이 나오스케를 재평가한다.[71]

유신의 원훈들은 '개혁을 지연시킨 어리석은 무리'로 폄하된다. 국론의 분열을 막아 삿초동맹과 왕정복고를 실현시킨 것으로 추앙되는 료마는 영국의 무기 판매업자와 손을 잡은 '막말의 폭주족'으로 비유되고, 막부와 삿초 정부 타도의 무력을 일으킨 사이고는 중국의 마오쩌둥과 닮은 '특수부대의 두령'으로 표현된다. 작가이자 마케팅 기획자인 하라다 이오리(原田伊織)는 이토 히로부미를 비롯하여 요시다 쇼인을 "일본을 대동아전쟁으로 이끌어 멸망시킨 원흉"으로 단정하고, 그 제자들을 테러리스트로 부른다.[72] 막부의 관료는 열강의 일본 침략을 막아낸 기술 관료로 재평가한다.

새로운 시점이 균일하거나 타당하거나 대세를 이루는 것은 아니다. 하지만 일본의 내셔널 히스토리에 균열을 내는 집단적 기억과 여론이 새로운 흐름을 형성한 것은 분명해 보인다. 이들은 막말과 메이

71 新井喜美夫, 『「善玉」「悪玉」大逆転の幕末史』, PHP文庫, 2010, pp.3-10, 46, 106.
72 原田伊織, 『明治維新という過ち 日本を滅ぼした吉田松陰と長州テロリスト 会津版』, 歴史春秋出版, 2015.

지유신에 관한 다양한 집단적 기억 중에서도 동군(東軍)의 후예들에게 전승된 기억을 대변한다. 그 문제는 막번체제 내부의 모순에 무관심하고, 막부의 개국 및 개혁 의지를 과대평가하는 것에서 발견된다. 요시다 쇼인을 추앙하거나 평화헌법을 현실의 안보논리에 맞게 개정해야 한다고 믿는 일본인들은 한도를 '시대착오적인 호헌좌파'로 폄하하기도 한다.

한국에서는 '역사수정주의'를 단순하게 우경화로 몰아붙이지만, 21세기 일본의 자국사 인식에서 일어나고 있는 지각변동은 여러 층위에서 감지된다. 1930년대 우익의 국가개조운동을 파시즘의 '악'이 아닌 근대비판적인 혁명운동으로 재조명하거나, 전후민주주의를 비판하고 전후레짐의 탈각을 주장하는 관점도 그 실례다. 일본의 독서인구가 원래 많지만, 인터넷의 등장으로 다양한 역사수정주의가 확산되는 추세다. 그 흐름이 역사인식의 패러다임 전환을 의미하는지를 찬찬히 살펴볼 필요가 있다.

제2장

청일 · 러일전쟁과 동아시아의 체제변혁

1. 남 탓을 멈추고, 동시대사의 '숨은 뜻' 찾기

메이지유신의 체제변혁은 보신전쟁으로 시작해서 러일전쟁의 승리로 일단락을 맺는다. 특히 청일·러일전쟁은 주지하다시피 동아시아의 체제변혁을 가속화했다. 청일전쟁과 삼국간섭으로 동아시아의 전통적인 화/이 질서가 붕괴했다. 러일전쟁으로 제국/식민지 질서로의 전환이 일어났으며, 새롭게 좌/우의 정치적 대립이 시작되었다. 한국에서는 청일·러일전쟁기의 역사를 주로 일본의 침략사와 제국주의 경쟁사로 읽었다. 동아시아 체제 변화를 자명하게 인식하면서도 아직까지 각국의 국사를 넘어서는 체제 변화의 관련성과 그 의미를 본격적으로 궁구하지는 못했다.[1]

국경을 넘어 연결된 다양한 이념과 세력의 갈등 속에서 역사적 변화가 일어난다. 일본의 침략 야욕과 그 결과를 확인하는 차원이 아니라, 동아시아의 근대적 체제 변화의 과정으로서 역사를 바라본다면 무엇이 새롭게 보일 수 있을까? 이 장에서는 조선과 일본의 민족적 대립, 일본 내 민권과 국권의 정치적 대립, 좌익과 우익이라는 이념적 대립을 넘어, 갈등하는 제 세력이 동아시아의 체제 변화에서 서로 연결되는 모습에 주목하고자 한다.

가령, 청일전쟁이 일어나기까지 당대 조선의 주체적 요인을 생각해보자. 1872년 고종의 친정 선언 이후 조선에서는 대원군 대 고종과 민 씨 일족의 권력 다툼에 더하여 수구파와 개화파의 대립 구도가 겹

1 조명철, 「청일·러일전쟁의 전후처리와 한국문제」, 『한일관계사연구』 36, 2010, pp. 263-289. 이 논문은 이토 히로부미의 통감부 통치를 '독립국가 육성' 정책의 관점으로 보는 일본 학자들의 견해를 반박하며, 일본 외교문서를 토대로 일본의 북수남진론과 만한교환론이 제기되고 영일동맹이 체결되는 과정을 밝힌다. 국제적 환경 및 관계 변화에 주목하지만 일본의 침략의도를 밝히는 것에 해석의 중심이 놓여 있다.

쳐진다. 1884년 갑신정변 이후 10년 동안 조선은 대내외적 환경의 변화를 통찰하며 스스로를 혁신하지 못했다. 오히려 '친청 대 친일, 수구 대 개화, 대원군 대 고종(민 씨)'의 세력 다툼은 조선 내부에서 청일전쟁을 선행하는 양상으로 나타났다. 당시 청과 러시아도 조선과 마찬가지로 체제 개혁의 과제를 껴안은 채, 전제왕권과 다양한 개혁 세력이 대립하고 있었다. 조선과 중국에서는 개화파가 입헌군주제 개혁을 지향했고, 러시아에서는 나르도니키(인민주의)운동에 이어 사회주의운동이 싹트고 있었다.

1894년 청일전쟁으로 일본은 조선에 대한 청의 영향력을 제거했고, 1895년 삼국간섭 이후 러시아와 겨루며 제국주의 팽창을 준비하기 시작했다. 그러나 삼국간섭 후 러시아에 의존했던 조선 왕권은 여전히 국론과 국력을 결집시킬 향방을 찾지 못한 채 10년 뒤 러일전쟁을 맞았다. 일본의 승리로 조선과 러시아의 군주제는 모두 심각한 타격을 입었고, 각각 일본의 식민지배와 볼셰비키혁명을 맞게 되었다. 당시 조선의 정치적 행보가 오늘날의 동아시아 질서에 결정적으로 작용하고, 한반도 분단의 씨앗도 배태한 셈이다.

막말·유신 초의 내전과 패전 당시의 공습을 제외하면, 일본 본토가 전쟁터인 적은 없었다. 치렀던 전쟁이 모두 제국의 외부 영토 팽창과 방어에 관련했기 때문이다. 그 와중에 조일전쟁은 없었다. 그렇다면 조선은 왜 청일전쟁(1894)과 러일전쟁(1904)의 전쟁터가 되었을까?

일본의 경제사가 하라 아키라는 두 전쟁의 목적이 한반도의 획득에 있었으므로, 각국의 한반도 쟁탈전을 '제1차 조선전쟁'과 '제2차 조선전쟁'으로 불러야 한다고 주장한다.[2] 그러나 당대 조선을 단순한

---

2 하라 아키라, 김연옥 역, 『청일·러일전쟁 어떻게 볼 것인가: 동아시아 50년전쟁 다시 보기』, 살림, 2015. 이 책을 읽는 또 다른 묘미에 대해서는 이형식의 서평, 「문학과 경

피해자로 그리려는 '일본의 양심'이 오히려 조선의 문제에 대한 냉철한 성찰을 가로막는다. 조선의 식민지화를 단순히 열강의 대립에 휩싸인 한반도의 지정학적 '운명'으로만 돌릴 수 없다. 청일·러일전쟁은 동아시아의 체제변혁이란 관점, 즉 조선·청·러시아의 왕권 세력과 메이지유신을 수출·모방하려는 개혁 세력 사이의 대립 전선에서 재음미할 필요가 있다.

외부의 거센 압력은 내부의 새로운 변화를 촉구하는 강렬한 신호탄이다. 시대의 구속성이 모두를 얽어매고 서로 처한 환경이 다르지만, 어떤 외압도 내부의 흡수력 또는 반발력과 연결된다. 이 장에서 외압에 대처하는 내부의 주체적 요인에 더욱 주목하는 이유다. 일본이 '파괴와 건설'의 동력을 막번체제 내부에서 스스로 배양하고 신정부가 개국 정책을 적극적으로 주도했다면, 조선의 통치체제는 스스로를 '파괴'하지 못하고 일본에 '강점'당했다. 과연 1884년 갑신정변부터 1904년 러일전쟁의 20년 간 조선인들은 무엇을 했을까? 약소민족이어서 강대국에게 당했을까? 변화를 거부하는 기운과 고집이 너무 강한 까닭에 나와 주변을 살피지 못하고, 집안싸움에 고래싸움을 끌어들인 것은 아닐까?

당대 조선인들이 지켜내려던 가치는 그것대로 밝히고, 그 현대적 의미를 되새길 필요가 있다. 하지만 이 장은 일본을 연구 대상으로 삼고 있기 때문에 조선의 사상사적 문제를 직접 궁구할 수 없다. 단지 일본 연구를 통해 우리 사회의 역사인식에서 '남 탓'하는 문제를 숙고해볼 뿐이다. 제국주의만이 아니라 주권국가의 모순까지 축적된 오늘의 글로벌 사회에서, 역사를 동시대의 보편사적 문제의식에서 고찰하

제로 풀어낸 청일·러일전쟁」, 『역사비평』, 2016. 2, pp.482-487 참조.

는 작업이 요구된다. 식민지와 제국을 동시에 관통했던 내셔널리즘과 체제변혁의 역사에는 민족의 경계를 넘어서 살펴야 할, 아직까지 주목하지 못한 '숨은 뜻'이 있을 것이다.

한국의 민족사에서는 일본이 본디 대륙웅비의 이념과 침략 본성을 품고서 조선을 식민지로 강점했다고 본다. 그렇다면, 임진왜란과 정한론 이후 일련의 사태에서 일본의 본성이 드러났음에도 실효성 있는 대응책을 강구하지 못한 조선은 어떻게 설명되는가? 식민사관의 논리대로 '게으르고 열등한 민족'을 자처하는 셈이 되는가? 일본이 본래부터 침략 세력이었다면 그것을 방비하지 못한 조선의 문제는 어떤 논리로 반성해야 하는가? 이러한 질문을 사장한 채, 한국의 반일 민족주의는 일본을 탓하는 적대감정으로 민족의 자존심을 챙겨왔다. 이에 맞서 일본의 혐한민족주의는 "당파 논리에 빠진 조선인의 허세"를 조롱해왔다. 상대방의 민족성을 폄하하는 양자의 접근법은 '적대적 공존'에 안주한 채, 역사 공부를 허탈하게 만든다.

일본제국주의의 원죄는 미화될 수 없다. 그러나 상대의 잘못을 방패삼아 청일전쟁에 이르기까지 조선의 문제를 일본의 야욕 탓으로만 돌린다면 궁색한 변명이 된다. 궁극적 문제는 '외압'이 아니라, 조선의 내치와 외치에서도 찾아야 한다. 일본의 '침략 본성'이란 역사결정론에 얽매인다면 역사의 숨은 교훈을 발견할 수 없다. 우리 자신이 역사적 약자의 굴레에서 벗어나서 미래 역사를 만들어낼 주인공이 되기 위해서라도, 일본의 급변하는 환경에서 일본인들의 주체적 요인이 어떻게 나타나고, 국가정책과 사회사상으로서 내셔널리즘이 어떻게 수립되었는지를 알아볼 필요가 있다. 다음에서 아시아주의와 국민주의, 사회주의의 전개를 중심으로 일본 사회의 지식담론이 전쟁의 이념과 정책에 영향을 미치고, 전시기 내셔널리즘을 형성하는 모습을 살펴볼 것이다.

2. 갑신정변의 실패와 청일전쟁

강화도조약(조일수호조규, 1876) 이후, 청은 일본을 견제하기 위해 조선이 미국·영국 등 열강과도 수교하도록 권고했다. 각국이 이권을 챙기며 교류하는 상황에서, 조선의 수구 세력은 전제군주제 국가인 청과 러시아에 차례대로 접근했다. 임오군란(1882)을 계기로 청은 조선을 속국으로 간주했고, 위안스카이(袁世凱)의 군사가 개입하여 갑신정변(1884)을 제압했다. 마치 프랑스혁명의 도미노를 견제한 유럽의 왕정들처럼 청과 조선의 왕권이 결탁하여 일본의 메이지유신을 모방하려는 개혁파의 행보를 저지했다. 청의 간섭에 적극 반발하여 조선 개화파를 지원하고자 한 세력은 일본의 자유민권운동 세력이었다.

일본의 민권파 여론은 갑신정변 당시 청군의 개입을 수수방관한 정부 정책을 추궁했고, 후쿠자와 유키치도 청에 대한 공격을 주장했다. 그들에게 갑신정변의 실패는 동아시아 체제변혁운동의 실패를 의미했다. 신정부에 반발하여 농민봉기를 지도한 오이 겐타로(大井憲太郎)는 1885년 자유당 좌파로 불리는 낭인들과 함께 '조선 자주의 격문'을 발표하고 조선 진출을 시도하다가 체포된다. 그들은 조선의 개혁과 일본의 자유민권운동을 연계시키려 했다. 오사카 사건으로 불리는 이 사건에서 폭탄 제조와 자금 확보를 위한 강도 죄목으로 무려 139명이 체포되었다. 오이는 1889년 사면되자 곧바로 불평등조약의 개정안에 불만을 품은 현양사(玄洋社)의 정치인 테러에 가담한다.[3] 훗날 각각 '민권좌파'와 '우익'으로 불리는 그들의 협력관계에서 좌우의

3 오사카 사건의 경위와 재판, 사면까지의 상세한 기록은 平野義太郎, 『馬城大井憲太郎伝』, 大井馬城伝編纂部, 1938, pp.83-227. '조선 자주의 격문(朝鮮自主の檄)'에 대해서는 같은 책 pp.92-94 참조.

차이를 찾을 수 없다. 그들은 동아시아의 화이질서와 서구제국에 반대하는 민족감정으로 조선 개화파와 연대하여 조선 구체제 타도에 나선 것이다.

김종학에 따르면, 자발적인 비밀결사체를 이룬 개화당이 '독을 써서 독을 제거하는' 논리(以毒制毒)로 조선 사회의 체제 혁신을 위해 외세를 끌어들였으며, 1882년 일본을 처음 방문한 김옥균은 조선의 체제변혁을 촉구한 후쿠자와와 의기투합했다. 1883년 갑신정변의 계획 수립 단계에서부터 후쿠자와의 제자인 이노우에 가쿠고로(井上角五郎)와 정한론자이자 민권파였던 고토 쇼지로가 프랑스 공사의 함대를 빌리고 일본 자유당원들을 조직하여 조선에 보낼 것을 구상했다. 이노우에는 조선 최초의 근대신문인 『한성순보』를 박영효와 함께 간행한 인물이다. 한편, 일본 공사 다케조에 신이치로(竹添進一郎)는 청불전쟁을 기회로 조선의 친청 세력을 억압하려는 목적을 갖고 조선에 부임했다.[4]

다케조에가 김옥균에 대한 지원 약속을 배반했다는 설은 이토 정부를 비판한 일본인들에게서 제기되었다.[5] 그러나 1880년대 초반 일본 정부가 청과 대립하면서까지 갑신정변을 정책적으로 지원할 가능성은 없었다. 헌법과 의회 개설 등 내셔널리즘의 제도적 구축이 미비한 상태에서 일본 정부는 불평등조약의 개정을 요구하는 양이론과 자유민권 세력들에게 압박을 받았다. 그런 형편에서 야마가타 아리토모는 임오군란 이후 중국의 군제 개혁을 조사하고, 「대청의견서」(1883)

---

4 김종학, 「이노우에 가쿠고로(井上角五郎)와 갑신정변(甲申政變): 미간사료 『井上角五郎自記年譜』에 기초하여」, 『동양정치사상사』 13권 1호, 2014, pp.147-196.

5 민권론자만이 아닌, 일본의 국수주의 지식인 미야케 세쓰레이(三宅雪嶺)도 이토 정부를 비판했다. 한상일, 『이토 히로부미와 대한제국』, 까치, 2015, p.152.

에서 청의 군사력이 서양제국과 겨룰 만큼 강하다고 보고한다.[6] 비록 프랑스가 베트남을 영유하기 위해 청과 전쟁 중이었지만, 아직까지는 일본이 조선을 독점할 기세가 아니었다.

오쿠보가 암살(1878)된 후 정권을 승계한 이토 히로부미와 외무경(외무대신) 이노우에 가오루(井上馨)는 외교적 교섭을 중시했다. 굴욕 외교와 구화정책(欧化政策)으로 비판받았지만, 부국강병책과 입헌국가 체제의 준비가 우선이었다. 앞서 언급하였듯이 이토와 이노우에는 조슈번이 벌인 열강과의 양이전쟁을 막기 위해 영국 유학을 포기하고 귀국한 후, 평화교섭과 개국정책에 주력했던 인물들이다. 그들도 영국에 유학하기 전까지는 주일 영국 공사관 방화사건을 일으킬 정도로 격렬한 양이론자였다.

정부 내 강경파는 조약개정에 공로를 세운 외교관 아오키 슈조(青木周蔵)였다. 1914년에 사망한 아오키는 1883년부터 러시아 경계론을 펼치며 한반도 진출과 만주 점유를 일관되게 주장했다. 아오키의 자서전에는 이미 만주에 진출한 러시아를 무력으로 토벌하고 청국과 동맹할 필요성을 제기한 내용이 기록되어 있다.

> 아시아는 아시아인의 아시아다. 고로 유럽인을 자칭하는 러인은 아시아의 영역 내에 침입할 권리를 갖지 않는다. 이것은 실로 토러군(討露軍)을 일으킬 명분이며, 실질이다. 그러나 우리 섬 제국의 힘만으로 러인을 시베리아로부터 쫓아내는 것은 당장 육해군 세력으로 타산해도 곤란한 사업이다. 따라서 일본은 청국과 공수(攻守)동맹조약을 체결하여 양국의 병력으로 동아 공동의 적인 러국을 압박하고 이를 동아로부터 몰아내는 것이 가장 적합한 정책이다. 따라서 나는 이 상세한 사정을 편지에 적어서 메이지 16년 중에 이

---

6 「対清意見書」(1883), 大山梓 編, 『山県有朋意見書』, 原書房, 1966, p.137.

노우에 외무경에게 건언(建言)했다. 그러나 애석하게도 당시 우리는 불충분한 육해의 병력에, 국력발전 또는 영토확장에 관한 사상이 발달하지 않은 것이 사실이라서, 나의 의견은 결국 실행에 이르지 못하여 멈추었지만, 나는 더욱 위와 같은 고찰을 내던질 수 없었다.[7]

아오키는 1890년에도 자신의 정책안을 각료들에게 피력했지만, 정한론자로 자유민권운동에도 관여했던 체신대신 고토 쇼지로를 제외한 어느 누구도 동의를 표하는 사람이 없었다고 회고한다. 포기할 수 없는 심정으로 참모부와 육군 차관급 인사 두 명에게 의견서를 보냈더니, 그것을 회람한 장교 몇 명이 수년 뒤 찬동을 표시해왔다고 쓴다.[8] 청일전쟁 이후 삼국간섭에서도 알 수 있듯이, 제국주의 경쟁 구도에서 일본의 지위는 아직까지 미약했다. 그런 만큼 정부 관료들은 서구 열강의 식민지화를 모면하기 위한 부국강병을 선행시켰고, 특히 러시아의 남진정책을 두려워하며 한반도의 권역 수호에 용의주도하고 필사적인 태도를 보였다.

임오군란으로 일본 영사관이 습격을 당한 후, 1883년부터 일본의 군사비가 세출 결산액의 20% 이상으로 증액된다.[9] 1885년, 영국 함대가 부동항을 찾아 조선으로 남하하려는 러시아를 견제하기 위해 거문도를 점령하는 사건이 일어난다. 이에 야마가타는 영국과 러시아가 극동 진출 과정에서 조선 점유를 위해 충돌할 가능성까지 예상한다. 조선이 자력으로 독립을 유지하지 못할 사태에 대비하여 일본의 방위

7 坂根義久 校注, 『青木周蔵自伝』, 平凡社東洋文庫, 1970, pp.98-99. 아오키의 외교정책에 대해서는 板垣義久, 『明治外交と青木周蔵』, 刀水書房, 1985 참조.

8 坂根義久 校注, 위의 책, pp.109-110.

9 군사비에 대해서는 가토 요코, 박영준 역, 『근대 일본의 전쟁논리-정한론에서 태평양 전쟁까지』, 태학사, 2003, p.73 참조.

문제를 연구한 것이다. 그 결과, 1888년 「군사의견서」에서 야마가타는 서구제국이 만일의 사태에 조선을 침략하거나 점유할 우려가 없도록 일본의 군사적 방비 태세를 강화하도록 강조한다.[10]

1888년에 시정촌제(市町村制)의 지방제도가 시행되고 1889년에 헌법이 공포되었다. 헌정체제를 갖춘 일본은 영토에 대한 권역 의식을 확립했다. 일본의 주권 수호를 위한 대외 정책도 활발히 연구된다. 아오키와 교류하고 이토 히로부미에게 헌법과 행정학을 강의했던 오스트리아 빈대학 로렌츠 폰 슈타인 교수는 야마가타의 「군사의견서」에 대한 검토를 부탁받는다. 그는 '권세강역'(주권선)을 지키기 위한 '이익강역'(이익선)의 개념을 제시하고, 일본의 무력으로 조선의 중립을 지키라고 권고했다. 영국의 조선 점유는 현실적으로 불가능하지만, 러시아가 시베리아 철도 준공에 이어 조선 남부에 해군을 창설할 경우 일본에 실질적 위협이 된다는 충고였다.[11] 조선의 독립이 위험하다고 판단한 일본에서는 만주와 한반도에서 러시아 세력을 견제·배제하는 문제가 국방의 핵심 과제로 떠올랐다.

1890년 3월 내각 총리로 임명된 야마가타는 아오키를 외무대신으로 등용하고, '조선중립화' 방안의 「외교정략론」을 내놓는다. 영국과 독일과 연계하며, 청의 이홍장과 군사 협약을 맺음으로써 조선을 "공법상 항구 중립의 위치"에 놓자는 계획이다.[12] 일본의 독립과 동아

---

10 監軍山県陸軍中将, 「軍事意見書」(明治21年1月), 大山梓 編, 앞의 책, pp.174-185. 러일전쟁 후 「전후경영의견서(戰後経営意見書)」에서는 황백 인종갈등의 격화를 우려하며 중일제휴 및 러일동맹의 유효성도 주장했다. 이를 근거로 야마가타의 군국주의 이미지를 불식하고 그 외교적 자세를 재평가하는 논의로 伊藤隆 編, 『山県有朋と近代日本』, 吉川弘文館, 2008, pp.1-16 참조.

11 가토 요코, 앞의 책, pp.86-93.

12 山県総理大臣, 「外交政略論」(明治23年3月), 大山梓 編, 앞의 책, pp.196-200. 야마가타의 '조선 영구 중립화' 구상과 외교정책이 좌절된 후 갑오농민전쟁에서의 조선 파병과 청일전쟁으로 이어지는 정황에 대해서는 井上寿一, 『山県有朋と明治国家』, NHK

시아의 안전보장체제를 구축하기 위해 야마가타는 일본의 군비확장과 군사교육, 국민교육 체제 정비의 중요성도 강조했다. 그 구상은 오히려 야당의 반대와 군부의 강경론에 부딪혀 좌절된다. 다만, 야마가타의 부국강병과 야당의 민력휴양(民力休養)론 간 대립은 "외교의 기본 국책에 대한 공유를 전제하며 군비확장의 규모와 속도를 둘러싼 대립"이었다.[13] 한편 사이고 다카모리의 사촌형제인 육군대신 오야마 이와오(大山巖)는 군비확장에 기초한 공격적 외교를 주장하고, 훗날 대만 총독으로 부임한 해군대신 가바야마 스케노리(樺山資紀)는 영국과 청을 모두 가상적국으로 삼으면서 해군증강 계획을 앞세웠다.

당시 아오키는 러시아를 공격하기 위해 독일, 청과의 동맹 및 조선 내정에 대한 적극 간섭을 제안하는 「동아시아 열국의 권형」(1890)이란 의견서를 발표했다. 그에 따르면 조선·청·일본이 '동아 열국'을 구성하는데, 한반도는 그 '목구멍'에 해당한다. 만일 러시아가 조선을 점거한다면 일본과 청의 해양에서도 패권을 장악하게 된다. 따라서 "극동의 균세를 온순 공평하게 처리하는 것도 역시 나무에서 물고기를 구하는 것"처럼 비현실적이다. 일본은 조선의 근대화와 내정개혁을 위해 "강경수단으로 간섭주의를 시행"해야 하며, 독일 및 영국의 협력을 얻어 시베리아 동부에서 "일청이 서로 연대하여" 러시아를 축출해야 한다는 내용이다.[14]

1884년부터 2년 간 유럽에서 유학한 후, 주미 공사를 역임하고 돌아온 무쓰 무네미쓰(陸奥宗光)는 야마가타의 조선중립화론과 아오키의 내정간섭론에 반대했다. "우리나라가 열국 회의를 소집하여 조선을

出版, 2010, pp.67-80 참조.

13 井上寿一, 위의 책, p.75.

14 外務省 編纂, 「東亜細亜列国之権衡」(明治23年5月15日), 外務省 編纂, 『日本外交文書』 第23巻, 1952, pp.538-543.

유럽의 벨기에, 스위스처럼 열국이 보장하는 중립국으로 한다는" 논의는 "이른바 약자를 도와 강자를 억누르는 의협론"일 뿐이다.[15] 무쓰는 일본이 조선의 독립 보장과 내정개혁을 위해 일본의 국익을 희생할 필요는 없다고 주장한다. 조선 스스로가 국가 개혁의 필요를 자각하지 않을 뿐더러, 일본의 조선에 대한 내정 개입이 자칫 서구 열강과의 마찰을 가져올 수 있다고 꺼려한 것이다.

이후 조선을 둘러싼 러시아, 청, 일본의 갈등이 한층 심화한 상황에서, 1892년 일본의 군사비는 세출의 31%를 넘어가기 시작했다. 야마가타가 청으로부터 조선의 독립 정책, 즉 일본의 조선 영유를 명시한 것은 청일전쟁 중인 1894년 11월의 「조선정책상주」에서다.[16] 1894년 5월 동학군의 진압을 위해 청군이 조선에 진주하자, 일본도 공사관과 거류민의 보호를 명목으로 군대를 파견했다. 조선의 내정개혁을 지도한다는 방침과 청일전쟁의 주전론은 일본 내셔널리즘의 표명이었다. 야당 측은 "대외강경을 세우지 않으면, 마침내 입헌의 결실을 이루는 날이 없으리라. 오늘은 정당이 정쟁할 때가 아니"라는 정론을 모았다.[17] 이들은 '입헌국'의 존립을 내세워 전쟁 수행을 위한 정치적 대타협을 이루었다. 미디어는 의연금과 의병 모집을 보도했다. 후쿠자와는 청일전쟁을 환영하며 스스로 '보국회'를 조직하여 전비 모금

---

15 陸奥宗光, 『新訂 蹇蹇録 日清戦争外交秘録』, 岩波書店, 1994, pp.62, 64.

16 山県陸軍大将, 「朝鮮政策上奏」(明治27年11月7日), 大山梓 編, 앞의 책, p.223. 1894년 5월 텐진조약에 의거하여 일본이 공사관과 거류민의 보호를 명목으로 군대를 파견할 당시, 일본 내각은 청과 공동으로 조선의 내정개혁을 추진하되, 청이 거부하면 일본 독자적으로 내정개혁을 지도한다는 방침을 결의한 상태였다. 井上寿一, 앞의 책, pp.86-88.

17 「国民的大団結の主意を明かにす」, 『郵便報知新聞』, 1894. 6. 8. 청일전쟁 당시 야권의 태도와 국민 여론에 대해서는 小林瑞乃, 「日清戦争期の対外硬派-政治改革と戦争支持はどう語られたのか」, 『総合文化研究所年報』 第18号, 2011, pp.19-36; 미디어와 국민의식의 통합에 대해서는 佐谷真木人, 『日清戦争「国民」の誕生』, 講談社, 2009 참조.

운동까지 벌였다. 일찍이 김옥균의 개혁 실패와 베트남의 프랑스 식민지화를 보면서 후쿠자와는 이미 조선과 청의 전제정권을 동아시아의 독립을 저해하는 암적 존재로 적대시하며 '탈아론'을 제기했다. 거문도사건 당시 후쿠자와가 창간한 『시사신보(時事新報)』의 사설(1885. 6. 27)은 "조선이 영국의 보호국이 되어야 한다"고 주장하고, 급기야 "조선 인민을 위해 그 나라의 멸망을 축하한다"는 사설(1885. 8. 13)을 발표하여 발행정지를 당했다.[18]

한편, 러일전쟁의 비전론자로 유명한 우치무라 간조도 청일전쟁을 욕망(欲)이 아닌 정의(義)의 전쟁으로 옹호했다. 청의 간섭으로 "동양의 금성으로 기대되었던 조선은 아직까지도 가려진 별의 하나에 불과하며, 생산은 저조한 채 무거운 세금에 허덕이고, 한낮에 불법행위가 범해지는" 상태다.[19] 청은 조선을 종속시키고자 김옥균 암살사건을 방조한 "야만주의의 보호자"다. 어찌하여 기독교 국가인 서구제국이 청 정부를 방조하고, 세계의 우환을 지구에서 배제하려고 노력하지 않는가. 무교회주의 개신교도인 우치무라는 일본의 정의와 의리를 피력했다.

「청에 대한 선전 조칙」에서 일본은 청일전쟁의 목적이 조선을 속국화하려는 청을 저지하여, 자국의 "권리이익"과 "동양의 평화"를 길이 담보하는 것이라고 밝힌다. "어디까지나 국제법에 입각하여, 각각의 권능에 응하여 일체의 수단을 다할 것"이라는 다짐과, 조선은 일본이 "처음으로 계유(啓誘)하여 열국(列国)의 대오(伍伴)에 오르게 한 독립국"이라는 자부심도 드러낸다.[20] 미국이 일본을 국제법의 세계

18 月脚達彦, 『福沢諭吉の朝鮮 日朝清関係のなかの「脱亜」』, 講談社, 2015, p.103.

19 内村鑑三, 『内村鑑三全集』 3, 岩波書店, 1982, p.105. 원문은 「日清戦争の義」, 『国民之友』 234号, 1894. 9. 3.

20 「詔勅」, 『官報』 号外, 内閣官報局, 1894. 8. 1.

로 유도했듯이, 일본도 조선을 개항시켜 독립국의 지위를 부여했다는 논지다. 이토는 국제법의 권위를 인정하며, 스스로를 국제법의 체현자로 강조했다. 시모노세키조약 비준 6일 만에 러시아의 주도로 프랑스·독일이 합세한 삼국간섭이 일어났을 때에도, 이토 정부는 삼국간섭을 전쟁으로 돌파하자는 강경 여론을 잠재우고 랴오둥반도를 반환한다. 서구제국과 겨룰 실력이 없는 상황에서 오히려 환부금 4,500만 엔을 획득하여 러일전쟁을 준비한 셈이다.

1885년부터 남해에서의 식민 활동을 제창한 탐험가 요코오 도사쿠(横尾東作)와 경제인 다구치 우키치(田口卯吉) 등 민간에서는 오세아니아와 동남아시아로의 이민과 자유무역을 개척하자는 남진(南進)론을 펼쳤다. 그 가운데 1894년 11월 '대만 점령 의견서'가 제출되고, 1895년 4월 시모노세키조약으로 일본이 대만을 점유하게 된다.[21] 그러나 러시아의 남진정책으로 각국의 전략적 이익이 충돌하게 된 만주와 한반도에 대해서는 일본도 서구제국의 견제를 관망하는 입장이었다.

일본군의 경복궁 점령하에 실시된 갑오개혁(1894. 7-1896. 2)은 친청파의 입장에서 보면 일본의 무력에 의해 강요당한 근대화였다. 그러나 조선 개혁 세력의 입장에서 보면 사태는 다르게 해석된다. 김옥균과 박영효, 유길준과 김홍집은 조선의 체제변혁을 위해 일본의 힘을 이용하려 했다. 하지만 갑신정변 당시 일본의 외교력은 청보다 우월하지 않았고, 갑오개혁 당시 일본의 외교력은 러시아보다 열세였다. 결국 개화 세력은 친청 또는 친러 세력과의 권력투쟁에서 실패하여 일본으로 망명하거나 목숨을 잃었다. 개화파는 신분제 철폐 등 조

---

21 徳富猪一郎, 『台湾遊記』, 民友社, 1929, pp.180-186.

선 사회의 혁신 욕구를 실현하는 과정에서 메이지유신의 경험을 수용하여 전통적 규범과의 충돌을 돌파해가고자 했다. 조선 내 권력투쟁은 국제관계의 이해 충돌과 연루된 채 동아시아의 질서 변화까지 추동하는 과정에 있었다.

청일전쟁으로 동아시아에서도 내셔널리즘이 고양되었다. 하지만 나폴레옹 전쟁을 겪은 유럽에서 이탈리아와 독일이 국민국가의 통일운동을 일으킨 것과 같은 효과는 나타나지 않았다. 조선의 갑오개혁과 청의 무술개혁은 모두 실패했다. '구체제 유럽'에 프랑스혁명을 '전파'한다는 명분을 내걸었던 나폴레옹의 전쟁에서도 프랑스가 영국과 경쟁하며 제국 팽창을 실천했던 사실을 환기해보자. 일본이 청일전쟁에서 조선의 독립을 내세운 것은 내셔널리즘의 확장 속에서 제국주의의 문명화 논리가 팽창하던 시대의 흔한 명분이었다. 그 명분과 세력의 물결에 휩쓸리면서 인류 사회는 서로 얽히며 해결해야 할 공동의 과제를 키워오게 된 것이다.

3. 아시아주의와 민권·국권, 좌우의 혼융

1880년대 일본에서는 서구문명을 취하면서도 서구제국과의 관계에서 적아를 구분하는 아시아 연대론과 아시아주의 단체가 다수 출현했다. 1880년 최초의 아시아주의 단체인 '흥아회'가 출범했다. 일본·조선·중국이 구미제국의 침략에 공동으로 대응하고 아시아를 부흥시키자는 취지다.[22] 창립자는 청일수호조규에서 이홍장과 친교를 맺은

22 黒木彬文, 「興亜会のアジア主義」, 『法政研究』 第71巻 第4号, 九州大学, 2005, pp.615-655. 흥아회의 활동과 조선 개화지식인들의 반응에 대해서는 이헌주, 「1880년대 전

해군장교 소네 도시토라(曾根俊虎)다. 게이오의숙에서 양학을 배운 그는 후쿠자와와 가쓰 가이슈를 고문으로 초빙했고, 유길준도 회원이었다. 그 이념은 개국문명화·협동·합방과 같은 대등한 신질서의 구축을 표방한다. 이들은 중국어학교를 설립하고 중국학 교육과 대륙낭인을 양성하는 데 기여했다. 청불전쟁에 무관심한 이토 정부를 비판한 소네는 말년에 중국으로 건너가 대륙낭인으로 살았다.[23]

아시아 연대의 이념은 현실 정세의 변화에 따라 각양각색으로 동요하면서, 청일·러일전쟁의 주전론과 침략의 명분으로도 변했다. 연대의 대상은 개혁파였고, 주적은 전제정권이었다. 1882년 사회의 평등과 공중의 최대복리를 강령으로 내걸고 동양사회당을 결성했다가 해산당한 다루이 도키치(樽井藤吉)는 현양사와 함께 일본에 망명한 김옥균을 지원하면서 대동합방론을 구상한다. 한문체인 『대동합방론』은 다루이가 1885년에 집필을 시작하나 오사카 사건으로 투옥되는 바람에 1893년 나라 지방에서 모리토모(森本藤吉)라는 이름으로 출판된다. 이 책은 러시아의 남하로 조선의 자주독립이 유명무실해질 상황을 내다보며, 조선 및 중국과 함께 대응할 일본의 태세를 궁구한 것이다.

그 책에서 청일전쟁 이전 아시아주의의 현실인식이 드러난다.[24] 한일합방의 근거로 문화적 풍토와 역사적 교류가 제시되는데, 서북 숙살(肅殺)의 기운과 다른 일본과 조선에서는 동쪽 기운인 친화(親和)를 발육시킨다. 일본은 화(和)를 존귀하게 여기고, 조선은 인(仁)을 존

반 조선 개화지식인들의 '아시아 연대론' 인식연구」, 『동북아역사논총』 23, 2011, pp.307-347; 최종길, 「일본의 아시아주의와 조선인의 반응-흥아회를 중심으로」, 『사림(성대사림)』 56권 0호, 2016, pp.97-125 참조.

23 狭間直樹, 「初期アジア主義についての史的考察(2): 曽根俊虎と振亜社」, 『東亜』 411巻, 霞山会, 2001. 9, pp.88-98.

24 이 단락의 인용·요약 부분은 森本藤吉, 『大東合邦論』, 1893, pp.1-8, 38-39, 56-70, 84-85, 105-132, 141 참조.

중한다. 양국이 국정의 본원과 이해를 연합하여 '대동(大東)'이라는 국호로 합방할 수 있다는 논리다. 세계 60여 개국의 무역금액 순위는 영국 1위, 러시아 7위, 청 12위, 일본 18위, 조선 47위라고 한다. 청은 백성이 곤궁하여 민심이 흉흉하지만, "동방의 강국"이다. 다루이는 청과도 '동국합종(東國合從)'하여 아시아를 방위하고 부흥시킴으로써 서양제국의 분열과 경쟁 상태, 황/백인종 사이의 빈부의 격차를 극복하고, 세계를 통합하는(宇内一統) 모범과 업적을 만세에 남기자고 한다. 결론에서는 "아시아 황인국의 일대연방(亜細亜黄人国之一大聯邦)"을 수십 년 내에 이룰 것으로 기대한다. 이러한 이상론은 청일전쟁으로 일본 내셔널리즘이 분출하는 가운데 제국주의론을 보완했다.[25]

메이지기 아시아주의자 다수는 민권운동에서 배출되었다. 정한론과 세이난전쟁의 잔류자를 포함한 자유민권운동가들은 1880년대에 반정부 전선을 형성했지만, 1890년대 의회진출과 청일전쟁을 계기로 국민적 통합 구도에 합류되어간다. 오이 겐타로의 경우를 보자. 그는 프랑스 민선의원 선거법에 대해 번역·출판하고, 삿초 정부를 전제주의에 가까운 것으로 비판했다. 1874년 가토 히로유키의 민선의원 시기상조론을 무사의 우민관으로 비판하며 '하류의 민권설'을 펼쳤다.[26] 농민 출신인 그는 수감 생활 중에 토지평분(平分)법을 연구하여 출감 후 출판한 적도 있다.[27] 1890년에는 자유당의 부흥을 위해 나카에 조

---

25 대동합방론에 대한 우호적 해설로 竹内好, 「日本のアジア主義」, 『日本とアジア』, 筑摩書房, 1993, pp.317-323(초판: 『現代日本思想大系(9) アジア主義』, 筑摩書房, 1963).

26 하류민권설과 프랑스 민주주의 수용에 대해서는 山口光朔, 「フランス民主主義思想と自由民権」, 『講座·日本社会思想史/明治社会思想の形成』(増補版), 芳賀書店, 1969, pp.95-106 참조. 논쟁 당시 가토는 천부인권설을 수용했지만, 1882년부터 사회진화론의 입장에서 루소를 천부인권의 망상가로 말하고, 프랑스혁명에서 민권 남용이 폭정의 폐해를 가져왔다고 비판한다. 加藤弘之, 『人権新説』, 谷山楼, 1882, pp.9-11.

27 大井憲太郎, 『時事要論』, 板倉中, 1886, pp.65-90.

민과 연합하나 선거 결과가 부진했다. 나카에와 결별한 오이는 다시 다루이와 함께 동양자유당을 만든다. 1892년 11월에 창당하며 발표한 그 취지문에는 국권을 옹호하는 내셔널리즘과 제국의식의 팽창 과정이 잘 드러난다.

> 오늘의 세계는 국제적 경쟁의 세계이며, 오늘의 시대는 국민적 운동의 시대다. 우리 일본이 세계의 대세로 활보하고 동양의 활기 속에 우뚝 서려면 오랫동안 대외정책의 국시를 정하여 대외경제의 장계(長計)를 세우고, 병략상략(兵略商略)을 병행 추진하여 부강의 근본을 세우지 않으면 안 된다. (중략) 관민조야(官民朝野) 동심협력하여 크게 대외정책을 강구하고, 국고는 5-6백만 내지 1천만 엔의 자원을 지출하여 무형적 철도를 중국·조선·시베리아에 부설하고, 상공(商工)을 비롯한 학자·정치가 등을 지도하여, 아시아 대륙을 향하여 각자 독특한 기량을 떨치어 일대 운동을 이루게 해야 한다. 그리하여 운동의 세력이 능히 동아의 형세를 일변시키면, 대유럽 정책도 또한 역시 성립되지 않겠는가. 어찌 국제적 경쟁의 장계가 아니겠는가.[28]

동양자유당이란 이름에서부터 서구제국주의와의 경쟁을 강렬하게 의식한 일본발 아시아주의의 취지가 드러난다. 1880년대 조선의 개혁에 개입하려다가 실패한 경험을 공유했던 오이와 다루이는 1890년대에 일본의 자본으로 아시아를 개발하자는 장기 계획을 세운다. 이에 동의한 투자가로부터 남양무역과 이민사업을 제안받은 오이는 무역상회의 경영을 시도하고, 1898년 헌정당 결성에도 적극 참여했다.[29]

---

28 平野義太郎, 「東洋自由党組織の趣旨」, 앞의 책, p.294.

29 高橋賢, 「大井憲太郎と南洋貿易」, 『愛知大学綜合郷土研究所紀要』 第58号, 愛知大学綜合郷土研究所, 2013, pp.191-204.

강좌파 역사학자들은 오이를 '자유당 좌파/급진파', '민권 좌파'로 주목했다. 여기에서 '좌파' 오이와 '우익' 대륙낭인의 차이는 무엇일까? 강좌파의 주요 필진인 법학자 히라노 요시타로는 1938년 오이 겐타로의 일대기를 출판하면서, 그를 민권 신장에 공헌하고 아시아주의 이상을 펼친 '준걸, 장군'으로 불렀다.[30] 오이는 1922년에 사망했기 때문에 '우익' 호칭을 모면한다. 하지만 봉건성 해체와 근대적 개발을 추구하고 전쟁을 수단시한 그의 태도는 일부 비전론자를 제외하고 좌우에 공통된 시대적 추세였다. 전후 일본에서 진보적 평화운동가로 이름을 알리면서 재일조선인의 반미운동과도 연대했던 히라노 자신도 중일전쟁 발발 후 옥중 전향하여, 아시아의 해방과 공영권의 건설이라는 대아시아주의를 피력하고 있었다.[31]

아시아주의에서 좌우를 구별하는 것은 당대적 정황과 오늘의 관점에서 볼 때, 모두 정확한 의미를 갖지 못한다. 다만, 볼셰비키 이론이 유입된 1920년대부터 사회사상운동에서 좌우 갈래가 나뉘어 대립한 것도 사실이다. 다케우치 요시미는 "다이쇼 중엽에서 쇼와 초기에 걸쳐 우익과 좌익의 대항관계"가 펼쳐진 가운데, "아시아주의는 우익이 독점"하고, "좌익은 프롤레타리아 인터내셔널리즘을" 포진시켰다고 분석했다.[32] 또한 그는 기타 잇키가 고토쿠 슈스이(幸徳秋水)의 평민사와 우치다 료헤이(内田良平)의 흑룡회 사이에서 동요하다가 흑룡회에 합류하면서부터 우익이 아시아주의를 독점했다고 본다. 좌익들이 천황제의 민족문제에 직면하여 전향한 후에 "귀환하는 곳이 대체로 아시아주의, 사이고(西郷)"였다고도 말한다.

30 平野義太郎, 앞의 책, pp.1-4.

31 平野義太郎, 『大アジア主義の歴史的基礎』, 河出書房, 1945, 서장.

32 竹内好, 앞의 글, p.339.

그러나 서구로부터 유입된 민주주의와 자유주의에 감흥을 느끼지 않는, 전후의 신도사상가 아시즈 우즈히코(葦津珍彦)는 그러한 좌우의 구별을 무시한다. 그에 따르면, 나카에 조민의 대러 주전론도 전향을 의미하지 않으며, 오히려 "민권운동의 조류를 가장 정직하게 단적으로 반영"한다.[33] 나카에는 청년시대부터 사이고를 동경했고, 메이지 10년대에는 현양사원들과 함께 대륙웅비를 꾀하였으며, 20년대에는 굴욕조약 반대를 외쳤다. 일본의 자유민권운동은 존왕양이, 정한론, 민선의원건립과 국회개설운동을 거쳐오면서 늘 국권의식과 연결되어 있었다는 것이 아시즈의 주장이다. 그의 논리는 일본 근대사에서 데모크라시와 내셔널리즘이 결부된 사실을 드러낸다.

1881년 결성된 현양사는 후쿠오카를 근거지로 삼은 민권운동 단체에서 출발했다. 설립자인 히라오카 고타로(平岡浩太郎)는 세이난전쟁에서 사이고군에 동참했던 까닭에 도쿄에서 1년 간 징역살이를 마치고, 1878년부터 후쿠오카의 자유민권운동에 가담했다. 국회개설을 약속하는 칙령이 발표된 후, 그는 민권운동가들을 중심으로 현양사를 결성한다. 그 이념은 황실과 국가의 존엄 및 인민의 권리를 수호하고, 대아시아주의를 펼치는 것이다. 우치다의 숙부인 히라오카는 임오군란의 소식에 조선으로 낭인을 파견할 계획도 세웠고, 청조를 타도하려는 쑨원을 지원하는 등 현양사의 대외활동을 적극 지원했다.[34]

아시아주의자들은 서로 연계되어 활동했다. 후쿠오카의 낭인인 스기야마 시게마루(杉山茂丸)는 루소의 민약론과 프랑스혁명사에 감명

33 葦津珍彦, 『明治維新と東洋の解放』(復刊版), 皇学館出版部, 1995(초판: 新勢力社, 1964; 복간판 제3쇄: 皇学館出版部, 2005), p.115.

34 히라오카에 대해서는 일본 국회도서관 디지털 자료실에서 검색 가능하다. 쉽게 접할 수 있는 자료로 黒竜会, 『東亜先覚志士記伝』(上巻), 黒竜会出版部, 1933-1935, pp.860-868.

을 받고 도쿄로 가 자유당의 오이 겐타로와 교류했다. 1885년 후쿠오카로 귀향한 스기야마는 현양사의 히라오카와 도야마 미쓰루(頭山満)를 만난 후 그들을 보좌하며, 현양사의 경제적 기반 확립과 규슈 지역의 언론 확립에 힘쓴다. 『후쿠류신보(福陵新報)』(1898년 『九州日報』로 변경)의 번외(番外)기자로 미야자키 도텐(宮崎滔天)이 활약했다.

아시아주의자들은 중앙 정치에도 영향력을 행사했다. '규슈 탄광왕'이자 '재력 있는 정치가'로 불린 히라오카는 헌정당 소속으로 중의원 의원에 연속 6회 당선되었다.[35] 현양사를 탈퇴하여 홍콩과의 석탄무역에 종사한 스기야마도 정계에서 활동했다. 미토학을 신봉한 존왕양이론자 스기야마는 러일전쟁의 승리에도 조선 영유를 실행하지 않는 이토에게 불만을 품고, 단독 면회를 요청한 자리에서 단도를 꺼내 들고 이토 통감의 사임과 자결을 요구하며 자신도 자결하고자 했다. 경호원들을 물리친 이토는 조선을 병합하지 않는다는 한일협약(1904) 내용과 문명세계의 인도(人道)를 돌아보라고 말하면서도, 스기야마의 충심을 인정하며 사임을 약속하고 실천했다고 전한다.[36] 탄광 사업가였던 스기야마가 이토에게 위압적 자세를 보일 수 있었던 것은 그가 미국에서 러일전쟁을 위한 외채 모집에 힘쓰고 일러강화조약에서도 북양어업권을 획득하는 데 기여했기 때문이다.

청일전쟁의 패배 후, 청의 광서제는 캉유웨이와 량치차오를 등용하여 변법자강(變法自彊)운동을 시도했다. 양무(洋務)가 중국의 몸체를 지키며 서양을 활용하자는 차원이라면, 변법은 뿌리에서부터 스스로

---

35 히라오카는 광산개발에 성공한 후, 규슈 철도의 건설, 야하타 제철소의 유치에 성공한다. 三宅雪嶺, 『偉人の跡』, 丙午出版社, 1910, pp.156-159.

36 스기야마의 일대기와 현양사의 활동은 杉山茂丸, 『百魔·正統完本』, 書肆心水, 2006; 頭山満·犬養毅·杉山茂丸·内田良平, 『アジア主義者たちの声: 玄洋社と黒龍会, あるいは行動的アジア主義の原点』, 2008, pp.109-200 참조.

를 변혁하자는 뜻이 담겼다. 1898년 청은 무술개혁으로 전제국가인 러시아를 견제하고, 일본·영국과 연대하는 입헌군주제의 혁신을 추구했다. 그러나 무술개혁은 서태후와 위안스카이의 쿠데타로 '100일 변법'으로 끝나고, 캉유웨이와 량치차오는 일본 망명을 선택했다.[37] 서태후는 '부청멸양'의 배외주의 봉기를 일으킨 의화단을 배후에서 지원했지만, 결과적으로 열강에 막대한 배상금을 지불하고 외국군의 주둔을 인정함으로써 중국의 반식민지화를 초래했다.

1896년 흥아회의 소네는 일본을 공동방위하기 위해 러시아와 청이 군사 밀약을 맺은 사실을 상세하게 분석한 『러청의 장래』를 출판한다. 러시아는 삼국간섭의 대가로 만주에 동청철도(東清鐵道) 부설권을 획득하고, 랴오둥반도를 조차했다. 소네는 "세상을 덮을 용기와 위대한 목적"을 가진 러시아와 "지기쇠모(志氣衰耗)"한 청의 '동맹'을 주종관계로 보며, 러시아를 '시대의 대세'로 인식한다.[38] 러시아가 동북 3성(랴오닝성, 헤이룽장성, 지린성)을 점령하고자 하며, 흑룡강 지역에 군대를 주둔시켜 경영한다는 보고도 상세하다. 머리말에서는 러시아 세력이 장차 청과 일본, 나아가 동아시아의 대세에 미치는 득실을 따져보라고 촉구한다. 이와 같이 중국혁명을 지원하려는 일본 내 움직임이 더욱 활발해졌다.

1897년 국수주의 정치평론가 구가 가쓰난(陸羯南), 미야케 세쓰레이(三宅雪嶺), 아시아주의 정치가 이누카이 쓰요시(犬養毅)가 캉유웨이와 량치차오를 지원하기 위해 동아회를 만들었다. 1898년 귀족원 의장인 고노에 아쓰마로(近衛篤麿)가 황색인종과 백색인종과의 경쟁을

37 和田民子, 「19世紀末中国の伝統的経済·社会の特質と発展的可能性」, 『日本大学大学院総合社会情報研究科紀要』 第8号, 日本大学大学院総合社会情報研究科, 2007, pp.287-290.

38 曽根俊虎 述, 明石順吉 編, 『露清の将来』, 明石順吉, 1896, pp.1-3.

강조하며 중국에서 무역과 교육 사업을 일으키기 위해 동문회를 결성했다. 이 두 조직이 1898년 동아동문회(東亜同文会)로 합쳐, 중국을 분할하려는 서양으로부터 중국을 보전하고 부흥시키자는 취지를 내걸었다. 동아동문회는 고노에가 회장을 역임하고 이누카이의 정치적 영향력까지 더하여 외무성의 기밀비를 사용하면서 기존의 아시아주의 단체를 합류시킨 관민 합동의 단체였다. 그러나 쑨원을 지지하는 세력은 열강과의 공식적인 외교관계를 중시한 정부의 지원 태도에 불만을 품고 점차 동아동문회를 이탈했다.

러시아가 1898년에 다롄에 태평양함대 기지를 만들자, 미국도 극동 지역 정세에 대응하기 위해 1899년부터 필리핀의 식민지화를 시도했다. 동아시아에 제국주의 경쟁이 집중된 만큼, 독립국의 위상을 지키려면 '자강' 이상의 판단력과 대응력이 필요한 상황이었다. 이토 정부가 대외적 마찰을 피하며 미국 등과 신중한 외교를 견지했던 이유이기도 하다. 한편, 러시아 경계와 조선 진출론을 펼친 외교관 아오키는 삼국간섭 이후 더욱 조급해졌다. 독일 여성과 재혼한 아오키의 독일에 대한 기대감은 삼국간섭 이후에도 지속되었다. 1900년 비스마르크를 만난 자리에서 그는 독일과 일본이 각기 서쪽과 동쪽에서 러시아를 함께 공략하자고 동맹을 제안하나, 비스마르크의 거절로 좌절한다.[39]

1905년 7월, 도쿄의 민가에서 미야자키와 함께 쑨원은 중화 회복을 추구하는 중국의 정치단체를 규합한 중국동맹회의 결성을 준비했다. 그러나 중국인 단체 간의 내부 결속은 약했다. 쑨원이 제시한 '민국 창립'의 강령은 입헌군주제하에서 이상적인 '대동세계'를 구현하

39 坂根義久 校注, 앞의 책, pp.113-114.

려던 캉유웨이와 청조타도가 제국주의 침략을 불러온다고 판단하고 '개명전제론'(1905)까지 펼쳤던 량치차오와도 갈등을 일으켰다.[40] 쑨원의 신해혁명이 실패하자, 흑룡회의 우치다는 1913년부터 위안스카이(袁世凱)에 반대하며 '만몽독립운동'을 추진했다.[41] 우치다의 대륙경영 방침은 일본의 군부나 정부보다 한 발 앞서, 중국으로부터 만몽을 '분리 독립'시킨다는 명분의 만주국 건국 가능성을 열어놓은 셈이다. 존왕양이에서 출발한 일본 아시아주의자들의 민첩한 행동은 대륙팽창의 명분을 확장시키면서 아시아에 새로운 소용돌이를 불러일으키고 있었다.

한편 기타 잇키는 쑨원의 미국식 공화정에 반대하며 그를 비판했다. 『중국혁명외사(支那革命外史)』(1914)에서 기타는 '동양적 공화정'을 옹호한다. 그것은 단순한 입헌군주제를 의미하지 않는다. 메이지 천황이 사이고군에 대한 진압을 명령한 것처럼, 기타에게는 국가의 "강대 신예(新銳)한 통일자"로서의 군주의 위상, 즉 '전제적'이면서도 '혁신적'인 공화정의 지도자가 필요하다. 그러면서도 같은 책의 서문에서는 사이고를 "유신혁명의 심적 체현자"로 보았고, 사이고의 죽음 후에 "유신혁명의 혼과 제도"를 상실하는 "뒷걸음치는 역전(背進的逆転)"이 일어났다고 한다.[42] 기타는 사이고의 혁명성을 레닌에 비유하

40 쑨원을 비롯한 3인의 근대화론에 대해서는 竹内弘行, 『中国の儒教的近代化論』, 研文出版, 1995 참조. 중국동맹회의 결성 당시 이름은 중국혁명동맹회다. 흥중회(興中会: 孫文·胡漢民·汪兆銘)와 광복회(光復会: 陶成章·章炳麟·蔡元培·秋瑾), 화흥회(華興会: 黄興·宋教仁·陳天華)를 규합했다. 中国同盟会, 『日本大百科全書(ニッポニカ)』, 1984. 흑룡회와 중국동맹회의 관계 및 우치다의 중국 관련 공작활동에 대해서는 채수도, 「흑룡회의 『아시아주의 운동』-『중국동맹회』와 관련해서」, 『한국일본어문학회 학술발표대회논문집』, 2004. 10, pp.240-246 참조.

41 初瀬龍平, 「内田良平と中国問題」, 『アジア研究』 17巻 3-4号, 1970-1971, pp.24-50.

42 北一輝, 「序」, 『支那革命外史』, 聖紀書房, 1941, p.12; 「二 孫逸仙の米国的理想は革命党の理想に非ず」, 같은 책, pp.9-11; 「一六 東洋的共和政とは何ぞや」, 같은 책, pp.318-320. 사이고와 레닌, 메이지 천황과 나폴레옹에 대한 비유는 「序」, 같은 책, p.11 참조.

고, 사이고를 진압한 메이지 천황의 지도력을 나폴레옹의 업적에 비유하며 예찬하는 모순된 어법을 구사했다. 기타 스스로가 일본과 중국혁명의 지난한 역경과 반전의 과정을 예시하면서, "혁명이란 순역불이(順逆不二)의 법문이며, 그 이론은 불입문자(不立文字)"였다고 말한다.[43] 현실 권력과 혁명적 이상에 대한 기타의 단호하면서도 모호한 어법이 내포한 모순은 기타만의 것이 아니다.

민권론의 국권 옹호, 아시아 연대론의 침략성, 근대 문명화의 이념과 식민 활동, 그리고 동향의 지역성에서 출발하여 아시아의 초국적 이념을 제시했던 아시아주의자의 활동이 모두 "순기능과 역기능이 둘이 아닌" 모순을 배태한 것이었다. 근대적 체제변혁과 일국적 내셔널리즘, 아시아주의와 제국주의, 자유주의와 사회주의의 복합적 층위에서 더 많은 모순이 중첩된다. 서세동점의 근대화가 겹겹이 모순을 빚는 가운데 급기야 황인종과 백인종의 세기적 대결로 선전되었던 러일전쟁이 발발했다.

4. 러일전쟁과 전제주의 구체제의 붕괴

조선에서 갑신정변의 실패로 청일전쟁의 서막이 시작되었다면, 삼국간섭과 을미사변 이후 조선의 정국은 러일전쟁의 구도를 굳히고 있었다.[44] 1895년 4월 시모노세키조약에서 일본은 청으로부터 조선의 독립을 확인받았다. 그러나 삼국간섭이 벌어지자, 7월 고종과 명성

---

43 위의 책, p.13. 하시카와는 '순역불이'와 '불입문자'에 관한 발언을 핫토리 시소의 기타에 대한 야유로 설명했지만, 이는 원래 기타의 발언이다. 橋川文三, 『西鄉隆盛紀行』, 文春学藝ライブラリー, 2014, pp.25-28.

44 최문형, 「아관파천과 로일의 대립」, 『동아시아문화연구』 34권 0호, 2000, p.38.

황후는 다시 러시아의 힘을 빌려 친일개혁파를 제거하고 정권을 탈환하는 데 성공했다. 이에 반발한 일본의 낭인과 군부가 명성황후를 시해하는 을미사변을 일으킨다. 이 사건은 청일전쟁과 삼국간섭으로 국민적 통합을 이룬 일본이 조선에 대한 지배력을 관철하려는 상황에서 저지른 국가적 범죄였다. 조선으로서는 수치스러운 모욕과 충격이 아닐 수 없다.

을미사변에 얽힌 정치적 함의와 갈등관계는 단순하지 않다. 테러의 배후로 일본 공사 미우라 고로(三浦梧楼)와 조선 궁내부·군부 고문인 오카모토 류노스케(岡本柳之助) 등이 지목되었다. 미우라는 조슈번의 양이파가 만든 기병대 출신의 군인이지만, 같은 조슈번인 이토나 기병대 출신인 야마가타와 불편한 관계였다. 시해 사건의 재판에서 미우라는 증거불충분으로 석방되었지만, 그는 삿초정권에 비판적인 국수주의 그룹(月曜会)에 속한 인물이다. 당시 사법상 요시카와 아키마사(芳川顯正)가 외상 무쓰 무네미쓰에게 보낸 1895년 6월 20일 자 편지에서 이노우에 가오루 전 공사에게 '결행의 방침'을 채택하도록 권유한 정황이 발견되면서, 이토 정부의 시해 사건 관여를 입증하려는 논의도 있다.[45] 하지만 무쓰 외상은 삼국간섭 당시 폐결핵으로 요양 중이었다. 청일전쟁 이전부터 서구 열강의 견제를 의식하며 조선의 내정간섭에 비판적이었던 무쓰가 이토 정부나 미우라 공사에게 시해 명령을 재촉했을 가능성은 적다.[46]

한편 조선에서는 민 씨 일족의 패권에 반발한 흥선대원군과 유길준, 이미 일본 망명 중이던 박영효가 시해 사건의 협력자로 지목되고,

45 「"이토 히로부미, 명성황후 시해 개입" 뒷받침하는 근거 사료 일 국회도서관서 발굴」, 『조선일보』, 2005. 10. 5.

46 陸奥宗光, 앞의 책, pp.58-65.

재판으로 처형된 자들이 나왔다.[47] 오카모토는 대승불교를 근대 국민국가의 교육이념으로 장착시키려 했던 니치렌주의(日蓮主義)자로서, 막부타도운동에 반대하고 공무합체를 지지한 군인 출신이었다. 그는 후쿠자와의 게이오의숙에서 수학한 인연으로 김옥균·박영효와 친교를 맺었으며, 흥선대원군의 군사고문으로 활약하며 그 장손이자 고종의 조카인 이준용의 일본 망명까지 도왔다.[48]

여러 정황에서 친러 세력을 물리치려는 개화파와 흥선대원군 측의 권력의지, 삼국간섭에 분노하는 일본인의 민족감정이 드러난다. 따라서 을미사변은 일본의 반러시아 책략하에 일본 낭인이 행동대원으로 나섰던 '한일합작'의 정변으로도 해석 가능하다. 김종학은 1882년 차관도입의 밀명을 받고 특명전권공사로 일본에 파견된 박영효와 그 수행원 자격으로 동행한 김옥균의 비밀외교를 밝혔다. 그에 따르면, 일본과 공모한 개화당의 현실주의는 조선 실학의 전통이 아닌 의역중인(醫譯中人)의 사회변혁운동에 연유하며, 국가와 백성을 분리하여 자주독립과 신분제 타파를 중시한 태도이다.[49] 이러한 연구는 19세기 조선과 일본의 사회변혁에서 주도 계층의 공통점을 드러낸다. 조선의 의역중인과 일본의 하급무사 모두 사회의 실무를 담당하던 지식층으로서 구체제의 변혁을 주도한 세력이었다.

한국의 입장에서 일본 정부와 일본인들의 정파적 차이가 무엇이

47 정용화, 『문명의 정치사상: 유길준과 근대한국』, 문학과지성사, 2004, p.93. 처형 관련 보도는 「裁判宣告書」, 『韓国官報』(號外), 開國五百年十一月十四日(1895. 11. 14) 참조.

48 杉村濬, 『明治廿七八年在韓苦心録』, 1932, pp.170-184. 스기무라는 시해 사건이 친러파를 제거하고 내정을 개혁하기 위한 기획이었음을 밝히며, 박영효와 대원군과 관련된 사항도 기록하고 있다. 을미사변으로 피신한 망명객 중에는 '씨 없는 수박'으로 알려진 우장춘의 아버지로 갑오개혁의 핵심 기관인 군국기무처(軍國機務処)의 무관이었던 우범선도 있었다. 그는 훗날 조선인 자객 고영근에게 암살당한다.

49 김종학, 『개화당의 기원과 비밀외교』, 일조각, 2017, pp.373-378.

든 결론은 모두 침략 세력으로 통한다. 그러나 역사를 공부하는 입장에서는 역사적 사실이 빚어지기까지 수많은 개연성들이 충돌했던 과정에 더 주목할 필요가 있다. 어떤 가능성이 사라지고 어떤 모순이 증폭했는지를 분별하는 지혜가 역사적 사실을 밝히는 지식보다 더 중요하다. 현재의 외교마찰을 빚는 배후의 여러 개연성을 판별하고, 한일의 갈등을 해소하면서 공동의 미래를 열어가는 길에서도 그 지혜가 작동되어야 하기 때문이다.

모든 시련에는 바닥을 치고 나와서 변화의 방법을 찾아 실천하라는 '숨은 뜻'이 있다. 을미사변을 겪은 조선에서는 당연히 반일의 민족감정이 고조되었고, 친미파와 친러파 인사들이 부각되었다. 하지만 마땅한 혁신의 조치는 없었다. 생명의 위협을 느낀 고종은 1896년 2월부터 러시아 공관에 도피한 채, 을미사변의 책임을 물어 친일적인 김홍집 내각을 제거했다. 고종의 아관파천 중에 러시아는 삼림 채벌권과 광산 채굴권, 시베리아 철도 연결권 등을 챙긴다. 안중근이 러일전쟁에서 일본의 승리를 기뻐하고, 개화 지식인들이 일본 주도의 '동양평화론'을 기대한 까닭도 조선의 보호국으로 행사한 러시아의 야욕과 친러파의 전횡을 경계해서다.[50] 아관파천으로 조선에서 러시아의 이권이 커지자, 일본도 서둘러 미국으로부터 경인철도 부설권을 인수하고 경부철도의 부설권도 얻는다.[51]

러시아의 남하 정책은 의화단사건(1900) 이후 한층 빨라져, 블라디보스토크를 연결하는 시베리아 철도의 남만주 지선을 부설할 범위가 확장되었다. 이에 일본 정부는 대러 평화협상과 영일동맹(1902)으

50 홍순권, 「'을사늑약' 전후 개화 지식인들의 정국인식과 대응」, 『한국독립운동사연구』, 제24집, 2005. 8, p.38.

51 홍웅호, 「(특집)근대한러관계연구: 아관파천과 한러관계의 진전; 철도부설권과 러시아의 동아시아 정책」, 『사림(성대사림)』 35권 0호, 2010, pp.23-25.

로 러시아를 견제했다. 러시아의 조선 공사 파블로프의 대한제국분할론과 일본의 만한교환론이 교차했다.[52] 이 시점에서 민간의 대리활동으로 주목할 단체가 흑룡회(黑龍會)다. 현양사의 해외 활동 조직으로 1901년 1월 13일, 대륙낭인 20여 명이 흑룡회를 결성했다. 한 달 후 평회원은 30여 명으로 늘었다. 그들은 동학농민군 전봉준과의 혈맹, 1899년 필리핀의 독립운동가 아기날도(Emilio Aguinaldo) 및 쑨원에 대한 지원 등의 역사를 자랑한다. 그 설립 취지는 "삼국간섭의 설욕을 씻고 제국의 흥륭과 동아만년의 장계를 획책"함에 있었다.[53]

강창일은 흑룡회가 동이·북적(東夷北狄)의 동일 문명권과 혈통론을 내세워 일본-조선-만주-시베리아를 하나의 지역 권역으로 설정하고, 정부의 재정지원을 받아 침략의 첨병으로 활약했다고 밝힌다.[54] 그 문명론의 근거는 흑룡회 회보의 창간호에 실린 「만주조사의 필요」(1901. 3)라는 글에서 발췌되었다. 실제로 그들은 중국의 오천 년 역사에서 고유한 한(漢)의 문도(文道)와 서북쪽 이적(夷狄)의 무도(武道)가 서로 의존하며 "동아의 건곤"을 확립하고 "빛나는 문명"을 이루었다고 쓴다. "이적의 무 없이는 한토(漢土)의 문이 있어도 어찌 능히 오천 년의 천명을 다할 수 있었겠는가"라며, 문무가 서로 관통하고 있음을 강조한다.[55] 이 문명론은 알타이어족설이나 기마민족설만이 아니라, 오늘날 중국의 동북공정론에서 환기되는 '동이(東夷)와 북적(北狄)의

52 일본의 북수남진론과 만한교환론이 제기되고 영일동맹이 체결되는 과정에 대해서는 조명철, 앞의 글, pp.263-289.

53 黒竜会, 『黒竜会三十年事歴』, 1931, pp.9-10.

54 강창일, 「일진회의 '합방'운동과 흑룡회: 일본 우익의 대아시아주의와 관련하여」, 『역사비평』, 2000. 8, pp.226-227.

55 黒竜会, 「満州調査の必要」, 『會報』 第1集, 1901. 3. 10, p.1, 주전론 비판은 같은 책, pp.4-5(복각본 内田良平文書研究会 編集·解題, 『黒竜会関係資料集』 1, 柏書房, 1992에 수록).

요하문명론'과도 연계된다. 다만 「만주조사의 필요」에서는 역사학과 인류학에서 선조들의 관계를 연구할 필요를 제기하는 정도다. 그보다 주목되는 사실은 나중에 대러 주전론을 지지하는 흑룡회가 처음에는 오히려 러시아 배척론과 주전론을 비판하면서 조사 연구의 필요성을 제기한 점이다.

> 국인(國人) 다수는 내(我)가 나다운 것을 알고, 남(他)이 남다운 것을 아는 바 없다. (중략) 그럼에도 망령되게 주전(主戰)을 외치고, 만연하게 배러(排露)를 외침에 있어서는 미치광이처럼 비난할 뿐이다. 천하의 누가 이것을 믿겠는가. 땅 위에 선 국가들 사이에서 위신을 갖고 처신하고자 한다면, 잘 자중하여 그 태도를 거칠고 촌스럽게 해서는 안 된다. 주전을 말하든 비전을 말하든 그 판단이 나올 곳은 하나로, 먼저 저쪽 사정에 정통하여 그 이해(利害)를 궁구함에 있다. 조사, 탐험, 권리도 스스로 이 주변에서 발생한 것을 생각해야 한다.

흑룡회는 제국주의 지배가 지역조사를 근거로 "세상을 경륜하고 중생을 구제하는 이념(經世濟衆の念)"을 세우며, 시기와 목적을 분별해야 한다고 인식한다. 항간에서는 시베리아를 세계의 협동식민지로 한다든가, 중국 전토를 개방하여 천하의 시장으로 하자는 등 논의가 무성하지만, 여론에 휘둘리기 전에 명확한 현실인식과 장래 방책을 세워야 한다는 것이다. 러시아는 만주 남하를 통해 "부동항을 구하고, 중원의 세를 제압하여 장강(長江)의 이득을 전유하고, 영국의 무역을 억제하고 일본의 야심을 꺾으며", 러시아 제국을 연 표트르 황제의 유업을 계승하고자 한다. 러의 만주 점령은 영·미·독·프 제국의 식민지 점령처럼 근본적으로 모두 위법이지만, 제국주의는 시세의 권리로 부정할 수 없는 사실이라는 것이다. 게다가 청은 만주 통치를 위해

노력하지 않지만, 러시아는 시베리아 경영을 위해 만주에 철도를 연결할 "생존의 필요성"을 갖는다. 따라서 일본인은 러시아의 권리의식이나 세계 교통망을 성취하여 세계문화를 주입하려는 행위 자체를 비난할 수 없다는 논리다.[56] 이 시점에서 흑룡회는 러시아의 만주 점령 및 문명화의 명분을 인정한다. 그렇다면 흑룡회가 만주를 조사하는 근본 목적은 무엇인가?

> 오늘 우리는 오직 가득한 혈성(血誠)으로써 평화적으로 만주 일대의 땅을 발달시키기를 희망할 뿐, 그것이 러시아의 점령지인지, 의연한 청의 영토인지는 우리가 물을 바 아니다. 우리가 금후 만주의 필요를 느끼는 것은 一, 그 천리의 옥야에 배양되는 미곡, 무리지어 노니는 소·양으로 일본의 식료 부족에 충당하려는 것. 二, 경부철도 개통 후, 그 노선을 북으로 연장하여 요동에 들어감으로써 청 북부와 러시아 본부와의 교통을 이루려는 것. 三, 무역 또는 전도(傳道)로 만주의 개도(開導)를 익찬(翼贊)하고, 같은 종족의 토민(土民)에 대하여 우리의 인의와 위신을 펼치고, 이들을 화육(化育)하여 이들과 친교를 나누며, 점차 우리 국인을 위한 제2의 향국(鄕國)으로 만드는 것이다.

만주의 농경·목축을 일본 국익의 필요에 결부시키고, 조선과 만주에 철도를 연결하여 러시아·중국과의 통상과 교류를 확대한다는 발상이다. 서구제국과 러시아에 대한 양이론의 태도가 순화되어, 오히려 그들을 능가하여 통상 교역과 문명화의 주체로서 자신감을 드러낸 모습이다. 현지 조사 연구를 위해 우치다 료헤이를 비롯한 20대 후반의 낭인들은 블라디보스토크에 유도장을 마련하고 활동 거점을 확

56 위의 글, pp.2-3.

보했다. 1901년 4월과 5월에 걸쳐 그들은 만주와 시베리아를 횡단하여 러시아의 정세를 조사하고 분석한다.[57] 주목할 점은 흑룡회가 조사 활동을 통해 대러 주전론으로 돌변한 사실이다. 1901년 7월 발간된 월간지 『흑룡』의 제3호와 같은 해 9월 25일에 출판된 단행본 『러시아 망국론』은 주전론을 제기하여 발행금지 처분을 받았다. 일본 정부의 대러 협상 방침과 어긋났기 때문이다. 우치다는 관헌과 타협하여 제목을 변경하고 일부 내용을 삭제한 『러시아론』을 다시 출판하는데, 여기에서 주전론으로 돌아선 이유를 밝힌다.[58]

혁명 전야의 러시아 정세를 파악하게 된 흑룡회는 러시아와의 개전을 두려워 말라고 선동한다. 『러시아론』에서는 러시아 정부의 학생운동 탄압과 무지한 민심의 혼란을 예상한다.[59] "극단적인 민족은 극단적인 혁명을 요구한다. 그 혁명은 적어도 프랑스혁명 이상의 선혈을 흘리지 않을 수 없다." 폭력적 혼란을 가져올 "학생들의 고의적 도발"을 능가하여 국민이 교육과 감화를 받으려면, 상공업과 철도 및 항로 등 기술문명의 근대화가 시급하다. "어느 새 지절로 국민의 두뇌에 지(智)와 수(數)를 주입"하는 자연스러운 문명화를 통해 전제주의를 극복할 혁명을 기대할 수 있다는 내용이다. 그러나 서구제국은 더 이상 러시아 혁명의 지원자가 아니기 때문에 일본이 나서야 한다. 김옥균과 같은 혁명 세력을 지원하는 일은 "큰 뜻을 품은 일본의 천직"이며, 러시아와의 개전은 러시아 혁명을 지원하는 대업이라는 주장이다.

---

57 黒竜会, 『黒竜会三十年事歴』, pp.11-12.

58 内田甲, 『露西亜論』, 黒竜会, 1901, pp.1-3. 『러시아망국론』의 복간판은 内田良平·宮川悌二郎, 『ロシア亡国論』(覆刻版)(影山正治監修·宮川悌二郎 解説), 大東塾出版部, 1977. 러일전쟁의 발발로 흑룡회의 정치활동이 활성화되어 1907년 『흑룡』의 재발행도 결정된다.

59 内田甲, 위의 책, pp.150-151.

큰 바다와 같은 일본의 군자(君子)민족은 타국 혁명당의 의기(意氣)를 느끼고, 이에 몇 번씩이나 가능한 한 원조를 제공하고, 생업과 집을 버리고 목숨을 걸며, 그들과 부침(浮沈)을 함께하기를 마다하지 않는다. 군자민족의 앞에는 오직 정의와 지극한 정성(血誠)이 있다.

러시아의 암흑과 야만을 타파하는 까닭은, 즉 현 세기에 있어서 표리 충돌하는 무장적 평화를 혁신하기 위한 첫걸음이다.[60]

우치다는 러시아를 야만과 동일시한다. 이로써 신흥자본국 일본과 대륙낭인들은 새로운 문명의 전도사로 격상되고, 전쟁은 궁극적인 '평화'와 '정의'의 길로 강조된다. 우치다와 같은 후쿠오카 출신인 아시즈에 따르면, 우치다는 "의협심 강한 일본인의 활동으로 혁명적 이상을 달성하는 것이 동시에 대륙경영을 꾀하는 일본의 국가목적과도 일치한다고" 믿었다. 러시아의 전제정치에 "문명과 인도를 위한 혁명을 끌어들이는 것은 일본인의 큰 임무라는 이상주의적 혁명원조론"이자, "최후의 결단으로서 '대러전쟁'까지도 마다하지 않는" 결의였다는 것이다.[61] 이러한 주전론과 혁명원조론은 당시 이토의 '만한교환론'이나, 국수주의의 보수 담론과도 어긋나고 있었다.

1900년, 국수주의 잡지 『일본인』과 정론신문 『일본』의 주요 논지는 이민정책이나 평화적 협상이었다. 그 대표적 논객인 구가 가쓰난도 '20만의 병력'을 키우기보다, '10만의 양민'을 홋카이도에 이주시키는 계획이 훨씬 유익하다고 생각했다.[62] 그러나 이러한 군비확장 반대론

60 위의 책, pp.153, 230.
61 葦津珍彦, 앞의 책, p.129. 아시즈는 메이지유신이 '침략과 해방'이라는 양가적 모순을 일으키면서 아시아 내셔널리즘을 확장시켰다고 평가했다.
62 陸羯南, 「移民談の偶感」, 『日本』, 1900. 4. 8. 高榮蘭, 『「戦後」というイデオロギー』, 藤

은 러시아의 남하 정책에 따라 점차 수그러들었다. 나카에 조민도 주전론으로 기울었다. 러일전쟁이 러시아를 문명화하여 평화적 혁명을 가져온다는 우치다의 호언장담은 말잔치로 끝났지만, 1905년 러시아의 혁명 사태는 전쟁으로 러시아의 지배체제가 동요했음을 입증했다.

러시아는 1902년 2월 블라디보스토크와 하바롭스크 사이에 시베리아 철도를 개통했고, 1903년 5월, 압록강 아래 용암포에 군사기지를 건설하기 시작했다. 대일강경파인 예브게니 이바노비치 알렉세예프 등이 중심이 되어 만주와 압록강 연안에서 일본을 축출하고 러시아의 주권을 확립한다는 정책을 실행에 옮긴 것이다.[63] 같은 해 8월, 흑룡회는 고노에 아쓰마로를 중심으로 결성된 '대러동지회'를 주도하며 조기 개전론을 주창하는데, 이토 정부도 이 단체를 인가한다. 그와 동시에 일본 정부는 만주에 대한 러시아의 권한과 대한제국에 대한 일본의 권한을 서로 인정하자는, 1900년부터 이토가 제기해온 '만한교환론'을 러시아에 제안한다. 그러나 고종에게 영향력을 행사하는 러시아가 일본에게 한반도 내 권한을 양보할 리 없다. 10월에 러시아가 일본의 제안을 공식적으로 거절하자 일본은 전쟁을 시작했다. 1904년 2월 8일, 일본은 인천에 정박 중이던 러시아 함대를 공격하고 뤼순 기지로 향했다.[64] 1792년 러시아 사절이 막부에 통상을 요구하

原書店, 2010, p.45에서 재인용. 일본에서 식민론은 1891년에 본격적으로 제기되었고, 이주론에서 시작하여 러일전쟁을 계기로 영토팽창의식으로 전환되었다. 식민 담론의 전개에 대해서는 함동주, 「러일전쟁 이후 일본의 한국식민론과 식민주의적 문명론」, 『동양사학연구』 94, 2006, pp.177-203 참조.

63 러시아의 만주 및 압록강 점유정책에 대해서는 アレクセイ クロパトキン(Aleksei Kuropatkin), 大竹博吉 訳, 「満州悲劇の序曲」, ロシア問題研究所 編, 『ロシア革命の裏面史譚選輯. 特輯』, 1929, pp.314-317; Rotem Kowner, *Historical Dictionary of the Russo-Japanese War*, Scarecrow Press. 2006, pp.68-69 참조.

64 「日露戦争関連年表」, アジア歴史資料センター(https://www.jacar.go.jp/nichiro/frame1.htm).

며 홋카이도에 나타나면서부터 시작된 후 1885년 거문도사건으로 더욱 고조된 일본의 대러 위기감이 드디어 공세적 자신감으로 폭발한 셈이다.

한편, 아관파천 380여 일 후 덕수궁으로 귀환한 고종은 나라의 위신을 세우고자 1897년 10월 대한제국으로 국호를 바꾸고 광무개혁을 시도했다. 구본신참(舊本新參)을 내세운 그 개혁은 왕권 강화를 도모하여 옛것을 바탕으로 새것을 참작하자는 내용이다. 왕실 중심의 근대화는 자국의 방위를 위해 한반도의 불안요소를 철저하게 통제하려는 일본 낭인들의 공작활동과 일본 정부의 대외정책으로 힘도 못쓰고 막을 내렸다.[65] 러일전쟁을 시작한 일본은 '한일의정서'를 체결하여 한국을 군사기지로 활용했고, 조선을 보호국으로 삼았다. '만한분리' 정책도 폐기되었다. 일본은 대한제국이 자력으로 나라를 지킬 수 없으니, 일본의 방위를 위해 '잇몸과 입술'의 관계인 한반도와 만주를 자신의 무력으로 지킨다는 논리를 관철했다.

러일전쟁의 종료 후 흑룡회의 우치다는 일본 통감부로부터 한국의 국정조사를 촉탁받았다. 흑룡회와 일본 정부의 제휴 합작은 청일전쟁 당시 천우협의 활동처럼 러일전쟁에서도 이미 시작되었다. 1902년, 진해만의 일부를 러시아가 매입하려 한다는 소문을 듣고 우치다는 와도(臥島)와 부도(釜島)를 매수했는데, 러일전쟁 당시 진해만은 일본 해군의 기지로 사용되었다. 같은 해 흑룡회는 해운대에 온천지를 매입하여 대중욕탕을 개발하고, 서양의 젖소를 들여와 종 개량을 시

65 역사학계에서는 광무개혁에 대한 찬반의견이 공존한다. 김용섭과 강만길을 비롯한 찬성론자는 '전제군주제의 근대적 개혁'을 긍정적으로 평가하지만, 정치·사회적 제도변화의 실체에 대한 입증은 미비하다. 한편 신용하를 비롯한 반대론자는 독립협회의 개혁요구를 진압한 광무개혁의 수구반동적 성격을 비판했다. 왕현종, 「광무개혁 논쟁」, 『역사비평』, 2005. 11, pp.30-31.

도하기도 했다. 무역상인 비룡상행(飛龍商行)을 대구에 설립하고, 일본 이주민의 토지 매수 및 조선 정착을 위한 안내도 앞장섰다. 그들은 정치적으로도 일진회와 교류하면서 고종의 헤이그 밀사 파견에 관한 정보를 수집하는 등, 배후에서 '한일합방'이란 명분의 점유정책을 구현해갔다.[66]

이 현상을 단순히 일본에 의한 조선의 패망으로 기록한다면, 동아시아를 관철하던 동시대의 큰 물결을 보지 못한다. 청과 조선의 수구세력은 구체제를 전복시킨 메이지유신의 '역적 행위'를 목격한 만큼, 메이지유신을 모방하려는 친일의 개혁노선을 수용하지 못했다. 메이지유신은 당대 동아시아의 '앙시앵레짐'에 대한 최대의 도전이었다. 프랑스혁명과 나폴레옹전쟁은 제국주의 팽창과 문명화 이념을 내포하면서도, 유럽에 국민 징병제와 민법, 국민주권의 내셔널리즘과 데모크라시를 확산시켰다. 나폴레옹 군대에 정복당한 독일과 이탈리아는 국민정신을 일으켜 국민국가로 도약하여 제국주의적 경쟁 대열에 참여했다.[67] 반면, 동아시아에서는 메이지유신을 프랑스혁명에 비견하는 역사인식이 성립할 수 없었다. 조선과 중국에서 독립된 주권국가 건설에 실패했기 때문이다. 오히려 동아시아에서는 일본의 왕정복고를 절대왕정 체제로 간주하고 민족혁명의 필연성을 고취하던 강좌파 역사학자의 인식이 주류를 형성했다.

---

66 이 단락의 참조는 黒竜会, 『黒竜会三十年事歴』, pp.12-15.

67 나폴레옹 전쟁의 영향으로 베를린을 점령당한 독일에서는 민족주의의 고양으로 독일연방이 결성되고 프로이센을 중심으로 통일운동이 고조되었다. 나폴레옹의 대륙봉쇄령에 맞선 영국은 해상의 지배권을 확대하여, 프랑스가 네덜란드로부터 획득한 식민지를 재차 획득하는 등 네덜란드의 해상패권까지 접수했다. 나폴레옹을 패배시킨 러시아는 앙시앵레짐의 중심으로서의 지위를 다졌다. *ポール ケネディ*(Paul Kennedy), 鈴木主税 訳, 『大国の興亡-1500年から2000年までの経済の変遷と軍事闘争』(上巻), 草思社, 1993, 제1부.

그러나 레닌을 비롯한 볼셰비키 지도자들은 러일전쟁이 차리즘(tsarism)의 붕괴를 가져왔다고 평가한다. 그들에 따르면, 러일전쟁은 신/구 부르주아 국가 간의 식민지 쟁탈전으로, "정치적으로 자유로워 급속한 문화적 진보를 이뤄오고 있는 인민"의 나라, 일본이 승리했다. 다만 전쟁을 시작하고 패배한 것은 "러시아 인민이 아니라, 전제다. 러시아 인민은 전제의 패배로 이익을 얻었다".[68] 레닌은 "(러시아가) 패배할 경우, 전쟁은 무엇보다 먼저 정부체제 전체의 붕괴를 가져올 것"이며, "러시아의 자유를 구하는 사업과, 사회주의를 지향하는 러시아와 전 세계의 프롤레타리아트의 투쟁은 전제주의 체제의 군사적 패배에 극단적으로 강하게 의존하고 있다"고 보았다.[69] 전쟁을 혁명의 방법이자 역사적 과정으로 간주한 볼셰비키는 인민의 희생보다 체제 붕괴의 효과를 환영했다. 실제로 1905년 1월 7일 뤼순이 일본에 함락된 후 러시아에서는 1월 9일 '피의 일요일 사건'이 전함 포템킨 반란 사건, 총동맹파업으로 이어지며 '1905년 혁명'이 일어났다.

혁명의 이념과 방법은 다르지만, 레닌의 러일전쟁에 대한 기대는 흑룡회의 우치다 료헤이가 러시아 망국론과 주전론을 펼친 논리와 일맥상통한다.[70] 다케우치 요시미는 메이지 정부가 대륙 침략정책을 '아시아 공동방위'의 논리로 '은폐'했다면, 대아시아주의는 오히려 정부의 침략 '은폐'에 반대했다고 지적한다. 중일전쟁 이후 국책 편승의 사상가들(가령, 히라노 요시타로)이 정부의 은폐에 가담했다면, 현양사와 흑룡회는 그 거짓에 해당하지 않는다는 것이다.[71] 그러나 역사의 진실

---

68 ドミトリー パヴロフ(Dmitry Pavlov),「日露戦争に関するロシアの研究史」,『戦争史研究国際フォーラム報告書 第3回』, 防衛省, 2005, p.22에서 재인용.

69 위의 글, p.23에서 재인용. 러일전쟁에 대해서는 야마무로 신이치, 정재정 역,『러일전쟁의 세기』, 소화, 2010, pp.155-157 참조.

70 葦津珍彦, 앞의 책, p.134.

71 竹内好, 앞의 글, p.291.

은 그들의 진의에 있지 않다. 아시아에서 구체제의 변혁은 또 다른 전쟁과 혁명, 정치적 지배와 사회적 모순을 일으켰다. 그 와중에 서구제국과의 적대적 대립을 절대시하며 '아시아 해방전쟁'을 정당화하는 논리는 좌·우익 모두에 공통으로 나타났다.[72]

일본의 전향좌파들은 중일전쟁을 일본과 아시아 혁명의 계기로 간주하며 전쟁에 협력하기도 했다.[73] 아시아 침략을 반성하는 일본인들도 중일전쟁에서 중국국민당의 쇠퇴가 마오쩌둥의 승리를 실질적으로 도왔다고 생각한다. 일본만이 아니라 곳곳의 좌익과 우익이 전쟁을 혁명과 해방의 진보적 계기이자 선순환의 과정으로 긍정한 사례는 산견된다. 마오쩌둥의 중국혁명에서도, 한국 분단과 한국전쟁의 과정에서도, 폭력의 정당화는 지속되었다. 그 혼란기를 거쳐서 인류는 모순의 평화적 해결을 위해 서로 소통하는 방법을 중시하게 되었다.

5. 국민주의와 국수주의, 보수와 진보의 사이

『문명론의 개략』(1875)에서 후쿠자와는 국민주의의 배타성을 논한다. 문명개화의 연구자이자 부국강병의 책략가인 그는 '내셔널리티'가 보편적 정의로 성립할 수 없음을 냉철하게 인정했다. 그는 내셔널리티(국가·국민적 정체성)를 보국심(報国心)이라는 용어로 번역했다. "자국의 권리(権)와 의무(義)를 신장하고, 자국의 국민(民)을 부유케 하고, 자국의 지덕을 닦고, 자국의 명예를 빛내려고 공부하는 자를 보국의

72 이 책 제5장 4절 참조.
73 이 책 제4장 5절 참조.

민(民)으로 칭하고, 그 마음을 보국심이라고" 한다. 애국심은 자국 내 민주주의를 신장시킬 수 있지만, 자타에 공정한 윤리의식은 아니다. "보국심과 편파심은 이름이 다르지만 실은 같은 것"이다. "타국에 대해 자타의 차별을 만들고, 비록 타국을 해할 뜻이 없어도 스스로에게 후하고 타국에게 박하며, 자국은 스스로 독립하려는" 이기적 편파심이 보국심이다. 그런 까닭에, "일시동인(一視同仁)·사해동포의 대의와 보국진충(報国尽忠)·건국독립의 대의는 서로 도리에 맞지 않고 양립할 수 없음을 명심하라"고 충고한다.[74]

일찍이 후쿠자와가 국민주의에서 애국심과 배타성의 모순을 솔직히 인정했다면, 1880년대 말부터 국민주의를 긍정하는 담론이 활발하게 생산된다. 국토의식과 헌정체제가 확립되는 가운데 국민국가의 국민의식과 국수주의적 문화의식도 배양되었다. 민우사(民友社)의 잡지 『국민의 벗(國民之友)』(1887)과 정교사(政教社)의 잡지 『일본인』(1888) 및 신문 『일본』(1889)이 그 주요 매체로 활약했다. 도쿠토미는 평민주의 민권운동에서 출발하여 '아래로부터의 서구화'를 추동하다가, 삼국간섭 이후에 '국민의 팽창' 논리로 국가주의를 긍정한다. 미야케 세쓰레이와 구가 가쓰난이 참여한 정교사 그룹은 처음부터 국수주의와 국민주의를 대표한다. 한학 교양과 서구적 지식을 겸비한 그들은 정부의 서구화 정책을 귀족주의·맹종주의로 비판했고, 동서양을 관통하는 보편타당한 가치 속에서 일본적 주체를 정립하고자 했다.

『일본인』을 발행한 미야케는 1891년에 『진선미 일본인』과 『위악추 일본인』이라는 상반되는 개념의 책자를 출판했다.[75] '진선미'란 서구의 과학기술과 동양의 학문을 두루 갖추는 진, 열강의 압력에 굴하

74 福澤諭吉, 『文明論之概略』, 岩波書店, 1995, pp.274-275.

75 두 권 모두 柳田泉編, 『三宅雪嶺集』(明治文学全集 33), 筑摩書房, 1967에 수록.

지 않는 의로운 선, 가볍고 섬세(輕妙)한 일본 독자의 미를 추구한다. '위악추(僞惡醜)'는 학문과 교육을 부국강병의 도구로 관리하려는 일본학술회와 문부성, 쇠약한 민력(民力)을 외면하고 공익보다 사익을 추구하는 신상(紳商: 대상인)의 배금주의, 고가의 미술품을 소장하며 서양 문화를 소비하려는 경박한 예술정신을 비판적으로 겨냥한 말이다. 『위악추 일본인』의 마지막 장은 낯선 이름의 필자(林辨次郎)가 '탁(濁)'이란 소제목하에 정치, 경제, 교육, 풍속의 폐단을 논하면서 본론을 보강한다. 그중에도 우에노 공원에 모이는 빈민과 노동자들의 사회문제에 주목하고, 파리코뮌과 사회주의를 소개하면서 사회적 차별 완화에 힘쓸 것을 제안하는 내용이 새롭다.[76] 사회주의 사상이 일본에 도입되고 있는 모습이다.

『일본』을 발행한 구가는 1891년 제국의회에 임하는 일본의 여러 정론을 고찰하며 발표한 『근시정론고』에서 자신들의 언론활동을 '국민론파'로 선언한다.[77] 그는 나폴레옹 군대에 정복당한 독일과 이탈리아에서 국민정신의 각성이 일어났다면, 일본의 국민론파는 서구화의 문화 풍조에 반발하여 일어났다고 주장한다. 국수주의를 표방하면서도 구가는 일본 국민론파의 사상적 기원이 유럽 내셔널리즘에서 비롯함을 밝힌다. 1876년부터 일본의 지식계에는 프랑스혁명사를 위주로 유럽의 혁명사를 소개하는 번역서가 다수 출판되고 있었다.[78] 구가는 도쿄대 법학과의 전신인 사법성 법학교에서 프랑스 법을 공부했던 만큼 프랑스 내셔널리즘의 전파에 주목했다.

그에 따르면, 유럽의 국민정신은 처음에 종교개혁을 통해 환기되

---

76 三宅雄二郎, 『僞悪醜日本人』, 政教社, 1891, pp.81-84.

77 陸羯南, 「近時政論考」, 『近時政論考』, 岩波文庫, 1972, p.87.

78 함동주, 「메이지 초기 서양사수용과 프랑스혁명관의 사회문화사」, 『동양사학연구』 108, 2009. 9, pp.196-200.

는 '제1변천'을 겪은 후, 정치적이고 군사적인 '제2변천'을 겪으면서 '국민론파'로 발전하기에 이르렀다. 제2변천의 계기를 만든 것은 프랑스혁명과 나폴레옹전쟁이다. '혁명의 소란'과 프로이센의 공격을 겪고 난 프랑스에서는 "국민적 정신으로써 국민의 통일을 꾀하고, 이로써 국민적 정치를 세울 필요가 임박했다".[79] 이때 강조된 국민정신은 종교나 정론의 차이와 무관하게, 국적을 함께하는 자들이 일치단결하여 통합을 이루는 것을 의미한다. 이는 국민투표의 공공성과 국민정신의 연대감을 강조한 에르네스트 르낭의 『국민이란 무엇인가(*Qu'est-ce qu'une Nation?*)』(1882)를 연상시키는 내용이다. 구가의 국민주의도 편파성을 배격하고 공정성을 추구한다.

구가는 당대 일본의 제정론(帝政論)에서 자유론에 이르기까지 여러 정론을 살핀 후, "국민의 임무를 확인하고, 여기에 긴요하게 쓰이는 것을 채택하여" 일본 "국민론파의 내정지의(内政旨義)"를 밝힌다.[80] 그것을 정리해보면, 첫째, 개인의 천부적 재능을 발달시키고 국민실력의 진보를 가져올 자유주의와, 국가의 안녕을 보지하고 국민 다수의 지망(志望)을 충족시키는 평등주의를 국정의 대원칙으로 삼는다. 둘째, 국가의 통합과 수습을 위해 전제(專制)의 요소를 인정하여 천황대권을 존중하고, 국가의 질서 유지를 위해 귀족주의와 귀족원의 존립을 인정한다. 셋째, 권력의 남용을 막기 위해 공화(共和)를 요구하며, 내각의 책임을 확고히 한다. 넷째, 평민의 권리 향유를 위해 중의원 선거권의 확장과 국민 자치를 요구한다. 구가는 현상적으로 대립하는

79 陸羯南, 「近時政論考」, pp.78-79. 마루야마 마사오가 구가 가쓰난의 진보적 건전성에 주목한 이후, 그 사상은 자유주의와 보수주의, 그리고 중정(中正)주의로도 해석되었다. 그 다양한 평가 및 천황제 국수문화와 결합된 국민주의, 조약개정운동에서 귀결되는 자국 중심의 현실주의에 대해서는 표세만, 「구가 가쓰난(陸羯南)의 "국민" 문화: 메이지 내셔널리즘의 한 단면」, 『인문과학연구』 15, 2006. 6, pp.183-210 참조.

80 이하 이 단락의 요지는 陸羯南, 위의 글, pp.85-86.

정치적 주장들을 절충시키면서 중정의 묘를 취한다. 그 국민주의는 국가와 개인의 극단적 편파성을 지양하고, 자유와 평등의 조화를 이루어 국권과 민권을 병존시키려는 중도의 균형감을 지향한다.

나아가 '국민적 정치'의 최종 목적은 입헌정체의 일국적 차원이 아니라, 세계문명의 차원에서 정립된다. 정교사의 국수주의를 "국수보존, 양이론, 쇄국설"로 비판하는 여론에 맞서 구가가 세계성을 의식하기도 했지만, 본디 프랑스의 국민주의에 보편주의 문명론이 배태된 까닭이기도 하다. 세계와 국민의 관계는 국가와 개인처럼 불가분의 관계이고, "국민정신"이 "세계의 박애 감정"과 양립한다는 것이다. 그 국민주의는 자본주의적 진보와 제국의 문명론을 내면화하고 있다. "세계문명은 사회문명과 마찬가지로, 각종 능력의 협합(協合) 및 각종 세력의 경쟁으로 발전을 이루는 것"이므로, 국민 본래의 임무도 "그 고유의 세력과 특유의 능력을 힘써" 발전시켜 "세계문명에 힘을 다하는 것"에 있다.[81] 따라서 국민주의 정론은 개인과 국가, 세계와 사회의 조화로운 균형 및 경쟁적 공존 속에서 국민적 독립과 통일을 이루려는 것이라고 한다.

> 국민적 정치(national politics)란 밖으로 국민의 독립[82]을 의미하고, 안으로 국민의 통일을 의미한다. (중략) 국민론파는 내부를 향하여 이 편파 및 분열을 바르게 고쳐 널리 구제하고자 한다. 이 점에서 국민적 정치란 이른바 여론정치라 할 수 있다.
>
> 그렇다면, 그 목적은 무엇인가. 답하기를, 국민 전체의 힘으로 내부의 부강

81 위의 글, p.82.
82 원문은 '特立(특립)'으로 '독립', '자립'을 뜻한다.

진보를 꾀하고, 이로써 세계문명에 힘을 일으키는 것, 이것이 그 최종 목적이다. 따라서 이 논파는 국가 또는 개인의 관념을 취하여 어느 한쪽에 치우치는 것이 아니다. 나라의 정태(情態)에 응하여 국가의 권력과 개인의 권리를 조화시키고, 이로써 불공평[83]의 화근을 없애도록 애쓴다. 무엇보다 그 불공평은 자유를 파멸하고, 또는 질서를 어지럽히고, 그리하여 국민적 통일을 잃어버리게 한다.[84]

국민적 정치가 자유와 평등에 입각하는 이유는 자치와 자영을 실현하기 위해서다. 그 능력이 없으면 지배와 압제를 면할 수 없다. 여기에 필요한 국민교육의 내용은 지식의 증진과 도덕의 함양이어야 한다. "지식(智識)은 자유의 본(本)이고 도덕은 평등의 원(源)"이기 때문이다. "귀천의 사이에 예양(礼讓)이 있고, 빈부의 나눔에 존경과 사랑이 우러나고, 이리하여 나중에 비로소 평등의 의(義), 국민일치의 실상을 볼 수 있다." 구가는 지식과 도덕을 귀천과 빈부의 차이를 메울 국민통합의 바탕으로 삼는다. 절친한 미야케의 진선미에도 부합하는 "군자의 진리"를 추구하는 모습이다.

1907년에 병사한 구가는 '국수주의 군자'로서 그 이름에 불명예를 입지 않았다. 오히려 신문 『일본』은 정부 비판의 논조 때문에 1889년부터 1905년까지 합계 31회, 233일에 이르는 발행정지 처분을 받았다. 잡지 『일본인』의 사정도 마찬가지였다. 1875년 일본 정부가 자유민권운동의 반정부 언론을 통제하기 위해 발포한 '신문지조례'의 칙령에 근거한 조치였다. 그러나 정치적 탄압을 이유로 보수와 진보를 가르는 태도에 구가는 찬성하지 않았다. "압제에 저항하여 일어나는

83 원문은 '偏依(편의)'로 '치우침', '불공평'을 뜻한다.
84 陸羯南, 「近時政論考」, pp.83, 84.

자유주의는 일시적 화염에 지나지 않는다. 압제의 장작이 다 타면, 자유주의 화염도 꺼진다"는 토크빌의 경고를 그가 의식하고 있는 만큼, 지배에 대한 반작용(reaction)으로 구가의 국수주의와 국민주의를 평가할 수 없다.[85]

구가는 일본의 국수주의와 유럽의 국민주의를 결합하고, 나아가 당대 일본의 모든 정론이 갖는 '일리'를 취합한다. 세상의 평판은 왕왕 그 이름과 실체가 부합하지 않아서 틀리는 것이 많다. "진보주의를 가장하여 공리(功利)를 탐하는 자"가 있고, "영구평화를 제창하는 자가 국방론을 기초하는" 세상이다.[86] 공리주의와 군사적 현실주의를 패도로 보는 태도는 유교적 교양인에게서 흔히 보인다. 하지만 구가는 역사상 제기된 "수많은 주의가 모두 인간의 동일한 동기에서 생겨난 것이라면, 어떤 것도 인간의 진리를 포유하지 않은 것이 없다"고 인정한다.[87] 따라서 어느 하나를 주장하여, 다른 하나를 서로 수용할 수 없게 되는 현상 자체가 옳지 않은 것이다. 구가의 관용적인 도덕률이 국수문화와 세계문명, 공화정과 제정의 양쪽에 창구를 열어놓았듯이, 그 국민주의는 관점에 따라 진보주의도, 보수주의도 될 수 있다. 보수적 정치사상으로서 국민주의는 일본 사회에서 진보적인 역할도 했다.

언론인으로서 구가는 자신의 정치사상을 검증받을 만큼의 잔혹한 세월을 경험하지 않았다. 그러나 현실에서 국민정신의 통일을 꾀하려는 국민주의는 제국화하는 국민국가의 지배 이데올로기로 기능하기 때문에 그 공정성과 중도적 균형감을 유지할 수 없다. 특히 전시기에

---

85 陸羯南, 「自由主義如何」, 『近時政論考』, p.98.

86 陸羯南, 「近時政論考」, p.12.

87 인용문은 나폴레옹을 비판한 낭만주의 비평가 스탈 부인(Madame de Staël)의 말이다. 陸羯南, 「自由主義如何」, p.104.

는 편파성과 배타성이 배가된다. 중일전쟁 이후 일본에서는 국수주의와 국민주의가 모두 배타적 지배·동원 이데올로기로 기능하고, 의회민주주의가 전쟁승리를 염원하는 포퓰리즘과 결합하며 파시즘의 도구로 전변했다. 그렇다면 구가 가쓰난이 '신자유주의' 정파로 분류했던 구게(公家) 출신의 정치가 사이온지 긴모치(西園寺公望)가 자신의 정치적 생애를 통해 프랑스에서 체험한 공화주의를 어떻게 실천했는지를 살펴보는 작업도 흥미로울 것이다.

사이온지는 나카에와 같은 시기에 유학생활을 했고, 1881년 귀국 후 나카에를 비롯한 자유민권운동가들과 함께 『동양자유신문』을 잠시 발행한다. 구가는 그들 '신자유주의자'에 대해 "루소와 함께 고대로마공화정을 그리워하는 것이, 한유(漢儒)가 당우삼대(唐虞三代)를 그리워하는 듯하다"며 진정성을 옹호했다.[88] 그러나 일본에서 자유주의자로 분류된 사이온지가 프랑스에서 보인 태도는 보수적이었다. 보신전쟁에서 관군 지도자로 참여했던 사이온지는 1871년부터 10년간 프랑스에서 관비로 유학생활을 한다. 그가 도착했을 때 프랑스는 비스마르크에게 파리를 점령당한 후, 화평교섭에 반대하는 봉기 세력이 파리코뮌운동을 벌이고 있는 중이었다. 사이온지는 '부끄러움을 모르는 부랑아들의 우민 선동'을 비판하며, 프랑스 정부의 신속한 탄압을 반겼다.[89] 10년 후 유럽에 사회주의 사상에 의한 일대 변혁이 일어날 것을 예상한 사이온지는 나폴레옹 1세와 같은 영웅의 출현도 기대했다.

1874년 파리대학 법학부에 입학한 사이온지는 급진적 공화주의자인 에밀 아콜라(Emile Acollas)에게 법학을 배운다. 하지만 보불전쟁 패전 직후의 프랑스에서는 애국주의가 고양하고 와신상담하면서 왕당

---

88 陸羯南, 「近時政論考」, p.39.

89 岩井忠熊, 『西園寺公望』, 岩波書店, 2003, p.25.

파, 제정파, 공화파 모두 거국일치의 부흥책을 모색했다. 제2제정의 몰락과 제3공화정의 출범을 모두 목격하면서 사이온지는 보수와 진보의 정치적 진폭을 공부했을 터이다. '공화주의자' 사이온지는 프랑스 유학에서 만들어진 허상이었지만, 제2제정의 나폴레옹 3세가 그랬듯이 그도 의회민주주의를 수호했다.[90] 이토의 후임으로 입헌정우회의 총재가 된 사이온지는 천황 측근 귀족으로서는 처음으로 내각 총리를 역임했으며, 육군의 '2개 사단 증설' 요구(1912)를 재정난을 이유로 거절한 후 내각 총사퇴를 경험했다. 1936년 2·26 사건에서 군부의 테러 대상에 올랐지만, 무사히 살아남은 '마지막 원로' 사이온지는 군부 및 대외강경론자들의 천황 접근을 막아냈다고 한다. 그는 "천황이 통솔하는 군의 군기를 바로잡는 것"을 목적하고, 천황이 현실정치의 논쟁과 여론에 휩쓸리는 것을 경계했다. 황실에 상처 주는 결과를 염려해서 국체명징운동에도 반대했다.[91]

필자가 사이온지에게 흥미를 갖게 된 것은 천황친정의 쇼와유신론을 펼쳤던 사법성 관료 히라누마 기이치로(平沼騏一郎) 때문이다. A급 전범으로 수감된 감옥에서 히라누마는 패전에 이르게 된 사태의 정치적 책임을 의회민주주의자 사이온지에게 물으며 그를 원망했다. "연로한 귀족의 게으른 마음이 결국 소수 재벌의 발로와 정당의 폭주를 불렀고, 정경유착의 부패한 고리를 천황친정으로 타개하려던 세력은 모두 배척당했다"는 이유에서다.[92] 법조인으로서 정치적 청렴성과

90 1871년 붕괴한 제2제정의 나폴레옹 3세는 제정으로 회귀하여 언론을 탄압했지만, 파리를 화려한 도시로 개조하고 은행과 철도업을 신장시켰으며 국민투표를 통한 인민주권의 행사를 보장했다. 鹿島茂, 『怪帝ナポレオン三世 第二帝政全史』, 講談社, 2010.

91 岩井忠熊, 앞의 책, pp.171, 191.

92 重光葵, 『巣鴨日記』(正·続), 文藝春秋新社, 1953, p.412. 스가모 감옥에서 나눈 히라누마와의 대화를 공개한 외교관 시게미츠 마모루(重光葵)는 윤봉길 의사의 폭탄테러 당시에 오른쪽 다리를 절단하고, 1945년 9월 2일 항복문서에 조인한 인물이기도 하다.

사회 규율을 중시했던 히라누마도 천황 친견을 금지당한 1인이었다. 물론 천황의 정치적 지도력이 입증된 사실도 없으며, 패전의 원인이 사이온지 때문이라는 발언도 설득력이 없다.

두 사람 모두 입헌군주제의 옹호자로 국가기구의 고위층 관료를 역임했지만, 사이온지와 히라누마의 갈등 양상은 일본의 정치사상사에서 이른바 보수와 우익의 대립으로도 설명된다. 우익으로 분류되는 히라누마의 정경유착을 비판하는 발언은 어디에서 본 듯하다. 유신정부에서 소외되어 민권운동을 전개한 재야 세력, 즉 존왕양이운동에서 자유민권운동으로 변화했던 정치 세력의 삿초 정부에 대한 비판론을 히라누마도 반복하고 있는 것이다. 자본주의와 의회주의의 퇴폐성을 증오했지만, 반공주의자 히라누마는 일군만민의 평등과 반자본주의적 공동체를 추구한 점에서 공산당의 지도하에 통제되는 민주집중제의 규율과 평등주의 이상에도 맞닿아 있는 모습이다.

6. 지사형 사회주의, 사해동포주의와 국체

1890년대부터 자유민권운동의 시대가 저물고 제국주의와 사회주의가 도래하고 있었다. 청일전쟁이 일어나던 해, 민우사에서 발행한 평민총서 제6권이 사회주의를 소개하고 있다.[93] 역사적 모순과 새로운 대세를 누구보다 신속하게 읽어낸 사상가가 고토쿠 슈스이였다. 나카에 조민에게서 사회사상을 배운 후 정치 가십기사를 다루는 신문사에서 국제 문제와 관련한 외국전보의 번역을 담당했던 고토쿠는

93 『現時之社会主義』(平民叢書 第6巻), 民友社, 1894.

비평문집 『20세기의 괴물 제국주의』(1901)와 『사회주의 신수』(1902)를 차례로 출간하여 사상계의 중요 인사로 부각되었다. 1901년에 우치다 료헤이의 『러시아 망국론』과 함께 고토쿠의 출판물이 나온 시점은 좌익과 우익의 분기점으로 지적되며, 일본의 반체제운동이 흑룡회와 사회민주당으로 분열된 기점으로도 해석된다.[94]

『20세기의 괴물 제국주의』는 청일전쟁 승리 후 제국주의에 열광하는 일본을 '고삐 풀린 사나운 말'에 비유한다. "오늘날 제국주의를 신봉하지 않는 자는 거의 정치가라도 정치가가 아니며, 국가라도 국가가 아닌 것 같다. 제국주의는 과연 무슨 덕이 있으며 무슨 힘"이 있어서 유행하고 있는지를 묻는다.[95] 본론에서는 "애국심을 날실로", "군국주의를 씨실로" 하여 직조된 제국주의를 분석한다. 일본인의 애국심은 청에 대한 증오심일 뿐, 동포에 대한 애정을 보탠 것이 아니다.[96] 제국주의 영토 확장은 국민의 존엄·행복과 무관하며, 소수의 욕망 때문에 다수의 복리를 빼앗는 행위다. 결론에서는 "세계적 대혁명운동을 개시하라"고 한다. 대안은 자유를 포용한 사회주의, 다수의 자치사회와 사해동포의 세계주의다.

> 소수의 국가를 변혁하여 다수의 국가로 만들라. 육해 군인의 국가를 변혁하여 농상공인의 국가로 만들라. 귀족 전제의 사회를 변혁하여 평민 자치의 사회로 만들라. 그런 후에야 정의와 박애심이 곧 편협한 애국심을 압도할 수 있는 것이다. 사해동포의 세계주의가 곧 약탈적 제국주의를 소탕하고 잘라

94 松本健一, 『思想としての右翼』, 論創社, 2007(초판: 第三文明社, 1976), pp.166-167.
95 고토쿠 슈스이, 임경화 역, 「20세기의 괴물 제국주의」, 『동아시아 사회주의의 기원, 고토쿠 슈스이 선집 나는 사회주의자다』, 교양인, 2011, p.29.
96 위의 글, p.57.

내 버릴 수 있는 것이다.[97]

자유민권사상에서 출발한 고토쿠는 국가에 대한 국민의 자유 및 다수의 존엄에 의거한 복리를 추구했다. 그 내용은 나카무라 마사나오가 번역하여 베스트셀러가 된 존 스튜어트 밀의 『자유론』(원본 1859; 일본어 번역본 1872)과 도덕적 입법 원리로서의 공리·공익주의(utilitarianism)와도 상통한다. 만년의 밀이 스스로를 사회주의자로 말한 것처럼, 고토쿠에게도 사회주의와 자유는 대립되는 개념이 아니다. 사회주의는 "인간이 필요의 왕국에서 자유의 왕국으로 비약하는 것"이라는 엥겔스의 말도 인용하면서, 그는 사회주의가 "국가의 보호나 간섭에 의지하는 것이 아니라", "인류 전체의 국가", "인류 전체의 정치", 민주주의와 자치제도라고 규정한다.[98] 이렇듯 고토쿠가 소개한 사회주의는 레닌주의가 전파되기 이전에 멘셰비키와 교류하던 시기, 유럽과 미국의 자본주의 국가에서 제기된 사회민주주의 이론에 근거하고 있다.

고토쿠의 이미지는 다양한 정치적 입장에서 만들어졌지만, 동아시아를 대표하는 사회주의자로 인식되었다. 『나는 사회주의자다』라는 제목의 한국어판 고토쿠 선집의 역자 해설에서는 고토쿠가 동아시아에서 "계급적 연대의 길"을 개척한 동아시아 사회주의자라고 평가한다. 그러나 사해동포의 세계주의를 약탈적 제국주의와 대립시키는 고토쿠의 논리는 노동자 계급의 당파적 연대나 프롤레타리아 독재를 중시하는 사회주의·공산주의와는 결을 달리한다. 한국어판 해설에서

---

97 위의 글, p.119.

98 고토쿠 슈스이, 임경화 역, 「사회주의 신수」, 『나는 사회주의자다: 동아시아 사회주의의 기원, 고토쿠 슈스이 선집』, pp.292-293.

도 그가 계급투쟁 및 민족독립에 대한 무관심했다고 비판한다. "사회주의 혁명의 주체를 노동자에서 찾지 않고 어질고 의로운 지사에서 찾는 약점"과, "노동자에게 가까이 다가가 꾸준히 조직화를 추진하는 노력"의 결핍을 지적한것이다.[99]

한편 고토쿠의 이미지는 '전후평화'의 이데올로기가 주입되는 환경에서 부풀려졌다는 지적도 있다. 고영란은 고토쿠의 제국주의 비판론이 도쿠토미 소호의 '평화적 팽창주의'론과 결부되어 있다고 비판한다.[100] 고토쿠는 천황을 '세계문명의 복리를 희구하는 존재'로 평가하고, 왕정복고로 성립된 국체가 사민평등의 사회주의와 부합한다고 해석함으로써 사회주의적 이상에 근접한 형태로 천황제 국체를 이해했다는 것이다. 실제로 고토쿠는 메이지유신이 사민평등을 이루었으므로, 만일 계급타파가 국체에 모순된다면 메이지유신도 국체와 어긋나는 꼴이라는 논리로 사회주의를 옹호했다. 고토쿠는 '동양의 사회주의'도 기대했다. 주나라 문왕을 사회주의자로 해석하고, 백성의 마음을 헤아리는 천황의 마음도 사회주의와 일치한다는 논리다.

> 사회주의는 본래 군주 한 사람을 위한 것이 아니라, 사회 인민 전체를 위한 것이다. 따라서 진보된 민주주의와 일치한다. (중략)
> 일본의 황통이 한 가닥으로 연결되어 있는 것은 실로 조종과 열성이 항상 사회 인민 전체의 평화와 진보와 행복을 목적으로 하셨기 때문에 번영한 것이다. 이것은 동양의 사회주의자가 자랑으로 삼는 것이 아니면 안 된다. 그리하여 나는 오히려 사회주의에 반대하는 자야말로 국체와 모순되는 것이 아

---

99 임경화, 「해설」, 위의 책, pp.560, 576-585.
100 高榮蘭, 앞의 책, pp.29-46.

넌가 생각한다.[101]

고토쿠에게 중요한 것은 정치체제가 인민 전체의 복리 증진에 실질적으로 공헌하는가의 문제였다. 그에게 사회주의와 천황제 국체는 인민 전체의 평화, 진보, 행복을 공통의 목적으로 한다. 이는 구가 가쓰난의 입헌군주제가 평등과 공화 이념을 포괄하는 개념이었던 것과도 상통한다. '동양의 사회주의'는 '우익'으로 불리는 아시아주의자들의 정치 이념에서도 나타난다. 다루이 도키치의 동양사회당, 민권좌파로 불린 오이 겐타로의 동양자유당, 기타 잇키의 '동양적 공화정'도 '동양의 사회주의'와 소통되는 이념을 갖는다.

현양사와 흑룡회도 동아시아 차원에서 생활문명의 진보와 복리 증진을 추구했다. 그들은 서양의 동양침략과 동양적 전제정치를 전쟁과 무력으로도 타도한다는 입장이었다. 비전론의 고토쿠도 "국제공법이 전쟁을 하지 않고도 각국의 행복과 권리를 보전할 수 있을 만한 능력을 갖추지 않는 한, 전쟁은 결국 피할 수 없는 추세"로 인정했다.[102] 마찬가지로 코토쿠는 암살이 "절망적 사회 환경"에 처한 사람들의 "유일한 활로"라고 긍정했다. 그렇기 때문에 그에게 천황 암살의 모의에 대한 혐의가 씌워졌다.

1911년 1월 대역 사건의 마지막 판결이 있던 날 법정을 취재했던 미쓰카와 가메타로(満川亀太郎)는 1935년에 간행한 저서 『삼국간섭 이후』에서 고토쿠에 대한 기록을 남긴다. "한학의 소양과 효심이 깊었던" 고토쿠를 비롯한 11명에게 사형이 선고되자, 그들은 일어나 사회

101 고토쿠 슈스이, 「사회주의 신수」, pp.317, 319.
102 위의 글, pp.157-158.

주의 만세가 아닌, "무정부주의 만세"를 외쳤다고 한다.[103] 고토쿠가 『공산당선언』을 번역하고 당대 사회사상과 사회운동의 선두에 있었지만, 그 문체는 유교사상을 바탕으로 서구 지식을 인용하고 독창적으로 해석한다. 그 사상의 결은 '사회주의'나 '무정부주의'의 어느 한 방향으로 온전히 해명되기 어렵다.

『사회주의 신수』의 제4장 '사회주의의 주장'은 사유재산을 인정하면서도 생산수단의 공유와 공공적 경영을 주장하는 내용으로 채워졌다. 1895년에 출판된 미국의 경제학자 리처드 일리의 『사회주의: 사회적 개조를 위한 제안과 그 성격, 강점과 약점에 대한 검토』에 제시된 네 가지 주장을 장황하게 소개한 것으로, 고토쿠는 그에 대한 공감을 표한다.[104] 일리는 사회주의가 사적 소유를 근절한다는 비판은 모략일 뿐, 사회주의는 오히려 만인에게 사적 자유와 이익의 증대를 가져온다고 주장했다. 흥미롭게도 토지와 자본의 공유, 생산의 공공적 경영, 사유재산의 인정은 기타 잇키의 『일본개조법안대강』(1923)에서도 발견된다. 물론 고토쿠의 사회개조론과 기타의 국가개조론에는 큰 차이가 있다. 기타가 국가에 인격적 주권을 부여함으로써 일본을 개조할 방법을 중시했다면, 고토쿠는 생산자와 소비자의 '연합(associate)'과 '공동(cooperate)' 사업을 옹호했다.

고토쿠의 사회주의는 자유방임을 극복하고 공공성을 강화하는 선진자본주의 국가의 사회정책론에 가깝다. "만인의 생활 안정"과 "만

---

103 満川亀太郎, 長谷川雄一 編·解説, 『三国干渉以後』, 論創社, 2004, p.105. 1935년에 처음 출판된 『삼국간섭 이후』는 1895년 삼국간섭에서부터 1935년 국제연맹을 탈퇴할 때까지의 미쓰카와의 사상적 궤적을 남긴 생활기록이다.

104 Richard T. Ely, *Socialism: An Exami-nation of Its Nature, Its Strength and Its Weakness, with Suggestions for Social Reform*, Thomas Y. Crowell & Co., 1895. 고토쿠는 이 책의 제목을 "Socialism and Social Reform"으로 소개하고 있다. 고토쿠 슈스이, 「사회주의 신수」, pp.272-282.

인의 능력"을 발휘할 공정한 기회를 중시함으로써, "생산수단과 방법을 사회 인원 전체의 공유로" 하고 "생산물 분배도 공공사업으로서 사회가 규정하는" 바에 따른다는 밀의 『정치경제학원리』(1848)도 수용한다.[105] 『사회주의 신수』의 부록에서는 국가사회주의와 무정부주의의 틈새에서 고토쿠가 국가적 위상을 어떻게 정립하는지를 엿볼 수 있다. 그는 독일의 사회민주주의를 예로 들면서, 사회주의적 이상 국가에서는 "요컨대 다수의 행복만이, 평등의 이익만이 염원"이라는 결론을 내린다.[106] 이러한 사회주의는 자본주의 국가의 사회정책론과 밀의 공리주의에 가깝다. 단지 고토쿠는 그 실현을 사회주의 정당이나 국가가 아니라, 노동자의 자율적 실천에서 구하고자 했다.

일본에서는 1896년 예일대학 신학부를 졸업한 가타야마 센(片山潛)이 귀국하여 노동조합운동과 보통선거운동을 벌이다가, 1901년에 기독교 신자이기도 한 사회운동가들과 함께 사회민주당을 조직한다.[107] 고토쿠도 여기에 참가했지만, 최초의 사민당은 공권력에 의해 곧바로 해산되었다. 1906년 일본사회당이 다시 출범하지만, 좌파 내의 노선 갈등도 시작된다. 가타야마는 보통선거 실시를 통한 의회정책론을 제기했다. 여기에 『평민신문』의 발행인이었던 사카이 도시히코(堺利彦)와 고토쿠가 노동자들의 파업과 같은 직접행동론으로 맞섰다. "사회당의 의회정책이나 의원의 힘을 믿느냐, 또는 노동자 스스로의 힘을 믿느냐"는 사회당이 부르주아의 발판이 되는가, 아닌가를 판가름하는 분기점이라는 주장이다.[108] 고토쿠는 자유당에 이어 사회당의 의회정

105 고토쿠 슈스이, 위의 글, pp.280-281, 308.

106 위의 글, p.309.

107 일본에 기독교 신자가 적지만, 교육 및 사회복지에 관련한 사업가와 초기 사회주의자들 중에는 기독교도가 상당수 존재했다. 오이 겐타로도 그리스정교회(Eastern Orthodox Church)의 세례를 받았다.

108 「幸徳秋水氏の演説(一昨日社会党大会に於ける)」, 『日刊平民新聞』 28, 1907. 2. 5; 고토

책도 부정했다.

고토쿠의 직접행동론은 1905년 러시아 제1차 혁명 및 미국의 무정부 조합주의(anarcho-syndicalism)로부터 영향받은 것으로 해석된다. 하지만 고토쿠는 정당 정치가와 달리, '지사'풍의 저널리스트로서 암살론과 농민봉기론, 집회와 강연 등 현장의 행동에 기초한 사회운동에 대한 기사를 쓰면서 사상운동을 개척해왔다. 그렇다면 직접행동론의 영향을 굳이 멀리서 찾을 필요가 있을까? 일본에서도 존왕양이의 초망지사들이 번을 탈출하여 직접 행동에 나섰고, 아시아주의자들도 대륙에서 낭인의 삶을 살았다. 흑룡회 낭인들도 합법적 정당운동과 관료정치와 다른 차원에서 직접 행동에 나서는 사람들이었다.

1906년에 기타 잇키는 또 하나의 사회주의 국체론이라 할 수 있는 『국체론 및 순정 사회주의』를 출판한다. 메이지유신을 '민주주의 혁명'으로 해석하고, 천황제를 사회주의 국체로 풀어낸 이 책은 출간된 지 닷새 만에 발매금지를 당한다. '국민의 천황'을 제기한 것으로 유명한 기타는 "군주가 국가에 포함된 공민국가"의 "국가주권"을 강조한다. 또한 "'사회민주주의'는 사회가 주권의 본체인 민주적 정체"이며 "오늘 일본의 국체와 정체는 사회민주주의이다. 사회주의는 국가주권과 국체의 옹호자이다".[109] 국가란 계급이 아니라, "국민의 전부"다. 따라서 "사회주의 혁명은 국가의 부정이 아니"며, "사회주의는 국가주의를 포용하는 것"이고, "사회주의를 방해하는 것은 국가가 아니다".[110] 서구 자본주의 국가의 사회주의나 계급혁명론과 무관한, 일본 고유의 '천황제 국가사회주의'를 도출하려는 기타의 독특한 시도

쿠 슈스이, 앞의 책, p.419.

109 北輝次郎, 『國體論及び純正社會主義』, 1906, pp.479(第四編 第九章).

110 위의 책, pp.853-854(第五編 第十五章).

는 사실 고토쿠의 사회주의와 국체론에서 그 단서가 발견된다.

이 장에서는 청일·러일전쟁을 일본의 식민지 침략을 위한 공세적인 제국주의 전쟁의 차원이 아닌, 동아시아의 근대적 체제 변화의 과정에서 민족을 넘어선 '수구와 개혁'의 분쟁이라는 차원에서 파악했다. 민족적·정치적·이념적 대립을 넘어서서, 서로 분열된 세력들이 연결되는 진면목을 살피고 체제변혁의 역학(力學)에 주목한 것이다. 그 결과, 좌우익의 분기점으로 지적되는 1890년대 일본의 아시아주의와 사회주의가 단순히 좌익과 우익으로 양분되기 어려운 동서고금의 사상적 접합지대를 이루고 있는 사실도 확인되었다.

균형감 있는 역사인식은 다양한 세력의 갈등과 역사적 변화에서 어느 한쪽의 역할과 가치를 배제하지 않는다. 이러한 관점에서 볼 때, 일본의 존왕양이운동(내셔널리즘)은 자유민권운동(데모크라시)으로 전변하고, 좌익과 우익을 태동시켰다. 이 모든 흐름이 다시 아시아주의와 제국주의에 흡수되었다. 이때 새로운 체제로의 변동은 다양한 세력의 모순을 흡수하면서 일어나는 현상이다. 그런 만큼 역사 변동 그 자체가 모순의 해결을 의미하지는 않는다. 그 모순의 해결을 위해서는 역사적 약자라는 인식의 굴레에서 벗어나, 스스로 역사적 향방에 결정적 역할을 가하는 행위 주체임을 자각할 필요가 있다.

일본의 아시아주의자들이 급변하는 세계정세 속에서 아시아 연대를 외치고, 자국민의 임무를 모색하고 실천하는 모습은 역설적으로 그들이 어떻게 제국주의 첨병으로 역할하게 되는지의 과정을 보여준다. 그러나 그들의 이념과 실천이 단순히 침략 야욕을 채우기 위한 것에서 출발하지 않았다는 사실도 확인된다. 만일 서세동점에 대응하여 조선에서 김옥균이 '개화'에 성공했다면 역사는 어떻게 달라졌을까? 한번 상상해보자. 일본은 제국주의 침략국가로 변모할 필요 없이 조선과 연대하고, 중국의 개혁을 도와 동아시아 공동방위를 실현하는 길에서 자국의 이해관계를 실현할 수 있었을까?

역사연구에서는 가정법을 허락하지 않고, 현실은 이해관계에 따라 움직인다. 그러나 오늘의 현실에서도 대한민국이 어떤 역할을 하느냐가 세계사의 향방에 중요한 영향을 미칠 가능성을 생각한다면, '가지 않은 길'을 상상해볼 가치는 충분하다. 한국의 정치적 선택과 한국인의 행동 양식이 미래 역사의 향방을 바꿀 수 있는 가능성을 염두에 둔다면, 특히 한일관계에서 역사인식을 재정립하는 과제가 더욱 절실해진다.

1880년대까지 제국주의 국가로 성장하지 못한 일본에서 자유민권 세력은 조선에 친일 개혁정권을 세워 러시아를 비롯한 서구제국으로부터 일본의 강역을 방위하고자 했다. 미국이 패전국 일본을 점령한 상태에서 민주화 정책을 추진하고, 일본이 아시아의 반공기지로 역할하기를 원한 것과 마찬가지의 이치다. 만일 김홍집의 친일정권이 조선의 개혁에 성공했더라면 어떠했을까? 조선과 일본, 영국과 미국이 러시아를 견제하는 데 성공함으로써 결국 러시아의 1905년 혁명과 볼셰비키혁명이 일어나지 않았을지도 모른다. 만일 그랬다면 러시아는 자본주의 시장에 편입되고, 세계사에서 좌우 세력이 폭력적으로 대결하고 한반도가 분단되는 상황이 없었을지도 모른다.

오늘날 일본의 반미(반외세)민족주의와 한국의 반일(반외세)민족주의는 자국의 '타율적 근대화'를 용납하지 않는다. 과거의 양이파와 수구파가 그랬던 것처럼, 주/객관 정세의 변화를 돌아보지 않고 자국의 현실을 '식민지' 상태로 바라보며 비분강개한다. 개국과 불평등조약에 반대한 막말 유신기의 양이론자들처럼, 전후 일본의 민족주의자들은 미국 주도의 타율성을 이유로 전후민주주의와 평화헌법의 의미를 부정해왔다. 그 흐름이 오늘날 변화된 정세에서 헌법개정과 핵무장의 자주방위론을 펼친다. 마찬가지로 해방 후 한국의 민족주의자들도 갑오개혁의 타율성을 지탄하고, 배후의 일본을 침략 세력으로 일갈해왔다.

한국과 일본의 민족주의는 글로벌한 동시대사의 갈등과 모순을 일국적 가치 속에서 재단하며, 자율성과 타율성이라는 이분법을 버리지 않는다. 하지만 자율성도 타율성도 동시에 작동하는 상황에서 상호 대립과 의존의 양 축을 키워온 것이 실제 삶이고, 역사의 참모습이 아니겠는가. 동아시아에서 한중일의 내셔널리즘과 미중의 패권주의 갈등이 고조된 오늘, 이 장은 민족주의를 넘어서 청일·러일전쟁기의 지역질서를 다각도로 심사숙고해보고자 했다.

제3장

우익의 국가주의와 아시아주의

1. 제국주의와 민주주의의 결합과 충돌 속에서

메이지유신이 30년을 지나면서 일본은 유신의 '성장 동력'이 임계점에 다다라 불황기에 접어들었다. 러일전쟁의 승리로 일본은 한반도 식민지배와 만주 진출의 길을 열게 되었지만, 러시아로부터 배상금을 받지 못하자 민중 폭동(日比谷焼打事件)이 일어난다. 부국강병책으로 제국의 지위에 근접해가던 일본에서 여전히 불평등조약의 피해자라는 분노감이 팽배한 모습이 나타났다. 1900년대부터 청년들 사이에서 입신출세의 이상을 펼치기보다 시대의 폐색감을 호소하는 풍조도 생겼다.[1] 사회문제와 사회 정책의 확장 속에서 근대국가의 체제 변화는 지속되고, 1910년대에는 다이쇼(1912-1926) 데모크라시로 불리는 새로운 시대가 열린다. 헤이그 밀사 사건에 이어 이토 히로부미 암살 사건을 빌미로 조선을 강제 병합한 일본은 1911년 불평등조약의 개정에 성공한다.

그러나 제1차 세계대전과 러시아 볼셰비키혁명을 거치며 '민족자결론'이 대두한 세계에서 식민지배의 정당성은 이미 상실되었다. 제1차 세계대전에 참전하여 전승국의 일원이 된 일본의 국내 정치에서는 삿초 번벌이나 군벌에 대항한 '입헌주의' 호헌 운동이 일어나 복수정당제에 입각한 정당내각이 성립한다.[2] 1918년 9월 하라 다카시(原敬) 수상이 조직한 내각의 관료 대다수가 정우회의 멤버였다. 이후 1932년까지 번벌과 관료의 초연내각(超然内閣), 그리고 정우회, 헌정회, 입

1 石川啄木, 「時代閉塞の現状」(1910)에서는 "국가는 강대하지 않으면 안 된다. 우리는 그것을 저해할 어떤 이유도 갖고 있지 않다. 단지 우리는 그것을 거들고 싶은 마음이 없다!"는 문장으로 당대 청년들의 번민을 대변한다(http://www.aozora.gr.jp/cards/000153/files/814_20612.html).

2 정당내각과 입헌정치에 대해서는 앤드류 고든, 문현숙·김우영 역, 『현대일본의 역사』 1, 이산, 2015, pp.345-354 참조.

헌민정당의 정당내각이 1년 내지 2년 남짓 서로 교대하며 내각을 운영했다. 이렇게 의회제 민주주의와 헌정 정치가 실현된 듯하였으나 잦은 정권교체와 권력형 비리로 인한 정치적 불안정과 국민적 불신은 파시즘의 도래를 재촉하는 요인으로 작동하고 있었다.

제1차 세계대전으로 인한 호황으로 도시화와 현대화가 진척하고 1920년대에는 과학기술을 매개로 한 대중문화가 급속히 발전한다. 1912년 택시업체가 출현하고, 1914년 대중가요의 레코드가 발매되며, 1915년부터 고교야구가 시작되었다. 1925년에는 라디오 방송이 시작되고, 오락잡지 『킹(キング, KING)』이 창간 발매 부수 50만 부를 모두 팔고서 1926년부터 100만 부를 찍어내기에 이르렀다. 자본주의 발전과 전후 농촌불황의 여파로 소작쟁의와 노동쟁의가 빈발하고 사회정책 연구도 활발했다. 무정부주의·사회주의·공산주의 사상과 조직 운동, 여성의 사회 진출과 참정권운동, 보통선거운동 등, 다양한 사회운동도 분출했다.

1909년 도쿄대학 법학부에 부임한 요시노 사쿠조(吉野作造)는 1914년 이후 '민중적 시위운동'과 '헌정의 본의'를 논하면서 '민본주의'를 제창한다. 그는 '천황주권설'과의 충돌을 회피하여 데모크라시의 번역어를 '민주주의'가 아닌 '민본주의'로 채택하고, 인민의 복리 증진을 위한 정치 운용과 민의에 기초한 정책 결정의 절차를 강조했다.[3] 한편 미노베 다쓰키치(美濃部達吉)도 통치권이 법인체인 국가에 속하며 천황은 국가의 최고 기관이라는 '천황기관설'을 펼친다. 이는 도쿄대학 법학부 교수 호즈미 야쓰카(穂積八束)와 신권론자인 우에스기 신

3 吉野作造, 『憲政の本義 吉野作造デモクラシー論集』, 中公文庫, 2016, 제1장과 해설 참조. 요시노는 도쿄대학 법학부 대학원을 졸업한 후 3년 동안 중국에 유학하여 위안스카이 장남의 가정교사를 지냈던 만큼, 신해혁명과 조선독립운동에도 공명하는 '제국민주주의자'의 면모를 보인다.

키치(上杉愼吉)의 천황과 국가를 동일시하는 '천황주권설'과 대립했다. 요시노와 미노베는 다이쇼 데모크라시를 대표하는 법학자였다. 하지만 그들의 이론으로 시대의 향방을 바꿀 수 없었다.

제1차 세계대전이 발생하자 일본은 대외 팽창의 유리한 고지를 선점하기 위해 영일동맹을 활용하여 독일에 선전포고하고 참전한다. 전쟁 중 일본은 1915년 '21개조 요구'를 중국에 강요한다. 독일의 조차지였던 산둥반도의 권익을 계승하고, 남만주 철도의 권익과 랴오둥반도의 조차를 연장할 목적이었다. 유럽전의 장기화에 연루되지 않고 산업화를 추진하던 일본은 독일 해군의 통상파괴 활동에 대응하여 1917년 1월부터 영국과 프랑스의 상선을 호위하는 임무를 맡아 지중해에서도 활약한다. 참전의 대가로는 독일령 남태평양 제도에서의 권익을 승계하게 된다. 일본이 만주와 태평양 지역에서 독자적 경제블록을 형성하는 움직임을 보이자 미국과의 마찰도 가시화된다.[4]

앤드류 고든은 제국주의 팽창과 함께 대두한 다이쇼 데모크라시를 '제국민주주의'라는 개념으로 포괄하여 그 이중성을 드러내고, 쇼와 공황을 전후한 시기 일본의 사회경제사적 대응을 추적한다.[5] 그는 전간기의 사회 변화에서 쇼와유신론을 주시하지 않았지만, 다이쇼 데모크라시의 대내외적 모순과 그 봉합 과정에서 국가주의가 태동했다. 쇼와유신론은 제국주의와 민주주의의 충돌, 전시 호황과 경제 불황의 불안정에서 야기되는 사회 전반의 문제를 국민 통합 사상과 국가 통제 기능의 확립으로 돌파하려는 것이었다.

---

4 井上寿一, 『第一次世界大戦と日本』, 講談社, 2014, 제1장과 제2장.

5 "의회민주주의를 주도한 유력자들은 제국 확대를 경영한 지지자"였고, 마찬가지로 정치적 민주화를 지지한 사람들도 "군주에 대한 충성, 제국 판도의 확대, 민중의 정치 참여라는 목적이 서로 모순되기는커녕 오히려 상호보완적이라고 믿고 있었다"는 견해에서 '제국민주주의'로 부른다. 고든, 앞의 책 1, p.344. 쇼와 공황 이후 사회경제사는 같은 책 2의 제11장 참조.

1929년 세계대공황의 여파로 구미의 식민지제국에서 블록경제가 형성되고 일본과의 무역마찰이 발생하자, 랴오둥반도에 조차지를 두었던 일본은 뒤늦게 만주의 군사적 점유에 박차를 가하고 직접 통치를 시작한다. 반면 서구제국은 중국에서 조차지를 확보하고, 통상 위주의 '자유무역제국주의' 방식으로 세력권을 유지하는 데 머물러 있었다. 일본은 1932년에 만주국을 건국하고 형식상 독립국임을 선포했지만, 관동군 사령관의 통치하에 직접투자를 행한다. 중국의 제소를 받은 국제연맹이 1933년 2월 총회에서 만주국을 승인하지 않자, 일본은 국제연맹을 탈퇴하면서 외교적 고립에 빠져들었다.

뒤늦게 제국주의 대열에 진입한 일본에서는 민주주의 및 사회 개조에 대한 욕구가 서구제국주의와의 경쟁력 확립이라는 국가주의적 요구와 결합하고 충돌했다. 그 모순된 공간에서 파시즘이 태동한다. 따라서 이 장에서는 다이쇼 데모크라시의 전개 속에서 내셔널리즘과 아시아 농본주의, 사회주의적 요소가 결합되는 과정을 살피고자 한다. 제국주의와 민주주의, 천황제 민족 공동체와 국가 사회 공동체, 다양한 '좌우합작'의 양상 속에서 1930년대 국가개조운동이 태동하는 현상에 주목한다.

2. 쇼와유신론의 대두와 '국체'의 정치적 신격화

전후 일본의 역사가들은 쇼와유신을 촉발한 직접적인 동인으로 '쌀소동'을 꼽는다. 시베리아 출병이 시작된 1918년, 상업자본의 매점매석으로 쌀값이 폭등하자, 민중 소요가 전국으로 번지면서 일본 사회에 충격을 가하고 우익 운동을 촉발했다. 전후 불황으로 긴축 재정이 불가피한 가운데, 1921년 가을 지방교육비의 절감 방침에 반대하는 운동도 일어난다. 그해 11월, 하라 수상이 철도역원인 나카오카 곤이치(中岡艮一)라는 청년의 칼에 맞아 사망했다. 한 달여 전, 대륙낭인 아사히 헤이고(朝日平吾)가 야스다 재벌을 대표하는 야스다 젠지로(安田善次郎)를 암살한 사건에서 영향받은 것이었다.[6]

하시카와 분조는 「쇼와 초국가주의의 제상」(1964)에서 당시 청년 테러리스트들에게서 군국주의자의 폭력성보다는 일본 근대화의 모순에 대한 저항, 즉 진정한 주권재민의 자유와 평등을 욕구하는 '심성'을 읽어냈다.[7] 그렇다면 일본 정치사에서 의회민주주의를 정착시키고 군벌을 견제한 '정치적 거장'으로 평가받는 하라 다카시의 죽음은 무엇을 의미하는가? 그 죽음은 대중의 다양한 욕구를 충족시킬 수 없는 민주주의, 그리고 부의 편중 속에서 성장하는 자본주의화의 곤란과 도시화의 혼란을 동시에 보여준다.

하라는 재임기간(1918. 10-1921. 11) 중에 입헌정우회(立憲政友会, 약칭 '정우회')의 숙원 사업인 국방충실, 교통통신기관의 정비, 교육진흥, 산업장려의 4대 정책을 적극 실현했다. 일찍이 「지방분권론」(1881)을 제기한 그는 일본의 진흥을 위해 지방에 권한을 주고, 지방의 진흥을 위해 교통을 발전시킬 것을 주장한 개혁가였다.[8] 그러나 당시 여론은 거액의 공채를 발행하여 전신전화망과 철도망의 사회기반을 확충한 국가정책을 지주, 부르주아, 특권계층과 결탁한 재벌 중심 정책이라고

---

6 아사히는 야스다를 찌른 단도와 자결 당시의 피묻은 속옷을, 일본개조를 부탁한다는 유서와 함께 기타 잇키에게 보냈다. 豊田穣, 『革命家·北一輝: 「日本改造法案大綱」と昭和維新』, 講談社, 1996, p.324.

7 橋川文三, 『近代日本政治思想の諸相』, 未来社, 1968, pp.195-242.

8 「地方分権論」(『郵便報知』, 1881. 4. 27), 『原敬全集』(上)(原敬全集刊行会, 1929), 明治百年史叢書, 2013, p.29. 하라는 중앙집권은 프랑스, 지방분권은 아메리카 연방제에 가까운 형식으로 보고, 메이지 국가체제가 중앙집권형이지만, "일국의 개명은 늘 지방에서 일어난다"고 강조했다. 松本健一, 『原敬の大正』, 毎日新聞社, 2013, p.97.

비판했다.[9] 실제로 정우회는 지방의 지주와 미쓰이 재벌과 결탁되어 있었고, 관료·지주·재벌의 정경유착에 대한 사회적 비판여론도 거셌다. 게다가 농촌 불황까지 겹쳐진 험난한 사회 분위기에서 농촌 출신의 청년 장교들에 의한 테러가 발생하기 시작했다. 농촌의 불황에 대응하며 발전한 농본주의는 1930년대 일본의 만주 이민 개척을 수행하며 아시아주의의 실천적 토대로 기능하게 된다.[10]

대외적으로도 일본은 제1차 세계대전의 전후 세계질서를 구축하려는 미국과 갈등하게 되고, 중국의 반일운동에도 직면한다. 러시아 혁명에 대한 연합국 측의 간섭으로 시작된 시베리아 출병에서 일본은 미군과 함께 파병했다. 종전 후 연합국은 철병을 시작했지만, 만주 지역의 지정학적 권익을 배타적으로 확보하려던 일본은 1919년에 관동도독부의 수비대를 해체하고 관동군을 설치했다. 1922년의 철병 시점까지 관동군의 주둔 범위가 확산되자, 만주 지역의 시장개방을 요구하는 서구제국과의 갈등도 증폭했다. 1922년 워싱턴 해군군축회의에서 일본의 군축이 요구되자 군부의 불만도 누적되었다. 1924년 미국에서 제1차 세계대전 이후 유휴노동력을 구제하기 위해 아시아인의 이민을 금지한 이민법이 제정되자, 일본은 이것을 '배일이민법'으로 간주하고 미국의 배타적 인종주의에 항의했다.[11] 만주에서는 1929년 군벌 장쉐량과 국민당 장제스가 연합하여 일본의 치외법권 철폐

9 전후의 강좌파 역사학자들은 설상가상으로 시베리아 철병의 지연으로 국민의 증세 부담이 가중되었기 때문에 민심이 하라 내각에서 더욱 멀어졌다고 지적한다. 遠山茂樹·今井清一·藤原彰, 『昭和史』(新版), 岩波書店, 1959, p.17.

10 ルイーズ ヤング(Louise Young), 加藤陽子ほか 訳, 『総動員帝国: 満州と戦時帝国主義の文化』, 岩波書店, 2001, 제6장 '재발명된 농본주의'는 만주에서 농촌개척을 통해 이상적 공동체를 지향했던 농본주의에 대해 논하고 있다.

11 外務省編, 「一九二四年米国移民法制定及之ニ関スル日米交渉経過[第1冊]」, 朝陽会, 1924(http://dl.ndl.go.jp/info:ndljp/pid/8238155).

등, 일본을 배척하는 국권회복운동을 전개했다.

하라는 1918년 2월 3일 일기에서 추밀원 고문과 나눈 대화 중, "장래 민주주의의 발흥은 실로 두렵다", "관료는 이 물결을 차단하기를 바라고, 우리는 이것을 격화시키지 않고 소통하여 큰 피해를 일으키지 않기를" 바라고 있다고 적는다. 1920년 12월 8일 일기에서도 보통선거의 제기 등 "사상의 악화"를 우려하면서 "점진 방침을 실행할" 가능성을 생각한다. 생존 당시 하라 수상은 당시의 육상(陸相)에게 "교육, 교통, 산업 등의 문제는 대체로 실행하고, 나머지 국방문제도 이번에 해결했으니, 앞으로 남은 일은 사상문제 해결 하나"라며, 정책 포부를 밝혔다고 한다.[12] 결국, 의회주의자들이 풀지 못한 '사상'의 난제에 발 빠르게 대응하면서 부상한 세력이 우익이다. '혁명적' 우익은 좌익 사상에 대한 비판적 공감 세력이기도 했다. 이미 볼셰비키혁명이 성공한 1917년에 우익 단체인 노장회(老壯会)가 결성되어 '일본주의에 의한 사회개혁 연구'를 시도했다.

'볼셰비키 혁명정부를 인정하라'고 주장한 미쓰카와 가메타로(満川亀太郎)는 노장회를 주도하며, 사회주의와 '혁명시대의 도래'에 대해서도 논의했다.[13] 오카와 슈메이(大川周明)는 1919년에 작성된 기타의 「국가개조원리대강」에 감명받아 미쓰카와와 함께 노장회를 해체하고 일본개조를 위한 실천 조직인 유존사(猶存社)를 재조직했다. 1920년 기타 잇키가 유존사에 합류하고, 1923년 『일본개조법안대강』(약칭

---

12 今井清一, 「大正デモクラシーの展開と変貌」, 『近代国家の思想』(日本の社会文化史 第6巻), 講談社, 1974, pp.255-256. 『原敬日記 第5 首相時代』는 일본국회도서관 한정 디지털 자료에서 확인 가능하며, 松本健一, 앞의 책, pp.498-499에도 인용되어 있다.

13 満川亀太郎, 長谷川雄一 編·解説, 『三国干渉以後』, 論創社, 2004, pp.285-300. 미쓰카와의 활동에 대해서는 福家崇洋, 『満川亀太郎: 慷慨の志猶存す』, ミネルヴァ書房, 2016 참조.

'『개조법안』')을 공식 출판한다. 그러나 1923년 고토 신페이가 일소국교회복의 교섭을 위해 소비에트 연방의 외교관 아돌프 요페(Adolph A. Joffe)를 초빙한 것을 두고, 반소적인 기타와 친소적인 미쓰카와, 오카와 사이에 분열이 일어나 유존사는 해체된다. 좌우대립의 혼란과 그 정치적 대응과정에서 어느 정치 세력이나 사상단체도 일사불란하게 움직인 것으로는 보이지 않는다.

『개조법안』이 출판된 1923년 9월에는 관동대지진이 발생하고, 조선인과 아나키스트들이 살해되었다. 이에 복수하듯이, 12월 27일에는 공산주의에 심취했던 한 청년이 당시 황태자 신분으로 섭정했던 히로히토(쇼와 천황)를 저격하여 미수로 끝난 도라노몬 사건(虎ノ門事件)이 발생한다.[14] 가중된 혼란과 충격 속에서, 1925년 한학의 진흥을 주도한 대동문화협회(大東文化協会)와 국수주의 문화단체인 제국문화협회(帝国文化協会)가 '쇼와유신'을 제창한다. 대륙낭인들이 참여한 유존사와 달리, 이들 단체에는 고급 관료와 천황가의 귀족들이 참여했다. 1927년 『쇼와유신』을 책자로 출판하여 공론화한 논객은 기타 잇키의 동생인 기타 레이키치(北昤吉)였다.[15] 와세다대학과 하버드대학에서 공부하고 유럽 순방까지 마친 그는 대동문화협회 산하 대학의 교수로 정착한 상태였다.

1929년 9월 문부성에서 국민 교화를 목적으로 출판한 『교화의 자

---

14 당시 만 25세의 난바 다이스케(難波大助)는 관동대지진 후 오스기 사카에(大杉栄) 등이 처형된 것에 분개하여 프롤레타리아의 황실 숭배의식을 타개할 목적으로 섭정 중이던 히로히토 친왕(裕仁親王)을 저격했으나 실패한 후, 대역죄로 처형되었다. 今井清一, 『大正デモクラシー』(日本の歴史 23), 中央公論社, 2006, pp.415-416.

15 다이쇼 데모크라시의 논객 중 한 사람이던 기타 레이키치(北昤吉)는 1928년부터 평론잡지 『조국』을 창간하고, 1940년대에 군국주의론, 전쟁철학에 관해 발표했다. 1942년부터 하토야마 이치로(鳩山一郎)계의 자유당 정치인으로도 활약했다. 竹内洋, 『革新幻想の戦後史』, 中央公論社, 2011의 제1장은 기타 형제에 대해 언급하고 있다.

료』의 중심이 되는 글도 「쇼와유신」이다. 도라노몬 사건 당시 사법대신을 역임했던 히라누마 기이치로(平沼騏一郎)가 쇼와유신을 국시(國是)로 발표한 것이다. 히라누마는 「쇼와유신」의 글머리에서 '유신'이란 말이 중국과 일본에서 갖는 차이부터 확인한다. 그 핵심은 일본에서는 역성혁명이 없으며, 만세일계의 건국 정신을 '국체'로 삼는다는 것이었다.[16] 본디 『시경(詩経)』 문왕(文王)편에 나온 "周雖舊邦 其命維新(주수구방 기명유신)"은 "주는 비록 오래된 나라이지만 그 천명은 새롭다"는 말이다. 이 구절에서 '유신'은 은(殷)왕조를 물리친 주(周)왕조에서 정치를 새롭게 펼친다는 '문화혁명'적인 의미로 쓰였다. 그러나 히라누마가 재정립한 '유신'론은 존왕양이운동에서 비롯된 만세일계의 국체론에 입각한 것이었다. 다만 미토학(水戸学)의 국체론이 일국적 차원의 국수주의 논리였다면, 쇼와유신의 국체론은 러일전쟁에서부터 황색 인종의 기개를 대표해온 것으로 그 세계사적 의미를 확장한 상태였다.

> 우리의 건국 정신인 도의가 밖으로 미치어 인류에 동화하고, 세계를 두루 비추는 것은 당연한 귀추다. 이것은 즉 일본 혼으로, 일러전쟁에서 강력한 전파를 일으킴으로써 숭고한 의의를 세계 구석구석까지 방송하여, 차별 대우에 우는 유색 민족의 굴기운동에 희망의 빛을 던지고, 소리 높여 호소하는 것이었다. 만성동화(萬姓同化)는 사해동포주의의 한층 철저한 것으로 메이지 천황의 자작시, 사방의 바다는 모두 형제자매로 생각되는 세상에/어찌 파도

16 "(유신이란 말에서) 그 옛 나라를 흥륭시키고 덕택(徳澤)을 자손만세에 내리는 것은 저들과 우리의 계략이 같지만, 건국의 옛날로 돌아가 비교하자면, 저들은 제후로부터 일어나고, 우리는 처음부터 만세일계의 천자를 모신 것이다." 平沼騏一郎, 「昭和維新」, 『教化の資料』, 文部省, 1929, pp.1-2. 도라노몬 사건 후 내각에서 총사퇴한 히라누마는 공산주의를 배격하고 국수주의를 표방한 정치단체 국본사(国本社)를 조직, 한학진흥을 주도한 교육기관 대동문화학원을 설립했으며, 전후 1급 전범으로 옥사했다.

와 바람을 일으키려 하는가(よもの海みなはらからと思ふ世に/なぞ波風の立さわぐらん)를 받들어 음미하면 의의가 스스로 통하는 것이 있다. 이 천지의 대도와 교류하는 큰 마음이야말로 참된 동포애이며, 만성동화 세계편조(遍照)의 정신이니, 이것을 확충하고 발휘하여 비로소 인류가 행복에 이르는 막이 밝아오는 것이다.[17]

러일전쟁의 '도의'를 강조한 쇼와유신론에서 일본 건국의 본의는 황색인종의 굴기에서 다시 사해동포주의로 승격된다. 메이지 천황의 자작시에서 추구된 것으로 읽힌 '사해동포의 평화공존' 이념은 고토쿠 슈스이의 '동양의 사회주의'에서 추구한 사해동포주의를 연상시킨다. 이는 또한 후일 만주국의 '오족협화'에서부터 '대동아전쟁'의 정치적 이념인 '대동아공영'이란 슬로건으로 발전하게 된다.

1929년 11월 3일, 제국문화협회에서 '이념 강령'을 모색하는 회의가 열렸다. 이날, 의료사회사업을 펼치고 정우회의 국회의원으로도 활동한 실업가 스즈키 우메시로(鈴木梅四郎)가 진행한 강연의 제목 역시 '쇼와유신의 대국시'였다. 스즈키는 천황 암살 기도라는 불상사가 일어난 사회적 원인의 규명에서부터 미국발 세계공황으로 분열이 심화된 국제정세까지 논하면서, '상하일치'와 '세계통일'의 국시를 제창한다. 그가 제창한 5대 강령은 '수신제가 치국평천하'의 전근대적 덕목에서 출발하여 당대의 시대정신과 국민윤리를 접목시키고 있다. 그 5항은 "천양무궁의 우리 황실을 전 세계 통일의 평화 원만한 이상국가의 주상폐하로 받들어 모실 수 있도록, 우리 국체가 세계에 으뜸가는 까닭을 천명하고, 충군보국의 정신을 고조하여 의용봉공, 헌신희

---

17 위의 글, pp.7-8.

생의 지성을 수련"할 것을 역설한다.[18] 교과서적인 사명감을 주입한 쇼와유신의 덕목 역시 '도의국가 일본'이란 대동아제국 일본의 슬로건을 구성하게 된다.

한편, 만철의 부총재를 역임했던 마쓰오카 요우스케(松岡洋右)는 1933년 일본의 국제연맹 탈퇴가 결정되자, 정우회를 탈퇴하고 '정당해소연맹'을 결성했다. 그는 1932년 국제연맹의 총회에 일본 대표로 참석하여 만주를 경영하려는 일본의 입장을 '십자가 위의 예수'로 비유하여 연설했던 외교관이자 정치가다.[19] 정당해소연맹은 1934년 3월 6일에 타블로이드판 월간신문 『쇼와유신(昭和維新)』을 창간한다. 마쓰오카는 그 창간호에서부터 정권 탈취와 당리당략에만 골몰한 정당정치를 해체하고 "국가혁신에 매진하자"는 전체주의 사상운동을 펼쳤다. 정당정치가 혼선을 거듭하고 국제질서로부터의 고립적 불만이 겹치는 상황에서 벌어진 일이었다.

이렇듯 다이쇼 말년에 태동하여 1927년부터 공론화된 '쇼와유신'은 1930년대에 일본의 '국가개조운동'을 총칭하는 슬로건으로 정착해간다. 우익단체와 군부는 1934년부터 국체명징운동을 일으켰다. 천황기관설, 즉 통치권의 주체가 국가이며 천황은 국가의 한 기관이라고 해석한 헌법학의 정설은 서양학설에 대한 무비판적 답습으로 공격당했다. 1932년 2월부터 국가혁신주의를 표방한 청년단체 혈맹단(血

---

18 1항은 덕성함양, 신체건강, 학문수양, 예능연마, 근로습관 등. 2항은 충용의열(忠勇義烈), 독립자존, 근검역행, 책임신의 등. 3항은 사해동포 정신으로 인종·종교·풍습·언어의 차별을 넘어 만국에 빛나는 황도(皇道), 인의·자비·박애의 정신. 4항은 회원의 행동 규율로서 허위, 사기, 분노, 질투, 비방, 불결, 망은, 태만 등에 대한 경계. 呑天 鈴木梅四郎, 『昭和維新の大国是·附録 平和的世界統一政策』, 帝国文化協会, 1929, pp.52-53.

19 마쓰오카는 1940년 일본-독일-이탈리아의 삼국동맹 및 1941년 일본-소련의 중립조약 체결에서도 중심적인 역할을 했다. 그 저작과 외교 연설 등은 일본 국회도서관에서 열람 가능하다(http://www.ndl.go.jp/portrait/datas/333.html).

盟団)은 쇼와유신의 실현을 명분으로 '1인1살(一人一殺)' 운동을 전개했고, 연달아 해군의 청년 장교들이 쿠데타를 시도하여 이누카이 쓰요시(犬養毅) 수상을 암살한 5·15 사건도 발생했다. 드디어 1936년 2월 26일, '천황친정(親政)'을 내건 군부 쿠데타가 일어났다. 청년 장교들은 국가의 혁명적 개조를 촉구하며 관료와 군부의 고위급 인사 및 천황의 시종장까지 처단하고자 했다. 조선총독을 역임한 사이토 마코토(斎藤実)도 2·26 사건에서 희생되었다.

전후 일본에서 우익은 천황제와 군국주의의 파시스트로 일괄 호명되었다. 하지만 군부가 황도파와 통제파로 갈렸듯이, 쇼와유신론과 국가개조운동의 내부도 균열되어 있었다. 그 한편에 아나키즘과 테러리즘을 억제하고 국민도덕을 함양하려는 관변의 지식과 규율 권력이 존재했다. 또 한편에는 빈곤한 농촌문제에 공분하며 재벌과 관료를 타격한 테러리스트와 급진주의가 잠재했다. 이들은 애초에 계급적 조건과 사상적 기질이 달랐지만, 어느 쪽도 의회민주주의와 자유주의를 신뢰하지 않았다.

모든 거사와 그에 대한 심판까지 국가권력을 둘러싼 폭력적 갈등은 결국 '천황에 대한 충성인가, 불경인가'라는 명분하에 처리되었다. 국가 개혁을 둘러싼 혼란과 권력투쟁을 봉합하고 새로운 명분을 부여하는 과정에서 '천황제 국체'의 정치적 신격화가 제도적으로 완결되기에 이른 것이다. 1937년 문부성은 드디어 '천황을 통치권의 주체'로 정의한 『국체의 본의(国体の本義)』를 출판한다.[20] '국체'론은 메이지 시기부터 국가신도, 니치렌슈의 종교담론, 헌법학 논의 등에서 활발하게 제기되었다. 하지만 1944년 1월 동아연맹의 한 강연에서 이시와

20 文部省, 『国体の本義』, 1937, p.133.

라 간지는 "오늘날 국체론"의 열기에 당혹감을 표한다. 다나카 지가쿠가 국체론을 제창했던 1910년대에는 인쇄소에서 '국체'를 '단체'로 오인할 정도로 국체론은 대세가 아니었다. 그러나 "이제 특별히 경계해야 할 것은 국체론의 성황에 편승하여, 자칭 일본주의자가 국가권력을 빌려서 사상과 신앙을 강압하려고 하는 경향"이라고 이시와라는 강조한다.[21]

2·26 쿠데타로 천황제의 국체문제가 정치권력의 핵심으로 부상한 결과, 천황친정이 당대 정치운동의 전부인 것과 같은 우익의 국수주의적 이미지가 만들어졌다. 천황제 국체론은 일본적 전통과 종교에 부합하는 개념이자, 제국주의 침략성을 포장하는 아시아 내셔널리즘으로 쓰였다. 이상에서 제1차 세계대전의 종료 이후, 일본에서 사회주의운동과 함께 '쇼와유신' 운동이 제기되고, 국체론의 정치적 신격화가 펼쳐지는 정황을 살폈다. 국내외 사회적 불안과 정치적 변화에 대한 의지가 국가주의와 통제주의를 배태하는 모습도 확인했다. 그렇다면 이제 쇼와유신론자 기타 잇키와 이시와라 간지의 사상을 알아보자.

3. '마왕'과 '이단아', 그리고 '광기의 역사'

흑룡회가 러일전쟁 이후 국가의 정보 기구로 흡수되어 사상적 독자성을 상실했다면, 1920년대 이후 일본의 우익사상을 대표하는 인물은 기타 잇키(北一輝)와 이시와라 간지(石原莞爾)라 할 수 있다. 1930년대 우익운동의 사상적 지주로 불리던 기타 잇키와 관동군 작전 참

21 石原莞爾, 「マイン カンプ批判」, 『昭和維新論: マイン カンプ批判』(石原莞爾選集 4), たまいらぼ出版, 1986, p.35.

모로 중국 침략의 선두에 있던 이시와라 간지는 일본에서 우익의 '실패한 거장'으로 기억된다. 한국에서는 '국가주의 파시스트'와 '아시아 침략의 원흉'으로 기억되는 이들을 '거장'으로 인정하고, 연구사적 인물로 소환하는 것이 마땅치 않게 여겨질 수도 있다. 그러나 '국가 혁신'과 '동아의 유신'을 외친 그들의 사상과 실천은 한 시대 조류의 저변을 이루었다. 그 기운이 일본 우익에 대한 집단적 기억을 형성해왔고, 나아가 동아시아 현대사에서 노정된 국가주의와 아시아주의에 연결된 징후가 보인다면, 그 자체로 주목할 필요는 충분할 것이다.

1883년생으로 1937년에 처형된 기타와, 1889년생으로 1949년에 병사한 이시와라가 생전에 직접 교류했던 흔적은 없다. 두 사람 모두 중국에서 활동했지만, 그 시기와 소속 및 인생행로가 엇갈렸다. 1911년 기타는 '흑룡회' 기관지의 기자로 위장하여 상하이로 건너가 중국 혁명동맹회에 입당하고 신해혁명에 가담했다. 1920년 일본 귀국 후 재야의 우익 단체에서 활동한 그는 2·26 쿠데타를 주도한 '황도파' 반란군의 배후로 지목되어 군법재판을 받았다. 이시와라는 육군의 엘리트 교육을 받고 쿠데타를 진압한 '통제파'의 참모로 알려졌다. 기타가 청조 타도를 지지하며 산둥성을 조차하려는 일본의 외교정책을 비판한 재야의 혁명가였다면, 이시와라는 청조를 앞세워 만주국을 실질적으로 지배하려는 관동군 참모였다.

두 사람의 차이 속에 공통점과 연결점도 있다. 장차 일본이 영미 제국과 결전할 것을 예상한 두 사람은 니치렌슈(日蓮宗)의 신앙자로서 폭력과 전쟁을 평등한 세상과 영구한 평화에 이르는 방편으로 인정했다.[22] 그들은 정치적 이상과 전쟁 승리를 위한 '무기'로서 당대 일본에

22 법화경은 악인을 포함한 일체 중생의 성불을 긍정하고, 니치렌은 법적(法敵)의 무력에 무력으로 응전하는 것을 긍정한다. 広済寺, 「日蓮: 折伏の本来の意味」, 2006(http:

서 최고 권위와 권력을 의미했던 '천황'을 중시했다. 기타는 '국민을 위한 천황'을 전제하며 '국민=천황의 군대'를 국가개조의 주력군으로 생각했다. 이시와라는 '석가모니의 현신인 천황'을 전제하며 '천황의 일본'이 '왕도주의 아시아'를 실현해야 한다고 생각했다. 니치렌슈는 가마쿠라 막부 치하에서 거듭된 재난과 몽고의 습격 시기에 형성된 대승불교 종파로, 현세를 말법세상으로 판단하며 법화경을 정법(正法)으로 삼는다. 호국불교를 지향한 그 교리는 불법(정법)과 왕법(정치)의 결합에 의한 '입정안국론(立正安国論)'을 펼치면서도, 천황의 정치보다 불법의 절대가치를 우선시한다.[23]

1919년부터 이시와라는 '세계통일'의 천명을 강조한 다나카 지가쿠(田中智學)에게 감화를 받아 국주회(國柱會)에 가입했다.[24] 다나카는 니치렌슈를 근대적인 정치사상운동으로 발전시킴으로써 국가개조운동에 영향력을 행사했을 뿐 아니라, 애니메이션 〈은하철도 999〉의 모티브를 만든 동화작가 미야자와 겐지(宮沢賢治)에게도 영향력을 미친 종교사상가다. 그는 1884년부터 입정안국회(1914년 국주회로 개칭)를 만들어 활동했고, 1911년부터 니치렌 사상과 『일본서기』의 건국이념인 '팔굉일우(八紘一宇)'를 결합하여 국체학을 제창했다. 그에게 '일본국체'란 "진리를 수행하여 그 귀추를 밝히는 길(道)"이자, "인류를 구제하려는 양정(養正)의 마음"을 의미한다.[25] '세계를 영적으로 통일할 천업(天業)'을 믿었던 다나카는 제국일본의 신정(神政)론을 펼친 셈이다.

//www.kosaiji.org/hokke/nichiren/shakubuku.htm).

23 村上重良, 『日本の宗教: 日本史·倫理社会の理解に』, 岩波書店, 1981, pp.102-104. 니치렌의 교리에 대해서는 무라오카 츠네츠구, 박규태 역, 『일본 신도사』, 예문서원, 1998, pp.85-86.

24 大谷栄一, 「田中智学と国柱会: 「日本による世界統一」というプラン」, 趙景達·村田雄二郎 他 偏, 『講座 東アジアの知識人〈1〉 文明と伝統社会』, 有志舎, 2013, p.216.

25 智学田中巴之助, 『日本国体の研究』, 天業民報社, 1922, pp.2-3.

이시와라도 "팔굉일우의 세계관은 문명의 진보를 활용하고, 도로써 세계를 통일하려는 것"이라고 한다.[26] 이들의 국체론은 그 출발점에서 '정법'을 제국의 정치이념으로 승화시키고자 한 것이었지만, 장차 쇼와유신과 총력전체제와 맞물리면서 '천황제 파시즘'의 핵심 이데올로기로 원용되었다.

그들이 활동했던 시기의 세계사에서는 민족주의와 제국주의, 자본주의와 사회주의, 자유주의와 전체주의, 자치와 통제, 지역주의와 세계주의, 농본주의와 개발주의, 근대적 합리주의와 혁명적 낭만주의, 인종적 우월의식과 종교적 선민의식 등이 서로 얽히고 충돌했다. 이러한 시대 구속성은 기타와 이시와라에게도 작용했다. 신앙인으로서 '인류 구제'의 이념을 간직했던 만큼, 그들의 사상과 실천 속에는 그 모든 대립적 갈등 요소가 부분적으로 내재되어 있다.

기타는 쑨원(孫文)의 중국혁명동맹회에 가입하여 활동을 시작했지만, 일본 정부와 대륙낭인 다수가 쑨원을 지지한 것과 달리 오히려 그를 증오했다. 자신의 절친한 동지인 쑹자오런(宋教仁)이 쑨원에게 살해당했다고 오해하며, 신해혁명의 성과를 위안스카이에게 넘겨준 책임을 쑨원에게 물었던 것이다. 기타는 중국의 "무단적 대통일(武断的大統一)"과 일본의 "남북만주와 시베리아 영유"를 역설했다.[27] 중국혁명의 승패문제에 열렬했던 만큼이나, 일본 맹주의 선민의식은 누구보다 강렬했다. 1919년 베르사유 조약에 반대하여 5·4 운동이 일어나자, 기타는 제1차 세계대전의 전후 질서 속에서 일본이 주도할 세계연맹을 구상하기에 이르렀다. 한편 이시와라는 제2차 세계대전의 와중에 아

26 石原莞爾, 앞의 글, p.34.

27 北一輝, 『支那革命外史』, 聖紀書房, 1941, p.6. 쑨원에 대한 기술은 같은 책 pp.8-9, 75-101 참조.

시아 민족연맹의 방도를 구상했다. 기타가 그린 세계연맹의 실현을 위한 국가개조 및 전쟁 수행의 밑그림을 이시와라가 만주국에서 실현하고자 했다는 점에서 두 사람의 연속성도 찾아진다.

독일 유학을 경험한 이시와라는 '전쟁의 정치적 관리와 외교적 운용'을 중시했던 클라우제비츠의 '전쟁론'과 달리, '영구평화'를 가져올 '세계최종전론'을 설파한다. "최종전쟁은 바로 왕도와 패도의 결승전"으로서, "천황이 현신인(現神人)으로 계시는 것을 전 인류에 이해시키기 위해 어쩔 수 없이 벌어지는", "세계통일의 도상에서 피하기 어려운 인류의 희생"이라는 것이다.[28] 최종전쟁을 '하늘의 섭리'처럼 말하는 이시와라는 성단신수(聖断信受)의 철저한 신앙자였다. 그는 또한 히틀러의 『나의 투쟁』에도 주목하여 그 인종주의적 편견과 패권적 야망을 비판했다. "우승열패는 자연계를 지배하는 대원칙"일 뿐, 패도로써는 인류사의 영원한 평화를 실현할 수 없다는 것이다.[29]

기타와 이시와라에 대한 개별 연구는 많지만, 두 사람을 연결시켜 고찰한 연구는 아직 없다. 그러나 흥미롭게도 기존 연구에서 두 사람의 이미지가 겹쳐지는 지점이 발견된다. 기타는 천황제 국가의 지배에 저항한 '마왕'으로 그려진다.[30] 이시와라는 제국주의 책략가이면서도 아시아 민족 공동의 이상 국가를 추구한 '육군의 이단아'로 기억된다.[31] 그렇다면 시대적 폭력과 인류 구제의 문제에 돌진했던 이들 '마왕'과 '이단아'를 관통한 기운은 무엇인가? 그것은 단지 일본주의의 특이성과 관련한 것만이 아니라, 제1차 세계대전과 제2차 세계대전

---

28 石原莞爾, 앞의 글, p.35.

29 위의 글, pp.32-33. 최종전쟁론은 4장에서 후술한다.

30 岡崎正道, 「魔王の相貌」, 『異端と反逆の思想史: 近代日本における革命と維新』, ぺりかん社, 1999, pp.169-227.

31 小松茂朗, 『陸軍の異端児 石原莞爾: 東條英機と反目した鬼才の生涯』(新装版), 潮書房光人社, 2012(구판: 光人社, 1991).

사이를 관통한 시대의 '광기'와 무관하지 않을 것이다.

기타의 혁명적 파시즘과 이시와라의 침략적 연대론 및 왕도정치론은 각각 당대 현실의 모순 속에서 배태된 '광기'이자, 당대의 지배권력에 의해 통제된 '광기'로 볼 수 있다. 그들의 국가관 및 폭력관은 현실을 초극하려는 초월적 종교 관념에 연원하면서도, 근대 국가의 폭력적 구조에 연루될 수밖에 없었다. 그런 만큼 그들의 '광기'는 푸코가 『광기의 역사』에서 포착한 광기 개념의 역사적 이중성, 즉 영적인 기괴함이나 특이한 창조성, 그리고 보다 섬뜩한 '규율권력의 폭력성'을 모두 내포하게 된다.[32]

그렇다면 '광기의 역사'는 제국일본의 패망으로 멈춘 것일까? 기타 잇키의 국가주의와 이시와라 간지의 아시아주의는 단순히 일본 우익의 광기어린 낭만주의나 제국일본의 파멸적 파시즘의 문제에 머물지 않는다. 그들의 '광기'는 1945년 이후 아시아에서 벌어진 혁명과 국가 건설, 그리고 아시아 연대론을 관통하는 '문제적 사건'으로 확장해볼 필요가 있다. 기타와 이시와라의 '광기'를 '일본의 폭력'으로만 가두어 놓은 '비판적 사고'의 빗장을 열고서, 이제 동아시아 차원에서 국가주

32 유럽에서 광기는 18세기까지 인간이 아닌 어떤 힘에 빙의된 '신령스러운 것'으로 인식되었다. '광기의 역사'를 조망했던 푸코에 따르면, 중세 및 르네상스의 세계 내부에서는 광인에 의한 비합리적 문화 창조력(상상적 변주로 제공되는 하나의 주제)이 인정되고, 광인은 타락에 대한 도덕적 교훈을 체현하는 존재로 수용되었다. 서양 중세의 인간관에서 보통 사람들은 '신의 이성'에 접근할 수 없는 불안하고 유약한 존재인 반면, 광기는 오히려 '신의 이성'에 너무 가까이 다가선 몽상적·초인적 힘으로 간주되었기 때문이다. 가령 세르반테스의 돈키호테도 '신령스러운 특이함'의 표상이라는 것이다. 그러나 근대의 인간주의적 이성과 의학 지식, 국가의 규율 권력이 광기를 성스러움이나 도덕질서를 침해하는 '비리(非理)'로 취급하고 정신질환으로 격리시켰다. フレデリック グロ(Frédéric Gros), 露崎俊和 訳, 『ミシェル·フーコー』, 白水社, 1998, pp.21-29; 미셸 푸코, 이규현 역, 『광기의 역사』, 나남, 2003. 푸코는 '광기'를 제도적으로 통제해온 서구 근대의 지식과 권력을 비판함으로써, 고아, 부랑아와 같은 아웃사이더를 사회적으로 배제하는 근대 국가의 폭력(=광기)을 거꾸로 읽어냈다.

의와 아시아주의가 갖는 지식과 권력의 문제를 제기하고 공론화해보자는 것이다. 이는 이 책의 제7장에서 검증하고자 한다.

이하 전간기(戰間期), 또는 관전기(貫戰期)로 불리는 시기에 기타의 국가주의와 이시와라의 아시아주의라는 '광기'가 어떻게 발현되었는가를 고찰한다. 그들도 '일본어의 감옥', 특히 천황제 국체론과 제국일본의 맹주론에 갇혀 있었다. 그러나 그들의 사상적 실천은 아시아에 중층적으로 나타난 당대의 세계사적 문제를 드러내고, 동시대의 타자와 조응하는 역동성을 띠었다. 애초에 그들의 문제의식은 중국의 신해혁명과 만주국 건국 및 중일전쟁의 전개 과정에서 자라났고, 그들 사상의 뿌리와 지식의 갈래도 일본 바깥에서부터 뻗어났던 것이다. 국수주의 문화숭배론과 다른 차원에서 그들이 시대적 과제를 인식하고 일본개조의 의지를 펼치고 있었다는 사실만큼은 인정해도 좋을 것이다.

만일 파시즘을 배태하고 통제 시스템을 구축한 '광기의 시대'가 1945년 이후 아시아에서도 재현되었다고 인정한다면, 그 역사적 조건과 사상운동의 성격이 무엇인지를 일본의 그것과 비교해서 논할 필요도 있다. 이하의 연구는 국가주의와 아시아주의가 제국일본의 특수한 역사적 조건을 넘어 전후 동아시아의 문제로 제기될 때, 그 비교 연구의 단서를 제공하는 효과도 기대할 수 있다.

4. 기타 잇키의 『일본개조법안대강』과 폭력혁명론

사회주의와 세계혁명사를 청강과 독학으로 공부한 기타는 '세계연맹'에 대한 독자적 해석을 바탕으로 아시아혁명론을 펼치며 일본의 국가개조를 촉구했다.[33] 그 자신은 2·26 사건에 관여하지 않았지만, 쿠데타를 일으킨 육군 청년장교들에게서 『개조법안』의 영향력이 확인되었기 때문에 그는 사상적 배후자로 지목되어 처형되었다. 『개조법안』이 우익의 경전으로 등극하고, 기타가 국가주의 파시스트로 기억되는 것도 무리는 아니다. 그러나 좌우의 이념적 경계를 넘나드는 기타의 혁명적 낭만성과 일본개조론의 다각적 혁신성은 1960년대부터 학문적으로 재조명되기 시작했고, 1970년대부터 대중적으로 환기되기 시작했다.[34] 2010년 마쓰모토 겐이치의 기타 잇키론이 한국어로 출판되면서, 이제 한국에서도 기타는 '천황과 대결한 혁명적 카리스마'로 재인식되고 있다.[35] 그렇다면 기타가 40일 동안 단식 수행을 마치고 1919년에 처음 집필한 후 1923년에 개정 출판한 『개조법안』의 내용은 어떻게 혁신적인가?

기타는 사회주의의 '사회 만능설'과 공산주의의 '획일성'을 배제한다. 『개조법안』의 각 항목에는 몇 개의 각주를 기입하여, 사회주의와 자본주의를 비판적으로 극복하려는 취지에서 자신의 논지를 정당화한다. 『개조법안』의 총론에 해당하는 '서언(緖言)'과 '결언(結言)', 그

33 기타는 1906년에 『국체론과 순정사회주의(國體論及び純正社會主義)』를 출판하나 제국헌법상의 천황제를 비판했기 때문에 발행금지 처분이 내려진다. 이 책을 통해 자신의 학구열과 독자적인 사회/인간 관념을 피력한 기타는 아시아주의자인 미야자키 도텐의 권유로 중국혁명동맹회에 가입했다.

34 1963년부터 1968년까지 지쿠마서방에서 간행된 『현대일본사상대계(現代日本思想大系)』 전35권 중 제9권 『아시아주의』, 제31권 『초국가주의』는 일본 근대의 그늘진 영역이었던 것을 학문적 연구의 대상으로 부상시켰다. 기타 잇키의 저작은 1964년 출간된 제31권에 수록되어 있고, 하시카와 분조의 「쇼와 초국가주의의 제상」은 이 책의 편집자 해설로 발표된 것으로, 1968년에 출간된 그의 저작집 『근대일본정치사상의 제상』(未来社, 1968)에 수록되었고, 그의 사후에 출간된 『쇼와 초국가주의의 제상』(하시카와 분조 저작집 5)(筑摩書房, 1985)에 재수록되었다.

35 마쓰모토 겐이치, 정선태·오석철 역, 『기타 잇키-천황과 대결한 카리스마』, 교양인, 2010.

〈표 1〉『일본개조법안대강』 목차

서언		
권1	국민의 천황	헌법 정지 – 천황의 원뜻 – 화족제 폐지 – 보통선거 – 국민 자유의 회복 – 국가개조 내각 – 국가개조 의회 – 황실재산의 국가 하부(下附)
권2	개인 재산 한도	사유재산 한도 초과액의 국유 – 개조 후 사유재산 초과자 – 재향군인단 회의
권3	토지 처분 삼원칙	사유지 한도 – 사유지 한도를 초과하는 토지의 국가 납부 – 토지 징수 기관 – 미래 사유지 한도 초과자 – 징집 지역 민유(民有)제 – 도시 토지 시유(市有)제 – 국유지로 해야 할 토지
권4	대자본의 국가통일	개인산업 한도 – 개인산업 한도를 초과하는 생산업체의 국유 – 자본 징집 기관 – 개조 후 개인산업 한도 초과자 – 국가의 생산적 조직 (1) 은행성 (2) 항해성 (3) 광업성 (4) 농업성 (5) 공업성 (6) 상업성 (7) 철도성 – 막대한 국고 수입
권5	노동자의 권리	노동부의 임무 – 노동임금 – 노동시간 – 노동자의 이익배당 – 노동 주주제 입법 – 임차농업인 옹호 – 유년노동 금지 – 여성노동
권6	국민의 생활 권리	아동의 권리 – 국가부양의 의무 – 국민교육의 권리 – 여성 인권의 옹호 – 국민인권의 옹호 – 공훈의 권리 – 사유재산의 권리 – 평등 분배의 유산상속 제도
권7	조선, 그 외 현재와 미래의 영토 개조 정책	조선 군현제 – 조선인의 참정권 – 삼원칙의 확장 – 현재 영토의 개조 순서 – 개조 조직의 전부 시행할 새 영토
권8	국가의 권리	징병제 유지 – 개전(전쟁 개시)의 적극적 권리
결언		

리고 주가 달린 전 8권의 각 항목에서는 좌우의 소유 관념과 사회정책을 비판적으로 결합하고 있는 셈이다.[36] 〈표 1〉의 『개조법안』 목차 중에서 권1-권4는 사유재산을 '민주적 개인'의 '인격적 기초'로 인정

36 초판은 『日本改造法案大綱』, 改造社, 1923. 원문 참조는 일본국회도서관에 공개된 北一輝, 西田税 編集·発行, 『日本改造法案大綱』, 1928(필사본: http://www.geocities.jp/osaka_multitude_p/gakushuu_bunken/kitaikki/nihonkaizouhouantaikou.html).

하되, 소유 한도를 정하고 소유권을 직계가족에 한정하며, 국가적 토지소유 및 공공적 생산 시스템을 확정한다. 자본주의의 비능률과 사회적 불평등을 개선할 '민주사회주의'를 추구한다는 것이다.

일반적으로 '국가사회주의'로 해석되는 『개조법안』은 정치·경제적인 기득권자의 권한을 제한하고, 노동자·국민·국가의 권리를 새롭게 부여하는 내용으로 채워져 있다. 기타는 관료와 독점재벌, 군벌을 정치개혁의 대상으로 삼아, 국민과 일체된 천황의 통치권 회복을 주장하고 노동자·여성·아동의 권익보호 등 사회혁신 논리를 제시한다. 인간의 이기성과 사회의 공공성을 국가적 관리와 통제하에 조화시키자는 발상으로 보인다. 소자본의 사적 경영과 대자본의 국가통일을 공존시키는 점에서 레닌의 신경제 정책과도 닮아 있다. 그러나 기타는 사회주의의 관념적 평등관과 노동 중심의 인간관에 대해 비판적이며, 인간의 창조 활동을 무시하고 강제노동을 강요하는 것은 자유의 억압이라고 보았다(노동임금/권5 주2).[37]

'서언'의 마지막 단락에서는 '일본개조'에서부터 '아시아연맹', 그리고 '세계연방'으로 나아갈 '검의 복음(剣の福音)'을 강조한다. 그는 식민지배의 질서를 부정하지만, 윌슨의 민족자결주의가 현실적 허구에 그친다고 맹렬하게 비난한다(조선인의 참정권/권7 주2). 또한 인류의 평등과 민족주의의 발흥을 긍정하지만, 민족 및 국가 간 경쟁을 무시하고 안일한 평화론에 빠지는 사회주의자를 비판한다(국민교육의 권리/권6 주3). 일본은 인종차별을 극복한 평등원리로 세계를 개조해야 한다. 제국의 전 영역에서 원주민의 소유권과 참정권, 노동과 교육 등에서 "참된 공평무사"가 이루어져야 한다. 다만 중국과 인도의 독립을

37 이하 『개조법안』 인용 시 제목/권 번호와 주 번호를 괄호 안에 기재한다.

위해서는 일본의 '실력 원조'가 필수적이다.

기타는 일본의 영유권을 시베리아와 호주로 확장하기 위하여 영국과의 대전을 구상하는데, 조선·중국·인도인은 장차 '동서문명의 융합'을 시도할 새로운 국민적 주체로서 호명된다. 그의 전투적인 상상력 속에서는 "개조된 합리적 국가, 혁명적 대제국"의 국가적 보호하에 아시아 7억 인구의 '연맹'이 실현된다. 확장된 제국 안에서 조선은 일본과 평등한 법역으로 상정된다. 권7의 '조선 군현제'에서는 "조선을 일본 내지와 동일한 행정법하에 둔다. 조선은 일본의 속국이 아니고, 일본인의 식민지도 아니다. 일한합병의 본래 취지에 비추어 일본제국의 일부이며 한 행정구라는 근본 대의를 밝힌다"고 썼다.

'결언'에서 국가의 권리로 제시된 것은 징병제를 유지하고 전쟁을 개시하는 적극성이다. 그에 따르면 현재의 일본은 '국제적 무산자'에 해당하므로, 국제사회는 일본의 군비확산과 국민개병제의 정당성 및 그 실행을 무조건 인정해야 한다. 개전의 적극적 권리란, "국가는 자기방위 이외에도 불의의 권력에 억압당하는 다른 국가 또는 민족을 위해 전쟁을 개시할 권력을 갖는" 것을 의미한다(개전의 적극적 권리, 이하 '개전'/권8). 바야흐로 제1차 세계대전의 전후 처리 과정에서 미국과 소련이 부상했지만, 기타는 오히려 대영제국의 아시아 지배와 러시아의 극동시베리아 영유를 적극적으로 견제한다. 미국과는 '일미경제동맹'을 맺어 중국의 철도를 개발해야 한다는 입장이다.[38] 그는 일본의 '삼대 국시'로서 "인도의 독립 원호, 중국의 보전 확보, 일본의 남방영토 취득"을 제시하며, 영국에 대항할 해군력의 증강을 촉구한다(개전/권8 주6). "개조된 합리적 국가, 혁명적 대제국이 국제적 정의를 부르

---

38 北一輝, 앞의 책, pp.5, 388-420.

짖을 때 여기에 대항할 수 있는 학설은 없다"며, 개전의 정의를 확신하는 모습이다(개전/권8 주1).

기타의 급진적인 국가주의는 언어 통일론과 천황 대권론에서도 극명하게 나타난다. 그에 따르면, 다민족의 언어 소통과 제국의 공공영역을 확립하기 위해서는 영어를 폐지하고 에스페란토를 제2국어로 삼아야 한다. 영어권의 자유주의와 민주주의, 비군국주의 사상을 원초적으로 배제하고, 에스페란토로 새로운 국민정신을 교육하자는 논지다. 그는 일본어로 세계의 영유권을 지배하는 것은 현실적으로 불가능하다고 판단한다. 장차 에스페란토가 제1국어이자 국제어로서 통일되어야 하며, 일본어와 각 민족어가 자연 소멸되는 것은 마땅한 이치라고 과감하게 말한다. 국제어로 통일될 때, 영어와 각 민족어는 연구와 보존의 대상으로 잔존할 수 있다는 것이다(국민교육의 권리/권6 주3, 4).

인도 독립과 중국의 보전을 말하면서도 기타는 '반제민족해방'이라는 내셔널리즘의 완결에 머무르지 않는다. 그에게 '민족'은 '혁명적 대제국'과 '국제적 정의'에 귀속될 가치일 뿐이다. 일본의 세계사적 사명에 도취하여 '일본맹주론'을 제창한 기타였지만, 일본어와 천황으로 상징되는 일본이라는 일국적 가치는 우선시하지 않는다. 그에게 천황은 국민이 봉공할 지존의 대상이 아니라, 국가의 통치를 위임받은 책임자였다. 그는 관료와 재벌이 국가의 권리를 찬탈한 상황에서, 천황 대권을 발동하라고 천황을 호출한다. 일본의 국가개조를 위해 천황이 직접 3년 간 헌법을 정지하고 양원을 해산시켜 전국에 계엄령을 선포할 것을 요구한 것이다(헌법 정지/권1). 기타는 천황을 일본의 혈통에 내재된 절대신=인격자로서 숭상한 것이 아니라, 오히려 국가라는 절대 권력을 구현하고 통합하는 상징적 중심으로서 천황을 수

단시했다.[39]

'결언'의 마지막은 "싸우지 않는 평화는 천국의 도가 아니다"라는 말로 맺어진다. 국가개조로부터 아시아연맹, 세계연방으로 전진할 것을 강조한 후, "사해동포가 모두 이 불자의 천도를 선포하고 동서로 그 규범을 전해야 한다. 국가의 무장을 꺼리는 자 따위는 지혜와 견식이 유치한 부류일 뿐"이라고 단언한다. 이 결구는 '서언'의 마지막에서 강조한 '검의 복음'과 수미상관을 이룬다. 이러한 폭력 옹호론은 만주사변 이후 파국의 전쟁으로 치달았던 일본 사회를 관통해온 집요저음이라 할 것이다. 『개조법안』은 중일전쟁과 '대동아공영권'의 사상적 기조로 승계되었다. 만주국과 동아협동체 건설에 협력한 좌파의 다수도 제국주의 전쟁을 혁명의 기회로 전환시킨다는 폭력혁명 노선을 달리고 있었다. 진주만 공격 이후 일본 국민과 지식인들의 뇌리에 새겨진 '근대의 초극'과 '세계사의 모럴'도 전쟁과 파괴를 통해 비약하는 신세계를 장엄하게 수식한 표어들이었다. 다케우치는 '국가의 총력을 들고서' 싸운 것은 일부의 군국주의자가 아니라 선량한 대부분의 국민이었으며, 국민은 군국주의자의 명령에 복종한 것이 아니라 민족공동체의 운명을 위해 '총력'을 냈던 것이라고 말한다.[40]

『개조법안』은 모든 민족의 사회적 평등권을 인정하지만, 혁명의 목적달성을 위해 국가의 공공성과 통합의 효율성을 최우선으로 삼는다. 기타는 전체주의 국가혁명을 방해하는 다원적 사상을 철저히 통제하기 위해 영어를 배제하려고 했다. 일본 우익 중에서도 기타는 가장 급진적인 인물로 손꼽힌다. 그는 일본주의를 강제하는 단일민족의

39 정치사가 반노 준지는 기타를 일본의 역사상 가장 엄격한 '반(反)천황제'의 사회민주주의자로 평가한다. 坂野潤治·田原総一朗, 『大日本帝国の民主主義 嘘ばかり教えられてきた!』, 小学館, 2006, pp.190-193.

40 竹內好, 「近代の超克」(1959), 『近代の超克』, 富山房, 1979, p.314.

제국이 아니라, 서구제국주의와 대결하여 '세계혁명'을 수행하는 '혁명적 대제국'을 구상했다. 그에게 일본 맹주론은 영속혁명, 즉 '일본개조→아시아 연맹→세계연방'을 수행할 전투적 정예부대를 배출하는 만큼의 의미를 가질 뿐이다. '일본'조차도 '부분'으로 재배치하는 기타의 원대한 '혁명적 대제국주의'는 일본인의 책임감을 맹신하고, 국가권력의 이성과 선의를 과잉 망상하고 있다. 기타는 세계사를 논하면서 타민족의 의사를 백안시하고 영미의 자유주의 사상을 배제했다. 그 독선적인 혁명관은 시대를 앞서간 명분과 의지로 가득 차 있어서 더욱 허황하고 섬뜩하다.

기타의 혁명운동은 실패했다. 그러나 기타의 문제적 사상은 당대를 넘어 세계 곳곳에서 만날 수 있다. 약육강식의 현세에서 대중을 구원할 방편으로 폭력적 저항을 인정하는 불교 사상은 1920년대 신채호에게서도 나타난다.[41] 동시대의 기타 잇키가 국가 무장과 개전의 정당성을 주장한 것은 세계혁명사에 대한 인식 및 두 차례의 세계대전을 관통했던 시대정신의 주요한 흐름으로 인정할 수 있다. 그 역사적 연원이 근대 국민국가의 합법적 무력행사에 근거하고 있기 때문이다. 일찍이 1793년 자코뱅파는 국민 징병제를 실시하고 국가총동원을 선포하여 프랑스혁명에 대한 외국의 간섭을 막아냈다. 1794년 2월 국민공회는 공포정치하에 프랑스 식민지에서 흑인노예제를 폐지하는 법안을 세계 최초로 통과시켰다. 그러나 19세기 전반의 프랑스는 안으로 노예폐지운동을 전진시키면서 밖으로 식민지 정복 전쟁을 펼쳤다.[42] 일국적 차원에서 구제도를 타도한 프랑스혁명은 자유와 평등이

41 조관자, 「〈반〉제국주의의 폭력과 멸죄의 힘-중국망명기의 신채호와 동시대의 폭력비판론」, 『문화과학』 24, 2000. 12, pp.169-187 참조.

42 노예제 폐지는 노예무역에 종지부를 찍는 것이었지만 식민지 경영을 위해 필요했고, 식민지 영유는 본국의 이익을 의미했다. 계몽사상가들도 노예제가 혁명이념과 모순

라는 보편적 가치를 세계에 전파했을 뿐 아니라, 폭력의 당위성과 국민국가의 전쟁을 세계사적 차원에서 확대했다. 1914년에 간행된 기타의 저작 『중국혁명외사』에서도 프랑스혁명을 주도하여 절대주의 왕정을 타도한 자코뱅파의 폭력을 긍정적으로 평가하고 있다.

기타의 국가론과 이시와라의 전쟁론은 일본에 고유한 종교적 또는 사무라이 전통이나, 일본제국주의에 특유한 집단적 병리현상만은 아니다. 기타의 혁명론과 이시와라의 최종전쟁론은 동시대 인류 사회에서 평등과 평화의 공공적 이익을 실현하는 방법으로 정당화되었던 것이다. 전후 일본의 '평화'에서 그 의미를 구제하거나 재해석하려는 학술 연구가 지속되었고, 특히 기타 잇키는 대중의 집단적 기억 속에서 전후의 민주적 개혁에까지 영향을 미친 우익 혁명가로 기억되고 있다.[43]

5. 이시와라 간지의 쇼와유신과 동아연맹

이시와라 간지는 만주사변을 일으킨 관동군 참모로 악명이 높다.

되는 사실을 인지하면서도 식민지해방을 원하지 않는 딜레마에 빠졌다. 노예제 폐지는 프랑스 식민지 산도밍고(현재 아이티공화국)에서 일어난 흑인봉기를 무마하는 과정에서 1794년 공식적으로 선언되었으나 나폴레옹이 노예제 부활을 선언하여 무효화되었다. 이후 흑인의 승리로 1804년에 아이티 혁명이 이루어졌지만 노예무역 금지가 철저하게 관리된 것은 1831년부터이고 프랑스가 아이티 독립을 인정한 것은 1838년이다. 노예제의 공식 폐지는 1848년 2월 혁명 이후 실현되었다. 平野千果子, 『フランス植民地主義の歴史』, 人文書院, 2002, pp.14-16, 28-39.

43 기타 잇키의 국가개조론 중 노동자와 국민의 권리가 전후헌법에 반영되어 실현되었다는 평가도 있다. 『일본개조법안대강』의 영어 번역본을 실은 브리 탄카(Brij Tankha)의 저작은 기타가 일본의 제국주의적 사명과 '새로운 일본'의 어젠다를 제시하고 촉진한 것으로 평가하고 있다. Brij Tankha, *Kita Ikki and the Making of Modern Japan: A Vision of Empire*, Global Oriental, 2006.

그의 저작은 기타 잇키처럼 1960년대 학술 연구에서 조명을 받지 못했다.[44] 그러나 '협화회'와 '동아연맹'의 명맥을 잇는 '이시와라 간지 평화사상연구회'가 이시와라의 전집과 잡지 『영구평화』(1989-)를 간행하고, '전쟁방기', '평화헌법 수호' 등의 평화운동을 펼치고 있다.[45] 그들 중 몇몇은 이시와라가 전후에 정착한 야마가타현의 유자마치(遊佐町)에서 니시야마(西山) 농장을 개척하고, 니치렌슈를 기반으로 공동체를 이루면서 '쇼와유신' 운동을 계승하고자 했다.[46] 1930년대 말부터 이시와라가 전쟁 확산에 반대하며 쇼와유신론을 펼쳤기 때문에 전후의 폐허에서 그에 대한 대중적 신망은 더욱 높아졌다고 한다. 1946년 1월 연합군 최고사령부(GHQ) 명령으로 '동아연맹'이 해산될 당시 회원수는 6만 명에 이르고, 1949년 8월 이시와라의 장례식에는 2만 명이 운집했다고 한다.[47] 이시와라의 추종자는 농촌전문가, 정치가, 교육가, 무도가로 각계에서 활동했으며, 전후 70년이 지난 오늘날 그

44 앞에서 언급한 『현대일본사상대계』 제9권 『아시아주의』에는 현양사, 흑룡회, 동아협동체론 등이 실렸지만, 이시와라의 동아연맹론은 제외되었다.

45 이시와라 간지 평화사상연구회(石原莞爾平和思想研究会)의 고문인 무라타 구니타로(武田邦太郎)는 만주의 농업경영에 관여했던 농업전문가이자 정치가로, 니시야마 농장을 개척하고 이시와라의 묘소를 지킨 인물이다. 그 영향을 받은 이리에 다츠오(入江辰雄)의 저서로, 『永久平和の先駆 石原莞爾』(たまいらぼ, 1985), 『石原莞爾と民族問題』(日本図書刊行会, 1994), 『日蓮聖人の大霊と石原莞爾の生涯』(近代文芸社, 1996) 등이 있다. 무라타가 이시와라 관련 자료를 일본 국회도서관에 기증하고 2012년 작고하면서 그 활동은 활발하지 않지만, 후손들에 의한 자료화·역사화 작업은 지속되고 있다.

46 농장은 1980년대 국토개발계획에서 공공용지로 채택되어 용도 변경되는 등, 현재 존재하지 않는다. 「西山の歴史 概略」(https://sites.google.com/site/generalishiwara/history-of-nishiyama).

47 長坂覚, 「韓国人と日本人: 曺寧柱氏に聞く」, 『中央公論』, 1979. 8, p.287. 동아연맹의 핵심 멤버이자 장례식의 운영위원장을 맡았던 재일교포 조영주는 전쟁 직후에 센다이(仙台)에서 열린 동아연맹 집회에 5만 명이 모여 임시열차를 운행할 정도였다고 회고한다. 종전 직전인 1945년 동아연맹은 일본 전국에 74개 지부와 20만 명의 회원을 지녔다고 한다.

들의 활동도 역사적 자료로 남게 되었다.

이시와라는 독일어 능력과 세계전쟁사 지식, 그리고 법화경 신앙에 기초하여 '최종전쟁론'과 '동아연맹론'을 펼쳤다. 그의 『쇼와유신론』은 군사, 국가, 정치, 종교, 농촌자치, 교육혁신론에 이르기까지 다양하고, 그 각론이 다시 국방 및 국가개조론, 그리고 생활혁신운동까지를 형성한다. 특히 학교 교육의 개혁과 농촌 진흥책은 박정희 정권의 '유신 운동, 새마을 운동'과 비교 가능한 단서라 할 수 있겠다.

1938년 8월, 이시와라는 도조 히데키의 만주 지배 방식을 비판하여 교토로 좌천된다. 1939년 8월에 제16사단 사단장으로 배속되나, 중일전쟁의 확대에 반대했기 때문에 1941년 3월 재차 파면당한다. 그 결과 그는 전범으로 호출되지 않았고, 후일 침략자와 평화애호자라는 이중의 평가를 받게 되었다. 교토에 부임하자마자, 이시와라는 1938년 9월 1일 『쇼와유신론』의 원본(초본)에 해당하는 「쇼와유신방략」을 단숨에 써내려 갔다고 한다. 『쇼와유신론』은 1939년 8월과 9월에 등사판으로 발행되다가 1940년 3월에 인쇄본 초판을 발행한 후 1946년 10월까지 발행된다. 모두 14개의 판본으로 제7개정판까지 나왔다.[48] 또한 1947년 2월부터 1949년까지 꾸준히 발표된 『신일본건설대강』, 『신일본의 도표(道標)』 등의 저작은 모두 『쇼와유신론』의 전후 개정판에 해당된다. 일련의 『쇼와유신론』 판본들은 역사적 상황의 전변에 따라서 용어를 바꾸거나, 구성과 내용에 변화를 주면서 각 시기의 강조점을 드러내고 있다. 이 절에서는 전전의 판본 중에서도 동아연맹론과의 관련성을 중심으로 고찰하기로 한다.

이시와라는 "메이지유신이 일본의 유신이었다면 쇼와유신은 동아

48 石原莞爾全集刊行会 編, 「第二章 「昭和維新論」刊行·改訂の歴史」, 『石原莞爾全集 第7巻』, 石原莞爾全集刊行会, 1977, p.57.

시아의 유신"이라고 강조한다.[49] 1938년 쇼와유신론을 제기할 때부터 이시와라는 중일전쟁의 해결을 중시했으며, 쇼와유신의 관건은 동아연맹의 결성에 있다고 믿었다.

동아연맹이란 용어는 일찍이 1933년 『만주국협화회 회무요강(会務要項)』에서 만주국협화회가 관동군과 다른 자신들의 문화통합정책을 제시하면서 처음 사용한다. 만주국협화회의 근본정신이 '왕도주의 건국정신'에 입각하여 '민족협화의 이상향'을 만드는 동시에 "혼돈 상태에 있는 전 중국(지나) 본토에 민족협화의 운동을 보급하고, 나아가 그것을 전 동아에 확대하여 동아연맹을 결성함으로써, 동양문화의 재건과 동아 영원의 발전을 확보할 것"이란 취지였다.[50] 이후 1935년부터 일본의 '화북(華北)분리공작'이 진척하면서 8월부터 일본, 만주, 중국의 '공동방위, 공동경제'를 강조하는 정치적 슬로건이 부상한다. 이 무렵부터 이시와라의 중국 침략태도는 소극적으로 변했다고 한다.[51] 1937년 시작된 중일전쟁으로 만주국협화회의 정책 정강이 더욱 중요한 기조로 중시된 것이다. 침략을 당한 중국을 향하여 서구제국에 대한 '공동 방위'를 요구하는 모순된 상황을 이시와라는 어떤 논리로 타개하고자 했을까?

이시와라는 중일전쟁의 확대에 반대하고 대미전쟁의 시기상조를 강조했다. 1940년 그는 '최종전쟁'을 수십 년 뒤로 예상하면서, 그것이 '미국=패도'와 '동아연맹=왕도'의 결승전, 즉 세계의 마지막 결전

---

49 「国防国策」, 『石原莞爾全集 第2巻 国防政治論, 昭和維新論, 新日本の道標 他』, pp.25-31.

50 山口重次, 『満洲建国の歴史: 満洲国協和会史』, 栄光出版社, 1973, p.254. 만주국협화회에 관한 한국어 논문으로 신규섭, 「'만주국'의 협화회와 재만 조선인」, 『만주연구』 제1집, 2004, 6 참조.

51 桂川光正, 「東亜連盟論の成立と展開」, 『史林』 63(5), 1980. 9, pp.129-130. 이 논문은 중국의 항일민족주의에 대응한 동아연맹의 변천사를 논하고 있다.

(세계최종전)이 될 것이라고 역설한다.[52] 최종전쟁을 준비하려면 국가의 공동방위는 더욱 중요하다. 생산력 발전이 필수적이며 이를 위해 통제국가를 건설해야 한다. 신흥국 소련을 제패하고 강대한 미국과 맞서려면 동아시아를 병참기지로 만들어 모든 민족이 전쟁수행 능력을 최대한 발휘해야 한다.[53] 그런데 현실에서는 중일전쟁의 장기화로 양쪽의 희생만 깊어가고 있다. 그는 일본이 무력으로 중국을 지배할 수 없으며, 제국주의 패도로는 중국의 항일민족주의를 해소할 수 없다는 사실을 이미 깨닫고 있었다. 탈출구는 하나다. 중일전쟁을 멈추고, 만주국과 중국의 정치적 독립을 보장하는 동아연맹으로 '공동 방위'를 실현하는 것이다. 이후 쇼와유신론의 전개에서 동아연맹의 기초 조건은 '국방의 공동, 경제의 일체화, 정치의 독립, 문화의 소통'이란 4개 항목으로 정리된다.[54]

이시와라에 따르면, 동아연맹 결성의 관건은 만주국과 중국의 독립을 완성하는 길에 있다. 중국의 만주국 승인과 일본의 중국 독립 지원이 필수적이다. 일본은 일찍이 아시아의 '정치적 독립'을 보장했어야 했다. 하지만 만주국 건설에서 일본이 신뢰를 주지 못했기 때문에 중일전쟁도 발발했다. 만주국을 중화민국으로부터 분리 독립한 동양의 '민족협동국가'로 만들기 위해서는 일본인도 그 한 구성원으로 동

---

52 이시와라의 『세계최종전론』은 다가올 최종전쟁에 의해 세계가 통일될 것이라는 논리로 1940년 5월 교토에서의 강연 이후 10월에 처음 출판된다. 이미 1929년부터 '전쟁사대관(戰争史大観)'을 강연해온 이시와라는 인류의 전쟁사를 '결전전쟁'과 '지구전쟁'이란 개념으로 분석하고 고찰한 후, 최후의 결전전쟁으로서 '최종전쟁' 개념을 제시한다. 「전쟁사대관」, 「세계최종전론」, 「국방론」은 서로 연결되는 내용으로 『이시와라 간지 전집』 제1권(1976)에 수록되었다.

53 「国防国策」, 『石原莞爾全集 第2巻』, pp.19-44.

54 「東亜聯盟建設要項」(1944. 11. 25), 『石原莞爾全集 第3巻 昭和維新宣言, 東亜聯盟建設要項, 教育革新論 他』, pp.17-18. 1941년 2월 난징에서 결성된 동아연맹중국총회에서 '문화의 소통(溝通)'을 추가하여 5개 항목이 된다.

등하게 참가해야 한다. '일본 중심'과 '일본 맹주'론을 주장해서도 안 된다. 일본인이 중핵을 고집한다면 중일의 제휴는 지연될 뿐이다. "일본 스스로 평등한 지위에 감사하고 마음으로부터 동아부흥을 위해 힘을 쏟으며, 일본이 구미제국주의자의 압박을 격파할 실력을 갖춘다면, 각국의 경외를 받기에 이른다면, 저절로 일본은 동아연맹의 중핵적 존재가 될 수 있을 것"이라고 낙관한 것이다.[55]

1942년 1월 3일 동아연맹 '중앙 강습회'의 속기록인 「국방정치론」을 보면, 1938년 당시 이시와라가 만주국의 정치적 독립을 획책하여 도조의 반감을 사게 된 사실을 알 수 있다. 이시와라는 관동군 사령부의 이른바 '내면 지도'에 의한 도조의 권력 남용을 배제하고, 만주국을 '아시아 민족'의 자치국으로 발전시키고자 했다.[56] 그 정치기구로서 천황 밑에 '만주제국협화회'를 두고 정치적 권한을 부여하며, 건국대학을 중심으로 국책을 기획해야 한다는 구상이다.[57] 본디 군사적 점령지에서는 군부의 정치개입이 필요하지만, 이제 국가적 면모를 갖춘 만주국에서 군부는 국방의 임무에 한정시키고, 동양의 이상에 맞는 정치를 펼쳐야 한다는 것이다.

---

55 「東亜聯盟運動」(1940. 3. 5), 『石原莞爾全集 別巻』, pp.18-19.

56 「国防国家の政治」, 『石原莞爾全集 第2巻』, pp.109, 122.

57 만주국 정치조직을 도식화한 그림은 위의 글, p.135 참조. 한편, 1937년 8월 10일 자 건국대학 1기생 모집 공고에 나타난 설립목적은 "건국 정신의 정수를 체득하여 학문의 심오한 내용을 연구하고 이를 몸으로 실천하며 도의(道義) 세계 건설의 선각적 지도자적 인재를 양성하는 것"으로, 교육과정에서도 "국가의 정간(楨幹)으로서 필요한 기본 원리 이외, 각각 전문을 두고 문교, 법정, 경제에 관한 학문의 심오한 내용을 연구"하는 것을 포함했다. 湯治万藏 編, 『建國大學年表』, 建國大學同窓會建大史編纂委員會刊, 1981, p.56. 건국대학에 관한 연구 현황 및 관련 자료는 이정희, 「'만주 건국대학'의 교육과 조선인 학생」, 『만주연구』 제22집, 2016. 12, pp.225-254 참조. 이 논문은 건국대학 출신의 조선인 90명 중 강영훈, 민기식을 비롯한 상당수가 대한민국의 정치, 경제, 방위, 교육계의 중진으로 활약했다고 밝힌다.

정치의 중심은 문교에 있다고 믿고 있습니다. 『논어』 한 권을 품고서도 천하의 정치를 완전히 할 수 있는 것이 동양의 정치입니다. 광의의 의미에서 교육이 정치의 중심입니다. 그런 의미에서 건국대학은 정치대학입니다.[58]

동양의 정치를 정당화하는 논거로 먼저 천황 대권이 인용된다. 일본에서 정치와 군사의 통일은 오직 천황의 권한으로 가능하기 때문에 정치적 추진력과 통제의 힘을 관헌과 군에 빌려서는 안 된다.[59] 관동군의 정치 개입을 막아내려는 논리다.

또한 새로운 시대에 부응하여 '자치조직'에 근거한 '국민조직'을 강화해야 함을 역설한다. 당시 세계공황의 여파로 전 세계가 새로운 '통제시대'를 맞이했다. 이시와라는 '통제'의 필연성을 적극 옹호하나, 세계의 어느 곳에서도 "공익 중심의 도의적 자치체"를 이루지 못했다고 비판한다.[60] 관동군 사령부는 만주국의 진정한 독립과 자치능력의 향상에 기여하고 보좌함으로써 천황의 칙서에 따라야 한다. 이것이야말로 국제연맹을 탈퇴하면서까지 만주국의 신흥 독립을 국제사회에 천명한 천황의 의지를 이행해야 할 관동군 본연의 의무라는 주장이다.

그런데 이시와라는 일본이 제국주의 패도를 극복하는 것과 함께, 중국이 실천해야 할 또 하나의 필수 조건을 제시한다. 중국이 영미제국과의 결탁을 해소하고 대미의존도를 극복해야만 동아연맹에 참가할 수 있다는 주장으로,[61] 미(영)국과의 관계 단절을 요구하고 영미제국을 아시아에서 배격하려는 전략이다. 이와 같은 반미아시아주의는

---

58 「国防国家の政治」, pp.143-144.
59 위의 글, pp.126-129.
60 위의 글, p.128.
61 「東亜聯盟建設要項」, pp.70-89.

냉전시대 동아시아의 공산권과 진보진영에서 추구한 반제(반미)민족 통일전선과 같은 '적대성'의 형식 논리를 취하고 있다. 동아시아의 냉전 구도에서 이시와라는 우익 전범으로 규탄받았지만, 반미아시아주의를 취한 전략적 태도는 전후 좌익의 반제 내셔널리즘과 일맥상통했던 것이다. 또한 '자치에 기초한 통제'라는 방법은 인민위원회를 기초단위로 삼는 공산권 사회의 민주집중제와 친화성을 갖는 논리다.

6. 통제시대와 '초민족국가=왕도주의 아시아'의 불가능성

동아연맹론은 일본의 입장에서 중국과 싸우지 않고 득을 보는 최선의 병법이었다. 그러나 초기 승리에 도취한 국민 여론과 정치권을 장악한 군부는 대동아전쟁으로 치닫고, 전쟁은 이미 지구전(持久戰)과 준결승전의 성격을 띠고 전개되고 있었다.[62] 일본은 장차 영국과 미국의 일본 본토 습격(최종전쟁)에도 대비해야 한다. 장기전은 일본에 불리하다. 따라서 "중일전쟁의 해결만이 대동아전쟁 승리의 열쇠"가 된다.[63] 동아연맹만이 준결승전의 승리를 보장하고, 최종전쟁의 근거지가 된다. 이 절실한 목적을 위해 1938년 9월부터 이시와라는 일본이 모든 희생과 양보를 감수해야 한다고 역설하기 시작한 것이었다.

그러나 일본이 중일전쟁을 시작한 이유는 '공동방위'를 포함한 그 어떤 화평책도 실현 불가능했기 때문이다.[64] 일본이 난징의 왕징웨

62 「国防国策」, pp.55-56.

63 위의 글, p.48.

64 外務省, 『日本外交文書 日中戰争』, 六一書房, 2011. 전 4권 중 제1권에는 1937년부터 고노에 내각이 추진한 독일인 트라우트만을 통한 화평공작, 제2권에는 1938년부터

이(汪精衛) 정권이 추진하는 화평건국론을 지원했지만, 왕 정권은 국민당의 장제스(蔣介石) 정권이 지도하는 항일건국론을 능가하여 대중을 설득할 수 없었다.[65] 동아연맹이 난징에서 세력을 확장한 것은 일본의 대동아전쟁이 승승장구하는 분위기에서 가능했을 뿐이다. 동아연맹의 사상적 침투력은 화평건국론이 아니라 실질적으로 일본의 전투력과 통제력에 의존했다. 이시와라는 모순된 상황에서 모순된 논리로 초지일관했다. 그 자신이 군인으로서 군사력의 승패를 절대시하면서도, 한편으로 민족연대에 기초한 사상적 감화를 추구했던 것이다.[66] 당시 중일전쟁과 동아연맹은 두 개의 레일을 마주보고 달릴 뿐, 결코 하나로 결합할 수 없는 상황이었다.

한편, 이시와라의 쇼와유신론은 통제주의와 지역주의가 대두한 1930년대 이후 세계사의 흐름을 반영한다. 1944년(제4수첩판)부터 패전 직후(1945년 10월, 제6수첩판)에 간행된 『쇼와유신론』에서는 쇼와유신의 성격을 '통제주의 혁신'과 '동아의 유신'으로 재규정한다.[67] 혁신의 목적은 자급자족이 가능한 동아시아 '지역 국방 경제 체제'를 확립하는 것에 있다. '초국가, 초민족주의'의 성격을 갖는 지역주의는 시대의 원동력으로 인식되었다. "동아연맹은 초국가, 초민족의 사상이라고 배격하는 자도 있지만, 이것은 구주(欧州)대전 후, 국가연합의 시대

추진한 왕징웨이를 통한 화평공작의 전말을 싣고 있다. 핵심 내용은 일본 외무성 홈페이지(http://www.mofa.go.jp/mofaj/annai/honsho/shiryo/bunsho/h22.html#2) 참조.

65 화평건국론은 1939년부터 일본어로 적극 소개되었다. 中央宣傳部, 『汪主席和平建国言論集』, 中央書報発行所, 1939; 東亜聯盟中国総会 編, 『全面和平への道』, 改造社, 1941. 왕징웨이의 대동아회의(1943. 11. 5) 연설문 영역본은 "Address of His Excellency Wang Ching-wei, President of the Executive Yuan of the Republic of China", November 5, 1943(http://www.sdh-fact.com/CL/Wang-Ching-wei-address.pdf) 참조.

66 「支那事変の解決」, 『石原莞爾全集 第2巻』, pp.272-276.

67 「昭和維新論」, 『石原莞爾選集 4』, pp.158-159(제4수첩판: 1944), 203-204(제6수첩판: 1945).

가 된 커다란 세계사의 전환을 모르는 이치"라며 일침을 가한다.[68] 그는 소련의 계획경제, 나치 독일의 통제경제, 미국의 뉴딜정책, 마오쩌둥의 신민주주의 모두 자유주의 시대의 한계를 극복하고 나타난 진보의 원리이자 시대의 혁신적 조류라고 긍정했다. 전향좌파의 동아협동체론에 대해서도 우호적이었다.

이처럼 세계정세의 변화를 인지하고 새로운 지역연합과 통제원리를 수용했던 이시와라는 동남아시아에서 식민지를 경영하고 중국에서 불평등조약을 맺고 조차지를 갖는 서구 세력을 제국주의로 배격했다. 만일 일본이 동아연맹의 왕도를 따르지 않는다면 구미를 모방한 제국주의의 입장을 취하게 될 뿐이라고도 강조한다.[69] 스스로 만주국의 독립을 제창한 이시와라는 일본 자신이 아시아와의 관계에서 갖는 적대성을 봉인하고 아시아를 일체화시키기 위해 서구와의 적대적 구도를 끝까지 견지했던 것이다.

이시와라는 서구제국주의를 패도로 폄하하면서도, 제국일본을 왕도로 온전히 긍정할 수 없는 현실에 괴리감을 드러낸다. 그에 따르면 통제주의 시대의 왕도는 단순히 태평천하를 꿈꾸는 복고정신과는 거리가 있으며, 쇼와유신의 지도원리를 확립하고 책임 있는 지도자 네트워크를 편성해야 한다. 그러지 못한다면 일국일당제로 출범한 대정익찬회(大政翼賛會)도 한갓 정부의 종속기관에 머물게 된다. 실제로 동아연맹협회에서 조직의 지도자와 회원을 결정할 때, "패도주의 서양인"이 갖는 단호한 결단력을 일본의 "국민성"은 발휘하지 못하는 실정이라고 지적한다.[70]

---

68 위의 글, p.134.

69 같은 곳.

70 「国防国家の政治」, pp.94-95.

오늘 우리의 적이지만, 영국인의 정치성은 상당히 높이 평가할 필요가 있습니다. (중략) 인도인을 등용하여 싱가포르를 지키려고 한 저 영국인의 대담함에는 적이지만 약간의 경의를 표합니다. 이 웅대한 국체를 갖는 일본이 당장에 우리 동포 조선인을 국방의 제일선에 완전히 세울 수 없다고 생각합니다.[71]

'초민족국가(trans-national state)' 일본에서 '조선 동포=일본 국민'을 인재로 등용할 그날을 조심스럽게 기다리는 듯한 태도가 엿보인다. 동아연맹운동을 추진했던 이시와라는 만주국에서 일본인의 독점적 이익을 견제하고 '협화회'가 온전히 기능하기를 원했다. 통제론자인 그는 의회제와 대정익찬회를 결합시킴으로써, 만기공론(萬機公論)에 의한 의사결정을 중시했던 메이지 천황의 5개조 서문(五箇条の御誓文)에 명시된 합의체제를 유지해야 한다고 생각한다. "대정익찬회를 제대로 완성한다면, 국민의 대표인 의회와 대정익찬회의 간부가 일치해야" 하지만, "오늘의 선거법으로는 도저히 국민의 진정한 대표로 생각되지 않는 사람"이 대표자로 나오는 어이없는 상황이 연출되고 있다.[72] 이시와라는 훌륭한 대의원을 의회로 보내 정부와 의회가 혼연일체로 국력을 최대한 발휘하도록 선거법을 개정하고 통제주의 시대의 운용효과를 거두어야 한다고 역설했다.

그러나 현실은 이시와라의 대의명분과 개혁방안에서 멀어져 갔다. 그는 현실의 통제 권력이 발전하여 질주하는 문제에 대처할 수 없

---

71 위의 글, p.100. 싱가포르의 독립을 성취하고 대통령이 된 리콴유는 대학생 시절에 일본군의 점령 치하를 체험했다. 그의 자서전에서는 일본과 영국의 통치 방식을 비교하고 있는데, 영국이 국가의 독립보다 기득권 유지에 급급한 의회 세력을 지지한 반면, 일본은 점령군의 피폐함을 드러내면서 공포정치의 방식을 취한 것으로 기록하고 있다. 리콴유, 류지호 역, 『리콴유 자서전』, 문학사상사, 1999.

72 「国防国家の政治」, pp.100-101.

었다. 오히려 승리감에 도취한 국민 여론이 군조직의 정치 개입을 조장하고 전선의 확대를 야기하는 포퓰리즘의 현실에 통탄할 수밖에 없었다.[73] 이시와라 자신은 군부권력을 견제하고 민족적 차별을 통합할 기제로서 천황의 존재를 부각시켰다.[74] 하지만 도조 히데키도 역시 천황의 이름으로 더욱 강력한 통제 권력을 대리했다. 천황 대권을 휘두르던 도조에게 밀려난 이시와라는 새옹지마의 형국으로 전범에서 제외되었다. 그 덕택에 패전 이후에도 쇼와유신과 동아연맹을 제창할 수 있었다. 동시대의 동아시아에서는 중국과 북한이 반미투쟁의 근거지로 재편되고, 교육혁신과 농촌개발도 동아시아를 혁신할 과제로 여전히 제기되고 있었다. 1955년 일본이 전후 부흥을 이루기까지 쇼와유신의 취지가 여전히 유효했던 것이다.

기타의 국가개조론과 이시와라의 쇼와유신·동아연맹론은 단순히 일본 우익의 문제나 일본의 전시기 사상에 국한되지 않는다. 그들의 국가주의 및 아시아주의는 인류 보편사의 관점과 동아시아 냉전사의 문맥에서도 재고할 필요가 있다. 정의로운 명분과 현실적 모순에 가득 찬 폭력혁명론과 국가건설론, 지역주의는 그들 시대의 산물이자, 인류 역사에서 끊임없이 분출되어온 혁명 충동 또는 연대의식을 내포하기 때문이다.

기타의 국가개조 및 폭력혁명은 가깝게 레닌의 혁명을 참조했고, 동시대 유럽의 파시즘운동과도 연결되어 있었다. 다만 기타의 혁명적 제국주의는 히틀러의 유대인 차별로 이어지는 게르만족 선민사상과

---

73 위의 글, pp.104-105.

74 이시와라는 "동아연맹의 맹주는 천황이라고 써서, 그 때문에 수많은 중국인들에게 배격될 것을 생각하면 두렵지만, 굳건히 동아연맹의 맹주는 천황이라고 쓴 우리들의 절실한 마음은 말로만 애국주의를 떠드는" 국체론자에게 이해되기 어렵다고 말한다. 그들이 "동아연맹은 평면주의", "저놈은 빨갱이"라는 식으로 공격하는 행위 자체가 천황의 절대성을 신앙하지 않는 증거라고 반격한다. 위의 글, pp.159-161.

는 거리가 멀다. 『개조법안』에 제시된 기타의 통제론적 국가주의와 전투적 아시아연맹론은 이시와라에게도 계승되었다. '개조, 혁명, 공익'을 앞세워 국가를 절대시하고 폭력을 정당화하는 기제는 인류 문명화와 자유민주주의를 내세운 진영에서도, 계급투쟁과 민족해방을 추구한 진영에서도 역사적으로 발견된다. 혁명적 이상과 합체된 국가를 상상하거나, 그 국가=유토피아 건설을 위해 '절대악'과 비타협적으로 투쟁하려는 실천가들은 일본과 세계 곳곳에서 끊임없이 환생했다.

동아시아 냉전사를 돌이켜보더라도, 중국 내전과 한국전쟁, 동남아시아의 분쟁, 1961년 한국의 군사쿠데타, 1960년대 후반에 시작된 중국의 문화대혁명과 캄보디아의 크메르 루즈, 일본의 전투적 학생운동, 1980년대 한국의 '광주항쟁' 등에서 자연발생한 폭력적 사태와 폭력혁명론은 끊임없이 청년들을 공분시키거나 매료시켜 왔다. 이러한 폭력과 전쟁이 진화하여 마지막 결승전에서 절대정의가 승리한다면 전쟁은 소진되고 드디어 영구평화가 찾아든다는 것이 이시와라의 '최종전쟁론'이다.

전후 일본에서는 이시와라를 도조에 대한 비판자로 기억하고, 그의 사상을 영구평화론으로 해석하는 사람들이 평화운동의 명맥을 이어왔다. 그들은 이시와라의 사상이 '서구제국주의에 대한 저항-자본주의 모순에 대한 사회적 통제-동아시아의 민족 연대-자기희생의 종교적 실천'이라는 순환적 통일성을 이룬 것으로 믿는다.[75] 그러나 이시와라의 공동방위와 최종전쟁론은 폭력과 평화, 통제와 자율의 간극을 메울 수 없었다. 일본이 서구제국, 그리고 동아시아 내부의 공산주의 및 민족주의와 적대적으로 대립하는 현실에서, 일본의 승리를 위

75 石原莞爾生誕百年祭実行委員会 編, 『永久平和への道: いま, なぜ石原莞爾か』, 原書房, 1988.

해 동아시아를 이념적으로 통합하는 것은 원천적으로 불가능했다. 일본에게는 중국을 전면 지배할 군사력도, 동시대의 다른 정치적 이데올로기를 초극할 도덕적 감화력도 부족했다.

기타도 이시와라도 일본 스스로에 세계사적 모순을 해결할 맹주로서의 자격을 부여했고, 일본의 승리를 위해 아시아 연대를 절실하게 제기했다. 그들의 운동이 실패했음에도 불구하고 전후 일본에서 줄곧 그들을 기억하려는 담론이 재생되었다. 그들 사상이 당대의 지배 권력에 부합하기보다 현실의 부조리를 초극하려는 무모하고 순수한 열정을 지닌 측면도 인정된다. 그러나 그들의 사상이 호출되는 전후 일본의 사상사적 맥락을 간과해서는 안 될 것이다.

전후 부흥 이후 일본에서는 '미국화'에 기초한 전후민주화와 일본 자본주의의 발전을 비판했던 좌우 양 진영의 다양한 담론이 생성되었다. 다케우치 요시미의 중국 친화적인 아시아주의, 좌우파 리버럴리스트의 반미평화론, 하시카와 분조의 농본주의와 향토주의에 입각한 우익사상의 재해석, 미시마 유키오에 감화를 받은 반미민족파의 신우익 운동 등, 다양한 반미아시아주의가 출현한 것이다. 이들 담론이 거듭 생산되면서 혁명가 기타, 영구평화론자 이시와라의 이미지도 거듭 부활했다. 그렇다면 다음과 같은 질문이 떠오른다. 쇼와유신 및 동아연맹론은 1955년 무렵까지 어떤 논리로 명맥을 유지하는가. 일본의 고도성장기와 맞물린 동아시아 냉전기에 혁명가 기타와 평화애호가 이시와라의 이미지가 어떻게 생성되는가. 반미 풍조가 고조된 2000년대 일본에서 기타와 이시와라 같은 우익사상이 어떻게 다시 주목되고 있는가. 이러한 질문들에 관련한 답은 제6장에서 다루기로 한다.

제4장

‘사회과학-혁명’논쟁과 동아협동체론

1. 담론 환경의 변화와 네트워크의 형성

근대 이후 사회의 담론 공간에서는 여러 지식 집단이 길항하고 사상적 조류가 전변해왔다. 사상운동, 사회운동과 관련해 이들은 국경을 넘어 서로 연대하거나, 논쟁하고 경쟁하면서 담론의 장을 형성하고 정치권력의 생성에 관여해왔다. 그 와중에 정치적 변절이나 사상적 전향이 문제된 적도 있지만, 담론의 흐름 자체가 시대 상황의 변화에 대응하면서 크게 변화한다.

복수의 담론이 서로 등을 돌리고 열띤 논쟁을 벌였지만, 결국 같은 미래(현재)로 밀려나버린다. 가령, 1980년대 한국 사회에서는 민족모순과 반미자주성을 강조한 민족해방(NL: national liberation)과 자본주의 사회의 계급모순을 강조한 민중민주(PD: people democracy)의 변혁이론이 시대사상과 사회운동을 좌우하는 실체로 작동했다. 1990년대에도 NL과 PD가 사회운동, 사회사상을 상징하는 기호로서 소통되었다. 하지만 2000년대 이후 그들은 모두 역사의 뒤안길로 물러났고 어쩌다 매체 속에서 환기될 뿐이다.

그러한 역사적 경험은 전전과 전후의 일본도 거쳤다. 이미 알려진 이야기이지만 1980년대 한국의 사회구성체 논쟁과 NL 및 PD의 탄생은 특별히 새로운 체험이 아니었다. 일본에서는 1927-1936년, 그리고 1957-1960년대 초반 혁명운동에서 일본자본주의논쟁을 경험했고, 1960년대 신좌익의 각 분파 투쟁에서도 마오이즘의 '반미애국투쟁'과 트로츠키즘의 '선진국동시혁명론' 등의 노선 차이가 존재했다.[1]

1 전후에 부활한 공산당과 사회당은 일본자본주의 인식과 혁명론의 차이를 보여왔으나, 1960년대부터 사회주의 혁명 자체의 비전이 실질적으로 사라졌다. 양 당 모두 제도권 정당 유지에 주력했기 때문에 논쟁의 의미도 사라졌다. 대신에 1960년대부터 신좌익이 기성좌익과의 대립 구조를 형성한다. 이에 대해서는 제7장 제1절 참조.

또한 1930년대와 1980년대 한국에서의 논쟁 경험은 일본과의 네트워크 속에서 진행된 것으로, 비록 그 역사적 실체를 완전히 밝히지 못하더라도 일본과 동아시아의 역사적 연환 속에서 반드시 고찰해야 할 문제이다.

일본에서는 전전과 전후에 걸쳐 강좌파와 노농파로 불리는 마르크스주의 지식인 집단 사이에서 '일본자본주의논쟁'이 벌어졌다. 처음에 이 논쟁은 메이지유신 이후 농업사회와 계급분화의 특성을 규명하고 국가권력의 본질 및 일본자본주의의 '현 단계'를 구조적으로 파악함으로써 혁명의 전략적 방침을 제시하는 문제로서 중시되었다. 자본주의 및 사회성격을 규명하는 논쟁은 전전과 전후에 걸쳐 동아시아 네트워크를 넘나들며 역동적으로 변화했다. 특히 강좌파의 논리는 한국의 NL진영의 논리에 유비된다. 1950년대 전반 동아시아의 좌파 연대에서도 일본공산당의 강좌파와 마오이즘이 연루되어 있었다. 민족해방과 민중사관을 중시하는 강좌파의 역사학은 1980년대까지 일본과 한국의 역사학 주류에 지대한 영향력을 형성해왔다고 보인다.

이 장에서는 먼저 '강좌파'를 생성한 전전의 일본자본주의논쟁(1927-1937)부터 살펴본다. 이 논쟁은 중일전쟁으로 단절되고, 1938년부터 등장한 '사회과학-혁명 논쟁'의 네트워크에서는 새로운 시대에 부응하는 동아시아 질서론이 생성된다. 이 장의 5. '중일전쟁과 동아협동체'에서는 사회과학자들의 네트워크에서 동아협동체론이 제기되는 모습까지를 고찰하고자 한다. 여기에서 네트워크란 단순한 인적 연결만이 아닌, 사상과 운동의 결합 및 괴리의 장, 공시적 통시적 연결망을 전체적으로 포착하는 개념이다.

2. 공산당과 노농파의 '민주혁명논쟁'

전전의 일본자본주의논쟁은 1932년 무렵부터 1937년 사이에 본격적으로 일어났다.[2] 하지만 이미 1927년부터 이른바 '민주혁명논쟁'이 벌어진 상태였다. 코민테른의 '27년 테제'와 '32년 테제'가 발표된 시기에, 공산당 계열과 사회민주주의 계열이 논쟁을 지속한 것이다. 그 출발은 혁명가들의 비합법 조직인 공산당의 재건 문제에 있었다.

1922년에 처음으로 창건된 일본공산당(제1차 공산당)은 대중적 포용성과 활동력을 중시하는 야마카와 히토시(山川均)의 '방향전환론'에 의거하여 1924년 일단 해산했다.[3] 그러나 1926년 말, 후쿠모토 가즈오(福本和夫), 도쿠다 규이치(徳田球一) 등 공산당 재건파가 등장하여 '대중획득 만능주의'를 비판한다. 이들은 일본자본주의의 발전을 부정했으며 세계자본주의 위기와 함께 몰락과정에 있다고 판단했다. 때문에 혁명의 결정적 국면을 타개할 목적으로 공산당 재건을 서둘렀으

2 일본자본주의논쟁의 전체상을 파악하기 위해 두 가지 대비되는 텍스트 小山弘健, 『日本資本主義論争史』(上·下), 青木書店, 1953-1954와 長岡新吉, 『日本資本主義論争の群像』, ミネルヴァ書房, 1984를 주로 참조했다. 앞의 필자는 이 문헌을 집필할 당시 일본공산당의 혁명노선에 입각해 있었으며, 강좌파의 시각으로 일본자본주의논쟁의 역사화를 본격적으로 시도했다. 뒤의 필자는 노농파에 가까운 경제학자로서, 강좌파의 이론적·실천적 힘이 퇴락한 시대 분위기 속에서 균형감을 잃지 않고, 논쟁의 구체적 전개 및 배경을 돌아보는 심도 깊은 연구를 행했다.

3 야마카와는 1906년 사카이 도시히코가 결성한 일본사회당에 참가한 이래, 그와 함께 1920년 일본 사회주의동맹을 결성했다. 1922년 공산당 결성에 참가했으나 사회민주주의 성향의 이론적 지도자로서 공산당으로부터 해당분자로 비판받았다. 한편 사회민주주의 계열은 보통선거 실시에 대비하여 1925년, 무산자의 합법정당으로서 농민노동당을 창당한다. 그러나 1926년부터 무산자 그룹 내부에 좌우대립이 벌어져 좌파는 노동농민당, 우파는 사회민중당, 중도파는 일본노동당으로 분열하고 이후에도 당의 이름이 명멸하고 이합집산이 계속된다. 노농파는 사회민주주의의 좌파 계열이다. 1930년대까지 일본 내 당파의 양상은 増島宏·高橋彦博·大野節子, 『無産政党の研究: 戦前日本の社会民主主義』, 法政大学出版局, 1969, 제1장 참조.

며 코민테른의 승인을 얻는 데 성공했다.[4] 이들이 제시한 일본 혁명은 '부르주아 민주주의' 쟁취에서 출발한다. 우선 절대군주제(천황제)를 타도하여 정치적 자유(부르주아 민주주의)를 획득한 후, 금융자본에 대한 노동계급의 투쟁(사회주의 혁명)으로 전화한다는 2단계 혁명론을 주장한 것이다.[5]

반면 비공산계 노농파 마르크스주의자들인 사회민주주의 계열에서는 일본자본주의가 이미 성숙하여 1927년에 금융공황을 맞이했다고 판단했다.[6] 자본주의가 발전하면서 봉건적 질곡이 부수적으로 심화하지만, 메이지유신은 명백히 부르주아 민주주의 혁명이며, 일본자본주의는 이미 제국주의로 발전하여 근대적 세계체제와 연동되어 있다는 것이다. 금융자본과 관료, 지주와 국가자본이 주도적으로 결합하여 '제국주의적 부르주아'의 지배블록을 형성한 단계에서, 금융자본과 절대군주제의 권력 형태를 분리하는 2단계 혁명론은 잘못된 논리가 된다. 이들의 일본자본주의 발전 및 지배블록에 대한 인식은 코민테른의 27년 '일본문제에 관한 테제'에도 수용되었다.[7]

---

4 1926년 12월에 재건된 제2차 일본공산당은 비합법정당으로 노동농민당, 일본노동조합평의회 등 대중조직에 영향력을 행사했다. 1929년 대량검거(4·16 사건)로 잡지를 발행하지 못하는 등 타격이 컸으나, 1935년까지 중앙 조직을 유지했다.

5 위의 내용은 공산당 기관지 『마르크스주의(マルクス主義)』의 주요 논조다. '부르주아 민주주의'는 민족자본가, 독점자본, 인민민주주의와 같이 현재도 상용되는 '과학'적 용어로 볼 수 없지만, 이 장에서는 당대의 용어를 차용한다.

6 猪俣津南雄, 「財政危機と政変」(『世界』 1927年 6月号), 『現代日本ブルジョアジーの政治的地位』, 南宋書院, 1927, pp.134-145.

7 코민테른은 공산주의 인터내셔널의 약칭으로 제3인터내셔널의 명칭이다. 세계 노동자의 단결과 반전을 외친 제2인터내셔널은 제1차 세계대전 발발과 함께 각국의 내셔널리즘 속으로 소멸되었다. 이를 지켜본 레닌은 '전쟁을 혁명으로' 전화시킬 목적으로 각국의 공산주의자와 사회민주주의자를 모아 1919년에 코민테른을 결성했다. 1927년 당시 일본문제를 관장한 브하린은 후쿠모토의 논리 속에 트로츠키주의적 성향이 있다고 판단하여 공산당 중앙위원에서 후쿠모토와 후쿠다를 해임했다. 27년 테제와 코민테른의 관계에 대해서는 長岡新吉, 앞의 책, pp.46-50.

그러나 코민테른의 태도는 이중적이었다. 코민테른은 일본의 근대적 입헌군주제와 제정러시아의 절대주의적 군주제(차르체제)의 차이에 주목하지 않고, 일본의 국가권력과 농촌경제의 반봉건성을 강조했다. 공화정인가 입헌군주제인가의 체제 문제는 '사회적 진보'를 평가하는 잣대로, 1920년대 공산당 운동에서는 입헌군주제를 '봉건성'에 결부시킨 것이다. 27년 테제는 일본자본주의의 상향적 발전을 인정하면서도, 반봉건적 군주제(천황제는 '32년 테제'의 번역어)의 권력 형태를 명시하여 일본공산당의 방침에 손을 들어주었다. 러시아혁명의 2단계 이행을 준거 모델로 삼아 일본에서도 '부르주아 민주주의 혁명 이후의 급속한 사회주의 혁명'을 전망한 것이다.[8] 코민테른의 의도는 야마카와이즘과 후쿠모토이즘의 대립을 해소하는 데 있었지만, 이후 코민테른의 권위와 문구를 자기 당파 논리의 정당화에 끌어들이려는 경쟁 속에서 논쟁은 더욱 심화해갔다.

노농파는 사회민주주의 계열의 좌파가 창간한 잡지『노농(労農)』을 중심으로 활동한 지식인 그룹을 지칭한다. 공산당 재건에 반대하여 '해당파'(당을 해산시키는 분자)로 비판된 야마카와는 이노마타 쓰나오(猪俣津南雄),[9] 아라하타 간손(荒畑寒村)과 함께『노농』을 창간했다. 이들은 대중과의 '분리' 및 '결합'을 제시한 후쿠모토의 당 조직론을 '분열주의'로 간주하고, 조직운동의 과제로서 무산정당의 합동과 노농통

---

8 32년 테제 '일본의 정세와 일본공산당의 임무에 관한 테제'에서도, 독점자본가와 지주계급의 천황제 국가권력과의 결합관계를 밝히면서 천황제 타도의 민주주의혁명 임무를 재차 확인했다. 小山弘健, 앞의 책(上), pp.19-32; コミンテルン(Komintern), 世紀書房 訳編,『日本共産党テーゼ: 22年, 27年, 政治テーゼ, 32年, 50年テーゼ』, 世紀書房, 1951 참조.

9 이노마타 쓰나오는 와세다대학 출신의 농업경제학자이다. 1929년『노농』동인을 탈퇴하지만 이론적으로 여전히 노농파를 대표했다. 이노마타의 일본제국주의론은 1960년대 신좌익에 대중조직론인 '횡단적 좌익론'과 함께 강렬한 영향을 미친다. 이 책 제7장 제4절 참조.

일론을 주장했다. 『노농』 창간호 권두언에서 야마카와는 투쟁의 대상을 '제국주의적 부르주아' 정치권력으로 규정한다. 또한 이노마타의 글 「일본무산자계급의 일반전략」에서는 일본 혁명의 주요 목적을 제국주의 타도로 말하며, 혁명의 주요 세력인 프롤레타리아가 빈농, 도시빈민, 식민지 및 중국의 혁명대중과 연대하여 부르주아층의 무력화에 힘써야 한다고 주장한다.

이 시기 후쿠모토는 코민테른의 비판을 받아 당내 지위가 유약해진 상황이었기에, 노농파에 맞서 새로 등장한 논객은 노동자 출신의 혁명가인 와타나베 마사노스케(渡辺政之輔)였다. 공산당 기관지 『마르크스주의』를 통해 활약하며 공산당 서기장까지 역임한 그는 노농파의 '제국주의 타도론'이 혁명의 적인 군주제 권력을 계획적으로 은폐하여 혁명투쟁을 방해한다고 주장했다.[10] 이러한 비판은 스탈린의 『레닌주의의 기초』(1924)에서 정식화된 러시아혁명 제2단계(1917. 3-1917. 10)론에 입각하여 노농파의 전략 이론을 공격한 것이다.

코민테른 27년 테제와 맞물려 전개된 '민주혁명논쟁'은 『마르크스주의』, 『프롤레타리아 과학』, 『노농』 등, 공산당과 마르크스주의 연구집단의 기관지를 통해 전개되었다. 1929년 공산당에 대한 대량검거로 『마르크스주의』는 더 이상 발간될 수 없었지만, 논쟁 과정에서 이미 일본자본주의의 역사 및 성격에 관한 연구 과제가 구체적으로 드러났다. 1928년부터 논쟁의 성격은 '막말 유신사 성격 논쟁'으로 번져갔다. 27년 테제에 부합하여 막부 말기 유신사의 성격을 제시한 핫토리 시소(服部之総), 강좌파의 산파 역할을 한 노로 에타로(野呂栄太郎)의 활동은 필연적으로 일본의 마르크스주의 경제학과 역사학 연구의

10 와타나베의 혁명론과 노농파 비판에 대해서는 渡辺政之輔, 『渡辺政之輔著作集』, 日本共産党中央委員会出版部, pp.4-36, 74-86 참조.

발전을 재촉했다.

이들 사이의 논쟁은 지금도 강좌파의 시각에서 정리한 '민주혁명논쟁'이란 이름으로 회자되고 있다. 그러나 이노마타의 연구를 높이 평가하는 나가오카 신키치는 '민주혁명논쟁' 용어를 채택하지 않고, '쁘띠·제국주의논쟁', '전략논쟁'으로 분류하여 명명한다.[11] 전후 강좌파 연구자와 노농파 연구자 사이의 '일본자본주의논쟁'에 대한 해석의 차이는 그 자체로 중요한 연구 대상이다.

3. 강좌파의 탄생과 일본자본주의논쟁

1931년, 정치활동에 무심한 마르크스주의 경제학자 구시다 다미조(櫛田民蔵)는 소농제도의 봉건적 착취관계를 부정하고 자본주의 화폐경제 구조 속에서 지대를 파악하는 논문을 발표하여 논쟁을 '지대논쟁'의 새로운 국면으로 이끌었다.[12] 마침 경제공황이 일어나고, 만주사변으로 치닫던 시기였다. 마르크스주의 진영에서는 자본주의 위기와 농촌의 궁핍화를 지적하고, 소작쟁의도 활발히 일어났다. 이 무렵에 일본공산당은 천황제를 옹호하고 코민테른의 지도를 부정한 '해당파'와 심각하게 대립하면서,[13] 한편으로 당의 파멸을 몰고 온 그동

---

11 長岡新吉, 앞의 책, pp.58-63 참조.

12 櫛田民蔵, 「わが国小作料の特質について」, 『大原社研雑誌』, 1931. 8. 구시다는 교토제대에서 수학했으며 스승인 가와카미 하지메를 비판한 것으로도 유명하다. 1919년 도쿄제대 강사로 부임하나 1920년 필화사건을 계기로 사직한 후, 독일에서 유학하는 동안 문헌자료 모집에 힘썼다. 오하라사회문제연구소에 몸담고 연구에 몰두하는 중 병사했다.

13 야마카와, 이노마타 외에도 사회민주주의 우파가 해당파로 공격받았다. 공산당의 산업노동조사소를 흑자경영으로 전환시킨 경험이 있으며 전후 '재계 사천왕'으로 불린 사업가 미즈노 시게오(水野成夫), 창녀해방운동에 가담한 후 역시 사업가로 변신한

안의 과격 투쟁을 극복하고자 '대중화' 노선을 모색하고 있었다.

이와 같은 상황에서 1932년 『일본자본주의발달사강좌』(약칭 '『발달사강좌』')의 발행은 일본자본주의논쟁을 이론적으로 심화시키는 촉발제가 되었다. 이후의 논쟁은 '일본자본주의 분석', '봉건논쟁', '지대논쟁', '메뉴팩처 논쟁'의 이론적 성격을 띠고 전개된다.[14] 그 무대는 해당파의 잡지로 불리던 『일본경제연구』, 강좌파의 이론지 『경제평론』, 『역사과학』을 비롯하여, 『개조』, 『중앙공론』, 『이코노미스트』 같은 합법적 학술지나 상업지로 확대되었다. 1929년 사상 탄압 이후 대학에서 쫓겨난 마르크스주의 학자들이 저널리즘에 대거 출현하여 이론적 쟁점의 확대 재생산을 도모한 것이다. 이 시기 논쟁의 목적과 성격은 '혁명'이 아닌, 일본자본주의의 역사 및 사회성격을 규명하는 '사회과학'으로 넘어가고 있었다.

강좌파는 『발달사강좌』 집필에 참여한 마르크스주의 지식인들을 지칭한다. 그 배후에는 일본공산당 중앙의 선전선동부 책임자였던 이와타 요시미치(岩田義道)와 『발달사강좌』의 기획 책임자였던 노로 에타로(野呂栄太郎)가 있다.[15] 노로는 1928년 4월부터 1년에 걸쳐 이노마타를 비판하는 「일본자본주의발달사」를 발표한 후[16] 공산당의 외곽단

미나미 기이치(南喜一), 후쿠모토이즘 신봉자에서 천황숭배자로 변신한 문학가 아사노 아키라(浅野晃), 레닌 문건의 번역자인 가도야 히로시(門屋博) 등은 1927년 공산당 재건의 일등공신인 후쿠모토가 숙청된 것에 납득하지 못했으며, 3·15 검거사건 이후 전향하여 1930년 '일본공산당 노동자파'를 조직하고 공산당에서 분열했다.

14 이러한 명명은 일본자본주의논쟁의 역사화를 시도한 小山弘健, 앞의 책(上)의 서술에 따른다.

15 노로는 게이오대학(慶應義塾大学)을 졸업하고 1930년 일본공산당에 입당한 후 공산당과 강좌파의 이론적 지도자로 활동했다. 1974년 일본공산당에서 과학적 사회주의의 발전에 기여한 연구자에게 수여하는 노로에타로상(野呂栄太郎賞)을 제정하여 2005년까지 운영했다.

16 河上肇·大山郁夫監修, 政治批判社 編輯, 『マルクス主義講座』, 上野書店内, 1927. 11-1929. 3, 제5, 7, 13권.

체인 산업노동조사소(약칭 '산로')에서 활동했다. 그는 이노마타, 구시다와 논쟁을 벌이면서 과학적 연구의 필요성을 절감하고 공산당의 이론을 강화하기 위해 『발달사강좌』를 기획했다[17]

1931년 4월부터 공산당 내외의 연구자 40여 명은 집단적 토론을 거듭하면서 개별적 의견의 차이와 대립을 조정하고 『발달사강좌』 전7권을 간행하기에 이른다. 이 집단 연구는 처음에 하니 고로 등이 이끌던 프롤레타리아과학연구소(약칭 '프로카')[18]의 이론 창출을 자료에 근거한 공동연구로 향상시키고, '산로'의 조사활동과 밀접히 연결하는 것에서부터 출발했다.[19] 여기에 도쿄제대 조교수였던 야마다 모리타로(山田盛太郎), 히라노 요시타로(平野義太郎) 등이 결합하면서 강좌파로 불리는 연구 집단이 탄생했다.[20] 그리고 노농파 주변에 젊은 연구자들

---

17 『발달사강좌』의 간행과 관련한 상세한 정보는 大石嘉一郎, 「『日本資本主義発達史講座』刊行事情」, 『日本資本主義発達史講座』(復刻版の別冊 1), 岩波書店, 1982 参조. 1982년 간행 50주년을 맞아 이와나미서점에서 『일본자본주의발달사강좌』 전 7권과 별책의 복각판을 발간했다.

18 대량검거로 『마르크스주의(マルクス主義)』가 폐간된 후, 1929년 10월 하니 고로와 미키 기요시 등이 프롤레타리아과학연구소(プロレタリア科学研究所)를 설립하지만, 1930년 8월호 『프롤레타리아 과학(プロレタリア科学)』의 권두논문은 미키 기요시의 철학을 '소부르주아적 인텔리겐치아'의 '사회민주주의 이데올로기'로 비판하여, 철학의 계급적·정치적 당파성을 강조한다. 공산당이 이 조직을 정치적으로 지도하여 전문가 집단의 연구에서 대중적 정치운동으로 전환시켰기 때문이다. 당시 미키는 공산당 동조사건으로 수감 중에 공산당 탈퇴를 선언한다. 노로 에타로는 이 연구소의 '농업문제연구회'를 이론적으로 지도했다.

19 노로의 정치적 지도(fraction)에 대해서는 野坂参三·平野義太郎·羽仁五郎, 『野呂栄太郎の回想』, 大学新聞連盟出版部, 1948, p.142 참조. 이 책의 내용 자체가 공산당이 전후의 학생운동을 선도할 목적으로 기획되었다.

20 야마다 모리타로는 1925년 도쿄제대 경제학부 조교수로 부임하나 공산당에 자금을 제공한 이유로 1930년에 쫓겨났다. 일본자본주의의 특수성을 '군사적 반농노제'로 범주화하는 등, 강좌파의 이론적 중심으로 활약했으며 전시기에 국책 연구소에서 활동했다. 전후에 도쿄대학에 복직한다. 히라노 요시타로는 1923년 도쿄제대 법학부 조교수로 부임하였고 1927년 독일 유학 중 마르크스주의 경제학을 연구하였다. 1930년 귀국 후 야마다와 같이 공산당 동조사건으로 검거되어 전향, 중일전쟁 이후 전시체제에 협력했다. 하니 고로는 도쿄제대 법학부에 입학했으나 독일 유학 중에 유물사관과

이 가세하면서 논쟁이 심화했다.[21] 그 전개 양상은 정치성과 투쟁성을 잃고서 경제주의의 이론적 쟁점에 빠졌다고 비판받을 정도였다.

강좌파는 메이지유신이 반봉건적인 지주적 토지소유에 기초하여 '군사적 반농노제적 성질'의 권력을 확립하고 제국주의로 전화했다는 인식을 공유했다. 제1회 배본(配本)에 실린 야마다의 첫 논문 첫 구절은 "영국 자본주의는 자유경쟁의 조국으로 나타나고", "러일 자본주의는 군사적 농노제=반농노제의 전형적 국가로 나타"났다고 쓴다.[22] 코민테른의 세계인식과 부합하게 일본의 사회성격을 규정한 것이다. 『발달사강좌』는 처음에 제4부 구성, 즉 메이지유신사, 자본주의 발달사, 문화사, 제국주의 일본의 현상으로 기획되었으나, 결과적으로 〈표 2〉와 같은 제3부 구성으로, 논문 43편, 자료해제 4편을 실었다. 이는 이와나미서점(岩波書店)에서 1932년 5월부터 33년 8월까지 제7회에 걸쳐 출판한 것으로, 제5회부터는 발매 금지 처분을 받아 일부 논문을

크로체 역사철학에 심취하여 1924년 사학과로 전입했다.

21 노농파에 합류한 연구자 중 사키사카 이츠로(向坂逸郎)는 도쿄제대 경제학부를 졸업하고 1922-1925년 독일 유학 후 규슈대학에 부임했다. 1928년 규슈대학을 사임하고 상업 출판사에 재직하며 마르크스·엥겔스 전집의 번역 편찬을 주관하는 한편, '지대논쟁' 등에 참가했다. 쓰치야 다카오(土屋喬雄)는 에도 시대 상인자본의 역할과 한계를 언급한 경제사를 연구하였으며 도쿄제대 경제학부 조교수를 역임하였다. 아리사와 히로미(有澤廣巳)는 도쿄대학 경제학부에서 통계학을 전공하고 동 대학 조교수를 역임하였으며 1926-1928년 독일에서 유학하였다. 인민전선 사건으로 검거된 이들은 전후에 복직을 이룬다.

22 山田盛太郎, 「工業に於ける資本主義の端初的諸形態, マニュファクチュア·家内工業」, 『日本資本主義発達史講座』(第二部 資本主義発達史), 1933. 야마다는 『발달사강좌』의 논문을 모아 재편집하여 『일본자본주의분석』(岩波書店, 1934)을 출판했다. '일본자본주의의 재생산과정 파악'이란 부제를 단 이 단행본은 마르크스의 재생산이론을 분석을 틀로 삼아 '반농노적 영세농'과 '반농노적 임금노동자'를 배출하는 일본자본주의의 군사적·반농노적 패턴을 범주화했다. 또한 이러한 특징이 일본자본주의의 제국주의로의 전화 과정을 규정했다고 분석했다. 이는 노농파의 '제국주의 부르주아 지배권력'에 대한 반론이다.

삭제하거나 개정할 수밖에 없었다고 한다.[23]

1930년대에 공산당 조직은 정치적 탄압으로 퇴조하고 일본주의 담론의 역풍도 거셌지만, 혁명사상으로서 마르크스주의는 여전히 명맥을 유지하고, 사회과학의 방법론으로서 권위를 구축해갔다. 특히 『발달사강좌』는 경제학과 역사학, 사회학의 분야에서 마르크스주의를 사회과학의 종합적 이론으로 정착시키는 데 기여했다. 〈표 2〉의 항목을 보면, 국제, 정치, 경제, 정책, 제국, 식민지, 민족운동, 계급, 도시, 교통, 문화 등의 제 분야를 아우르면서 학제간 연구의 '복합'적 틀을 견지하고 있다. 이후 『발달사강좌』는 자본주의 구조적 문제를 파악하는 당파적 시점(규범성)에 구속되면서도 사회현상의 실증적 분석을 통해, 부분과 전체, 특수와 보편을 포괄했다는 평가를 받는다.[24]

〈표 2〉『일본사회주의발달사강좌』 색인(p.2)

구분	항목	집필자	배본 횟수	쪽수	색인 약호
메이지 유신사	1. 막부 말기사				
	막부 말기의 사회경제상태·계급관계 및 계급투쟁(전·후)	羽仁五郎	III, IV	78, 104	막말 사회
	막부 말기의 정치적 지배형태	羽仁五郎	IV	46	막말 정치
	막부 말기의 세계정세 및 외교사정	服部之總	I	48	막말 세계
	막부 말기의 사상적 동향	羽仁五郎	VII	41	막말 사상
	막부 말기의 정치투쟁	羽仁五郎	VII	30	막말 정투

23 大石嘉一郎, 앞의 글, p.43.

24 고야마 히로다케(小山弘健)를 비롯한 공산당 계열의 평가 외에 石田雄, 『日本の社会科学』, 東京大学出版会, 1984 참조.

구분	항목	집필자	배본 횟수	쪽수	색인 약호
메이지 유신사	2. 메이지유신 변혁사				
	메이지유신의 혁명 및 반혁명	服部之總	V	59	유신 혁명
	메이지유신의 제도상 변혁	羽仁五郎·伊豆公夫	III	56	유신 제도
	봉건 신분제도의 폐지, 질록공채(秩錄公債)의 발행 및 무사의 재산 인수	中島信衛	VI	31	신분 폐지
	메이지유신의 농업상 제 변혁	山田盛太郎	VII	28	유신 농업
	메이지유신의 상공업상 제 변혁	小林良正	VI	38	유신 상공
	메이지유신의 제 변혁이 생활양식에 미친 제 영향	玉城肇	III	47	유신 생활
	메이지유신의 정치적 지배형태	平野義太郎	V	68	유신 정치
	메이지유신 변혁에 따른 새로운 계급분화와 정치적·사회적 운동	平野義太郎	I	127	계급 분화
자본주의 발달사	1. 자본주의 경제의 발달사				
	농업의 자본주의 발달	山田勝次郎	VII	58	농업 발달
	공업의 자본주의 단초적 제 형태, 매뉴팩처·가내공업	山田盛太郎	I	51	공업 단초
	공장공업의 발달	山田盛太郎	V	88	공장 공업
	광산업의 발달	丸山一郎	VII	33	광산 발달
	교통기관의 발달과 내외시장의 형성=전개(상·하)	小林良正	II, III	33, 68	교통 시장
	은행, 기타 금융업의 발달	木村恒夫	VII	27	은행 발달
	자본축적과 경제공황	大塚金之助·渡邊謙吉	II	68	축적 공황
	2. 자본주의의 발달이 노동자, 농민에 미친 영향과 그 운동				
	농민의 상태 및 농민운동소사	稻岡暹	VI	54	농민 운동

구분	항목	집필자	배본 횟수	쪽수	색인 약호
자본주의 발달사	노동자의 상태 및 노동운동사 (상·하)	小川信一	I, II	82, 70	노동 운동
	3. 정치사				
	부르주아 민주주의 운동사	平野義太郎	III	81	민주 주의
	정당 및 헌정사	田中康夫	IV	40	정헌 헌정
	의회 및 법제사	平野義太郎	VI	65	의회 법제
	재정사	風早八十二	I	76	재정사
	조약개정 및 외교사	服部之總	III	42	조약 외교
	전쟁사	田中康夫	II	43	전쟁사
	식민지 정책사	秋笹政之輔	V	32	식민 정책
	4. 문화사				
	문화운동사	秋田雨雀·三田清三郎	III	28, 25	문화 운동
	경제사상사(要領)	大塚金之助	VI	35	경제 사상
	교화사(敎化史)	山下德治	IV	42	교화사
	자연과학사	小倉金之助·岡邦雄	IV	22, 22	자연 과학
일본의 제국주의 현상	1. 최근의 국제정세	鈴木小兵衛	VII	41	최근 국제
	2. 최근의 경제정세와 경제공황(상·하)	井汲貞一	I, II	46, 48	최근 공황
	3. 농촌경제와 농업공황	相川春喜	VII	52	농업 공황
	4. 최근의 정치정세사	坂本三善	VII	42	최근 정정
	5. 최근의 식민지 정책·민족운동	鈴木小兵衛	V	59	민족 운동
	6. 최근의 제 계급운동	西雅雄	VI	61	계급 투쟁

구분	항목	집필자	배본 횟수	쪽수	색인 약호
자료해설	세계자본주의 발달사 문헌해제	大塚金之助	II	82	자본 문헌
	메이지 재정·경제사 문헌	大内兵衛·土屋喬雄	V	107	재정 문헌
	농민사료해설	小野武夫	VI	62	농민 사료
	일본 사회주의 문헌해설(개정판)	細川嘉六	IV	104	주의 문헌

얼핏 제국주의 타도와 사회주의 혁명을 서두르는 노농파가 더 급진적으로 보인다. 하지만 노농파를 이끈 인물들은 강좌파보다 10여 년 더 산 40대 중견세대였다. 노농파는 일본자본주의의 분석에 기초하여 혁명 단계를 도출하고 이론과 실증의 엄밀함을 추구했다. 그들은 코민테른의 권위를 부정하지 않았지만, 코민테른이 승인한 일본공산당을 추종하지 않았다. 전위당의 위상을 대중적 공동전선체에서 모색했던 만큼 그 조직 관념은 리버럴했다. 오히려 사회민주주의 성향의 노농파를 혁명의 적으로 공격하면서, 농촌의 궁핍한 현실과 천황제 타도를 강조했던 30대 초반의 강좌파가 감성적으로 더 급진적인 '열성분자'였다.[25] 게다가 공산당에 대한 검거 선풍 속에서 와타나베, 노로와 같은 젊은 지도자들의 죽음은 당대에는 물론 전후에 이르기까지 강좌파의 혁명적 이미지를 더욱 강렬하고 엄숙한 것으로 만들었다.

25 1928년부터 코민테른은 트로츠키 비판의 연장선에서 사회민주주의를 파시즘과 함께 맹렬히 비난하여 '노동자를 배반하는, 가장 위험한 적'으로 규정했다. 일본공산당도 사회민주주의의 좌우파에 대해 더욱 적대적 태도를 취했다. 코민테른 강령과 트로츠키의 대립은 레온 트로츠키, 정민규 역, 『레닌 이후의 제3인터내셔널』, 풀무질, 2009 참조.

4. '사회과학-혁명'논쟁의 네트워크

일본자본주의논쟁은 1936년 7월 '꼼아카데미사건'으로 강좌파가 전부 검거되고, 1937년 12월 '인민전선사건'으로 노농파가 전부 검거되면서 일단 중지된다. 그러나 일본자본주의논쟁은 동아시아 차원에서 아직 끝나지 않은 '사건'이었다. 논쟁은 전후 일본에서는 물론 한국의 1980년대 중반까지 '계속'되었다.

1934년부터 좌우파의 근대주의를 비판하고 고전부흥을 선도했던 일본낭만파의 야스다 요주로(保田與重郎)는 전후에 쓴 회고록에서, 도쿄제국대학 경제학부 지식인들에 대한 혐오스러운 기억을 술회한다. 그에 따르면 마르크스주의 경제학자들의 현실분석과 예언은 군부의 정세분석이나 만철조사부의 보고로 깨져 나갈 수밖에 없는 피상적·반동적인 것이었다. 또한 제2차 공산당이 활동했던 시기에 지식인들이 조장한 '불안'은 당대 학생들을 선동하여 희생시키는 결과를 가져왔다.[26] 야스다의 회고는 국가권력과 일본낭만파의 '죽음의 미학'에 내포된 폭력문제를 간과하고 있지만, 검거된 후 전향을 선언하고 석방된 히라노와 야마다의 행로는 사실상 국가정책에 부합하여 자신들의 이론을 뒤집은 것이었다.[27]

역사적 경험에서 볼 때, 마르크스주의의 어떤 엄밀한 이론도 일상성과 연계된 자본주의의 역동성을 포착하지 못했고, 그 어떤 치열한 논쟁과 정치운동도 대중을 흡인하는 국가권력보다 더 강고하지 못했다. 그럼에도 불구하고 '민주혁명논쟁' 및 '일본자본주의논쟁'이 지속

26 保田與重郎, 『日本浪漫派の時代』(保田與重郎文庫 19), 新学社, 1999, p.14.

27 중일전쟁 이후 야마다와 히라노의 변화에 대해서는 長岡新吉, 앞의 책, 제5장; 武藤秀太郎, 『近代日本の社会科学と東アジア』, 藤原書店, 2009, 제3부 참조.

되던 당대에 마르크스주의는 현실 사회에 대한 비판적 논리를 제공하면서 담론의 재생산 및 네트워크의 확장을 이루었다. 무엇이 그것을 가능케 했는가? 물론 일본자본주의가 국가 주도로 발전하는 단계에서의 계급갈등, 그리고 공황의 위기를 반복하는 자본주의의 구조적 모순과 세계사적 불균등 발전문제를 지적할 수 있다. 그러나 필자는 논쟁 주체들의 일상 환경에서부터 사회과학-혁명이론을 유통시키는 네트워크가 형성되었던 사실에 주목하고자 한다.

일본에서는 산업혁명 이후 1897년 무렵부터 노동자들의 임금인상 요구 파업이 발생하고, 노동조합 및 노동자들의 대중조직이 결성되는 등 노동문제가 사회화하기 시작했다. 1900년에는 치안경찰법이 제정되어 국가권력의 통제력이 발동하는 한편, 갈등 해소를 위해 공장법의 제정 등 사회정책의 방안도 제기되었다. 1906년 일본사회당이 활동을 전개한 이래 '사회문제', '사회정책', '국가정책'이 1910년대의 중요 이슈로 등장하고, 학계에서도 사회주의 사상이 싹트기 시작한다.

2년간의 유럽 유학에서 귀국하여 교토제국대학의 교수로 부임한 가와카미 하지메(河上肇)는 1916년 『가난이야기(貧乏物語)』를 신문에 연재하여 베스트셀러로 등극시킨 후, 마르크스주의를 본격적으로 연구하기 시작했다. 마침 제1차 세계대전 이후 전국적인 쌀소동도 일어났다. 이러한 흐름 속에서 '계급운동'이 추동되고 1920년대에는 일본공산당의 창건과 해체, 그리고 후쿠모토이즘의 출현과 제2차 공산당의 재건이 있었다. 이 시기에 마르크스 이론 및 국제공산주의 조직의 실천 방법론이 적극 수용되는 한편, 그 일본에서의 적용을 둘러싸고 혼란과 논쟁이 동시에 발생한 것이다.

논쟁 이전에 야마다와 히라노, 그리고 구시다와 오노 효에[28]는 '중

28 노농파의 중견학자 오노 효에는 도쿄제대 경제학과를 수석 졸업한 재정학자이다.

간파 좌익'의 연대를 추구한 잡지 『대중(大衆)』(1926. 3-1927. 10)의 동인으로 활동한 적이 있다. 이후 그들은 강좌파와 노농파로 갈라져 논쟁했다. 그러나 그들의 이론적 대립을 네트워크의 해체로 볼 수 없다. 논쟁은 오히려 연구공간 및 담론시장의 확대를 가져왔고, 권력의 탄압 속에서도 대중성을 확보하고 연구의 자생력을 키워나가는 활로로 작용했기 때문이다. 논쟁 과정에서 그들의 연구는 자본주의 사회구조를 분석하는 '과학'의 지위를 획득하거나, 사회의 구조적 변화를 추동하는 '실천'으로 인증될 수 있었다.[29]

도쿄제대 경제학부 조교수로 근무했던 오노 효에(大内兵衛), 모리토 다츠오(森戸辰男)는 1920년 경제학부 기관지의 필화사건으로 휴직한 동안에 오하라사회문제연구소(大原社会問題研究所, 약칭 '오하라샤켄')에 발을 들였다.[30] 이러한 인적 구성을 토대로 '오하라샤켄'은 노농파의 연구거점으로 자리 잡았고, 오노와 사키사카 등은 전후에도 사회민주주의운동의 이론가로 활약했다. 강좌파가 대학의 바깥에 연구거점을 형성하고 공산당의 대중투쟁과 연결된 사실은 앞에서 이미 확인한 그대로이다.

1920년 도쿄제대 조교수에서 해직되었고, 전후에 복직하여 사회당의 이론적 지도자로 활동했다. 1927년 이전까지 그들의 '밀월관계'에 대해서는 長岡新吉, 위의 책, pp.31-37 참조.

29 이시다 다케시는 1920년대 말부터 마르크스주의가 사회과학이란 명칭을 독점하고, 방법론적으로도 '국민경제학=사회정책학'으로부터 마르크스주의로의 이행이 진행된다고 지적한다. 그 결정적 계기로 유물사관과 당파성에 입각한 '과학'을 주장한 후쿠모토이즘(福本主義)과 『발달사강좌』의 간행을 거론한다(石田雄, 앞의 책, pp.107-112).

30 1920년 모리토가 『경제학 연구』에 러시아의 무정부주의자 크로포트킨의 사회사상에 관한 연구를 게재하여 우익으로부터 공격을 받고 휴직 처분된 필화사건. 한편 오하라사회문제연구소는 1919년 사업가이면서 박애주의자였던 오하라 마고사부로(大原孫三郎)가 '사회정책'을 모색할 목적으로 창립하고, 도쿄제국대학 경제학부를 만든 다카노 이와사부로(高野岩三郎)가 초대 소장을 역임했다.

한편 '민주혁명논쟁'을 거치면서 상업 출판사들의 마르크스주의 서적 출판에는 가속도가 붙었다. 1926년부터 고분당(弘文堂)은 가와카미 하지메를 편찬자로 내세워 『마르크스주의 총서』를 발간하기 시작하였고, 1927년부터 2년간 이와나미서점은 가와카미 등이 번역한 『자본론』을 출판했다. 1927년 11월부터 마르크스주의강좌 간행위원회가 조직되어 『마르크스주의강좌』 시리즈를 펴내고, 1928년에는 신쵸사(新潮社)의 『사회문제강좌』, 전국노동조합자유연합회의 『농촌사회문제강좌』 등 강좌 형식의 출판 대중화가 이루어졌다. 이러한 기세 속에서 1931년 가이조사(改造社)는 규슈대학에서 실직한 사키사카 이츠로를 초빙하여 『마르크스·엥겔스전집』 및 『경제학전집』을 간행했다. 그리고 세계문학, 생물학 등 분야에서 '강좌' 시리즈를 출판하던 이와나미서점이 1932년부터 『발달사강좌』를 출판한 것이다.

이러한 출판 붐은 이미 일정한 독서층을 확보한 상태에서 일어났다. 1925년에 시작된 라디오 방송은 1932년에 수신 계약 수 100만 세대를 돌파했고, 같은 해에 잡지 『킹』은 300만 부 정도 팔렸다.[31] 만주사변의 와중에도 자본주의 대중문화는 진전하였고, 그 한복판에서 마르크스 원전의 번역 출판이 시도되었으며, 마르크스주의에 대한 소비욕구와 혁명담론이 증대한 것이다. 마르크스의 원전도, 그에 기초한 일본자본주의 분석도 결코 대중이 접근하기 쉬운 문장이 아니었다. 그러나 1920년대에는 사회주의 문예운동 및 학생운동·사회운동 단체를 기반으로 독서회와 연구회를 일상적으로 조직하고 동인지를 출판하는 문화가 형성되어 있었다. 『발달사강좌』의 경우를 보더라도,

---

31 일본의 출판문화는 1925년에 잡지 『킹』이 발간되고, 1927년에 엔뽄(円本)형식의 문고가 발간되는 등, 대량인쇄·대량판매의 '출판혁명'을 이루었다. 佐藤卓己, 『『キング』の時代 国民大衆雑誌の公共性』, 岩波書店, 2002, pp.26, 221.

각 대학의 학생소비조합을 통하여 보급되었다. 발행부수는 제1회 배본 제1쇄가 12,600부, 제2-3쇄가 각기 300부였다.[32]

이제 일본자본주의논쟁과 관련하여 네트워크의 특징을 정리해보자. 첫째, 노농파와 강좌파는 도쿄와 교토의 제국대학 경제학부를 중심으로 인재를 충원했다. 둘째, 아카데미즘의 바깥에서 연구소와 출판사와 같은 공동연구의 거점을 확보했다. 셋째, 대중적 정치조직과 연계를 맺고, 저널리즘을 통해 담론의 대중화를 도모했다. 이렇듯 대학, 연구소, 저널리즘, 대중조직을 넘나들며 논쟁이 확대 재생산되는 과정에서 연구 네트워크가 공고해졌던 것이다. 국가의 감시망에 갇혔지만 국가에 종속되지 않는 자율적 연구와 저술, 출판 시장과 독서 대중이 망라된 네트워크는 연구자의 일상과 당대 사회가 만나는 장이었다. 이 네트워크는 대학에서 쫓겨난 연구자가 생활을 연명하는 장이었고, 그들의 일상 속에서 지속되는 연구를 사회화하는 제도적 장치였다. 네트워크의 성원들은 자본주의를 비판하고 극복하는 이념을 추구했지만, 네트워크 자체는 자본의 힘이 작용하는 공공적 공간 속에서 대중과 소통하는 길을 열고 있었던 것이다.

네트워크는 국경을 넘는다. 이는 일본자본주의논쟁과 관련한 네트워크의 네 번째 중요한 특징이었다. 논쟁에 연루된 많은 논객이 일본을 떠난 경험을 가졌다. 강단의 이론가는 '원전'을 습득·수집하고자 유럽 유학을 시도했다. 공산당의 혁명가는 코민테른의 '승인'을 구하고자 소련행 탈출을 감행했다. 이들의 네트워크는 '반봉건성'이 지배한 섬나라를 벗어나 자본주의와 사회주의가 앞서간 대륙을 횡단했

32 제2회 배본 12,000부, 제3회 배본 1-3쇄 총 10,300부, 제4회 배본 1-3쇄 총 9,600부, 발매 금지 처분을 받은 제5회 배본 1-2쇄 총 8,800부, 제6회 배본 1-2쇄 총 7,800부, 제7회 배본 1-4쇄 총 7,700부였다. 『日本資本主義発達史講座』(復刻版の別冊 1), p.43.

다. 일본의 바깥에서 '사회과학-혁명의 보편언어'를 획득하여 돌아온 그들은 그것을 일본어로 번역하고, 동아시아의 근대적 동시성의 공간에 깊숙이 전파하고 교류했다. 그들이 경쟁적으로 시도한 '분석'과 '전략'은 마르크스와 레닌의 언어가 근대 세계에서 획득한 '권위=법칙'을 식민지제국 일본의 현실에 '부여=재현'하는 것이었다. 그 네트워크 속에서 마르크스·레닌주의는 '사회과학-혁명'의 정전(正典)으로 등극할 수 있었다.

마르크스주의 이론은 사회운동과 연동하였고, 세계혁명의 명목하에 국경을 넘는 연대를 모색했다. 코민테른의 일본에 관한 테제에 입각하여 그 정당성을 논증했던 『발달사강좌』 시리즈는 역시 코민테른과 연계되어 있던 중국, 조선, 미국, 유럽에서도 읽혔다.[33] 또한 일본 자본주의논쟁과 비슷한 논쟁은 1927년 이래 중국에서도 벌어졌고, 1930년대 중반 식민지기 조선에서도 찾을 수 있다.

중국에서는 1927년 국공합작에 기초한 중국혁명이 실패한 후, 중국 사회성격의 규명과 제국주의의 영향 및 민족자본가에 대한 인식을 둘러싼 논쟁(중국사회사논전, 중국농촌사회성질논전)이 전개되었다. 조선의 논쟁은 마르크스주의 운동가이면서 강좌파의 시각에서 농업경제사를 연구했던 인정식(일본 이름 桐生一雄)의 일본어 글에 잘 소개되어 있다.[34] 특히 봉건적 잔재의 타파를 강조하는 강좌파 이론은 이른바 '아시아적 정체성' 문제를 공유한 중국과 한반도의 공산주의운동과 관련하여 고찰할 과제이다.

---

33 野坂参三·平野義太郎·羽仁五郎, 앞의 책, p.8.

34 印貞植, 『朝鮮の農業機構分析』, 白揚社, 1937. 이 책 서문은 1930년대 한국의 사회성격 논쟁을 정리했다. 이 서문의 번역문과 중국에서의 논쟁에 대한 소개글이 임영태 편, 『식민지시대 한국사회와 운동』, 사계절, 1985, pp.19-26에 실려 있다. 조선의 사회주의자와 전향에 대해서는 洪宗郁, 『戦時期朝鮮の転向者たち: 帝国/植民地の統合と亀裂』, 有志舎, 2011 참조.

일본자본주의를 분석·비판하는 담론 및 그것을 생산하고 소비하는 네트워크는 1945년 이후에 다시 분출했다. 강좌파를 비롯한 논쟁 주체들은 현실권력을 분석하고 쟁취하는 데 실패했지만, 그 담론의 자장은 일본이 포스트모던의 고도소비사회에 진입하기까지 사회과학과 대중운동에서 위력을 발휘했다. 전후의 강좌파는 운동론으로서 반제민족민주혁명을 추구하고 이론적으로 전후의 마르크스주의 경제학과 역사학의 방향성을 규정했다. 또한 1960년대 이후 한국의 역사학과 농경제사, 1980년대 한국의 사회구성체 논쟁에는 전후 일본의 자본주의논쟁이 복합적으로 유입되었다.[35] 다음 5절에서는 1937년 중일전쟁 이후 전시기 좌파의 행동과 논리에 주목한다. 당대의 사회과학자들은 어떤 논리로 전시기의 시대질서를 구상하고 일본의 내셔널리즘을 보완하는가. 그 반응은 일률적이지 않지만, 중일전쟁 중에 제기된 '동아협동체론'이 진주만 폭격 이후에 '대아시아주의'로 수렴되어간다. 전향 좌파는 레닌의 '전쟁을 혁명으로' 전환시키려는 전략을 모방하여 전시체제의 형성에 적극적으로 개입했다. 이들의 아시아 담론과 전쟁협력의 문제에 대한 연구는 계속되고 있지만[36] 그 연구사 자체도 동아시아 담론의 역사적 변화와 맞물려 있다.

당대의 전향 좌파는 아시아의 신체제를 구상하며 만철 등 국책 연구 사업에 참여했다. 강좌파 마르크스주의자 히라노 요시타로는 중국을 현지조사하고 대미전쟁을 통한 대동아공영권의 창출 의의를 강조했다. 아시아 농촌의 수리시설, 공동노동 등 향토주의적 공동성(共同性,

---

35 전후에 사회과학-혁명론의 네트워크가 한반도로 확장되는 정황에 대해서는 조관자, 「내재적 발전론의 네트워크, '민족적 책임'의 경계: 가지무라 히데키와 그의 시대, 1955-1989」, 『아세아연구』, 2013. 9(『가지무라 히데키의 내재적 발전론을 다시 읽는다』(공저), 아연출판부, 2014에 재수록) 참조.

36 石井知章·小林英夫, 米谷匡史 編著, 『一九三〇年代のアジア社会論:「東亜協同体」論を中心とする言説空間の諸相』, 社会評論社, 2010.

common)을 기반으로 하여 메이지유신의 근대화를 중국에 수출·이식하자는 '대아시아주의'를 설파한 것이다. 패전 직전인 1945년 6월에 출판한 『대아시아주의의 역사적 기초』의 서문에서 히라노는 "앵글로색슨의 세계 구질서 타개의 창시자"인 일본의 발전이 "예속 아시아를 해방하고 아시아의 손으로 동양에서 평화질서를 건설하여 대동아 제 민족의 공존공영의 생활권을 설정하고 있다"고 쓴다.[37] 히라노는 전후에 공산당의 후광을 입고 평화운동가로 변신하여 중국, 북한, 재일조선인과의 연대에 앞장섰다. 문화대혁명이 일어나기 전까지 중국 연구자로서 일본중국학회의 주요 인사로도 활약했다.

5. 중일전쟁과 '동아협동체'의 불가능성

일본은 만주에 동아 민족의 정치적 협화와 블록경제, 국방산업의 근거지를 구축함으로써 동아시아 제국으로의 팽창을 시도했다. 서구 제국과의 마찰, 소련 공산주의에 대한 위기의식을 고조시키면서 일본은 중일전쟁을 시작하고, '동아신질서'의 구상을 발표했다. 이에 조선과 일본의 지식사회에 전시 개혁에 대한 기대감이 고조되었다. 이 시기 좌파 지식인의 다수가 고노에 후미마로(近衛文麿) 내각의 국책연구기관 쇼와연구회(1936)에 모여 제국 지배의 새로운 이념과 모델을 제시한다. 1938년 가을부터 1939년 여름 사이에 '동아협동체'에 관한 논문은 100편 이상, 단행본은 12권이 발표되었다.[38] 그 대략의 내용은

37 平野義太郎, 『大アジア主義の歴史的基礎』, 河出書房, 1945, p.3.

38 「資料「東亜協同体」の諸論叢」, 『東亜解放』, 東亜解放社, 1939. 8, pp.126-132; 米谷匡史, 『アジア/日本』, 岩波書店, 2006(요네타니 마사후미, 조은미 역, 『아시아/일본 사이에서 근대의 폭력을 생각한다』, 그린비, 2010)은 동아협동체론과 동아연맹론 등 일본

지역경제론, 신질서의 사상과 지도원리, '협동체' 내의 역사·민족론, 국제관계론 등에 관한 것이다.

중일전쟁의 해결책으로 동아협동체론을 처음으로 주장한 인물은 잡지 『해부시대(解剖時代)』에 논문을 게재한 스기하라 마사미(杉原正巳)로 알려져 있다. 그는 민족과 계급의 문제를 해결하고 세계사의 새로운 장을 열겠다는 의미에서 '동아협동체의 원리'를 제창하고, 그 지도적 원리에 도달하기 위해 국민조직을 편제할 필요를 제기했다.[39] 그 프로그램은 전체주의 원리에 의존하고 있으며, 왕도사상과 파시즘의 국민조직이 상통한다는 비판이 곧바로 제기되었다.[40] 그러나 '동아신질서'의 주도적 입장에서 일본 국민을 재편하는 과제는 시대적 요청이었다. 동아협동체론은 '국민정신 총동원운동', '산업보국운동', '농업보국운동' 등 자본과 노동력을 포함한 국민의 애국적 동원을 근거 짓는 개혁론으로 인식되었다.

그러한 가운데 미키 기요시(三木清)는 동양의 문화사적인 이념을 중요시하는 입장에서 '동아협동체'의 세계사적인 의의를 주장한다. 그는 '동아사상'에서 비합리적인 민족주의와 자본의 편의적 이윤을 옹호하는 지역주의를 극복하고, 자본주의 문제를 해결할 것을 목표로 했다.[41] 미키의 논리는 일본자본주의의 주도로 '지역적 운명협동체'를 건설하자는 로야마 마사미치(蝋山政道)의 지역개발론을 넘어서는 사회주의적 변혁을 추구하자는 것이다. 로야마에 따르면, "동양민족의 생존과 부흥, 그리고 향상은 그 특정 지역의 평화와 건설에 달려 있다는

의 아시아 연대론에 대해서 일차자료와 연구문헌을 상세하게 검증하면서, 동아시아의 근대화와 변혁을 둘러싼 다양한 갈등과 교착의 문제를 파악하고 있다.

39 杉原正巳, 『東亜協同体の原理』, モダン日本社, 1939.

40 「「東亜協同体」の論争」, 『東亜解放』, p.135.

41 三木清, 「東亜思想の根拠」(『改造』, 1938. 12), 『三木清全集』 15, 岩波書店, 1967, pp. 308-325.

생활 본능"에 있으며, "운명협동의식의 기초를 위한 합리적인 개발, 계획의 수립과 수행은 동양을 새로운 지역적 협동체로 창조한다."[42] 어차피 전시 경제의 개발과 통제가 시작된 상황에서 사회주의 계획경제와 자본주의 개발의 차이는 사라지며 '좌우합작'이 진행된다.

오자키 호쓰미(尾崎秀実)는 동아협동체론자들이 동아시아를 "하나의 봉쇄적 단위로 생각하지 않고, 단지 세계적 질서 일반에 선행하는 지역적·인종적·문화적·경제적·공동방위적인 결합으로 보고 있다"고 한다.[43] 그는 봉건적인 중국의 농업사회문제를 해결하기 위해, 항일투쟁을 전개하는 중국과의 연대를 중시한다. 이를 위해 일본 국내를 혁신하고 중국 민족과 고도로 결합할 수 있는 조건을 창출해야 한다는 것이다.[44] 중일 혁명을 연결하는 오자키의 주장은 반식민지적·반봉건적 중국 사회와 자본주의적 일본 경제 사이에 있는 발전단계적 괴리를 조정하기 위한 구체안이 될 수 없다는 비판도 있었다.[45] 그러나 명백한 침략전쟁 속에서도 중국과의 연대를 역설하고 있다는 점에서 오자키는 가장 이해하기 어려운 논점을 남겼다.

이 문제에 대해서 요네타니 마사후미(米谷匡史)는 오자키가 중일 혁명이 서로 맞물리며 일어날 것을 예견했다고 설명한다. 오자키는 일본의 침략전쟁이 중국 인민의 통일과 무장투쟁을 격화시키고 중국의 사회주의혁명을 진전시키며, 중국에서의 구조변동 파장이 일본 국

42 蝋山政道, 「東亜協同体の理論」(『改造』, 1938. 11), 『東亜と世界』, 改造社, 1941, p.27; 酒井哲哉, 「「東亜協同体論」から「近代化論」へ: 蝋山政道における地域·開発·ナショナリズム論の位相」, 『日本外交におけるアジア主義〈日本政治学会 編, 「年報政治学」, 1998年度〉』, 岩波書店, 1999 참조.

43 尾崎秀実, 「「東亜協同体」の理念とその成立の客観的基礎」(『中央公論』, 1939. 1), 『尾崎秀実著作集』 2, 勁草書房, 1977, p.316.

44 尾崎秀実, 「東亜共栄圏の基底に横たわる重要問題」(『改造』, 1941. 3), 『尾崎秀実著作集』 3, 勁草書房, 1977, pp.202-203, 210-211.

45 「「東亜協同体」の論争」, p.139.

내로 되돌아온다고 전망했다는 것이다. 그에 따르면, 오자키는 전시 체제를 보완하는 주체가 되어버린 일본의 사회주의 세력에 저항하는 타자로서의 중국에 주목했고, 나아가 중국과 접촉하고 중국을 교섭의 장으로 끌어들여 체제혁명의 계기를 적극적으로 시도한 인물이다.[46]

요네타니의 논의는 선행한 전향 비판이 간과했던 전간기(戰間期) 일본의 사회사상과 식민주의의 문제를 중국, 조선과의 관계 안에서 고찰한다. 그리하여 마르크스주의의 보편성 지향이 식민주의에 귀결한 것을 비판적으로 분석하고 있다. 마르크스주의는 '자본의 문명화 작용'을 세계사의 필연적인 발전과정으로 전제하고 목적론적인 세계혁명을 추구하지만, 거기에 식민주의의 위험성이 내포되어 있다는 지적이다. 요네타니는 오자키가 세계사의 변혁을 추구한 마르크스주의의 문제점과 가능성을 양가적으로 드러냈다고 평가한다. 그 가능성이란 자본주의의 세계화가 세계를 균질적인 것으로 만드는 보편화 과정에서, 자본주의를 극복할 새로운 보편성이 생겨날 수 있음을 의미한다.[47] 그러나 중일전쟁을 계기로 아시아와 일본 사회의 변혁을 노린 일본 마르크스주의자가 남긴 문제는 마르크스주의의 보편 지향성에 내포된 식민주의의 문제만으로 충분히 설명되지 않는다.

중일전쟁기의 사회변혁 사상의 문제는 현실적 교류의 과정에서

---

46 중국에서의 분쟁이 세계전쟁을 불러일으키고 그 혼돈상태가 세계적인 사회혁명의 도래를 예고했다는 오자키의 세계혁명론에 대한 전망은 '조르게 사건'이 터지면서 확실해졌다. 요네타니 마사후미, 「일본 마르크스주의와 식민지주의」, 『진보평론』, 2001, p.232.

47 위의 글, pp.233-236. 이것과 관련된 일본어 논문은 米谷匡史, 「マルクス主義の世界性とコロニアリズム」, 『情況』, 2003. 3, p.28. 한편 우에무라 구니히코(植村邦彦)는 마르크스의 인도론을 상세하게 검증하면서, 마르크스의 본의는 "'영국의 인도 지배'는 영국 국내에서 이미 발생한 '목가적' 소농민경영의 폭력적 해체(자본의 본원적 축적)가 세계적 규모에서 반복=재현된 일부에 다름 아니다"라는 지적이었다고 설명한다. 植村邦彦, 『マルクスを読む』, 青土社, 2001, p.61.

비판적으로 성찰할 여지를 남긴다. 이때 동시대를 살아가는 타자들 사이의 단절과 교착의 문제를 그들 간의 대화를 통해서 되돌아본 요네타니의 시각은 무엇보다 중요하다. 전향좌파의 지식인들은 중일전쟁을 국가 간의 흥망사가 아니라, 자본주의라는 근대사의 보편적 문제를 해결하는 장으로 전환시키고자 했다. 그러한 '지(知)=정치'는 역사적 상상력과 정치적 구속력 사이에서 동요하면서, 결국 타자 앞에 소환된다. 반공주의의 입장에서 일본과의 제휴를 모색하다가 1940년 4월 난징에서 친일정부를 구성한 왕징웨이(汪精衛)와 미키 기요시 사이에 왕래한 서신을 보자. 1939년 10월 왕징웨이는 동아신질서 및 동아협동체론의 제안에 대해, "경제침략을 근간으로 삼고 이를 군사침략이 도왔다"는 점에서 그것이 서양의 침략주의와 같다며 경계했다.

> 일본은 지금 강국이며 일본인은 지금 강국의 백성(民)이기 때문에, 거듭 일보 나아가 동아를 개조하고자 하는 것은 진실로 당연한 것이지만, 중국인의 입장에서 보면 지금 나라의 멸망을 슬퍼할 여유가 없는 때에 하물며 동아의 문제까지 근심할 수 있을까.[48]

"동아의 개조"를 주장한 일본의 요구는 정치적 당파성을 떠나 중국인 누구에게나 새로운 점령군을 해방군으로 분식(粉飾)하는 음모로 들렸던 사실을 알 수 있다.[49] 정치적 입장이 다른 타자 간의 협동을 위해서는 자기중심적인 강권을 고수해서는 안 된다. 그러나 침략주의를 비판하는 미키는 제국주의적인 침략전쟁의 중지를 요청하는 왕징

---

48 汪精衛(汪兆銘), 「特別寄稿 日本に寄す: 中国と東亜」, 『中央公論』, 1939. 10, pp.476-479.

49 장제스의 고노에 성명에 대한 반박문은 東亜研究所, 『抗日政権の東亜新秩序批判』, 資料: 丙第235号B, 1941. 10.

웨이에게 다음과 같이 응답한다.

> 침략주의를 배척하지 않으면 동아신질서의 건설은 불가능한 것이기에, 동아신질서의 건설을 의도한 일본이 만약 자신이 침략주의에 서 있다면 이는 자기모순입니다. 그런데 중국의 민족주의가 자기를 오해하고 배일주의로 간다는 것은 용납할 수 없습니다. 중국이 그 독립 자유를 구하는 일에 급급해서 동아협동체의 건설이야말로 중국의 독립 자유를 확보하는 길임을 깨닫지 못한다면 안 될 것입니다.[50]

일본군이 중국의 주요 도시를 점령하고 있는 현실에서 중국 민족주의의 "배일주의"를 용납할 수 없다는 말은 중국에 무장해제를 요구하고 있는 셈이다. 미키의 응답에는 일본의 군사력과 전시개혁이 중국의 독립과 자유를 보장한다는 제국주의의 오만이 관철되고 있다. 여기에서 중국의 내셔널리즘에 대한 미키의 비판적 입장이 단지 마르크스주의의 보편성이 초래한 문제라고 생각되지는 않는다. 오히려 일본 중심의 '협동'을 지도하고 강요하는 자세가 보편성의 명분을 정당화하고 있기 때문이다. 게다가 미키는 전시체제의 '혁신'을 위해 대중동원을 강화하는 파시즘의 문제에는 눈을 감고 '세계사적 주체'의 파토스(pathos)를 고양시킨다. 진짜 문제는 중일전쟁을 시작한 일본의 행보가 '동아협동체'와 '세계사적 의식'으로 포장되어 보편주의와 혁신을 표방하고 있는 사실에 있다.

오자키를 제외한 대다수 동아협동체론자들은 '반일민족주의'가 중국의 독립과 해방을 저해하는 것처럼 단정한다. 민족주의의 극복은 자

50 三木清, 「汪兆銘氏に寄す」, 『中央公論』, 1939. 12, p.164.

본주의 개발론자인 로야마도 제기했다. 로야마는 "일본의 대륙개발에 내재해 있는 원리는 본래 서구적인 제국주의가 아니라, 방위 또는 개발을 위한 지역주의"며, 그것은 "식민경제"가 아니라, "일정 지역에서 민족이 협동관계에 있는 지역적 운명공동체"라고 서술한다.[51] 동아의 다른 민족들에게 편협한 민족주의의 청산을 요청하는 동아협동체론은 중국의 반제 반봉건 근대화운동을 "동아의 통일"로 소거시킨다.

동아협동체를 이끌 일본은 아시아의 정체성을 극복하고 아시아를 2단계 혁명까지 이끄는 맹주로서 이중의 혁명과제를 선언한 셈이다. 여기에서 일본자본주의논쟁 시기에 강좌파가 주장했던 일본 농촌의 반봉건성 문제는 모두 잊혔다. 일본의 지도적 입장을 강조한 그 이론은 식민지의 전통적인 촌락사회가 가진 적응력이나 저항과 변혁의 가능성에 무관심하고, 중국 내부의 반봉건투쟁과 반일적인 민중운동의 의의에도 주목하지 않았다.[52] 일본의 국가정책만을 중시한 그 변혁론에서 결국 역사 이행의 주체는 무엇이었나? '자본주의의 극복'이라는 방향성이 무색하게, 결국 전시기 제국일본은 자본과 군사력에 의존할 수밖에 없었다.

'혁신 좌파'의 전시협력은 반전 반파쇼 인민전선의 의의가 단절되고, 국가사회주의가 고양된 시대 정황을 보여준다.[53] 서구제국주의와

---

51 蝋山政道, 앞의 글, p.19.

52 하트와 네그리의 『제국』에서는 마르크스가 '문명'의 약탈과 폭력성에 주목하면서도, 인도 사회가 가진 차이와 잠재력에 착목하지 않고 인도의 진보가 오로지 유럽적인 변화를 좇아감으로써 가능한 것이었다는 식으로 상상했다고 비판한다. 요컨대 마르크스의 대안은 식민지의 전통적인 촌락사회가 가진 저항과 변혁의 가능성을 인식하지 않고, 식민지의 정체성(停滯性)을 파괴하고 식민지혁명의 물질적 근거를 수립한 식민지종주국의 이중의 혁명만을 인식했다고 말하고 있다. Michael Hardt and Antonio Negri, *Empire*, Harvard University Press, 2000, pp.118-120. 이와 같은 비판의 입장은 아시아의 맹주를 명기한 일본의 혁신론자에게도 적용된다고 할 수 있다.

53 좌파의 전시개혁 참여는 전후 일본 사회 성격에서의 국가사회주의적인 헤게모니 확립과도 연결된다. 米谷匡史, 「戦間期日本の社会思想」, 『思想』 882号, 1997. 12, p.82.

공산주의에 대한 '공동방위'를 명분화한 지역주의는 제국일본의 권익을 대변하기 위한 지적 합리화에 지나지 않았다. 제국일본이 대미전쟁에서 승리하기 위해서는 아시아인의 협동이 필요했다. 만약 그렇지 않으면, 침략자가 침략당한 자에게 '공동방위'라는 부당한 요구를 제시했던 이유를 설명할 수 없다. 이러한 의미에서 동아협동체론은, 고야스 노부쿠니(子安宣邦)가 지적한 것처럼, 제국일본의 자기방위를 위한 세계전략이었다.[54]

제국일본이 두려워한 것은 중국의 '반일'이 아니라 구미제국의 '반일'이다. 구미제국주의와의 대립이 '동아의 통일'을 절실하게 만들었다. 여기서 아시아의 '반일민족주의'를 소거하려는 '동아의 통일'이 내포한 문제는 단순히 마르크스주의 보편성이 갖는 모순에서 나온 것이 아니다. 문제는 일본제국주의가 아시아에 대한 침략전쟁을 하면서도 서구제국에 대한 '공동방위'로 의장(擬裝)하고, 자본주의 개발에 힘쓰면서도 반제국주의의 의지를 '협동체'라는 가상의 네트워크 안에서 억압하는, 그 뒤틀린 이중성에 있다.

당시 경제개발과 무역을 통해 아시아의 공영을 추구하는 '지역경제'론은 식민주의의 극복 대안으로 제출되었다. 그 안에서도 '역식민'의 효과를 지적했던 도바타 세이치(東畑精一)는 식민지경제를 일본 농업문제의 해결을 돕는 보완적인 것으로 적극 평가했다.[55] 식민지와의 상호의존성에 주목하는 논리는 역시 중국 대륙의 반봉건적인 농촌을

54 고야스 노부쿠니는 일본이 동아 지역의 리더로서 스스로를 위치 짓는 것은 팽창하는 일본제국주의의 방위적인 자세이기도 하다고 지적하고 있다. 즉 그것은 "세계를 향해 팽창하는 자기의 권익권(權益圈)을 방위적으로 주장하는 제국주의 일본이라는 지위였다"라고 말한다. 子安宣邦, 『「アジア」はどう語られてきたか』, 藤原書店, 2002, pp.36-37.

55 東畑精一, 「逆植民」, 『人口及東亜経済の研究』(上田貞次郎博士記念論文集 4), 科学主義工業社, 1943, p.291.

개발하려는 일본의 역사적 사명을 긍정한다. 그것은 또한 전시경제하에서 농촌노동력의 부족과 농업생산력의 저하를 해결하지 않으면 전쟁을 지속할 수 없는 일본 경제의 절박했던 상황을 솔직하게 인정한다. 일본은 아시아 개발을 독점하기 위해 서구제국을 적대시하며 아시아의 운명공동성을 강조했다. 하지만 협동체의 호혜적인 개발론은 일본의 침략적인 방위의 실상으로 인해 명분을 상실하고 말았다.

1940년 3월 왕징웨이의 국민정부가 난징에 수립되었다. 그리고 동년 6월 고노에가 신체제에 대한 결의를 표명한 후, 10월에는 '사회대중당', '정우당', '쇼와연구회' 등 여러 정파를 해산시키고 대정익찬회가 발족했다. "정치적으로 전 국민적 통일의 정치형태를 갖추는 것과 함께 경제계에서도 그것을 종합적으로 통일하고, 경제조직의 개편을 실시하는 것이 필요하다"고 제언한 것은 오자키 호쓰미였다.[56] 정치·경제 면에서 통일적인 국민조직은 제국 내 복수의 권력주체를 국민화한다. 제국 본토뿐만 아니라, 중국의 점령지와 만주, 조선, 대만, 오키나와 등의 주변을 획일적이면서도 차별적으로 통합하고자 한 총력전체제가 정비되어간 것이다. 신체제운동에서 아시아와의 적대적인 관계를 구조적으로 극복하고자 했던 오자키의 공작은 실패했다. 승리자는 자본주의의 경쟁세계 안에서 국익을 방위하고 제국 국민의 자발성을 동원하고자 한 권력의 시스템이었다.

최근 '제국사', '총력전체제', '파시즘'과 관련된 여러 연구들이 밝힌 것처럼 제국일본 전시동원체제의 유제(遺制)는 1945년 이후 일본(구제국)과 신생 독립국(구식민지)에서도 지속되었다. 외부의 적에 대항하기 위해 만들어진 내부의 통합은 내부의 차이를 억압하는 권력을

56 尾崎秀実, 「「東亜協同体」の理念とその成立の客観的基礎」, p.318.

생산하고 내부의 민주화를 지연시키는 결과를 가져온다. 실제로 독립을 성취한 많은 구식민지 국가에서 정치적 분열과 비민주적인 지배가 반복되어왔다. 신생 독립국의 정치적 이슈는 여전히 제국주의 침략을 규탄하며, 냉전적 지배 질서에 갇혀 있는 경우가 많았다. 외부에 적을 상정하여 자기방위적으로 된 권력과 적대성 위에서 서로 반동적으로 구성된 권력은 필연적으로 민주주의를 억압하게 된다.

그렇다면 반제국주의의 투쟁과 탈식민의 권력이 세계의 민주화를 지체시키고 있는 상황에서 제국으로부터 탈각해간 일본의 민주주의는 어떻게 진전했을까? 전후 일본에서는 경제성장과 함께 복지정책이 전개되었다. 재일동포의 민족운동 또는 자기은닉 문화에 반사되어 나타난 것처럼, 일본의 탈제국화는 일본국가의 단일적인 국민주체를 재건하고 번영시키는 과정이기도 했다.[57] 세계적 차원의 탈제국화 과정에서 과거 제국주의가 남긴 문제가 무엇인지는 돌아볼 겨를도 없이 국가 건립과 민족 주체의 정립만이 새로운 시대정신이자 역사적 과제로 떠올랐다. 전후 일본에서도 탈제국과 탈식민의 사상과제가 끊임없이 제기되었다. 이 책의 후반부에 해당하는 다음 5장부터 8장까지는 그 전개 과정을 좌우 양 진영의 사상과 운동에서 모두 살펴보기로 한다.

---

57 中野敏男, 『大塚久雄と丸山眞男: 動員, 主体, 戦争責任』, 青土社, 2002. 이 책은 전전(戦前) '주체'의 동원논리가 전후의 국민주체의 형성과 민주주의의 계몽사상 안에서 재구축되어온 것을 비판적으로 분석하고 있다.

제5장

제국의 낭만과 동아시아 반근대 민족주의

1. 무사들의 로망과 제국의 로망

중국어권에서도 통용되는 浪漫(낭만)은 원래 한자문화권에 없던 말이다. 소설가로 데뷔하기 전 도쿄제대 영문학과에서 18세기 영국의 로맨티시즘 작가에 대해 강의했던 나쓰메 소세키(夏目漱石)가 로망(roman)의 음역어 浪漫(ロマン)을 탄생시켰다고 한다.[1] 한자의 훈음을 멋들어지게 조합한 일본어 浪漫은 제국일본의 짧은 역사 속에서 동아시아 공통의 상형문자로 정착했다.

일본어 로망의 쓰임새를 보면, 남녀상열지사뿐 아니라 남자의 스타일이나 포부, 동성애적 남성 결사집단의 대결을 형용하는 경우가 많다. 특히 근세와 근대의 이행기에 펼쳐진 무사들의 폭력투쟁, 즉 '천하통일'의 로망은 역사소설, 드라마, 만화, 컴퓨터게임, 지방문화재의 콘텐츠로 무수히 개발되어왔다. 이렇게 내셔널 히스토리의 갖가지 버전을 향유하는 풍토 속에서 자라난 오타쿠(御宅)들이 대학의 일본사·일본문화학과를 지망하는 경우가 많다. 한편, '센고쿠로망(戦国浪漫)'이란 전국시대 무사들의 무용담을 소개하는 인터넷 사이트가 오래 전부터 갖가지 정보를 공유해왔다. 천하통일을 둘러싼 남성들의 충성과 배반, 지략과 기개, 투쟁과 죽음에서 낭만의 미학을 찾는 경우도 종종 보인다. 유럽의 로망이 원래 중세 무사들의 이야기인 것을 떠올리면 이 사이트의 명명은 정곡을 찔렀다고 하겠다.

에도(江戸)의 태평성대에서 잊혔던 무사들의 로망은 막말과 메이지유신기, 즉 존왕양이의 내전상태에서 문명개화의 독립국가로 이행

1 프랑스어와 독일어의 Roman(영어 romance)은 중세의 기사담에서 비롯한 사랑과 모험의 소설을 뜻한다. Romantic은 사랑스런 느낌, 비현실적인 몽상적 상태를 나타내는 형용사이고, 여기에서 로맨티시즘이 나왔다. 낭만주의(浪漫主義)는 로맨티시즘에서 음(roman)과 훈(-ism)을 따온 일본어 번역어이다.

하던 시대에 실제로 부활했다. 이후 존왕양이의 무사들이 민권운동가나 아시아주의자가 되어 활약한 사실은 앞서 제1장과 제2장에서 확인한 바이다. 그중 흑룡회를 비롯한 대륙낭인들은 전후 GHQ에 의해 해체되면서 제국주의 침략의 선봉으로 각인되고, 국가주의 우익단체의 원조로도 기억되었다. 한편, 흑룡문양은 아시아적 남성성을 상징하면서 프로레슬러나 격투기선수의 상의, 디지털게임의 캐릭터에 화려하게 새겨졌다. 무사들의 로망은 내셔널 히스토리에 기개와 지략과 충혼을 불어넣는 것으로, 영웅담의 재현을 기대하는 공동체의 문화콘텐츠로도 친근하고 대중적인 소재이다.

무사적 로망은 1930년대 일본에서 다시 중시되었다. 쓰루미 유스케(鶴見祐輔)는 1928년 '대일본웅변회강담사'에서 출판한 『영웅대망론』에서 러일전쟁 이후 소원해진 영웅담을 다시 불러낸다. 그는 서양문명의 추락을 대신하여 일본 민족이 동아 민족의 재생을 향한 통합력을 발휘하고 팽창시대를 열어야 한다고 주장했다.[2] 이에 앞서 1924년에는 같은 출판사에서 만주철도회사의 총재를 역임한 고토 신페이(後藤新平)가 『일본팽창론』(초판: 1916)을 재출판하기도 했다. 만주 경영을 위해 소련 및 중국과의 외교문제까지 고려한 고토와 그의 사위 쓰루미의 저술은 바야흐로 '15년간 전쟁'에 돌입하기 직전에 영웅적 국민의식을 계몽하고 있었던 것이다.

진주만 폭격으로 시작하여 히로시마 원폭으로 끝난 '대동아전쟁'에서, 무사적 낭만은 그 마지막 혼신을 불태웠다. 그러나 패전은 '대동아 해방전쟁'에 투신한 영웅을 전범으로 끌어내렸다. GHQ는 '대

---

2 鶴見祐輔, 『英雄待望論』, 大日本雄弁会講談社, 1928, pp.1-12. 대일본웅변회강담사는 대규모 출판사 강담사의 전신이다. 리버럴리스트 정치가이자 작가인 쓰루미 유스케는 고토 신페이의 사위이고, '베트남에 평화를! 시민연합'의 활동을 이끈 진보적 지식인 쓰루미 슌스케(俊輔)는 그의 장남이다.

동아전쟁' 명칭을 제국주의 및 국가주의 잔재로 간주하였고, 교과서는 제국의 로망을 거세한 '아시아·태평양전쟁' 용어를 채택하였다. 가미카제 특공대와 일본군의 충성스런 혼령은 패전과 평화담론에 흡수되거나 국가폭력의 희생물로 기억될 뿐, 애국적 영령으로 공식화하거나 추모할 수 없게 된 것이다.

전후의 '영웅 만들기'에서도 1930년대 이후 제국 팽창과 전쟁은 공백으로 처리된다. 이는 국민작가 시바 료타로의 소설이 막말과 메이지의 영웅들을 그려내는 데 집중한 사실에서도 발견된다. 제국주의 멍에를 벗겨내고 국민국가를 재건하는 과정에서 동아제국의 로망에 대한 기억을 허락하고, 패자의 자존심을 위안하는 영웅은 '전함 야마토' 정도였다. 영웅화된 물상만이 과학기술국 일본의 부흥신화를 입증하며 평화를 갈망하는 국민심리 속에 파묻혀 버린 무사적 로망을 환기시켰던 것이다.[3]

패전의 허탈감은 일본아시아주의의 자부심, 즉 식민지로 전락한 아시아에서 유일하게 독립을 지킨 아시아의 '맹주-주체'라는 자부심을 앗아갔다. 대신 서구제국의 침략을 대행한 '지배자=서구의 노예'였다는 자각이 퍼지고, 패전과 점령으로 주권을 상실한 '식민지'라는 위기의식이 설득력을 얻기 시작했다. 특히 다케우치 요시미는 루쉰(魯迅) 연구를 통해 중국의 근대와 일본의 근대를 비교하면서 일본의 '근대화=종속화'를 비판했고, 아시아의 독자적 역사발전을 전망하는 민

3 일본 해군이 만든 전함 야마토는 1942년 미드웨이 작전에 출격한 후, 1945년 4월 오키나와 해상 특공전에서 격침되었다. 전시 중에 그 존재 자체가 극비로 처리되었다. 오키나와 해상전에서 생환한 요시다 미쓰루가 체험 소설을 1946년 12월에 발표할 예정이었으나 GHQ 검열로 묻혔다. 일본의 주권이 회복된 1952년 요시다의 소설이 발표되고 1953년 영화화되면서 국민적 관심을 일으켰다. 吉田満, 『戦艦大和ノ最期』, 創元社, 1952.

족주의의 부활을 촉구했다.[4]

전후 일본의 자기비판 논리로서 '지배자=노예'라는 형용모순과 '근대화=종속화'라는 등식의 배경에는 전전의 강좌파 역사학과 경제사가들의 인식이 깔려 있다. 즉, 일본이 아시아에 식민지배를 확대한 제국주의 국가이면서도, 서구제국주의에 굴복해 강제로 개국한 반봉건 사회라는 점에서 일본 사회 성격의 이중성과 민족모순을 찾았던 것이다. '동아신질서', '동아협동체', '대동아공영권'과 같은 아시아 맹주론으로 잊혔던 일본자본주의의 주변부적 성격과 강좌파 담론이 전후 공산당의 재건과 함께 부활했다. 일본을 아메리카의 '신식민지'로 인식하는 그 논리는 고도성장이 시작되고 공산당의 권위가 쇠퇴한 1950년대 말부터 다시 설득력을 잃기 시작했다.

'독립적 주체'와 '종속적 노예'의 간극에서 주체성을 사고하는 논법은 근대 일본 사상사에서 주요한 문맥을 이루고 있다. 그 분열을 극복하는 문제는 영국 유학에서 신경쇠약에 걸려 귀국한 나쓰메 소세키의 문명비평 이래 줄곧 제기된 일본식 아이덴티티의 문제였던 것이다. 서양문명에 대한 일본 사회의 동경과 콤플렉스는 1920년대 마르크스주의의 도식적 수용에 대한 반성을 거쳐 1930년대부터 사상과 문화의 주체화운동으로 나타난다. 이 흐름은 만주국 건설 이후, 천황제 민족주의와 동아시아 지역주의를 강화하며, 동아제국의 팽창전략에 통합되어갔다. 그리고 1945년 이후에도 동아시아 전역에서 '민족주체'와 '국가건설', '아시아혁명'과 '근대화'의 논리가 여전히 난산 중에 있었다.

이 장은 중국혁명과 한국전쟁·베트남전쟁으로 이어지는 1950-

4 竹内好, 「中国の近代と日本の近代ー魯迅を手がかりとして」(1948), 『日本とアジア』, 筑摩書房, 1993, pp.11-57.

1960년대 일본에서 동아시아 민족주의의 고양과 함께 제국일본의 로망이 기억되고, 그 기억이 다시 아시아주의를 부활시키는 연쇄현상을 밝히고자 한다. 1950년대 초반 '전후민주화–아메리카식 근대화'를 거부하는 일본의 공산주의자와 민족주의자들은 민족주의적 '저항력'을 상실한 일본의 딜레마를 해소하기 위해 아시아 민족주의를 선망하고 마오이즘에 의거하는 경향을 보인다. 중국혁명에서처럼 서구식 근대화에 저항하는 아시아적 '주체'로 거듭날 때 비로소 아시아 침략의 죄과와 서구근대의 '노예'라는 일본 민족의 상처를 동시에 치유할 수 있다는 생각이다. 그 시절 담론에서는 제국의 로망을 대변하는 인격체가 복권되고 있었는데 그 이름이 일본낭만파다.

2. 전향의 시대, 일본낭만파의 탄생

서구의 문예사조인 낭만주의가 일본에 유입된 것은 청일전쟁을 거치면서 공리주의와 국권의 가치가 상승하던 1890년대이다.[5] 전승한 장군과 병사들을 노래하는 군가나 창가에서도 영웅적 낭만성이 부각되었다. 하지만 군비확장이 가속화된 러일전쟁 시기에는 유럽의 낭만주의 사조 및 휴머니즘에 영향받은 작가들이 전쟁 기피의 감성이나 서정을 펼쳐 보였다. 요사노 아키코(与謝野晶子)의 「그대여 죽지 말지어다(君死にたまふことなかれ)」는 그 대표적 예이다. 문학이 기본적으로 정서의 표출 양식인 만큼, 개성과 본능에 입각한 낭만주의 미학은 근대화의 그늘과 불안의식을 묘사하는 자연주의 및 관념소설 등과 경

5 문예잡지 『문학계(文學界)』(1893. 1-1898. 1)와 『명성(明星)』(1900. 4-1908. 11)은 낭만주의 문학의 근거지였다.

쟁하면서 생명력을 유지했다. 그러나 1920년대 중반부터 노동계급의 당파성에 복무하는 문예의 정치운동이 우위를 점하면서, 낭만주의는 개인주의와 예술지상주의로 낙인찍히게 된다.[6]

역사의 진보에 역행하는 '반동'으로 전락한 '낭만'에 새로운 활기를 부여한 것이 1934년 말 야스다 요주로(保田與重郎)가 발표한 「〈일본낭만파〉 광고」다.[7] 이 광고문은 '평속저회(平俗低徊)의 문학이 유행하고 있다'는 현실 고발에서 시작한다. '유행문학'을 부정하고, '시대청춘'을 노래하는 일본낭만파를 창조할 것이라는 선언이다. 일본낭만파는 예술의 대중적 통속화, 예술의 기술화, 정신의 물신화와 같은 근대적 징표를 비판하면서 탄생한다. 그들은 또한 마르크스주의 문예운동에 대해서도 냉소적 태도를 취했다. "서양의 문물은 넘치듯이 이입되어 순식간에 지식화되고 있지만, 마침내 그것이 예술화된 사례를 손꼽아 보자니 탄식만 나온다"고 한다.[8]

이 무렵 일본은 만주국 철수를 권고하는 국제연맹에 탈퇴를 선언(1933. 3)하고 강압적인 국민통합을 추진하였으며, 지식인들의 전향이 이미 시작되고 있었다. 일본공산당 간부는 감옥에서 전향(1933. 6)을 선언하면서, 천황제 타도를 지시한 소련의 지도를 부정하고 일본의 실정에 맞는 사회주의대국을 아시아의 피압박 민족과 더불어 건설한다는 혁명노선을 발표했다.[9]

---

6 유럽에서도 낭만주의는 18세기 중엽부터 계몽주의적 이성에 대한 반발이나, 나폴레옹의 제1제정에 저항하는 성격을 띠고 문예살롱이나 모임을 통해 성장하였으며, 1850년대 발자크의 리얼리즘 문학이 각광을 받으면서 퇴조했다.

7 야스다 요주로가 『코기토(コギト)』 1934년 11월호에 발표했다. 『코기토』는 야스다의 오사카고교 동창들의 동인 잡지로, 야스다는 고교 시절부터 여기에 고전에 관한 평론을 발표해왔다.

8 保田與重郎, 「「日本浪曼派」廣告」, 平野謙·小田切秀雄·山本健吉 編, 『現代日本文学論争史』 中巻, 未来社, 1957, p.459.

9 佐野学·鍋山貞親, 「共同被告同志に告ぐる書」, 『改造』, 1933. 7(法政大学大原社会問題

문학계의 전향은 보다 빨랐다. 1932년에 감옥에서 출옥한 하야시 후사오(林房雄)가 급진적 정치투쟁을 멈추고 '정치'에서 '문학'으로 방향을 전환하고 작가의 창조적 임무에 힘쓴다는 취지의 글들을 발표했다.[10] 창작 우선의 분위기가 조성되면서 1933년에 동인잡지 『문학계』가 창간된다. 초창기 이 동인지에는 다양한 사상과 개성들이 합류했다. 프롤레타리아 작가로서 3년 뒤 『인민문고』를 창간한 다케다 린타로(武田麟太郎), 전향의 선두주자로 결국 민족문학의 간판 논객이 된 하야시 후사오, 감각적인 순수소설을 추구하여 노벨상 수상 작가가 된 가와바타 야스나리(川端康成), 부르주아 문학자로 불리던 고바야시 히데오(小林秀雄)가 모인 것이다.

1934년 2월에는 나프(NAPF, 일본프롤레타리아작가동맹)도 당국의 전면적 탄압 속에서 스스로 해산을 선언하고, 마르크스주의의 도식적 수용을 부정했다. 이들 전향 작가들은 대체로 두 부류의 행로를 걷는다. 하나는 사회주의 실현의 기회의 땅인 만주국 건설에 참여하거나, 광범한 계층을 포괄하는 '인민전선'을 형성하고 사회주의 리얼리즘의 대중화에 기여하려는 경우이다. 또 하나는 사회주의 사상 자체를 청산하고서 공동체적 이상을 추구하는 민족주의 문학으로 전신하는 경우이다. 전자의 경우 마르크스주의가 근대 일본 사회의 문제를 파악하고 해결책을 제시할 과학적 방법론이라는 기대감과 권위까지 부정하지는 않았다. 오히려 그 주체적 수용의 현실적 가능성이 과제로 제기된 경우가 많았다.

반면, 일본낭만파는 계급문학이나 모더니즘이 아닌 고전부흥을

研究所-協調会史料 第2集, http://oohara.mt.tama.hosei.ac.jp/kyochokai2/r052/index.html).

10 林房雄, 「作家のために」, 『東京朝日』, 1932. 5; 「文学のために」, 『改造』, 1932. 7; 「作家として」, 『新潮』, 1932. 9.

예술의 본도로 선언하고, 1935년 3월 동인잡지 『일본낭만파(日本浪曼派)』(1935. 3-1938. 8)를 발행한 문인그룹을 지칭한다.[11] 전후 일본의 평론계에서는 일본낭만파에 동조한 주변 문인 및 그들의 문학이념까지 포괄하여 일본낭만파로 접근하기도 한다. 창간멤버는 6명인데 잡지 주간을 담당한 평론가 야스다 요주로를 중심으로, 평론가 가메이 가쓰이치로(亀井勝一郎), 나카지마 에지로(中島栄次郎), 시인 진보 고타로(神保光太郎), 소설가 나카타니 다카오(中谷孝雄), 오가타 다카시(緒方隆士)가 활동했다. 요절한 오가타를 제외하고 이들은 중산층 출신에 도쿄제대와 교토제대 등을 나온 문학도였다.

도쿄제대 미학과를 졸업한 야스다는 독일낭만파의 사상과 방법을 적극적으로 모방하여 일본낭만파를 이끌었다. 나라(奈良) 출신인 그는 오사카고교 재학시절부터 동인지 『코기토(コギト, *cogito*)』에 고전에 관한 평론을 발표하면서, 유럽적 교양에 길들여진 동인들을 자극하고 안내했다. 그의 주변 인맥에는 낭만적 서정을 대표하는 사토 하루오(佐藤春夫), 탐미주의 작가 미시마 유키오(三島由起夫), 아시아의 민족주의를 지지한 사상가 다케우치 요시미 등이 있었다.

한편 홋카이도 출신으로 역시 도쿄제대 미학과에 입학한 가메이는 도쿄제대의 마르크스주의 조직인 신인회(新人會, 1918-1929) 활동으로 2년 반의 수감생활을 보냈다. 결핵에 걸린 그는 죽음에 대한 공포감 때문에 '정치활동을 단념한다'는 전향문에 서명하고서 자유의 몸이 되었다. 문학자로서의 방향전환을 모색하던 그는 야스다를 만난 후 구도자의 혁명적 자세로 고전을 탐구하고 근대문명을 비판하기 시

11 발행된 잡지의 복각판이 나왔다. 『日本浪曼派』(復刻版)(3冊·別冊), 雄松堂出版, 1971. 전전의 일본낭만파에 대한 문헌 일람은 『日本浪曼派とはなにか』(復刻版 別冊), pp.151-154 참조.

작했다. 가메이는 일본낭만파 해체 이후 하야시 후사오, 고바야시 히데오, 가와카미 데쓰타로(河上徹太郎)와 더불어 『문학계』 동인으로 활동하면서 좌담회 '근대의 초극'을 주최한 한 사람이다.

창간 무렵 일본낭만파의 동인들은 저널리즘 무대에서 아직 자립적 생계를 꾸리지 못한 30세 전후의 청년들이었다. 그렇지만 제3호부터 다자이 오사무(太宰治) 등 16명이 더 참가했고, 1937년에는 문단 주류의 평론가인 하야시 후사오와 중견시인 사토 하루오가 참여하는 등, 이미 '대일본낭만파'로 성장해 있었다. 『일본낭만파』 1937년 1월호 편집후기에서 가메이는 '일본낭만파의 문화적 지도역량'을 확신하면서 '대일본낭만파의 미래'를 기대하고 있다. 1938년 8월 폐간 무렵에는 50여 명의 동인이 활동하고 있었다.

1930년대 일본에서는 근대화 과정에서 유입되고 배태된 사상문화의 주체화 및 대중화의 과제가 새롭게 제기되었다. 1890년대에 서구화에 대한 국수주의적 비판이 시작되었지만, 전국 규모에서 근대적 도시화는 아직 태동 중이었다. 1920년대에 비로소 일본은 공업과 도시 중심의 산업구조로 탈바꿈하고 서양문화를 소비하는 대중문화가 발전했다. 동시에 근대화를 서양화로 간주하고 미국화를 비판하는 문제의식도 힘을 얻기 시작했다. 마르크스주의에 입각한 급진적 정치투쟁도 전개되었다. 그 과정에서 운동과 대중, 현실과 이론 사이에 괴리가 벌어지고 정치적 탄압도 감내해야 했다. 이렇게 노정된 문제들에 대한 반작용으로 1930년대부터 유럽 문화의 수용과 마르크스주의의 도식적 적용을 비판하고 민족적·아시아적 특수성을 인식하는 경향이 싹튼 것이다. 앞서 살핀 쇼와유신과 국가개조운동도 그 한 사례이다.

초기의 일본낭만파는 자유주의와 사회주의를 불문하고 '근대적 진보'를 신앙하는 시대의 '속된 유행'에 맞서서, 고전을 사랑하고 모방하는 '청년의 문학'을 창조하노라고 선언했다.[12] 그들은 현실에 적극적으로 개입하는 정치성과는 거리가 먼 복고적 취향을 선보였다. 이리하여 『문학계』 동인의 순수 문학주의 및 『일본낭만파』 동인의 고전적 민족주의는 '정치의 우위성'을 인정하는 마르크스주의와의 대립을 피해 갈 수 없게 된다.[13]

일본낭만파가 출현한 시기에 1935년 제7회 코민테른 세계대회에서는 파시즘과 제국주의의 전쟁에 반대하는 '반파시즘 통일전선'이 채택되었다. 그리고 같은 해에 열린 문화옹호 국제작가대회에서는 문화유산의 습득과 계승의 문제를 주요 의제로 다루었다. 일본에서도 이에 호응하여 『인민문고(人民文庫)』(1936. 3)가 창간되어 반파시즘 문학의 대중화를 지향했다. 또한 운동체로서 '인민전선'을 결성하는 움직임이 있었지만, 1937년 마르크스주의 지식인들이 대량 검거되는 '인민전선 사건'으로 반파시즘 문화운동은 실질적으로 좌절된다. 1938년 1월에는 『인민문고』가 폐간되고, 그 동인들도 신체제의 국민문학운동을 주도하는 모습으로 변한다.

중일전쟁 발발 이후, 『인민문고』와 같은 사회주의 계열의 인민전선운동 및 '일본낭만파'와 같은 민족주의 문화운동의 주류는 점차 전시기 국가체제에 흡입되어 제국의 문화권력을 생산하고 집행하는 주체로 활약했다. 이때 전향 작가들의 사상적 차이는 천황제 일본주의 및 마르크스주의에 대한 심정적 거리의 차이에서 분명히 나타났다. 그러나 누구도 제국의 문화통합과 동원논리로부터 자유롭지는 않았다.[14]

---

12 保田與重郎, 「日本浪漫派のために」, 『保田與重郎全集』 第2巻, 講談社, 1985, pp.448-449; 「創刊之辭」, 『日本浪漫派』(復刻版) 創刊号, p.92.

13 논쟁의 구체적 자료는 平野謙·小田切秀雄·山本健吉 編, 앞의 책, pp.458-527.

14 이상 일본의 문예부흥 운동 및 신체제 국민문학론에 대해서는 高見順, 『昭和文学盛衰

1938년 재정문제로 잡지를 폐간하면서 동인도 해체하였으나, 패전에 이르기까지 일본낭만파의 명성과 영향력은 지속되었다. 동인들의 작풍은 각양각색으로, 문학의 정치성이나 정치운동을 직접적으로 옹호하는 작가는 없었다. 그러나 프롤레타리아 문예운동이 쇠퇴한 가운데 그 사상과 정서는 당대의 문화매체를 통해 제국일본으로 전파되었고, 청년층의 심성에 파고들었다. 그 영향력은 조선과 만주에도 미치고 있었다.

1935년 1월 내내 『조선일보』 학예란에는 「조선문학상의 복고사상 검토」 등, 고전부흥의 필연성과 탐구의 의의를 밝히는 기사들이 연재되었다.[15] 이후 민족문화의 혈통과 운율을 구가하는 일본낭만파의 이념과 태도는 조선과 만주를 포괄하는 제국의 영역에서 문화운동의 주류를 형성했다.[16] 그리고 1945년 이후에도 일본낭만파는 민족주의를 대변하는 상징으로서 표상되어왔다. 특히 1950년대에는 동아시아 민족주의와 공명하는 일본의 사상운동으로 기억되었다.

史』 二, 文芸春秋新社, 1958 참조.

15 김윤식, 『한국근대문예비평사연구』(개정신판), 일지사, 1999(초판: 1976), pp.323-324.

16 일본낭만파의 동인인 기타무라 겐지로(北村謙次郎)는 1937년 12월에 만주로 이주하여 1938년 10월에 잡지 『만주낭만(滿洲浪曼)』을 창간했다. 1941년 5월 제7집까지 간행된 이 잡지는 1942년 4권의 문고본 『만주낭만 총서(滿洲浪曼叢書)』로 간행되기까지 중국 장춘(당시 新京)을 중심으로 한 '만주 르네상스'의 문예 기반을 확립했다. 呂元明, 「『滿洲浪曼』の全体像」, 『『滿洲浪曼』研究東京』, ゆまに書房, 2003, pp.6-7.

3. 낭만적 '이로니'와 동아제국의 낭만

1932년 NAPF에 소속되어 전향문학자로서의 주체성을 모색하던 가메이는 NAPF의 해체(1934. 2) 직후 '전형기(轉形期)의 문학'을 논했다.[17] 그 특징은 일본 문학의 이중역할에 있다. 일본의 프롤레타리아 문학이 부르주아 혁명과 부르주아 문학의 르네상스까지 동시에 수행한다는 것이다. 이는 강좌파 마르크스주의자들의 2단계 혁명론(부르주아 민주주의혁명을 거쳐 프롤레타리아 사회주의혁명으로 이행)에 입각하면서도, 급진적 정치투쟁을 멈추고 대중적 문화창조에 주력한다는 전향의 논리이다.

'평속저회(平俗低徊)'를 부정하고 '시 정신'의 고양을 외치는 야스다의 격정적 문체와 가메이의 유연한 혁명론은 당대의 침체한 분위기를 딛고 '혁명적 낭만주의'를 기대하게 만들었다. 화려하게 등장한 그들은 불기고답(不羈高踏)의 고전정신을 노래했다. 더 이상 고향을 상실한 근대인 속에서 배회하지 않고 고향-야마토(大和)에 회귀하겠다는 의지의 표명이다. 고향상실은 고바야시 히데오가 「고향상실자의 문학」(1933)을 발표하면서 부각시킨 문학계의 화두였다. 전후의 가메이는 당시 젊은이들이 갖고 있던 유럽 문화에 대한 동경과 콤플렉스, 일본의 고전에 대한 공백 속에 일본낭만파의 움직임이 파고들었다고 회고한다.[18]

그들은 동서문화의 고전을 모두 존중하고 모방하는 청년의 문학을 추구했다.[19] 배타적 국수주의와 거리를 둔 만큼, 『일본낭만파』지

---

17 亀井勝一郎, 「転形期の文学」(1934), 『現代日本文学大系』 61巻, 筑摩書房, 1970, p.109.
18 亀井勝一郎, 『現代史の中のひとり』, 文藝春秋新社, 1955, p.47.
19 保田與重郎, 「日本浪漫派のために」, pp.448-449.

의 속표지는 경주 사천왕사지에서 출토된 기왓장의 봉황문양이 장식하고 있다. 그러나 복고적 예술론은 진보주의와 리얼리즘에 위배되는 '반동'으로 공격받았고 프롤레타리아 문학운동 그룹과 갈등의 골은 깊어갔다. 프롤레타리아 문예운동 진영에서는 일본낭만파와 그 시정신에 대항하여 산문정신을 제기하고, 다케다 린타로가 주간이 되어 『인민문고』를 창간했다.

야스다는 유물변증법과 리얼리즘에 대항하여 독일낭만파의 이로니(Ironie)를 문학 탐구의 새로운 방법론으로 제시했다. 이로니는 겉과 속이 다른 반어(反語)라는 뜻의 수사학 용어이지만, 19세기 초 프리드리히 폰 슐레겔이 예술행위를 표현하는 낭만주의 개념으로 정착시켰다. 가령 예술가의 창작은 특수한 경험으로서 절대적 가치를 갖지만, 보편적 절대성의 기준에서 유한한 가상(仮象)에 불과한 모순과 역설의 형식이 된다. "자기창조와 자기파괴의 끝없는 교환"(「아테네움 단장」 51)을 경험하는 이로니는 '가상=거짓'으로서의 미를 통해 무한한 진리에 이르고자 욕구하는 예술적 '천재'의 고뇌를 보여준다.[20]

한편, 야스다는 이로니를 '사실'의 고착적 권위화에 맞서 '거짓=미적 허구'가 더없이 순수함에 이르는 가능성으로 파악한다. 즉 근대적 진보에 맞서 미의 종말을 감지하는 '낭만적 반항'의 정신이야말로 '이로니'라는 주장이다.[21] 때문에 일본낭만파의 시정신과 고전정신은 표면적으로는 예술지상주의, 데카당스, 복고주의의 문예사조로 분류된다. 이러한 야스다의 방법론은 와쓰지 데쓰로(和辻哲郎)처럼 고대 그리스-로마의 미의식과 인문주의의 관점에서 일본의 고전을 해석하

20 フリードリヒ シュレーゲル(Friedrich von Schlegel), 山本定祐ほか 訳, 「アテネーウム断章」, 『シュレーゲル』(ドイツ·ロマン派全集 第12巻), 国書刊行会, 1990, p.145.

21 保田與重郎, 「後退する意識過剩: 「日本浪漫派」について」(『コギト』 第32号, 1935. 1), 『保田與重郎全集』 第2巻, 講談社, 1985, pp.431-432.

고 국민적 전통을 발견하는 강단적 교양주의에 대해서도 비판적이었다.[22] 일본적인 것의 순수한 형식과 내용을 탐구하는 일본낭만파는 일본주의를 내세우는 관료적 매너리즘과, 정치적 슬로건이 된 일본정신의 세속적 유행도 철저히 거부했다.[23]

야스다는 "이전 세기의 낭만파[24]는 새로운 국가를 발견하고, 민족의 자각에서 출발했다. 그들의 가장 공통된 그 어디에 당대 계몽가나 진보주의자와의 차이가 있나"라고 반문한다. 그러면서 그는 "오늘날의 낭만주의는 확대된 자아의 뿜을 곳 없는 신음 속에서 나온 하나의 표현"이라며 그 절실함을 읍소한다. 독일에서도 일본에서도 낭만주의는 근대의 질곡으로부터 해방되려는 '반근대'의 '참된 진보사상'으로서 탄생했다는 의미다.[25]

그러나 제국의 현실에서 '사회화된 자아·확대된 자아의 무한성'은 자민족 문화에의 무한한 애착, 일본어 제국의 '국어공동체'를 확장하려는 메아리로 울렸다. 일본낭만파 창립 동인인 나카지마 에지로가 "말하자면 작품의 보편성이 아니라, 독자의 보편화를 꾀하려는 것이 오늘날 낭만화의 한 기능이다"라고 선언했을 때, 독자의 보편화는 곧바로 식민지에서 일본어 독자를 강제적으로 창출하는 방향으로 진보했다.[26] 고전 연구의 낭만정신은 자문화 중심의 폭력에 반대하는 문화공동체의 정열이나 자아를 품지 않았다. 사회주의적인 이타애(利他愛)

---

22 야스다의 고전론은 渡辺和靖, 『保田與重郎研究』, ぺりかん社, 2004 참조.

23 이러한 태도는 竹内好 編, 『近代の超克』, 富山房, 1979의 권두에 실린 亀井勝一郎, 「現代精神に関する覚書」(1942)에서도 잘 나타난다.

24 독일낭만파를 의미한다. 마르크스와 교류했던 낭만파 시인 하이네가 밝혔듯이, 독일낭만파는 그리스-로마가 아닌 게르만 민족의 중세신화에서 전통을 찾는다. ハインリヒ ハイネ(Heinrich Heine), 山崎章甫 訳, 『ドイツ·ロマン派』, 未來社, 1994.

25 保田與重郎, 「反進歩主義文学論」, 『日本浪曼派』 第3号, 1935. 5, p.21.

26 中島栄次郎, 「浪曼化の機能」, 『日本浪曼派』 創刊号, 1935. 3, p.13.

와 민족주의의 본능적 자기애를 자각적으로 결합하려고 했던 제국일본의 문화인들이 조선·만주·중국에서 무엇을 '확대'하려고 했는가를 볼 때, 그러한 문제가 더욱 명료히 드러날 것이다.

『일본낭만파』 1937년 8월호에 좌담회 '낭만파의 장래'가 실렸다. 야스다와 가메이는 '정신의 혈통'을 분명히 하는 '정신사'를 확립한 것이야말로 일본낭만파의 업적이라고 말한다.[27] 그들은 일본의 문학전통을 순수히 일본적인 것의 계보인 순미순리(純美純理)로서 재구성한다.[28] 이 혈통은 헤이안 말기 가마쿠라막부에 패배한 천황 고토바인(後鳥羽院)의 '패배의 문학'에서, 무로마치 시대 하이카이(俳諧)의 대가인 바쇼(芭蕉)의 '바람의 문학'을 거쳐, 일본적 미의식을 표현했다는 평가 속에 훗날 노벨상 작가로 떠오른 가와바타 야스나리로 이어진다. 그 내용은 정치적 패권이나 전쟁 승리와는 오히려 무관한 '비정치성'을 표방했다.

그러면서도 고전은 '고대 대중의 실증물' 즉 생활의 증거이며, 대중은 '정신의 당파'로 간주된다. 고전을 현대의 대중에 이어주는 역할이야말로 '낭만파의 장래'를 약속하는 과제이면서 진정한 리얼리즘과 진보정신의 구현이라는 주장이다.[29] 이러한 문학전통의 심미적 계보화 및 대중화운동은 마르크스주의 문예운동뿐 아니라, 당시 아카데미즘의 문학사 서술이나 계급사관을 강하게 의식하고 있다. 일본낭만파는 문명개화로 구축된 제도권 아카데미즘의 과학적·실증적 방법론 및 문단과 저널리즘의 주류에 도전하는 혁신적 결의에 차 있었다. 그리하여 유물변증법의 역사이론으로는 재현할 수 없는 '낭만적 이로

27 座談会, 「浪曼派の将来」, 『日本浪曼派』 第3巻 第6号, 1937. 8, p.66.
28 保田與重郎, 「『日本的なもの』批評について」, 『文学界』, 1937年 4月号.
29 座談会, 앞의 글, p.73.

니'의 '민족문학사'를 구축한 것이다.

일본낭만파의 민족문학론은 복고풍의 고전 연구 붐을 일으켰다. 그에 따라 '향토·민족문학'론과 '인터내셔널·세계문학'론의 대립도 심화했다. 조선에 대한 민족적 동화정책과 조선학 연구 붐도 동시에 나타났다. 1930년대 후반의 향토문화·조선학이 제국일본의 정치적 검열 속에서도 성황을 이루는 '아이러니'한 상황이 펼쳐진 것이다. 도사카 준은 이러한 사태를 관찰한 기록을 남긴다.

> 일본 '고전'의 재인식이란 명목하에, 일본의 이렇게 극도로 길항하는 현실로부터 도피하여 단순히 고전 성립 시대의 문물 속에서 낭만적 회고에 젖어들 뿐 아니라, 나아가 거꾸로 거기에서 출발하여, 이러한 일본적 현실—세계의 현실과 맞닿아 있는 일본의 한 부분—을 고전 문헌의 인용으로, 혹은 인용의 정신으로 처리하려고 하는 것은 오늘날 얼마나 흔한 일인가.[30]

도사카는 고전 연구를 통해 부조된 '일본정신'이 '세계사적 현실' 즉 전쟁의 광풍으로 휘말려드는 '일본적 현실'을 바꿔치기 하고 있음을 날카롭게 지적한다. 도사카의 논리를 연역해보면, 낭만적으로 회고되는 '일본정신'은 일본의 현실적 문제를 '타자/서양' 비판으로 바꿔치는 자문화 중심주의이기도 하다. 이러한 로망은 자민족의 문제를 동시대 타자들과의 관련 속에서 사유하는 능력을 소거시키는 덫이기도 하다. 향토성에서 찾는 주체적 로망, 그 자족적인 문화공동성 속에서 타자에게 행해지는 정치적 폭력을 통찰하지 못한 문제는 일본낭만파의 문인들에게서도 찾을 수 있다.

---

30 戸坂潤, 「科学的精神は何か: 日本文化論に及ぶ」(1937. 3), 『戸坂潤全集』 一, 勁草書房, 1966, p.305.

일본낭만파의 대중적 사상운동은 동인 해체 이후에도 지속되었다. 사상운동의 측면에서 일본낭만파는 계급보다는 민족과 공동체를 중시한, 반근대적 민족주의운동으로 분류된다. 다만 이들이 반근대 반자본주의적 문명비판의 국수주의적 태도를 명시한 것은 중일전쟁의 이념으로 동아신질서 및 동아협동체론과 같은 용어가 유통되면서부터이다.

1938년부터 야스다의 향토적 민족주의는 동아시아 민족문화를 '일본적인 것'에 흡수한 제국일본의 민족주의로 고양된다. 야스다는 조선과 만주, 베이징 등지로의 여행기를 쓰면서 대륙정복이 세계문화사 건설에 대한 국민의 공상력과 구상력을 증대시켰다고 말한다.[31] 그는 1938년 경주에서 부여로 발길을 옮기고, 다시 만주로 내닫는 철로 여행에서 이제 유럽까지 닿는 새 문명의 '세계교통로'를 여는 '낭만적 일본'에 대한 감회를 토로한다.[32] 구름에 달 가듯이 걷는 나그네 바쇼(芭蕉)가 노래했던 '향토적 낭만'은 제국일본의 대륙횡단 철로를 달리면서 '제국의 낭만'으로 비약했다. '낭만적 이로니'의 근대비판이 제국의 팽창을 가속화한 근대화의 속도 속으로 흡입되어버린 셈이다.

1941년 발표한 일본의 낭만주의에 대한 글에서 야스다는 '일본의 이로니'와 '이로니로서의 일본'이라는 표현을 쓴다. "일본의 새로운 정신의 혼돈과 미형(未形)의 상태, 또는 파괴와 건설을 동시에 확보

31 保田與重郎, 「昭和の精神」(1938. 4), 『保田與重郎全集』 第16巻, 講談社, 1987, pp.13-15. 이 『야스다 요주로 전집』 제16권은 조선, 만주, 중국여행기를 수록했다.

32 保田與重郎, 「慶州まで」(1938. 4), 위의 책, pp.20-21. 야스다는 경주에서 대구, 대전을 거쳐 논산까지 철로로 여행하고 다시 자동차로 부여를 찾아간다. 조선총독부는 동해선(부산진-울산 간, 안변-포항 간)을 1928년 2월에 기공하고, 경주-울산 간 궤도를 확장하여 1928년 7월에 전면 개통했다. 또한 평안남도 순천-자강도-만포진 간에 만포선을 놓아 만주국 중부까지 연결했다. 순천-천동 구간은 1932년 11월에 운행 개시하고, 1934년 11월에 평북 희천까지 개통했다(朝鮮總督府, 『施政30年史』, 景仁文化社, 1990, pp.195, 338).

한 자유로운 일본의 이로니, 더 나아가 이로니로서의 일본이란 것을 향한 리얼리즘이 일본낭만파의 기반이 되었다"고 한다.[33] 중일전쟁의 장기화로 인한 부정형의 혼돈 상태를 감지하면서도, 그것을 '파괴와 건설의 자유'로 향유하며 '이로니의 일본'을 실재(리얼)로 수용하는 자세다.

1941년 12월 진주만 공격 이후, 가메이는 메이지의 문명개화를 전면 부정하는 근대의 초극론으로 치닫는다. 이러한 경향은 좌담회 '근대의 초극'에 출석한 하야시 후사오와 고바야시 히데오에게도 나타난다. 가메이는 근대를 '서양의 말기문화'로 규정하면서, '속도의 정신'을 추구하는 근대의 과학기술은 인간을 기계에 정복시키고 정신을 왜곡시켰다고 말한다. 근대를 초극하는 '일본정신'은 바쇼의 '목숨을 바치는(殉ずる)', 여로의 끝에서 순사하는 정신이다. 이는 대미전쟁에 임하는 가메이의 자세이기도 했다. "문명의 독은 '평화'의 가면 밑에서 퍼진다", "전쟁보다 무서운 것은 평화"라고 생각한 그는 "노예의 평화보다 왕자(승자)의 전쟁을" 간절히 소원했다.[34] 그러나 혐오의 대상이었던 기술문명이 전후에는 찬미의 대상으로 반전된다. 전후 가메이는 근대화를 추동한 과학기술이야말로 일본 근대화가 남긴 유일한 가치 있는 전통이라고 기록한다.[35]

처음에 일본낭만파가 발견한 '정신의 혈통'은 패배와 방랑의 '혁명적 낭만'이었으며, 이로니는 관료적 매너리즘과 이데올로기적 경색화를 파괴하는 방법론이었다. 그러나 일본낭만파의 사상운동은 '이로니'의 방법론을 통해 민족문화의 혈통을 구축하였고, 아시아의 해방

33 保田與重郎, 「我国に於ける浪曼主義の概観」(1941), 『保田与重郎全集』 第11巻, 講談社, 1986, p.302.

34 亀井勝一郎, 「現代精神に関する覚書」, pp.4-17.

35 亀井勝一郎, 「日本近代化の悲劇」, 『現代史の課題』, 岩波書店, 2005, p.61.

을 쟁취하고 세계사의 건설에 투기하는 '낭만적 일본'의 정신으로 비약해갔다. 그리고 '노예의 평화'를 거부하는 저항정신은 전시체제를 유지하는 '황국사관'으로 기능했다. 후술하는 하시카와 분조의 고백에서도 확인하듯이, 근대에 저항하는 '혁명적 이로니'의 민족주의는 청년들을 불사(不死)의 성전에 불러들이는 죽음의 미의식으로 작용하고, '일본정신'으로 초극되기도 했다.

4. 동아시아 민족주의와 반근대 로망

전후 일본낭만파는 합리성을 옹호하는 자유주의자와 사회주의자들로부터 천황제를 신화화한 국수주의로 비판받았다. 특히 국책단체인 '일본문학보국회'에 관여한 가메이와 일본의 대륙정복을 아시아 독립과 문명의 전환사로 찬사한 야스다는 '전범 문학자'라는 비난을 사기도 했다. 비판의 중심에는 민주주의 문학 건설을 테제로 프롤레타리아 문학가들이 조직한 '신일본문학회'의 일원이자, 잡지 『근대문학(近代文学)』을 발행한 오다기리 히데오(小田切秀雄), 혼다 슈고(本多秋五) 등이 있었다.[36]

그러나 쇼와 10년대(1935-1945)에 10대 청소년기를 보내면서 일본낭만파의 이념과 야스다의 문장에 감동했던 평론가와 국문학자들은 이데올로기 비판에 만족하지 않았다. 그들은 1950년대 중반 이후 일본낭만파의 출현과 문제점들에 대한 새로운 해석 및 학술 연구를 내놓는다.

---

36 小田切秀雄, 「太平洋戦争下の文学」(第20章), 『講座日本近代文学史』 第5巻, 大月書店, 1957 참조.

재인식의 물꼬를 튼 것은 『인민문고』 출신의 다카미 준(高見順)이었다. 1951년 그는 일본낭만파도 『인민문고』와 마찬가지로 "전향이란 한 뿌리에서 나온 두 갈래 가지"였으나, 당시에 그 주장의 정당한 부분을 보지 않았다고 반성한다. 그들을 반동시한 것은 잘못이 아니었지만, "미에 대한 반성" 즉 그들이 일본 문학에 "건전한 윤리의식"을 요구한 것을 보지 못했다는 말이다.[37] 윤리의식이 무엇을 지시하는지 부연 설명이 없지만, 이 발언은 프롤레타리아 문예운동의 외부를 문예지상주의로 규정한 채, 좌익진영 내부에서 '윤리'를 독점한 사실을 인정한 셈이다.

다카미의 발언에 재빨리 반응한 것은 다케우치 요시미였다. 「근대주의와 민족의 문제」(1951)라는 글에서 그는 프롤레타리아 문학운동도 일본공산당도 근대주의에 젖어 민족문제를 외면했기 때문에 민족의식을 불러일으켜 지배를 강화한 파시즘에 저항하지 못했다며 근대주의를 비판한다. 그는 일본낭만파가 "근대주의의 안티테제"로 처음 제기된 사실을 환기하며, 일본낭만파가 권력에 봉사한 탓으로 전후에 목소리를 내지 못한 것은 일본의 내셔널리즘을 위해서도 불행한 일이었다고 한다. "그러나 그것은 전후에 부활한 근대주의가 내셔널리즘과의 대결을 회피하도록 합리화할 이유가 못 된다. 오히려 근대주의의 부활로 균형이 회복된 지금이야말로, 새롭게 그것[38]을 행해야 할 때이리라. 그것을 하지 않는 것은 비겁하다."[39]

그렇다면 또 다른 의문이 생긴다. 일본낭만파의 민족주의는 왜 파

37 高見順, 「倫理的意識の日本的歪曲」(『世界』 1951年 6月号), 『日本文学研究資料叢書 日本浪曼派』, 有精堂, 1977, p.14.

38 내셔널리즘과의 대결을 의미한다.

39 竹内好, 「近代主義と民族の問題」(『文学』 1951年 9月号), 『竹内好全集』(第7巻), 筑摩書房, 1981, pp.32, 35.

시즘에 포섭되었단 말인가. 다케우치가 근대주의와 민족주의를 양립 불가능한 것으로 포착한 순간, 대립하는 것들이 교차하고 담합한 현실역사는 사라지고 이념의 추상적 대립만이 남는다. 고전정신과 민족혈통에 대한 자각이 위기에 빠진 국가를 구원한다는 일본낭만파의 민족문학론이나, 전시개혁에 참여한 국민문학론이 모두 근대를 비판하는 동아시아 지역주의와 천황제 내셔널리즘을 공유했다. 다케우치의 발언은 이 사실을 기억의 저편으로 밀어낸다.

전후에 공산당이 인민민주주의의 과제로서 천황제 타도를 주장했다는 측면에서 보면, 공산당이 민족주의에 반대하는 근대주의라는 지적도 가능하다. 그러나 전전과 전후에 걸쳐 일본공산당이 민족문제를 외면했다고 보기 힘들다. 다케우치가 민족문제를 제기하던 1951년 당시에도 공산당과 급진적 노동운동에서는 일본을 '식민지'로 인식하고, 소련과 중국을 제외한 미국과의 강화회담에 반대하고 있었다. 당시 다케우치는 일본이 미국에 종속되지 않는 자주적 국민경제를 건설하기 위해서라도 '아시아의 내셔널리즘'과 연결되어야 한다고 생각했다.[40]

다케우치는 1959년 글에서 '근대의 초극'이 복고와 유신, 존왕과 양이, 쇄국과 개국, 국수와 문명개화, 동양과 서양이라는 과제를 양손에 얹고서 달려온 일본 근대의 아포리아(난제)를 응축시킨 명제였다고 지적한다.[41] 일본 근대사에서 그 어느 하나도 포기된 적이 없었다고 말하는 다케우치도 민족주의와 근대주의가 방패와 창처럼 대립하면서 공존해온 사실을 인정한 셈이다.

미완의 운동 '근대의 초극'을 총괄하면서 다케우치는 경고한다.

---

40 竹内好, 「アジアのナショナリズムについて」(1951), 『日本とアジア』, p.114.

41 竹内好, 「近代の超克」, p.338.

전후 근대주의자들이 자신들의 부활을 위해 스스로 피해자의 위치에 서서 일본낭만파를 비난하지만, 일본낭만파를 쓰러뜨린 것은 근대주의자들이 아니라 '외부의 힘'이었다는 사실을 잊지 말라고.[42] 진정한 승리를 경험하지 못한 근대주의에 대한 다케우치의 경고는 신예비평가 에토 준(江藤淳)의 생각을 인용하고 있다. 반면 당시 에토는 근대주의를 옹호한 내셔널리스트였다. 그는 리얼리즘을 부정한 일본낭만파의 '신화'를 극복하는 방향이 인간 중심의 근대문화 건설에 있음을 제시하고, '죽음'에 바쳐진 민족적 에너지를 '생'의 방향으로 전환할 것을 주장한다.[43]

다케우치는 도쿄대 교양학부 교수이며 나치즘에 비판적인 독일연구자 다케야마 미치오(竹山道雄)가 일본문화론을 재정립하면서 '탈아'적 방향에서 '신문명개화'를 다그쳐 간다고 분노한다.[44] 그는 미일동맹과 근대주의에 통합되어가는 일본 민족의 사상적 식민화를 파괴할 '내부의 힘'을 찾는다. 그리고 일본낭만파의 사상운동에서 문명개화에 대한 '종말론적 계기'를 재확인하고 '제2의 탈아'를 종식시킬 가능성을 읽는다.

루쉰 연구자인 다케우치가 아시아의 내셔널리즘을 사상운동의 이슈로 부각시킨 것은 마오이즘과 무장투쟁노선이 아시아-아프리카 민족운동의 지도원리로 떠오른 1950년대부터였다. 그는 일본민족주의의 좌절을 개탄하면서 아시아의 '저항'을 선망하였다. 그는 루쉰 소설의 인물들이 내포한 근대화의 욕망에 대해 주시하지 않았다. 다케우치와 진보진영의 주류는 이승만과 장제스의 근대주의를 배제하고, 아

---

42 위의 글, pp.338-340.

43 江藤淳, 「神話の克服」, 『文学界』, 1958年 8月号.

44 竹内好, 「近代の超克」, pp.325. 341의 각주에서 다케우치는 일본 외무성의 지원을 받는 '일본 포럼 일파'라고 적고 있다.

시아를 일본 근대를 극복하기 위한 거울이자 방법으로 바라보았다. 중국도 일본과 마찬가지로 '근대사의 아포리아'를 껴안고 있었지만, 다케우치가 말하는 아시아는 마오쩌둥이 이끄는 혁명 중국으로 단순화되어 있었다.

아시아의 분열과 갈등을 묻지 않고 아시아를 일본 혁명을 추구하기 위한 방법적 대상으로 추상화한 결과, 다케우치는 중국혁명의 신화화에 기여했다. 그는 중국의 개혁개방을 모르는 채 1977년에 눈감을 때까지 '근대의 초극'운동을 지속했다. 근대에 대한 '저항' '방법'으로서 아시아를 꿈꾼 다케우치의 로망은 아시아에 부채의식을 지닌 일본인들의 중국 인식에 강한 영향을 미쳤다. 그의 담론은 1990년대 후반 아시아주의 부활 속에서 활발히 기억되어왔고, 2000년대에는 중국어와 한국어로도 번역되었다. 1942년 당시 다케우치의 역사의식은 정확하게 번역되지 않았지만, 이라크전쟁의 여파로 한국에서도 반미담론이 고조된 시기였다.

일본군의 진주만 공격을 접한 당시, 다케우치는 "역사는 만들어졌다. 세계는 하룻밤 사이에 변모했다. 우리는 눈앞에서 그것을 보았다. 감동에 겨워 떨면서, 반딧불처럼 흐르는 한줄기의 섬광이 지나가는 것을 보았다"며 감격을 토해냈다.[45] 전후에 다케우치는 당시 '동아해방의 전쟁'이라는 선언이 나름의 숙고와 결단으로 이루어졌으며, 그 "정치적 판단은 철두철미 틀렸지만, 그러나 '사상'으로서는 틀리지 않았다"는 생각을 단호하게 말한다. '동아해방'의 결사적인 이상, "그 사상을 지닌 채 지옥에 갈 수밖에 없다"는 결단이 다케우치의 연구 인생을 뒷받침했다.[46]

---

45 竹内好, 「大東亜戦争と吾等の決意(宣言)」(1942), 『竹内好全集』(第14巻), p.297.
46 竹内好, 「謎」(1972), 『竹内好全集』(第11巻), p.157.

한편, 1968년부터 2년간 일본낭만파에 대한 회고록을 쓰던 야스다는 문화대혁명의 사상과 홍위대의 청년들에게서 '일본낭만파의 문명관'을 발견한다. 둘의 반근대적 민족주의는 피상적으로 닮은꼴을 갖는다는 것이다. 중국에서는 '근대'의 저급한 교육을 받지 않았기에 20세 전후의 청년들이 일어선 것이며, 이 점에서는 전국시대 일본의 영웅들도 약관의 나이였다고 강조한다.[47] 야스다는 또한 신좌익의 급진적 청년들에게서 일본낭만파의 '혁명적 이로니'를 감지하고, 반근대적 저항으로서 아시아주의의 세기적 의의를 평가한다.

> 우리들의 가장 가까운 곳에 있던 역사는 대동아해방전쟁이다. 아시아의 자주독립을 위한 투쟁을 제외한 메이지유신사의 후편은 없다. 우리의 의지는 아시아 대혁명시대의 완결에 있던 것이다. 그것은 우리라는 아시아 자체의 신음이었다. 이러한 대낭만을 자기의 젊은 피로 그린 이들의 문학이, 시대가 요구한 문학이었다. 20세기는 아시아가 눈뜬 시대이다. 세계사에서 말하는 아시아 대혁명시대이다. 세계사 최대의 낭만적 시대이다.[48]

야스다는 아시아의 자주독립 투쟁만이 메이지유신의 혈통을 계승하는 역사라고 생각한다. 대동아전쟁이 대영제국을 해체하고 아시아 각국의 자주독립을 가져왔다는 주장은 1964년 하야시 후사오가 『대동아전쟁 긍정론』에서 이미 밝혔다. 단순히 제국주의를 정당화하려는 의도가 아니다. 오히려 미국과의 대립각을 세움으로써 제국일본의 '대미성전'이 추구했던 반제투쟁적 아시아주의를 복권시키고 있다.

---

47 保田與重郎, 『日本浪漫派の時代』(保田與重郎文庫 19), 新学社, 1999, p.34. 『국문학 해석과 감상(国文学 解釈と鑑賞)』에 1969년 4월호부터 1971년 7월호까지 연재된 글을 모은 책이다.

48 위의 책, p.50. 49.

당시 베트남전쟁 중에 미군기지를 제공하고 전쟁수요의 특혜를 누리던 일본 사회에서는 아시아의 반미민족해방투쟁에 공감하는 반전운동이 펼쳐지고 있었다. 1960년대 베트남을 중심으로 형성된 반제민족주의혁명의 통일전선이 아시아주의의 진정성을 확인시키며 일본낭만파의 로망을 불러오고 있던 것이다. 야스다는 베트남의 민족운동에 공감하는 젊은이들이 제스처가 아니라, "목숨을 걸고서라도 청순한 정의를 생각할 수 있기를" 기대한다. 그는 메이지 이래 일본의 대아시아 혁명가들이 재야정신과 낭인의 마음에 통하는 '반역' 심리를 가졌지만, 그들이야말로 아시아 각국의 혁명 전사와 더불어 그 나라 혁명에서 피를 흘렸다고 회고한다.[49] 아시아주의와 일본낭만파에 대한 야스다의 기억은 이렇게 제국의 권좌를 멀리하고 외지에 나가 죽음을 불사한 지사들의 '혁명정신'과 '피'의 이미지로 응축되어 있다.

대동아전쟁의 이중성을 지적하는 다케우치는 어떠한가. 1959년 '근대의 초극'을 회고하면서 그는 아시아 침략의 문제를 지적하고 그 해결을 추궁하지만, 한편으로 서구에 대한 반제국주의 전쟁으로서 총력전의 성격을 옹호한다. 총력전의 주체는 선량한 민중이며 그들의 저항과 굴종을 구분하는 것은 불가능하다는 통찰이다.

> '국가의 총력을 들고서' 싸운 것은 일부의 군국주의자가 아니라, 선량한 대부분의 국민이었다. 국민이 군국주의자의 명령에 복종했다는 생각은 옳지 않다. 국민은 민족공동체의 운명을 위해 '총력을 냈던' 것이다. 오늘날 상징으로서의 천황과, 권력주체로서의 국가와, 민족공동체로서의 국민을 우리는 구별할 수 있지만, 그것은 패전의 결과 그렇게 된 것이지 총력전의 단계로 거슬러올라가 유추할 수 없다. 여기에 전쟁 중의 단순한 영합·편승·추종, 즉

49 위의 책, pp.48-49.

> 사상을 방기한 흉내 내기 사상과, 자주적·창조적, 즉 민중에 책임을 묻는 사상을 분별하는 방법의 어려움이 있다. 민중에게 돌을 던질 수 있는 예언자를 예외로 친다면, 어떤 상황하에서 저항과 굴종은 거의 종이 한 장 차이였다.[50]

민중의 책임을 묻는 배경에는 1956년에 가메이로부터 시작한 '쇼와사(昭和史)논쟁'이 자리잡고 있다. 논쟁의 양 축에서 강좌파 역사학자는 지배권력의 타도를 위해 천황제와 군국주의를 부각시켰고, 가메이는 국민의 협력과 동요에 대해서도 성찰할 필요를 제기했다. 그런데 다케우치는 침략전쟁에서의 지배와 저항에 대한 전후의 문제제기를, 아시아 민족의 해방과 공영을 내걸었던 총력전체제의 명분으로 상쇄시킨다. 민중의 자발성과 자주성에 기초한 사상(방법)으로서 전쟁폭력을 긍정하고 있는 것이다. 이때 사상적 주체성은 국가권력이나 지배이념에 대한 '저항'이 아닌, 아시아 민족공동체의 반근대적 '자주독립'에 있다.

메이지유신을 존왕양이의 민족투쟁사로 보든, 서구문화와 자본주의 세계 시스템에 대한 종속사로 보든, 좌익과 우익의 '혁명사상'에서 보면 결국 일본 근대는 자주성 좌절의 역사로 기록된다. 그러한 시점에서 보면 전후부흥은 미국과 일본 독점자본의 승리가 된다.[51] 여전히 '노예'의 길을 걷고 있는 일본 민족에게 중국혁명과 문화대혁명은 '자주독립'이 피의 전쟁임을 알려주는 교과서이다. 『모택동선집』은 '혁명전쟁의 역사'를 편집한 것이며, 마오의 지도사상은 '혁명은 폭동'이라는 인식하에 농민폭동을 조직한 데서 출발한다.[52] 혁명전쟁을 역사

---

50 竹内好, 「近代の超克」, pp.314-315.

51 이노우에 기요시, 서동만 역, 『일본의 역사』, 이론과 실천, 1989, p.451.

52 일본어판(中国共産党中央委員会毛沢東選集出版委員会 編, 『毛沢東選集』 第一巻, 外文出版社, 1968)은 '제1차 국내혁명전쟁의 시기'와 '제2차 혁명전쟁의 시기'로 편집되

화한 마오이즘은 민중의 자주적 저항을 승리로 이끄는 방법론의 교과서였던 것이다.

패전 이후 일본의 좌우익 '혁명 세력'은 일본 민족이 아시아의 반제민족해방투쟁의 대열에 귀속되기를 희망했다. 우익 민족주의자의 경우, 그것이 패배로 끝난 대동아전쟁의 이념적 의의를 계승한다고 믿었다. 좌익 민족주의자의 경우, 그것이 근대주의와 미일동맹을 넘어서 아시아의 영구평화와 민중혁명을 달성하는 길이라고 믿었다. 그러나 '파괴'를 통한 '건설'의 방법론, 즉 '혁명적 이로니'의 일본낭만파적 사상운동은 미시마 유키오의 할복자살 사건을 거친 후, 1972년 아사마 산장(浅間山荘) 사건[53]을 통해 일단 막을 내린다.

5. 쇼와사논쟁과 일본 근대 재인식

1955년 이후 일본 사회가 동아시아 혁명운동의 충동에서 점차 멀어지는 대신, 자유주의, 근대주의, 민족주의를 불문하고 지식인들은 탈(脫)제국적 관점에서 국민주체를 재정립하고 있었다. 이러한 풍토에서 야스다는 고전부흥 운동을 지속하면서 『조국』이란 잡지를 발간했지만 더이상 저널리즘 논객으로 활발히 활동하지 않았다. 반면 가메이는 1956년 3월 「현대 역사가에의 의문」이란 글을 발표하면서 '쇼

어 있다. 1927년 3월의 문건 '호남성 농민운동의 시찰 보고'는 농민폭동을 조직하는 관점과 방법을 제시하고 있다. 1968년에 중국에서 일본어판의 『모택동선집』을 출판한 사실로도 신좌익운동에서 마오이즘의 영향력이 지속되었음을 추측할 수 있다.

53 유명한 별장 지역(軽井沢)에서 무장한 연합적군(連合赤軍)파 5명이 경찰과 대치하는 영상이 매스컴에 보도된 사건으로, NHK방송에 10시간 20분 동안 중계되어 최고 시청률 89.7%를 기록했다(http://www.nhk.or.jp/archives/nhk50years/history/p16/index.html).

와사논쟁'의 주역으로 등장한다.

1955년 11월 이와나미서점에서 강좌파 역사학자인 도야마 시게키(遠山茂樹), 이마이 세이치(今井清一), 후지와라 아키라(藤原彰)의 공저인 『쇼와사(昭和史)』가 출판되었다. 문고판인 이 책은 15년간 전쟁에 빠져들어 간 일본 사회의 모순을 해명하고 싶은 대중의 욕구에 부응하면서 일약 베스트셀러로 등극했다. 쇼와사를 청산하고 인민민주주의 혁명을 완수하려는 역사가의 주체성이 바야흐로 대중의 역사인식 욕구와 결합한 것이다. 이 진지한 교류에 가메이가 돌을 던졌다. 자신을 비롯한 일본인의 전쟁참여와 동요의 흔적을 찾을 수 없는 '인간이 없는 역사', '국민부재의 역사'로, 천황제의 '충신 대 역적' 구도가 마르크스주의의 '진보 대 반동' 도식으로 바뀌었을 뿐이라는 논지이다.[54]

상징천황제를 옹호하는 가메이와 그 동조자들, 그리고 천황제 타도를 주장하는 강좌파 역사학자들 사이에 벌어진 역사인식논쟁은 평행선을 달렸다. 그러나 지식인들이 다수 참여하면서 논쟁은 역사가의 주체성 및 역사서술·역사교육의 문제를 넘어 전후책임 및 민중의 주체성을 묻는 문제로 발전하였다. 군국주의와 초국가주의의 희생자로 그려지던 민중과 소시민층이 가해자와 협력자의 얼굴로도 부상한 것이다.[55] 이렇게 일본공산당의 방향전환과 쇼와사논쟁을 거친 결과, 천황제 타도와 공산혁명의 전략적 테제에서 벗어난 개정신판 『쇼와사』(1959)가 출판되어 1980년대 초반까지 스테디셀러의 지위를 누린다.

54 亀井勝一郎, 「現代歴史家への疑問」(1956), 『現代史の課題』, pp.6-11.

55 일본에서 전후책임 문제가 다시 대중적으로 제기된 것은 1990년대 동아시아의 민족주의 및 아시아주의의 부활과 맞물리면서 역사인식논쟁이 부활하면서부터이다. 쇼와사논쟁의 고찰 및 자료는 大門正克 編著, 『昭和史論争を問う: 歴史を叙述することの可能性』, 日本経済評論社, 2006 참조.

전후 가메이는 일본의 '의사종교국가' 성격을 밝히는 등, '일본 근대화의 비극'을 규명하고 나섰다. 그는 다케우치를 통해 중국의 근대를 이해하였고, 조선과 중국에 대한 정복자 의식을 반성했다. 그에 따르면 일본의 근대화와 독립은 나름대로 서양에의 저항을 의식한 것이지만, 동시에 다른 아시아 국가는 패배했다는 망상으로 이어졌다. 때문에 철저한 패배로부터 생기는 아시아적 저항을 일본인은 알지 못했으며, "아시아적 저항에서 일본적 타입은 존재하지 않았다". 대신에 세계에 기여한 노벨상 과학자의 배출이 근대 일본의 전통으로 손꼽힌다.[56]

가메이의 아시아 인식은 다케우치로부터 출발했으나, 근대문명에 대한 재평가와 아시아의 '특수문화권'이라는 독자성에 귀결한다. 일본은 동양과 서양의 '의붓자식'이라는 표현 속에는[57] '메이드 인 재팬'을 세계가 인정하기 이전에 일본이 가졌던 패배감과 고립감조차 배어 있다. 가메이는 국제사회의 윤리감각 및 아시아와의 협력을 강조하면서, "일본 패배의 조건을 만든 것은 장제스 정부와 중국 인민의 저항"이었음을 환기시킨다.[58] 장제스의 국민당에 대한 사과를 간과하는 혁명적 아시아주의의 당파성을 비판한 것이다. 전후 일본에서는 공산주의가 종교재판식으로 전쟁범죄와 전쟁책임을 추구했으며 그 와중에 소련과 인민이 관념적으로 신성화되고 또 다른 '의사종교국가'의 형태가 나타났다는 주장이다.[59]

가메이는 일본낭만파로 활동했던 당시를 문화적 식민지라는 위기감을 느낀 청년의 호기로 기억하면서, 일본낭만파의 부활을 반기

56 亀井勝一郎, 「日本近代化の悲劇」(1956), 『現代史の課題』, pp.60-61.
57 위의 글, p.85.
58 亀井勝一郎, 「戦後日本についての覚書」, 『現代史の課題』, p.164.
59 위의 글, pp.169-170.

지 않았다. 미국의 풍속과 오락에 '무조건 항복'한 패전의 '우스꽝스러움'을 자각하고 있지만, 더 이상 '문명개화'를 우습게 보았던 과거의 정열을 품지 않는다. 일본인이 '동양의 맹주'라는 우월감과 전쟁에 빠져든 저변에는 서양에 대한 열등감이 작용했고, 문화적 식민지에서 '독립'하려는 심리가 작용했기 때문이라고 한다.[60] 그는 '제2의 문명개화'를 골계시하는 사람들에게 오히려 진검승부에 매달릴수록 '행동과 정열의 과잉' 등 '우스꽝스러움'이 동반하는 법이니, 역사인식에는 유머감각이 필요하다고 타이른다.[61] 가메이는 국수주의 심리로 빠져든 일본낭만파의 반근대 민족주의 이념을 초극하고 오히려 근대주의로 재전향한 셈이다.

비평가 가메이의 문학적 문체는 사회구조의 객관화와 모순의 극복을 중시하는 마르크스주의 역사학과 격돌했고, 그의 재전향은 다케우치의 저항정신과 야스다의 재야정신에 경의를 표하는 양심가들로부터 비웃음을 샀다. 하지만 가메이는 다케우치 못지않은 사상운동을 자각적으로 실천했다. 가메이의 일본낭만파에 대한 망각, 일본 근대에 대한 긍정은 전후 일본의 국민주체를 정립하기 위한 또 하나의 반성적 논리였다.

1959년에 『현대사의 과제』를 묶어낸 가메이는 일본이 메이지와 쇼와를 거쳐 '제3의 현대'를 보내고 있다고 말한다. 그에 따르면 전후 일본 사회의 분열과 혼란은 민족모순과 국가전쟁이 아닌 계급전쟁을 의미한다. 그러나 헝가리의 유혈사태가 입증하듯이 공산주의혁명도 결국 '수동성의 비극'에 지나지 않는다고 한다.[62] 그는 파괴를 통한 건

60 亀井勝一郎, 『現代史の中のひとり』, p.46.
61 亀井勝一郎, 「戦後日本についての覚書」, p.172.
62 위의 글, pp.179-180.

설을 의미했던 '혁명적 이로니' 및 '아시아는 하나'라는 혁명을 더 이상 꿈꾸지 않았다. "성급한 통일과 통제"를 생각하기보다 "혼란을 세련화"하는 능력이 필요하다는 것이다. 동서문화를 양자택일하거나 결합하려고 하기보다 '특수문화권'으로서 각각의 이질성을 동시에 숙성시키자는 방법론이다.[63]

혁명운동과 전향을 거듭해오던 끝에 가메이는 '순수 일본적인 것', '천하통일', '아시아는 하나'라는 일본 근대의 주체화 로망과 거리두기에 안착했다. 그는 좌우익의 민족주의가 발견한 '지배자-노예'라는 균열적 인식 및 그 형용모순을 해소하려는 '자주독립'의 주체화 논법에도 동의하지 않았다. '특수문화권'은 민족문화 전통으로서의 상징천황제와 근대화 전통으로서의 과학기술에 입각하여, 구미와 아시아 사이에서 독자성을 유지하자는 방법이다.[64] 1950년대의 정치투쟁과 대립한 이러한 탈정치화 논리는 1960년대부터는 정치적이고 실질적인 내셔널리즘의 주류를 형성한다.

1960년 안보투쟁 직후, 리버럴리스트 지식인들은 중국혁명과 거리를 취하면서 독자적인 내셔널리즘을 정립하기에 힘썼다. 도쿄대 교수인 정치학자 사카모토 요시카즈(坂本義和)는 '혁신 내셔널리즘'을 논하면서 '저항에서 혁신으로'의 방향전환을 주장했다. '혁신'은 중일전쟁 이후 전향좌파가 '혁명'을 포기하고 '전시개혁'을 주장하던 때 즐겨 쓰던 용어이나, 사카모토가 주장하는 혁신은 두 개의 기둥을 갖는다. '중국과의 체제경쟁에서 단련되는 일본 독자의 민주주의 체제'와 '평화'가 그것이다. 그는 미군기지 반대투쟁이 '지식인의 추상적·보

---

63 위의 글, p.194.

64 「民族性をめぐる様々の感想」(1957), 『現代史の課題』, pp.200-206에 가메이의 민족주의에 대한 생각이 잘 드러난다.

편적 평화운동'으로 끝나고, 이승만의 독도영유권 주장에 반대하는 일본 어민의 저항이 국지(局地)적 투쟁으로 끝난 것을 반성한다. 평화의 보편적 가치에서 표현할 수 없는 '촌민의 목소리'를 국민적 차원에서 분유(分有)하고, 공공적 심벌로 세워나가자는 것이다.[65]

이렇게 1960년대 급진적 학생운동의 한편에서는 추상적 보편이념이나 청춘의 파괴적 열정이 아닌 '생활공동체'의 공공 이익에 기초한 내셔널리즘이 성숙해가고 있었다. 1970년대 이후에는 중미관계가 개선되고 미일안보에 반대하는 좌우익의 혁명운동이 동시에 침체된다. 이후 일본은 아시아와 미국 간의 균형외교 속에서 국익을 취하는 '특수문화권'으로서 경제대국으로 성장했다. 동시에 미국과의 경제경쟁이 심화하면서 1980년대에는 자본주의 블록경제 단위를 강화하려는 '아시아주의'도 출현하고, 그에 대한 비판 담론도 재등장한다.[66]

그리고 1990년대 말부터 일본의 경기불황과 중국위협론이 맞물리는 가운데 다시 '혁명적 아시아주의'를 환기하는 담론이 등장했다. 미국의 상대적 쇠퇴와 중국의 급격한 부상, 한국의 민족주의 고양에 자극받으면서, 일본민족주의의 로망인 아시아주의에 대한 기억이 활발해졌다. 전후 일본에서 침략자로 기억되거나 남성 상징으로 소비되던 제국일본의 무사적 로망도 1990년대 후반부터 반미아시아주의가 고조되는 시대 분위기에서 새롭게 환기되었다. 지사카 교지는 「일본적 전위와 아시아의 대중」에서 흑룡회의 아시아주의 및 대륙낭인의 활

---

65 坂本義和, 「革新ナショナリズム試論: 新たな国民像を求めて」, 『中央公論』 1960年 10月号.

66 1974-1975년 『근대의 초극론(〈近代の超克〉論)』을 쓴 신좌익 이론가 히로마쓰 와타루(廣松涉)는 1989년에 신정증보판 『근대의 초극론: 쇼와사상사에 대한 하나의 시각(近代の超克論: 昭和思想史への一視覚)』(講談社, 1989)에서 자본주의 블록경제 형성 논리로서 아시아주의를 비판한다.

동을 아시아 혁명운동의 관점에서 평가한다.[67] 요네타니 마사후미는 근대 이후 아시아 변혁운동에 관계한 아시아주의에서 침략과 저항이 굴절하고 변화하는 문제를 밝힌다.[68]

일본과 아시아 각국의 민족주의, 아시아주의는 그 내용이 하나가 아니며, 각각의 방향이 어디로 튈는지 예측하기 쉽지 않다. 민족주의, 사회주의, 아시아주의, 주체, 식민지, 독립…. 국경을 넘어 교차하는 여러 갈래 기억들이 역사화를 욕망하면서 길항해왔다. 역사적 성찰을 결핍한 채 난무하는 언어들이 현실을 포위하고 변화시키는 파장력을 곰곰이 따지고 생각하는 시간이 절실히 필요한 까닭이다.

---

67 千坂恭二, 「日本的前衛とアジアの大衆: アジア主義の革命と戦争」, 『情況』, 1997年 8·9月号.

68 米谷匡史, 『アジア/日本』, 思考のフロンティア, 岩波書店, 2006.

제6장

내셔널리즘의 역사의식과 미의식

1. 좌·우익의 출현과 농본주의 천황제

일본의 우익사상은 한국전쟁을 거치고, 냉전과 탈냉전의 시대를 지나오면서 그 의미를 갱신했다. 그렇다면 전전의 우익사상은 전후 일본에서 어떻게 '부정'에서 '긍정'으로 의미 전환을 꾀하며 새롭게 부흥하게 되었는가. 이 장에서는 '좌우합작'의 관점에서 우익사상이 부흥하는 역사적 맥락을 확인하고, 그것이 1990년대 이후 역사수정주의와 관련을 맺는 양상을 고찰한다. 이 책의 용어 사용에서 이념과 조직의 당파성이 선명할 때 '좌·우익'으로, 그 동조 세력과 대중적 지지기반을 포함할 때 '좌·우파'로 칭한다. 먼저 1920년대 좌익과 우익의 출현에서부터 천황제 쟁점이 형성된 과정과 1930년대 이후 아시아의 우익활동에서 나타난 '좌우합작'의 면모부터 짚어보기로 한다.

일본에서 좌익과 우익이란 말이 처음 소개된 것은 1877년 '프랑스혁명사'에 관한 서적이 출간되면서부터다. 일찍이 1897년 임금인상을 요구하는 노동운동이 발생한 일본에서 1900년대에 사회주의 사상과 정치운동이 부상한다. 1904년에 『공산당선언』이 번역되고, 독일과 프랑스에서의 사회주의 진화와 정치적 위기를 언급하며 그에 대응하는 방법으로 종교적 권위와 자유주의의 도리를 소개하는 책도 번역되었다.[1] 1910년대에는 '사회문제'와 '사회정책'이 국가와 사회의 주요 과제로 등장한다.[2] 전국적으로 도시화가 급격히 진전한 1920년대에 이르면 자본주의 근대화를 비판하는 좌우의 이론적 대응과 대중적

---

1 幸徳秋水·堺利彦訳, 「共産党宣言」, 『週刊 平民新聞』 第53号, 1904. 11. 13; ドルワル ドレゼー(Lucien Drouart de Lézey), 教学研鑽和仏協会 訳, 『社会主義ト自由思想』, 教学研鑽和仏協会, 1911, pp.1-61.

2 清水澄, 『社會主義ト社會政策』, 博文館, 1911. 사업가 오하라 마고사부로는 1919년 오하라사회문제연구소를 건립한다.

인 조직운동이 본격화하고, 그 대립각도 선명해진다. 당시 레닌의 볼셰비키즘을 추종하는 공산당의 창건(1922)으로 좌파의 활동과 분열이 두드러진 상태였다.[3]

1925년 보통선거제의 실시를 계기로, 좌파는 의회제 민주주의에 합법적으로 참여할 것인가, 비합법 혁명투쟁을 전개할 것인가의 문제로 분열되었다. 1924년 공산당의 해산 이후 좌파는 사회민주주의와 국가사회주의 등의 분파로 갈렸다. 1926년 재건된 공산당은 1927년 코민테른의 '일본문제에 관한 테제'를 수용하면서 혁명노선의 대중적 관철을 위한 투쟁을 결의한다. 그 내용은 차르를 타도한 소련 혁명에서처럼 군주제 타도를 일본 혁명의 핵심 임무로 제시하고, 사민주의를 '사회파시즘'으로 공격하는 한편, 노농쟁의와 예술대중화 등의 대중투쟁을 벌이는 것이었다.[4] 이처럼 제2차 공산당의 창건으로 국가권력의 장악을 위한 투쟁 방법이 명시되면서 '좌경'이란 말에 긴장감이 떠돌게 된다.

1930년 출간된 『모던용어사전』은 좌익을 "혁명주의를 신봉하는 단체", 우익을 "협조주의하에 행동하는 단체"로 정의한 후, 엄밀한 의미에서 "공산주의를 지지하는가, 반대하는가"의 문제로 구별한다.[5] 공산당의 혁명론에서 볼 때, 우익에는 천황제의 국체를 지키려는 천황, 관료, 군부, 경찰, 지주, 자본가, 신도와 국학 사상에 관련한 단체 및 지식인들이 모두 해당된다. 그러나 다른 한편 무산자(노동자, 농민) 운동 내부에서도 좌우의 분열이 일어났다. 1920년대 국가사회주의(파시즘)는 군부 내 청년장교의 국가개조운동 및 천황을 신앙하는 농촌의

3 浅羽通明, 『右翼と左翼』, 幻冬舎, 2006, 제2장 참조.

4 コミンテルン(Komintern), 世紀書房 訳編, 『日本共産党テーゼ: 22年, 27年, 政治テーゼ, 32年, 50年テーゼ』, 世紀書房, 1951, pp.7-21.

5 麹町幸二編, 『モダン用語辞典』, 実業之日本社, 1930, p.196.

공동체운동으로 유입된다. 그리고 1933년 일본의 국제연맹 탈퇴로 국가적 위기의식이 고조되면서 공산당의 대량 전향이 일어났다. 이후 1930년대 후반에 사상담론을 생성하는 주도권은 우익과 전향한 좌익에게로 넘어갔고, 중일전쟁 이후 총동원 국가의 정치적 통합 기제로서 천황의 위상은 절대화된다.

한편, 1920년대부터 활발해진 농본주의는 흑룡회의 아시아주의 및 쇼와유신 세력의 국가사회주의와 결합하게 된다. 농업을 국가의 근본으로 삼는 농본주의는 원래 아시아의 전통적 이념에 부합하고, 지주와 농민층으로부터 조세(地租)를 거둬들이는 근대국가의 존립 이념에도 합당한 사상이다. 그러나 제1차 세계대전 이후 농업공황이 닥치자 반근대적 농본주의가 발흥하고 농촌자치론이 부상했다.

곤도 세이쿄(権藤成卿)는 1920년 『황민자치본의(皇民自治本義)』를 저술하여 사직(社稷) 자치론을 펼친다. 사직은 고대 중국에서 천자나 제후가 새로 건국할 때 제사를 지내던 토지신과 곡신을 이르는 말로, 국가는 사직(토지와 곡물)을 공유하며 성립한 자치집단을 의미한다. "사직을 근본으로 하는 일본 민족의 전범이 공동화협(公同和協), 공존공제(共存共濟)"에 있다는 자치론은 단순한 농업자치국을 넘어선, 원시공산주의에 자유·평등한 사회적 진화를 결합시킨 캉유웨이(康有為)의 '대동(大同)'과 유사한 이상국가론으로 해석된다.[6] 아시아적 농경 생활에 기초한 공동체를 자본주의 근대 국가에 대한 비판적 대안으로 제시하고, 제사장인 천황의 직접 통치로 만인의 평등을 보장하자는 국가개조론을 펼친 셈이다. 이 책은 '혈맹단 사건'에 관여한 해군의 혁신파 장교에게 "하늘 아래 둘도 없는 명저"로 평가되었고, 그 숭배자들에게 곤도는 "일본정신을 체득하고 시무(時務)를 아는 활학자(活學者)"로 숭

6 井田輝敏, 「権藤成卿の思想構造」, 『松山大学論集』 第9巻 第6号, 1998. 2, pp.401-408.

배된다. 아시아주의자들과 교류한 곤도의 사상은 오카와 슈메이와 기타 잇키의 일본개조론, 아시아부흥론 등에도 영향을 미쳤다.[7]

농본주의자들은 1929년 세계대공황과 1931년 만주사변 이후, 정치적 테러에 직접 관여하거나 만몽개척에 참가했다. 농촌의 근로학교인 애향숙(愛鄕塾)을 설립한 다치바나 고자부로(橘孝三郎)는 1932년 우익 테러(5·15 사건)에 가담한다. 농촌 출신의 청년장교들은 병농일치의 국가개혁을 꿈꾸며 황도(皇道) 구현을 위해 군부 쿠데타를 기도한다. 우익은 1936년 2·26 쿠데타를 쇼와유신으로 호칭한다. 농업학교를 창설하고 농업 교육과 무도(武道) 교육의 결합을 주장한 가토 간지(加藤完治)는 '만몽개척 이민'의 이주 책임자로 활약하고 '만몽개척 청소년의용군 훈련소'를 건립한다.[8] 이처럼 1930년대 농본주의의 다양한 정서와 실천이 일본의 대륙 경영에 동원되었다.

일본의 패전으로 농본주의와 아시아주의를 포함한 우익 세력은 전범으로 소환되고, 부활한 공산당은 다시 '천황제 타도'를 중심 의제로 삼았다. 그러나 천황 친정으로 '일본개조' 및 '아시아 향토공동체'의 실현을 주장했던 아시아주의자들의 주장은 다르다. 그들은 도조 히데키(東條英機)가 아시아 공동체의 실현을 방해하고 천황의 통수권을 찬탈하여 전선을 확대한 것으로 전쟁책임을 군부에 돌렸다.[9] 우익은 군부 파시즘의 '악'을 대변하지 않는다. 오히려 근대 자본주의 문

---

7 위의 글, p.430.

8 中村薫,『加藤完治の世界: 満洲開拓の軌跡』, 不二出版, 1984; 한석정·노기식,『만주 동아시아의 융합 공간』, 소명출판, 2008, p.203.

9 중국에서 활동한 아시아주의자와 관동군(이시와라 간지), 그리고 동아협동체론의 전향 좌익은 도조 히데키와 대립했다. 이러한 사실은 우익의 반근대적 아시아 혁명론을 정당화하는 역사적 근거로 활용된다. 오카와 슈메이가 도쿄재판에서 도조 히데키의 뒤통수를 치는 장면이 유튜브에서 회자된다. 〈東京裁判-東条英機の頭をはたく大川周明〉(https://www.youtube.com/watch?v=DiXcg36Oa-M).

명화를 비판한 혁명적 대안 세력으로 주목된다. 그들의 주관적 의도에서는 정경유착으로 부패한 의회제 민주주의를 극복하고 자본주의 도시화로 피폐해진 농촌을 구제할 방법을 실천한 셈이다. 이시와라 간지를 추종하며 동아연맹의 이념을 계승한 사람들처럼(제3장 제5절 참조), 아시아적 농본사회의 이상 실현을 위해 만주 개척에 나섰다는 기억이 일본 사회의 일각에 전승되고 있는 것이다.

농본주의와 국수주의는 천황제를 일본 생활공동체와 문화전통의 진수로 옹호하고, 공산당은 천황을 국가권력의 수뇌로 지목한다. 전후 다시 천황제 문제가 좌우 양익의 대립에서 주요한 쟁점으로 부각된 정황이다. 하지만 일본공산당 지도부 중에서도 '사랑받는 공산당'이란 슬로건을 제시한 노사카 산조(野坂参三)는 천황제 타도에 반대의사를 표명했다. 1940년 연안에서 중국공산당과 합류한 후 1946년 귀국한 그는 민족주의를 옹호하는 관점에서 천황제 전통을 인정했다. 연합군 점령하 '평화혁명론'을 제시했던 노사카는 1950년 레드 퍼지(red purge)를 피해 도쿠다 규이치(徳田球一)와 함께 재차 중국으로 망명한 후 일본 국내의 무장투쟁 노선을 원격 지시한다.[10] 그러나 전후부흥으로 좌우가 정치적으로 타협하는 '55년 체제'가 성립되면서 공산당의 혁명론은 의회제와 자본주의 소비생활에 흡수되었다. 헌법 9조 수호를 위해 개헌에 반대한 일본공산당은 현실적으로 상징천황제를 수긍했다. 공산당에 이어 상징천황제에 반대한 세력은 신좌익이 아니었다. 역설적이게도 미시마 유키오를 숭상하며 세력화한 신우익이 상징천황제를 비판하게 된다.

---

10 1946년 초 미군의 도움으로 중국에서 귀국한 노사카는 중국 공산화 이후 재차 중국으로 망명한 이래 1955년 귀국하여 일본공산당을 지도했지만, 말년에 미국 스파이로 지목되어 1992년 당중앙위 명예의장에서 해임되고 사후에 제적당한다. 小林峻一·加藤昭, 『闇の男 野坂参三の百年』, 文藝春秋, 1993, 서장, 제1장.

2. 역사수정주의? 좌우를 잇는 역사관!

만주국 건설로 영미제국과 등을 돌린 일본은 동아시아의 민족협화를 내세우며, 중국국민당에 소련공산주의 및 서구제국주의와 맞서는 공동전선을 형성하자고 제안한다. 1935년 10월, 일본의 히라타(広田弘毅) 외상이 장제스에게 배일 감정의 통제와 구미 의존의 탈각, 만주국의 묵인, 공산 세력의 배제에 협력을 요구하는 '히라타 3원칙'을 제시한다.[11] 그러나 중국 내에서 항일민족주의가 고양하고 제2차 국공합작으로 중일연대에 실패하자, 일본은 중일전쟁의 전선을 확대한다. 제국의 범주에서 총동원체제를 구축한 일본은 동아협동체, 대동아공영권과 같은 아시아주의 이념을 지속적으로 제기했다. 중일전쟁의 장기화와 영미제국의 일본 봉쇄로 궁지에 몰린 일본은 아시아를 거점으로 진주만 공격을 감행하면서 이 전쟁을 '대동아전쟁'으로 불렀다.

그러나 패전 후 그 전쟁은 미국의 '태평양전쟁'으로 불리고, '서구제국으로부터의 아시아의 독립·해방'이라는 일본제국의 명분은 부정되었다. 자유주의 우파 진영에서 그 전쟁은 '일본군국주의 파시즘'에 대한 '민주주의의 승리'였다. 제2차 세계대전을 제국주의에 의한 식민지 쟁탈전으로 보는 좌파 진영에서는 일본의 전쟁을 '천황제 파시즘의 아시아 침략'으로 여겼다. 이때, 일본 인민도 천황제 파시즘의 희생자가 된다. 마르크스주의자들은 일본 국민을 일본의 침략전쟁과 미국의 원자탄 폭격에 의한 희생자로 그리는 동시에 전후의 인민 혁명을 추동할 주체로 부각시킨 것이다.

11 臼井勝美, 『日中戦争: 和平か戦線拡大か』(新版), 中央公論新社, 2000, pp.21-24.

한국전쟁이 발발하자, 미국이 샌프란시스코 강화조약을 서두르고, 미일동맹과 평화헌법을 골간으로 하는 일본의 전후체제가 성립한다. 일본의 안전보장 문제에 당면한 요시다 시게루(吉田茂)는 일본의 재군비 대신 미군에 군사기지를 제공하기로 결정한다. 국내 치안과 반공 보루를 구축하기 위해 경찰예비대가 창설되고, 군부와 관료, 대륙 낭인과 우익 단체의 관련자가 공직추방에서 해제되었다. 전전 사회주의에서 천황제 민족주의로 전향한 아카오 빈(赤尾敏)은 새롭게 대일본애국당(1951)을 결성하고 '친미우익'으로 활동한다. 제3차 세계대전의 발발과 전쟁 개입을 두려워한 평화주의 세력은 '비무장 중립노선'의 관철을 위해 미국과의 단독 강화에 반대하며 전후 민주화의 역주행을 비판했다.

한편, 공산당과 사회당 좌파는 합법적 대중 공간에서 일본의 재군비에 반대하며 중립 평화주의를 줄곧 제기했지만, 비합법 공간에서는 게릴라전술을 구사했다. 지도부가 중국에 망명한 상태에서 공산당은 재일조선인의 '조국방위대'와 함께 3반(반미, 반이승만, 반요시다)의 공동 투쟁을 전개하고, 미군기지 파괴를 위한 무장투쟁을 모색했다. 그 무력은 실제 미미한 것이었지만, 민주화의 역주행은 동아시아의 공산화와 일본 내 좌익의 동향과 맞물려 전개되었다. 반미투쟁을 전개한 1950년대 전반 좌익의 혁명운동은 전전 일본제국의 '대동아전쟁'에 대한 긍정을 내포한다.

미국을 해방군으로 맞이했던 공산당은 1951년 2월 일본공산당 제4회 전국협의회의 결정문에서 미국을 "세계 지배를 노리는 약탈적 침략 세력"으로 비난하고, 일본이 "미 제국주의의 식민지"로 전락했다고 말하며 무장투쟁 방침을 제기한다.[12] 곧이어 10월, 제5회 전국협의

12 公安調査庁, 『日本共産党·在日本朝鮮祖国防衛委員会関係等基本資料集』, 1953, pp.174

회에서 채택한 '신강령'에서도 "일본은 아메리카 제국주의자의 예속하에 놓이고, 자유와 독립을 잃고 기본적인 인권조차 상실했다"고 한다.[13] 일본의 반공 기지화가 세계평화를 염원하는 일본 민족의 자주성에 대한 억압이라면서, 민족해방민주혁명을 강령적 과제로 제시한 것이다. 신강령은 점령 당국의 검열하에 '회한의 공동체'가 가슴에 품었던 '아시아 해방전쟁으로서의 대동아전쟁'에 대한 기억을 실질적으로 해금시킨 셈이다. 아직까지 '대동아전쟁'을 긍정하는 분위기는 아니었지만, 미일 단독 강화조약에 반대하는 투쟁에서부터 '독립'을 과제로 삼는 정치운동이 시작되었다.

1951년 3월 『역사학연구』 150호 기념 특집은 '아시아의 변혁'을 다루며, 전후 역사학에 대한 반성과 새로운 과제를 제기한다. 마르크스주의 역사학자들은 식민지배를 합리화한 제국주의의 '학문적 왜곡'과 싸웠지만, "아시아 제 민족이 스스로를 변혁함으로써 세계사의 행진을 결정하는 잠재적 요소"라는 사실을 밝히지 못했다. 그러나 아시아는 이제 "그 창조한 새로운 사회의 조직과 사상, 군사력으로 '서구'와 직접 대결하고, '서구'를 몰락과 흥륭의 기로에 세워 놓고 있듯이 세계사의 새로운 단계와 그 의의를 역사학의 적극적 과제"로 제기하기에 이르렀다. "특히 중국혁명과 조선의 내란에 의해 처음으로 일본의 역사학에 날카롭게 제기된 과제"가 '아시아의 변혁'이다.[14] 이처럼 당대 역사학의 주류에서는 중국과 조선(북한)에서의 반미투쟁을 일본의 '민족적 자각'을 끌어올리는 마중물로 인식하고 활용했다.

1951년 5월 역사학연구회 학술대회의 주제는 '역사학에서의 민

-189.

13 위의 책, pp.1-7.

14 「『歴史学研究』 150号を記念して」(1951. 1. 1), 『歴史学研究』, 歴史学研究会, 1951年 3月号, p.1.

족문제'였다. 공산당 소속의 중세사가인 이시모다 쇼가 정리한 그 내용은 『역사와 민족의 발견』(1952) 제2부에도 수록되었다. 이시모다는 "민족의 독립"을 "역사학의 특수한 임무"로 강조하며, "학문하는 목적을 명확히 일본 민족의 제국주의로부터의 해방"에 집중할 것을 주장했다. 그 책에서는 "참된 애국심은 조국의 역사를 잘 이해하고 자기 민족이 갖고 있는 우수한 전통과 문화와 풍습을 잘 알아야만 생겨난다"는 김일성의 말을 인용한다.[15] 이는 1951년에 출판된 『일본 민족의 형성』이란 역사서에서 이미 인용된 어구의 재인용이다. 『역사와 민족의 발견』의 제3부 '민중과 여성의 역사에 부쳐'에서도 조선의 3·1운동을 참조하면서, "민족의 역사에서 패배는 굴욕이 아니며, 싸우지 않은 것이 불명예"라고 덧붙인다.[16]

1950년대 초반의 공산당은 아시아의 반제해방투쟁을 적극 참조하며 일본의 반미투쟁을 일으키고자 했다. 그러나 무장투쟁 노선은 별다른 성과 없이 한국전쟁의 휴전으로 무기력해지고, 1955년 공산당이 의회제 민주주의를 수용함으로써 폐기되었다. 이제 평화는 진보진영의 전략·전술적 가치만이 아니라 일본의 국가적 상징 가치로 내면화되어갔다. 반미민족주의의 불씨도 꺼지지 않았다. 1950년대 동아시아에 냉전 구도가 형성되면서 아시아의 저항민족주의에 의지하여 부활한 일본 내셔널리즘은 1960년대에 제3세계 민족해방운동에 연대감을 표시하면서 전개된다. 우에야마 슌페이는 당시의 정황을 다음처럼 정리한다.

---

15 石母田正, 『歴史と民族の発見: 歴史学の課題と方法』, 東京大学出版会, 1978(25쇄), pp.16, 39, 41; 藤間生大, 『日本民族の形成: 東亞諸民族との連關において』, 岩波書店, 1951.

16 石母田正, 위의 책, p.274.

패전과 함께 내셔널리즘에 대한 부정의 계절이 시작되었다. 내셔널리즘 대신 등장한 것은 '자유주의'나 '사회주의'라는 이름의 인터내셔널리즘이었지만, 조선전쟁(1950-1953), 스탈린 비판(1956), 중소분쟁(1962) 등의 사건을 거쳐, 그것들이 대국 내셔널리즘의 위장에 다름 아니라는 것이 누구의 눈에도 명확해졌다. 이러한 인터내셔널리즘에 대한 환멸이 아시아·아프리카 신흥국 내셔널리즘에 공감하고, 회복한 국력에 대한 자신감과 호응하며, 내셔널리즘 재평가의 기운을 낳았다. 어떻든 '내셔널리즘'이란 말을 전후에 환호하면서 사용하게 된 것은 아시아·아프리카의 민족해방운동이 일제히 고조되었기 때문이다."[17]

그러나 1950년대 말부터 중소분쟁이 시작되어 1960년대 제3세계 운동도 난맥상을 보였다. 그 와중에 '반미'를 수행한 세력은 신좌익이다. 신좌익의 분파마다 반미투쟁의 전략전술이 달랐지만, 기본적으로 미국을 제국주의 침략 세력으로 규정하면서 핵전쟁과 국가독점자본에 반대하는 대의 앞에서 공동투쟁의 이합집산을 거듭했다. 베트남전쟁도 서구제국주의의 아시아 지배에 맞선 일본제국의 '아시아 해방전쟁'이란 역사인식을 긍정하는 역설적 효과를 내포한다.

신우익 학생조직은 1966년 신좌익의 학원 점령에 반대하여 탄생했다. 그러나 그들은 '반전반핵, 반미평화'를 외치는 신좌익을 지켜보면서 오히려 신좌익에 동화되었다. 스즈키 구니오(鈴木邦男)는 전학련 학생들의 베트남전쟁 반대운동에서 사상적으로 자극받았다고 고백한다.[18] 신좌익 학생들이 공산당의 합법주의를 비판하여 반체제 투쟁노

17 上山春平,「日本のナショナリズム」,『戦後日本の思想対立』(講座·日本社会思想史 5)(増補版), 芳賀書店, 1970(초판: 1967), pp.51-52.

18 鈴木邦男,『愛国と米国』, 平凡社, 2009, pp.186-188.

선을 관철하려고 했듯이, 신우익 학생들도 기성의 반공 우익과 달리 전후체제를 부정하는 혁명적 노선을 제시한다. '민족파'를 표방한 신우익은 얄타-포스담 체제를 타파하여 일본의 군사적 무장과 중립을 실현하자고 주장했다.[19] 전후 세대의 좌·우익은 서로 다른 방식으로 미국의 세계전략에 포섭되어 있는 일본의 현실을 전복시키고자 한 것이다.

미국을 제국주의 침략국으로 그리는 고바야시 요시노리의 만화 『전쟁론』 시리즈 3권은 전후의 반제국주의 민족해방투쟁 사관에 입각해 있다. 오늘날 넷우익의 '아시아 해방전쟁' 사관은 단순히 과거 일본제국의 역사인식을 복사하는 것이 아니다. 탈냉전으로 계급사관도 탈색하고 민족주의가 부흥하는 시대에, 전후의 역사수정주의는 기본적으로 전후 좌익의 반미민족해방 사관을 흡수했다. 최근 젊은이들의 침략전쟁을 부인하는 태도는 전전에 조선과 만주에서 재직했던 관료들의 식민지근대화론에 영향받은 것이라기보다, 전후 일본을 미국의 식민지로 규정한 좌파 담론과 공명하는 측면이 크다. 고바야시와 수정주의자들은 일본의 침략전쟁은 미국의 일본 봉쇄 때문이라고 한다. 이는 미국이 중국 봉쇄를 위해 북한을 침략하고 일본을 기지화했다는 좌익의 논리를 답습하고 있다.

전후 좌익은 미국의 중국 및 북한 봉쇄에 대한 정당방위로서 사회주의 국가의 폭력문제를 옹호했다. 가령 1965년 한일회담 반대운동 차원에서 나온 『일·조·중 삼국 인민연대의 역사와 이론』이라는 책은 한국전쟁에 가담한 미국의 세계전략이 중국 봉쇄를 제1목적으로 삼

---

19 안보투쟁 시기 기성 우익의 활동과 '민족파' 학생(신우익)의 등장에 대해서는 堀幸雄, 『戦後の右翼勢力』(増補版), 勁草書房, 1993, 제2장 참조. 신우익은 국가사회주의적 민족파 사상가인 고지마 겐시(小島玄之)가 제시한 「우익운동의 기본정책」(1964)과도 통한다. 고지마의 우익사상과 정책에 대해서는 같은 책, pp.122-133.

고 있다고 한다. 한일회담도 "기지(基地) 일본과 전선(戦線) 한국의 결합"으로 중국 봉쇄를 획책하는 것이라고 분석한다.[20] 이러한 연대의식은 냉전시대 진영논리로 유지되었다. 마찬가지로 2000년대 넷우익은 일본의 전쟁이 서구제국주의의 일본 봉쇄에 대한 '정당방위'였다고 역설한다. 이념과 국익을 둘러싼 대립과 연대 속에서 시대의 변화에 따른 역사인식의 굴절은 거듭되었다.

냉전기의 좌우대립에도 불구하고 반미투쟁의 '원조'인 전전 우익과 반미투쟁의 '후예'인 전후 좌익의 역사는 계승되었다. 전전에도 좌·우파가 반미의 통일전선을 형성한 적이 있다. 중일전쟁 이후 혁신관료들은 전시개혁에서 국가사회주의로 자본주의 문제를 극복하는 집단주의 시스템을 구축했다.[21] 오카와 슈메이, 기타 잇키 등 중국에서 활동했던 혁신적 우익사상가들은 1920년대부터 일본의 관료와 자본가의 탐욕을 비판하면서 천황제의 공동체 정신을 강화하여 국가를 개혁하자는 논지를 폈다. 제3장에서 보았듯이, 『일본개조법안대강』도 관료, 독점재벌, 군벌을 비판하고 국민과 일체된 천황의 통치권을 회복하여 노동자의 권익을 보호하며, 대자본을 국가로 통일시키자는 내용이다. 『일본개조법안대강』은 '대동아공영권'의 사상적 기조로 승계된 것으로도 평가된다.[22]

1970년대 일본이 경제대국으로 성장하여 미국과 겨루게 되는 와중에도 전후 일본의 대미종속성 문제는 좌·우파가 서로 공명해왔다. 1990년대 미국 패권이 세계질서를 주도하자 '반미보수' 담론이 아시

20 安藤彦太郎等, 『日·朝·中三国人民連帯の歴史と理論』, 日本朝鮮研究所, 1964, pp.142-145.

21 혁신관료란 1937년 중일전쟁 이후 전시통제경제를 주도하고 국가총동원법 등을 작성한 기획원(1935년 내각조사국에서 변경됨)의 관료들을 말한다.

22 豊田穣, 『革命家·北一輝: 「日本改造法案大綱」と昭和維新』, 講談社, 1996, p.550.

아 공동체론과 함께 부흥했다. 그러나 동아시아 각국에서 고양된 풀뿌리 내셔널리즘은 냉전시대의 좌우 진영 간 연대의식을 희석시키고, 일국적 내셔널리즘을 강화한다. 전후 세대가 만드는 기억의 회로는 급변하는 역사 속에서 좌충우돌한다. 고바야시의 만화를 보면서 자란 넷우익의 역사인식은 반미민족주의에서 논리적 근거를 차용하면서도, 아시아에 대한 사죄의식을 일본의 서구제국주의에 대한 저항의식으로 바꿔친다. 탈냉전과 한중의 경제발전에 따른 내셔널리즘의 충돌 속에서 경제대국의 자부심을 '잃어버린 세대'는 과거의 전쟁을 아시아 해방을 위한 '일본의 희생'처럼 인식한다. 그들은 역사수정주의를 비판하는 한국과 중국을 일본 내정을 간섭하는 '억압 세력'으로 증오한다.

일본의 역사수정주의를 우경화 현상으로만 배척한다면, 일본의 '아시아 해방사관'이 아시아 내셔널리즘과 연동하고 좌우합작의 여러 논리에서 축적한 문제도 보이지 않게 된다. 역사/인식의 문제가 오랜 기간의 상호작용 속에서 배양되고 변이되었다면 서로의 결합과 변화를 돌아보는 시간이 절실해진다. 20세기의 뒤틀린 문제로 21세기의 갈등을 격화시킨 오늘날, 민족적·당파적 역사인식의 모순된 이면을 자각할 때다. 서로의 닮은 점을 서로가 배척하고 증오하는 현상을 밝혀 자타가 모순을 함께 극복해가는 역사수정주의의 새로운 버전이 필요하지 않겠는가.

3. 우익사상의 정립과 '좌우합작'

한국전쟁으로 우익추방이 해제되고, 55년 체제하 대중적인 안보투쟁이 전개되는 과정에서 우익이 재등장했다. 우익 문제는 한반도의 친일파 문제와 유사한 정치적·사상적 쟁점을 불러일으켰다. 일본에서 역사적 부(負)의 유제(遺制) 및 연속성 문제는 국민국가의 제도화와 전후 아시아의 냉전사와 관련해서 포괄적으로 인식할 문제이기도 하다. 이러한 연구 과제는 신좌익운동이 잦아든 후, 총력전 연구, 관료 연구, 포스트콜로니얼 연구 등에서 부분적으로 밝혀졌다.[23]

전후민주주의 세대는 과거 국책 사업에 관여한 관료와 지식인들에게 거센 저항감을 드러냈다. 반면, '대동아전쟁'을 수행한 전전·전중 세대의 기억은 전후 질서 속에서 억압되고 봉인되었다. 그 기억이 전쟁문학의 형태로 발현된 것은 일본의 주권 회복이 결정되고, 공산당의 반미민족운동이 공표된 시기와 겹친다. 1945년 1월 필리핀에서 미군의 포로가 되어 레이테섬의 포로병원에 수용되었던 오카 쇼헤이(大岡昇平)는 연작소설『포로기(俘虜記)』를 1946년부터 집필하여 1948년에 검열을 피한 일부 작품을 발표하고 완성작을 1951년에 출간한다. 전쟁 말기 인간의 비참한 생존기를 증언한『들불(野火)』은 역시 1951년에 발표되었다.

공직추방에서 해제된 우익들은 안보투쟁 시기에 '전일본애국자단체회의'를 결성하고 반공 투사로 활약한다.[24] 이 단체는 '정치와 폭

---

23 1937년 중일전쟁 이후 기획원은 요시다 시게루, 기시 노부스케 등 전후 일본의 부흥에 기여한 관료들을 많이 배출했다. 秦郁彦,『戦前期日本官僚制の制度·組織·人事』, 東京大学出版会, 1981; 秦郁彦 編,『日本官僚制総合事典: 1868-2000』, 東京大学出版会, 2001. 총력전 사회 시스템에 대해서는 山之内靖·成田龍一·J. Victor Koschman,『総力戦と現代化』, 柏書房, 1995; 경제사 연구는 岡崎哲二, 奥野正寛 編,『現代日本経済システムの源流』, 日本経済新聞社, 1993 참조.

24 야쿠자 연구로 유명한 저널리스트 이노 겐지는 전후 우익 폭력단 이미지를 불식시키고, 다이쇼 시대에 "일본 제일의 괴물"로 불렸던 도야마 미쓰루를 우익의 원조로 기억해내어 그 배후의 우익정신을 사이고 다카모리와 민권운동에서 찾아 일본 우익의 계보화를 시도했다. 猪野健治,『日本の右翼: その系譜と展望』, 日新報道, 1973, pp.20-22. 우익의 전국조직인 전일본애국자단체회의(全日本愛国者団体会議)는 국체수호와 반공협동전선을 2대강령으로 제시한다.

력단의 유착'으로 지탄을 받았다. 하지만 아시아주의 정치단체 동방회(東方会, 1936-1944)의 후예들은 정치에 대한 '비합법 봉사'는 겐지(源氏)와 헤이케(平家)의 역사에서 보듯이 무사집단의 본분이라고 주장한다.[25] 우익이 주먹과 완력으로 좌익의 체제 전복 위기로부터 전후민주주의와 법치주의를 수호했다는 것이다.

신도 사상가인 아시즈 우즈히코와 가도(歌道)를 전수하는 우익단체(大東塾)도 미일동맹에 반대했다.[26] 하지만 국수주의 문화를 옹호하는 정통파 우익의 활동 목적은 국가 독립과 국체 수호에 있으므로, 좌파의 반미투쟁이 활발했던 시대에 그들이 반미운동을 공공연히 벌일 이유는 없었다. 친미보수가 주도하는 정치권과 좌파가 주도하는 지식계에서 우익의 이미지는 '정치 깡패'로 전락하고 있었다.

우익의 정서와 행동 원리에 대한 학술 연구는 전후 부흥에 성공하고 안보투쟁이 활발해진 1950년대 말부터 시작된다. 전쟁 말기 학도병으로 전장에 나간 전우의 죽음에 부채의식을 갖게 된 세대들은 전후의 부흥에 안주할 수 없었다. 일본인의 희생을 좌파는 '국가 권력에 의한 개죽음'으로 묘사했지만, 국가에 대한 분노와 비판만으로 그들의 영혼이 구제될 수 없었다. 자본주의와 국가주의에 포섭된 '우익=전범'의 부정적 이미지와 다른 차원에서, 우익사상이 '민족·민중 사상'의 한 범주로 영입될 필요가 있었다. 새로운 해석학에서는 서구적 합리주의로 접근할 수 없는, 동양적 전통과 맞닿은 '일본인의 정서',

---

25 第二次『東大陸』編集部,「戦後の右翼と現在: 〈右派民族派〉の再結集といわゆる"新右翼"」,『東大陸』第4号, ビヒモス, 1995, p.11. 동방회(東方会)의 기관지였던『동대륙(東大陸)』은 후쿠오카에서 활동한 정치학자 우시지마 도쿠타로(牛嶋徳太郎)를 편집장으로 하여 1991년부터 1995년까지 전 4호가 발행되었다. 창간호에는 일수회의 기무라 미쓰히로(木村三浩)가「전후체제를 타도하고 일본의 주권을 회복하라!: 교전권의 회복은 적국 조항의 삭제보다 중요」를 게재했다.

26 堀幸雄, 앞의 책, 제3장.

자본주의와 대립하는 '농본주의', 공동체를 중시하는 '향토주의' 등이 포착된다. 이를테면 한국에서 지배 권력의 국가주의로부터 '저항민족주의'를 분리하고 그 의미의 순수성을 부각시키려는 전략과 비슷하다.

「일본낭만파와 농본주의」(1958-1959)라는 글에서 하시카와 분조는 야스다의 문학운동과 동시대의 농본주의·향토주의적 실천이 모두 일본 근대에 대한 일종의 문명비판론이라고 말한다.[27] 이는 후지타 쇼조가 농본주의를 관료 정치에 반대한 "비정치적인 자주적 공동체" 운동으로 이해하고, 가메이 가쓰이치로가 일본낭만파를 "시무(=정치)를 거부"하며 "이로니의 세계에서 고고하게 반항"하는 "미적·감각적 체험"으로 선언한 것과 연결된다.[28]

후지타와 하시카와의 작업은 1950년대 후반 '쇼와사논쟁'으로 촉발된 동시대 일본 지식사회의 한 흐름과도 연결된다. 결과적으로 역사인식 방법의 다각화를 가져온 그 논쟁은 일본낭만파의 일원이었던 가메이 가쓰이치로가 '인간의 얼굴'과 '국민의 동요'가 보이지 않는 공산당의 공식사를 비판하면서 확대되었다. 이를 계기로 일본의 전후 책임 및 '우익=전범'에 대한 인식이 기존의 당파적 구도를 넘어 일본인의 윤리적·민족적 과제로 제기되고, 역사서술의 방법에서 '인간'과 '사상'에 대한 다각적인 접근이 요구되었다.[29]

하시카와는 전전의 급진적인 사회주의운동에서도 '향토의 상실'을 '민족적'인 문제로 파악하고 있었다고 지적한다. 단지 과거 좌익운동에선 '노농동맹'의 슬로건만 있을 뿐 '향토=민족문제'에 대한 충

---

27 橋川文三, 『日本浪曼派批判序説』(改訂版), 未来社, 1965, pp.70-74.

28 위의 책, p.68.

29 大門正克 編著, 『昭和史論争を問う: 歴史を叙述することの可能性』, 日本経済評論社, 2006의 제2부에 게시된 당대의 자료에서 논쟁의 파급 양상을 확인할 수 있다.

분한 인식과 실천력이 부족했다는 것이다.[30] 그러나 1950년대의 공산당은 오히려 '향토=민족문제'를 긍정하는 전략·전술을 취한다. 전전의 우익사상에 대한 하시카와의 관점과 문제의식은 1950년대 일본공산당의 전략적 목표로 부각된 '민족해방'과 '민족문화'에도 상응하고 있다. 따라서 하시카와의 연구는 일본민족주의가 소생한 1950년대의 역사적 변화를 일본낭만파에 투영한 결과이기도 하다.

1951년 '신강령'에서 '민족해방 국민정부의 수립'을 제시한 공산당은 무장투쟁만이 아니라 '민족적 국민문화운동', '민족적 국민과학운동' 등의 문화투쟁도 중시했다.[31] 이러한 '민족적 국민문화운동'은 1955년 무장투쟁노선이 철회되고 동아시아 공산당이 일국적 사회주의운동으로 전환된 후에 더욱 다양하게 발전한다.[32] 시대사상을 주도한 좌익이 문화운동에서 인민(계급)이 아닌 민족(국민)을 중시한 가운데, 하시카와는 우익의 행동과 논리에 내재된 '향토=민족'의 애국정서를 복원했다. 이로써 좌우파가 논리적으로 공감하며 '우익사상'을 재인식할 가능성이 열린 것이다.

1967년부터 하시카와는 '반근대와 근대의 초극'이라는 문제의식으로 막말 국학에서 일본낭만파에 이르는 사상적 계보를 탐구하고, 내셔널리즘과 향토애를 구분하는 이론적 작업에 천착한다. 그는 조국애와 향토애가 국가 이념의 수준에서 접합하고 충돌하는 모순을 메이지유신 이후 사상사의 맥락에서 검토했다.[33] 초국가주의의 원인을 전근대적 농촌공동체에서 찾았던 마루야마의 인식에서 비켜나 '향토

---

30 橋川文三, 앞의 책, 1965, pp.71.

31 公安調査庁, 앞의 책, pp.30-100.

32 日本共産黨,「日本文化の擁護と発展のために」,『前衛』, 1957. 3, pp.16-17.

33 橋川文三,『近代日本政治思想の諸相』, 未来社, 1968;『ナショナリズム: その神話と論理』(紀伊國屋新書 復刻版), 紀伊国屋書店, 1994(초판: 1968). 쇼와유신에 관한 시론적 글쓰기도 내셔널리즘 연구의 연속적 결실이다.

애', '자치'와 '국가', '관료'의 분리를 시도하는 작업에 열중한 것으로 보인다. 1970년 6월부터 1973년 10월까지 「쇼와유신시론」을 발표한 하시카와는 마루야마가 「군국지배자의 정신형태」에서 추악한 무법자(폭력)로 인식한 대륙낭인의 사상을 일본 민족의 '생명사상'과 '죄의식' 등의 관점에서 새롭게 조명한다.[34]

새로운 시대 분위기에서 하야시 후사오의 '대동아전쟁 긍정론'도 제기되었다. 그에 따르면, 일본은 개항기부터 서양 제국주의의 식민지 지배에 저항하여 '동아시아 100년 전쟁'을 수행했다. 일본의 전쟁은 패전으로 끝났지만 1945년 이후 중국혁명, 한국전쟁을 비롯하여 동남아시아, 중남미, 아프리카에서 대미 전쟁이 지속됐다.[35] 그의 평론은 체계적 논리를 결핍했지만 앵글로색슨족의 세계 식민지 지배에 저항한 전쟁사를 부각시키며 그 세계사의 맥락에 일본의 아시아주의와 '대동아전쟁'의 의미를 매겨두려고 한다. 즉, 비동맹권의 반제민족운동을 타고 고조된 '아시아 연대의식'에 기대어, 전후 일본의 군사적인 식민화 상태를 구제하고 전전 일본의 영미제국에 저항했던 민족주의의 현재적 의미를 복원하려는 의도다.

전후 보수주의의 한 갈래를 대표하는 신도계의 아시즈는 '유럽의 반동성'과 '아시아 민족주의'의 대결 구도를 설정한다. 그에 따르면, "20세기 세계사는 아시아 내셔널리즘의 웅대한 전개를 기록한다. 19세기 일본의 메이지유신은 이 아시아 내셔널리즘 발전사의 서곡이었다". "일본 군부의 주관적 의도가 어떤 것이었을지라도, 일본의 군사

34 橋川文三, 『昭和維新試論』, 講談社, 2013, pp.68-73.

35 「대동아전쟁 긍정론(大東亜戦争肯定論)」은 『중앙공론』 1963년 9월호부터 연재를 시작했고, 연재된 글을 모아 1964, 1965년에 걸쳐 출판된 두 권의 논집은 출판사를 바꾸면서 1968년, 1976년에 거듭 간행된 후, 반미아시아주의가 부활한 2001년과 2006년에 재출간되었다. 林房雄, 『大東亜戦争肯定論』, 番町書房, 1964, pp.19-23, 135-138.

력이 아시아의 식민지체제에 치명적인 타격을 주는 작용을 한 객관적 사실은 누구도 부정할 수 없다"는 주장이다.[36] 메이지유신에서부터 '아시아 내셔널리즘의 발전사'를 정립한 것은 러시아·소련과 영미제국과의 '최종전쟁'을 숙명으로 삼았던 '동아시아제국 일본'의 전쟁사에 '제3세계 민족운동'의 의의를 부여하는 효과를 낳는다.

쓰루미 슌스케와 다케우치 요시미와도 교류한 아시즈에게는 '우익' 꼬리표가 붙지 않았다. 그 역사관은 전후에 공직추방을 당했던 아시아주의 정치가들에게도 환영을 받았다. 1964년에 발행된 아시즈의 저서 『메이지유신과 동양의 해방』의 머리말은 현양사와 동방회의 임원을 역임했던 정치가 신토 가즈마(進藤一馬)가 집필했다.

> 메이지유신은 동양 해방사의 서막이었다. 메이지유신 이래 백 년, 일본과 아시아의 교섭사를 돌아보는 것은 현대 일본인에게 너무도 긴요하다. 특히 그 간의 역사에서 나는, 정부 대 정부의 교섭사보다 오히려 재야의 유지(有志), 예를 들면 도야마 미쓰루와 이누카이 보쿠도(木堂: 이누카이 쓰요시의 호) 등 선각자와 쑨원, 황싱(黄興) 등 혁명가들의 교섭사에 주목하고 싶다. 그것은 단지 아시아의 과거를 말하는 것이 아니라, 아시아의 미래 희망을 말하는 것이기 때문이다.[37]

후쿠오카 시장(1972-1986)으로 활약한 신토는 전후에 공직추방을 당했고, 1960년 안보투쟁 직후의 중의원선거에서도 탈락했다. 재야에 머물던 시절 그는 아시아주의 대륙낭인들에 대한 아시즈의 재평가에

---

36 葦津珍彦, 『明治維新と東洋の解放』(復刊版), 皇学館出版部, 1995(초판: 新勢力社, 1964; 복간판 제3쇄: 皇学館出版部, 2005), p.5.

37 위의 책, 序.

서 '아시아의 미래 희망'을 발견하고 있다. 바야흐로 한일회담에 대한 신좌익의 반대운동이 고조된 시점에 그는 전전 아시아주의에서 재야 지사들의 교섭사를 새삼 강조했다. 1960년대의 시점에서 그들의 뿌리 깊은 '초망지사' 의식이 환기되고 있었다.

『메이지유신과 동양의 해방』은 '전후 50주년'을 기념하는 1995년에 복간되었다.[38] 와세다대학의 민족파 우익학생운동에도 관여했던 신도 연구자 닛타 히토시(新田均)가 1995년 당시, 도쿄재판 사관을 극복하려는 취지로 아시즈의 책을 복간했다. 그에 따르면 도쿄재판은 서구제국주의의 아시아 침략을 묻어둔 채, 일본의 '아시아 해방투쟁'이란 의도를 전쟁 범죄로 일방적으로 재단하고 폄하한 서구의 승리사관이다. 도쿄재판 사관과 마르크스주의 사관은 러일전쟁으로 러시아 혁명이 일어나고, 중일전쟁으로 중국혁명이 일어난 역사적 사실을 일방적인 침략사로 단죄했다는 것이다.

좌익과 우익이 반제민족주의에 대한 공감을 확대해가는 분위기에서 신도 사상가 아시즈는 좌우 양익의 대립구도가 아닌 서양문명과의 대립구도로 우익의 의미를 재규정한다. 1969년 발표한 「우익정신의 계보와 현상」에서 '우익'은 '서구화'에 대결하는 사상적 실천 양식의 총칭으로 새롭게 정의된다.

> 우익이란 보수냐 급진이냐가 아니라, 오히려 '서구'에 대결하는 것에 한정해서 사용되어왔다고 말해도 좋겠다. 일본에서는 서양문명에 원류(原流)하는 것은 보수든 반동이든, 우익 안으로 들어오지 않는다. 우익이란 급진적이든 반동적이든 '서양화'에 대결하는 것의 총칭으로 사용되었다.[39]

---

38 필자가 참조한 책은 2005년에 발행된 복간판 제3쇄다.

39 葦津珍彦, 「右翼精神の系譜と現状」, 『経済往来』, 1969. 9, p.149.

반서구적 일본정신으로 '우익'을 재정립하기 위해서는 이제 서구적 자유주의와의 차이를 보다 분명히 구별할 필요가 생겼다. 신좌익 운동의 자극으로 신우익이 대두한 1970년대에 신예 마쓰모토 겐이치가 그 역할을 수행한다. 하시카와와 다케우치의 계보를 잇는 마쓰모토는 우익의 사상적 기반과 정치적 성격을 재정립한다. 도쿄대학 경제학부를 졸업한 마쓰모토는 호세대학 대학원에서 일본 문학을 전공하고 1971년에 『젊은 기타 잇키』를 저술하여 각광을 받았다.

1980년대부터 마쓰모토는 기타 잇키와 나카노 세이고(中野正剛) 등을 통해 우익사상에 내포된 아시아 연대의 가능성과 좌절을 보여준다. 저널리스트 출신의 나카노는 동방회 총재로 도조 히데키의 독재에 저항하다가, 1943년에 동방회 회원들과 함께 '일본의 패전' 낭설을 유포한 죄목으로 체포되었다. 그는 증거 불충분으로 석방되었지만, 정치적 위협으로부터 아들과 동조자들을 보호하기 위해 자결을 감행한 것으로 알려졌다.[40]

기타와 나카노의 '저항 의지'를 재조명한 마쓰모토는 우익사상의 본질이 내셔널리즘과 아시아주의에 있음도 밝힌다. 그의 우익사상론은 아시즈의 '아시아 내셔널리즘의 발전사'를 승계하고 있다. 「사상으로서의 우익」(1976)이란 평론에서 그는 "일본의 내셔널리즘이 구미의 선진 자본주의 열강의 압박하에 저항으로서 성립한 사상"이라면, "내셔널리즘은 우익사상의 가장 큰 기둥"이라고 단언한다. 일본의 우익이 "아시아의 혁명운동과 독립전쟁에 연대한" 이유는 간단하다. "그들의 행동이 아시아 내셔널리즘의 발현이었기 때문"이다. 동어반복

40 마쓰모토 겐이치, 「아시아주의자의 원상(原像): 나카노 세이고(中野正剛)의 경우」, 『일본비평』, 2014. 2. 무솔리니와 히틀러를 방문한 적이 있는 나카노의 사상과 운동에 대해서는 千坂恭二, 「中野正剛と東方会: 日本ファシズムの源流とファシスト民主主義」, 『思想としてのファシズム: 「大東亜戦争」と1968』, 彩流社, 2015, pp.14-40 참조.

처럼 들리는 우익 옹호론은 '지배 세력=보수'를 삽입함으로써 새롭게 정리된다.[41]

마쓰모토는 일본의 권력 구조와 특징을 설명하면서 서구문명을 수입한 '리버럴=보수'가 좌익과 우익 사이에서 배제와 통합을 반복하며 줄곧 권력을 유지했다고 진단한다. 전전 일본의 지배자가 우익이라는 인식은 전후민주주의가 만들어낸 신화라는 것이다. 그는 '좌익/우익'과 '지배/저항'의 대립항 사이에 '보수'를 끼워 넣는다. '보수'는 원래 자유주의자를 의미하는 리버럴리스트의 일본식 번역어라고 한다. 즉, 대미 협력을 유지하며 근대 이후 국가 헤게모니를 장악한 합리주의와 자유주의 성향의 지배 세력이 보수다. 메이지 국가체제와 근대화 노선에 대해 우익은 민족의 입장에서 반대했고, 좌익은 계급의 입장에서 반대했다고 한다.[42] 이로써 '반미우익'이 아닌 '친미보수'에게 아시아 침략의 원죄를 되돌려 줄 논리적 근거가 준비된다.

마쓰모토의 논리는 도쿄재판에서 '침략전쟁의 주범'으로 심판받은 우익을 구제한다. 제국주의 전쟁은 미국의 압력으로 근대적 문명개화를 추진한 국가의 귀결점이며, 그 책임의 당사자들이 오히려 침략전쟁에 우익을 이용하고, 전쟁책임자로 우익을 심판했다는 새로운 이야기가 구성된다.

그러나 '우익 구하기'의 서사는 반어(아이러니)적 어법으로 마무리된다. 보수와 결탁한 우익이 "침략적 일본에 저항하지 않는 아시아를 요구"함으로써 "아시아주의의 타락"을 스스로 가져왔기 때문이다.[43] 결국, 우익은 서구에 의해 강요된 근대사에 저항하여 아시아의 민족

41 松本健一, 『思想としての右翼』, 論創社, 2007(초판: 第三文明社, 1976), pp.57-58.
42 위의 책, pp.5-7.
43 위의 책, p.59.

적 연대와 해방의 역사를 창조하고자 했으나 현실에서 늘 실패했다. 그 트라우마를 원천적으로 극복하기 어려운 전후사에 '일본적 한의 정서'가 서린다. 보수는 전후에 다시 미국과 제휴하여 지배구도를 장악했지만, 우익은 전후민주주의에 의해 또다시 거세당한 '역사의 실패자'로 기억되었기 때문이다. 적어도 2000년대 우익사상이 부흥하기 전까지는 그렇다.

우익에 대한 일본인의 낭만적 이해는 우익의 계율에서도 엿보인다. "시세에 아첨하지 않고, 세속의 흐름을 따르지 않고, 권력에 굴하지 않고, 이익을 찾지 않고, 허명을 추구하지 않고, 악명(惡名)을 감수하고, 일어나면 참간(斬奸)의 검을 휘두르고, 높고 고귀한 조국애 속에서 살아가는" 것이 "참된 우익"이라는 논지다.[44] 대륙낭인의 정신적 지주로 통하는 도야마 미쓰루(頭山滿)의 호가 입운(立雲)인 것도 세속의 기준을 초월하려는 우익의 '도의'적 감성을 보여준다.

물론 일본의 리버럴한 보수-진보 담론과 한국인의 집단 기억 속에서 '조국애'의 핵심은 "천황 중심의 국가지상주의"를 의미하는 경우가 많다. 반면, 일본회의에 모인 국수주의자들은 우익 정서를 합리적인 보수 및 근대국가의 제도와 분리시킨다. 그들은 친미-리버럴-보수 성향의 기술관료(technocrat)와 대립하지 않으며 스스로를 보수로 칭하지만, 공동체의 전통에 맞닿는 우익사상에 입각하여 현대 일본 사회의 위기를 극복하고자 한다.

서구적 근대(자본주의 이익사회)와 전통 사회(농본주의 공동체)의 차이에서 보수와 우익사상의 뿌리가 서로 갈린다. 이렇게 '보수'와 '우익'

44 荒原朴水, 『大右翼史』, 秀文社, 1966, 표지의 안쪽에 제시되어 있다. 인용문의 번역은 한상일, 「일본의 우익사상과 아시아주의」, 『일본비평』, 2014. 2에서 재인용. 한상일의 일본 우익 연구는 우익이 현실정치에 개입하여 제국주의 침략에 기여한 사실을 추궁한다.

을 구분함으로써 전전에 활동했던 '우익 구하기'의 출로가 열릴 뿐 아니라, 좌우 양익의 심정적 공감대도 넓어진다. 자본주의 근대화와 근대국가의 제국주의화를 공격하는 측면에서 좌우익의 민족주의 사상은 일맥상통한다.

초국가주의에 자발적으로 동원되는 농촌 공동체의 정신구조를 극복하고자 했던 리버럴리스트 마루야마 마사오는 전공투에 의해 '전후 민주주의의 기만적 지배구조를 사상적으로 지지한 어용학자'로 공격당한다. 반면, 우익 민족주의의 부활을 꿈꾼 미시마 유키오는 전공투와 공감대를 형성했다. 이들의 대조적 사례에서도 좌·우익과 자유주의(리버럴리스트)·보수가 갈라지는 지점이 확인된다. 그러나 사회주의와 자유주의는 같은 외래 사상에 뿌리를 두고 있다. 결국 우익사상만이 개항 이전부터 자기 전통에 뿌리내리고 정치적 위기에 대응하는 재야의 저항 세력이자 민족주의의 정수라는 인식 회로가 만들어진다.

4. '혁명적 울림'의 좌절과 '일본미'

전후에 우익사상에 대한 학술 연구는 하시카와 분조의 『일본낭만파비판서설』에서 시작되었다. 이 책은 1957년부터 발표한 논문을 1960년에 집대성한 결실이고, 그 이후 작업을 보탠 증보신판이 1965년에 출판된다(약칭 '『비판서설』'). 당시 하시카와는 우익사상이란 용어를 쓰지 않았고, 1950년대 말에 우익의 사상이란 여전히 파시즘과 테러리즘을 의미했다. 그렇기 때문에 하시카와의 전략은 일본낭만파를 우익 표상으로부터 건져내어 좌익의 혁명사상과 연결시키는 것에 있었다. 그는 일본낭만파의 사상과 태도 속에서 국학의 주정주의(emotionalism), 독일낭만파의 이로니, 그리고 혁명적 마르크스주의의 저항성을 발견한다.[45] '좌우합작'과 '동서융합'을 통해 일본낭만파에 반체제적 감성과 근대 비판적 진보성을 부여한 것으로, 이로써 지식계에서 우익사상을 재인식하는 출로가 열린 셈이다.

하시카와는 청춘기에 전전과 전후의 간극을 한 몸에 체험한 전중세대다. 1942년 도쿄대학 법학부에 진학한 그는 문학부에서 활동하며 일본낭만파의 감성으로 '전쟁과 죽음'을 자명한 것으로 상상했다고 한다. 그 시절 그 또래의 일부 젊은이들은 야스다 요주로가 말하는 패전과 몰락으로 향하는 심정, 즉 "궁극적 양상을 느끼며, 『고사기(古事記)』를 품고서 남해의 정글에서 시체가 되는 것을 열망하고 있었다". 나치즘의 니힐리즘이 "우리는 투쟁하지 않으면 안 된다!"라는 주술에 걸린 무한 충동이라면, 일본낭만파에 취한 그들은 "패배의 필연"을 예감한 채, "우리는 죽지 않으면 안 된다!"라는 숙명론에 휩싸여 있었다.[46] 그들은 "패배의 필연에 대한 예감"과 두려움을 '무한한 자기부정'의 완결로서 녹여내며 죽음을 상상했을 터이다.

하지만 결핵 때문에 출정하지 못한 하시카와는 고향인 히로시마의 근로동원에 투입되었다가 농림성의 채용 시험을 앞두고 상경한다. 3일 뒤 히로시마에 원폭이 투하되었다. 1947년 공산당에 입당하지만, 1950년 이후 당의 분열 중에 탈당한다. 1948년 홀어머니를 여의고 1954년 결핵을 앓던 남동생마저 잃은 하시카와는 잡지 『조류(潮流)』의 편집자로 생활하면서 "망령처럼 떠오르는 자신의 전쟁사"를 응시

---

45 橋川文三, 『日本浪曼派批判序説』, p.38. 일본낭만파의 마르크스주의적 혁명의식에 대해서는 三枝康高, 「革命的ロマンティシズムの道」, 『日本浪曼派の運動』, 現代社, 1959 참조. 하시카와에 대해서는 山之城有美, 「戦後日本における橋川文三の「1930年代像」: 「日本浪曼派批判序説」を素材として」, 『日本女子大学大学院人間社会研究科紀要』 20, 2014. 3, pp.81-95.

46 橋川文三, 『日本浪曼派批判序説』, pp.42-43.

하는 의미로 일본낭만파 연구를 시작했다.[47] 이후에도 그는 '우익 이데올로기'라는 꼬리표가 붙은 쇼와 초기의 내셔널리즘을 다각도로 분석하는 것을 학자적 임무로 삼았다. "일본낭만파라는 정신사적 이상(異常) 현상"에 대한 연구의욕은 전중세대로서 스스로의 정신사를 돌아보는 성찰의 기록이기도 하다.

하시카와는 일본주의자·동아협동체론·교토학파의 세계사론에 대해 비판적이었던 야스다의 이로니 정신에서 전전 공산당의 활동과 공명하는 '혁명적 울림(resonance)'을 감지한다. 일본낭만파는 현실 정치에서 좌절하고 소외된 일종의 도착적인 혁명 감정을 비정치적인 일본미론(日本美論)으로 전개했다는 것이다. 정치적 현실에서 좌절한 것은 공산당도 마찬가지라고 한다. 하시카와는 좌우의 단절과 대립에 대한 고정관념을 벗어나 '혁명성'의 비정치적 변형으로서 일본낭만파의 미학에 주목하고, 거기에서 서구제국주의·근대문명·관료정치를 비판하는 정치성을 재발견하고자 했다.

> 일본낭만파는 현실의 '혁명운동'에 늘 수반하면서, 그 좌절의 내면적 필연성을 비정치적 형상으로 매개·이행시킴으로써, 마찬가지로 과격한 어떤 종류의 **반(反)제국주의**로 결정(結晶)된 것이라고 나는 생각한다. 그 조직론이 '일본미론'이며, 그 전략이 '반(反)문명개화·관료주의'였다고 하면 내 말의 의미도 명백해지리라. '심정의 암호'로서 마르크스주의라는 기괴한 도착적 표현은, 그것이 **비정치화**되고 정서화된 형태의 **혁명**사상이었다는 해석으로 나를 이끈다. 이른바 정치로부터 소외된 혁명감정의 '미'로 향한 후퇴·분출이며(낭만화란 원래 그런 것이다), 필사적(desperate) 비약이었다고 생각한다. 이

47 橋川文三, 『昭和維新試論』에 실린 쓰루미 슌스케의 해설은 하시카와의 생애를 소개하고 있다.

것이 기교한 해석으로 보인다는 것은 물론 나도 안다. 그러나 일본 파시즘의 기괴함은 아직 전부 밝혀진 상태가 아니며, 일본낭만파의 파괴·황폐 작용의 격렬함을 결과로부터 생각할 때, 나는 도저히 다른 생각의 방법이 떠오르지 않는다.[48]

비정치적 미학에서 근대비판의 '혁명적 울림=혁명 사상'을 찾아내는 하시카와의 문장은 명료하지도 명석하지도 않다. 그 애매성은 야스다의 미학적 방법인 '이로니'에 내포된 성격이기도 하다. 이로니(반어) 안에는 무한정의 상태로 모든 가능성을 유보(留保)하려는 충동이 있다.[49] 그러한 '무한한 자기부정'이 "도덕적 무책임과 정치적 도피의 심정"으로 이행한다는 지적은 독일낭만파에 대한 비판적 정설이기도 하다. 칼 슈미트는 이로니가 새로운 현실을 창조하는 대신, 하나의 현실을 다른 하나의 현실과 대항시켜서, 그때마다 현재의 한정된 현실을 무력화하기 위한 인간의 능동적 활동이라고 본다.[50] 헤겔도 이로니의 방법 속에는 확고하고 본질적인 가치에 대한 욕구가 내재되어 있지만, 그 파괴성이 실체의 가치를 공허하게 만들기 때문에 현실성을 결여한 주체가 병적인 허무감에 빠진다고 비판했다.[51]

이러한 지적을 하시카와도 숙지하고 있다. 하시카와는 이지적 판

---

48 橋川文三, 『日本浪曼派批判序説』, p.33. 인용문의 강조는 원문에 따름.

49 위의 책, pp.40-41.

50 カール シュミット(Carl Schmitt), 橋川文三 訳, 『政治的ロマン主義』, 未來社, 1982, p.88. 독일낭만파는 신을 대신하여 '절대자아'를 새롭게 추구하고 그 현실적 유한성을 무한히 부정하기 위해 이로니를 구사했지만, 이로니를 통해 얻은 '무한히 유보하는 가능성'은 현실의 공허와 무능력을 의미하게 된다. 슈미트는 그들의 언어는 늘 자기에 관해 말할 뿐, 대상에 대해서 말하는 일은 없었기 때문에 "실체가 없는 것"이었다고 한다(pp.110-111). 하시카와는 직접 슈미트의 저서(*Politische Romantik*)를 번역했다.

51 헤겔 『미학강의』의 서론에서 이로니를 비판하고 있다. 이관형, 「헤겔의 '낭만적 반어' 비판에 대하여」, 『시대와 철학』 제24권 1호(통권 62호), 2013, pp.147-172.

단력을 배제하는 국학의 심정적 주관성과 자기결정을 회피하는 낭만적 이로니가 퇴폐적으로 결합할 때, 배외주의와 침략주의로 내닫는 '도착적 혁명 방식'이 나타날 위험성도 지적한다.[52] 그는 또한 일본낭만파의 탄생과 운동을 메이지유신 이후 시대정신의 총체적 변화와 국민감정의 궤적 속에서 재발견한다. 메이지유신 이후 '시대의 폐색'에 맞설 저항의 기운을 모두 상실한 채 국가적 '강권'이 무한궤도를 그리게 된 1930년대 일본 사회에서, 일본낭만파의 정신이 지식사회를 이끄는 중간층의 의식구조와 맞물려 나타났다는 것이다. 하시카와는 일본낭만파의 '무한한 자기부정'이 근대문명을 비판하고, '강권'(국가)의 악순환에 재편되는 국민적 무력감을 더욱 과격하게 주장하고 표현한 양상이라고 본 것이다. 일본낭만파가 일본의 정치현실에 대한 안티테제로서 일본미(일본적 미의식)를 구성한다는 생각은 동시대 작가들과도 연결된다.

> 가령 미시마 유키오라는 진짜 탐미주의자에게 느끼는 순수형 니힐리즘이 어떻게 일본낭만파에서 돌출했을까? 그리고 또 "나는 사상을 믿지 않는다"고 담담하게 말하는 다케우치 요시미가 어떻게 『코기토(コギト)』에서 돌출했을까? 또는 역시 사상 따위 믿지도 않을 고미 야스스케(五味康祐)의 「비검(秘劍)」이 야스다 요주로의 어떤 지도로 주조되었을까? 이런 것들을 생각할 때, 물론 'NAPF 해체'의 충격은 그렇다 치더라도, 문맥을 널리 우리나라 중간층의 총체로서 '정치적·비정치적'인 것의 문제로 확대하여, 정치적 리얼리즘과 그 안티테제로서의 일본적 미의식 문제에까지 결부시킬 필요가 있겠다고 느낀다.[53]

52 橋川文三, 『日本浪曼派批判序說』, pp.53-58.
53 위의 책, p.34. 중간층의 무력감에 대해서는 p.52 참조.

하시카와는 고미가 일본낭만파의 미의식을 우익적·통속적으로 계승했다면, 미시마는 그 급진적·혁명적 발전을 이루었다고 본다. "정치로부터 소외된 혁명 감정의 '미'로 향한 후퇴·분출"이라는 시점에서 두 문학가의 낭만성은 서로 통한다. 참고로 서양음악 평론가로도 유명한 고미는 1953년에 아쿠타가와상을 수상한 작품 『상신(喪神)』에서 금욕적 계율보다 본능에 충실한 정신세계에 사는 검(劍)의 달인을 묘사했고, 무예와 마작을 소재로 소설을 발표하면서 인기를 누렸다. 그런데 여기서 저항과 패배에 대한 하시카와의 감각이 어떤 실재성을 갖는지 여부를 떠나, 전후의 '국민적 무력감'에 상응하는 일본낭만파의 역사적 실체가 무엇이었는지를 따져볼 필요가 있다.

일본낭만파는 1937년부터 "일본낭만파의 문화적 지도역량"과 "대일본낭만파의 형성"을 확신하면서 '민족문화'의 확립을 선언했다. 적어도 민족문학에 대한 그 미학적 태도에서는 일체 '사실의 고착화'를 거부한다는 '이로니'의 퇴폐적 정신은 발견되지 않는다. 민족정신의 재무장에서는 '무한한 자기부정'도, '사실의 고착화에 대한 거부'도 없었다. 동인지를 폐간한 후에도 국민적 문화의식을 주도하는 당당한 흐름 속에서 일본낭만파의 문체가 출정과 죽음에 임한 청소년들의 의식을 사로잡았을 정도였다. 이는 다케우치가 전후의 진보적 지식인들에게 일본낭만파의 민족주의는 아직 패배하지 않았다고 역설한 연유이기도 하다.

그러나 전후 부흥을 이룬 20여 년 후, 하시카와의 현재적 기억에 떠올린 야스다는 더 이상 문학청년들의 민족정신을 사로잡던 일본낭만파의 리더가 아니었다. 전후에 야스다는 '우익=전범'의 낙인 속에서 '현실 음치'로 야유받는 '소심한' 겁쟁이로 비쳐졌다. 우익 추방으로 고향인 나라에 귀농한 야스다는 무력하게나마 '근대문명 비판론'과 '조국정론(祖國正論)', '절대평화론'을 펼쳤다. 『비판서설』에서 하시카와는 '일본적 이로니'가 도달했던 전성기의 역사상을 비껴나가, 현실 정치에 우둔한 야스다에 대한 동정과 야스다의 문체에 이끌렸던 자신의 낭만적 자아에 대한 해명에 열중했다. 그는 야스다와의 만남을 불안한 시대의 '불길한 우연'으로 해석한다. 자신의 젊은 날에서 시대적 무력감을 감추고 성숙을 열망하는 조급함, 즉 '성급한 사상=로맨티시즘=순정 자연주의'를 회고한다.

『비판서설』 이후에 하시카와는 '도착된 혁명 방식'으로 정치적 실패를 거듭하다가 '우익' 꼬리표를 달게 된 일본인들의 사상과 심리를 계속하여 탐구한다. 그는 일본낭만파의 '정치적 무효=패배'를 철저히 추인함으로써 거꾸로 민족주의의 '혁명적 울림'을 환기시키고자 했다. 전후 부활한 공산당의 혁명운동도 미국과 결합된 근대적 부흥 앞에서 '무효'로 끝났다고 한다. 전후 부흥에 성공한 일본에서는 바야흐로 다케우치가 말한 "역사의 창조자라는 자각을 갖지 않는 자기보존욕"만을 간직한 대중들의 '소외'가 시대사상의 문제로 제기되었다. 이러한 상황에서 다케우치는 지식인들의 일본낭만파에 대한 망각을 꾸짖으며 '근대의 초극'론을 복원시키고자 했고, 하시카와가 그 문제의식에 공명한 것으로 보인다.

하시카와는 근대적 시민혁명론으로 '초국가주의의 논리와 심정'을 비판한 마루야마 마사오의 관점을 비껴나가, 향토적 자치 공동체의 감각을 중시하면서 우익의 논리와 심정을 연구 과제로 삼았다. 전중세대의 경우, 백인제국주의에 대한 '저항'과 근대적 세계사에 대한 '초극' 의지는 그들의 성숙에 대한 조급한 열망과 낭만적 자아를 채우는 역사의식의 일부였다. 하시카와는 전후의 현란한 시대 변화 앞에서 서구문명에 대한 노예라는 자각과 '노예의 반란' 정신을 촉구한 다케우치 요시미, 신좌익의 정신적 지주로 등장한 요시모토 다카아키(吉本隆明)에게 친화적인 태도를 보였다.

5. '일본적 이로니'의 서사 효과

제5장에서 확인한 야스다의 일본낭만파 정의와 하시카와의 야스다 이해를 연계하면, '일본적 이로니'라는 전후 일본에서 반복되는 서사(narrative)의 한 양식을 만나게 된다. 야스다는 "파괴와 건설을 동시에 확보한 자유로운 일본적 이로니"와 "이로니로서의 일본"을 향한 리얼리즘을 강조했다. '반어'를 품어내는 자유로운 형식의 '일본적 이로니'에 하시카와는 "일본적 미의식"과 '혁명적 울림'이란 성격을 새롭게 부여했다. 전후의 문맥에서 새롭게 정치적 혁명성을 부여받은 '일본적 이로니'는 정치적 리얼리즘에 대한 '안티테제로서의 일본적 미의식·역사의식'이 된다. 그 미의식은 현실 정치에 저항하지만 패배하는 숙명을 갖는다. 야스다가 무사정권에 밀려난 고토바인 천황의 '패배의 문학'에서 일본의 미의식을 찾았기 때문이다.

천황에 대한 '일억 총 참회'의 국민적 패전 책임론이 제기된 후, 이로니는 패배를 수용·극복하는 집단적 심성 및 좌·우익 혁명운동을 역사화하는 서사의 핵심 개념이 된다. 이로니 어법에 내포된 '반어의 역설'과 '자기부정'의 방식은 제국의 패권 상실과 제국 의식의 탈피로 기억이 변주되는 전후 일본에서 '일본적 미의식'으로 굳어져간다. 반어의 어법과 미의식은 1930년대 이후 일본의 집단 심리와 역사인식을 관통한다. 전후에 현실을 전복시키려는 혁명의 정당화도, 인식 패러다임을 전복시키려는 역사수정주의의 정당화도 이로니 어법을 통해 가능해진다.

신좌익을 다루는 제7장에서 재론하겠지만, 이로니는 일본낭만파의 출현 이후 일본의 반근대적 민족·혁명 담론을 관통하는 서사적 특징이라 할 수 있다. 일본에서도 저항적 민족주의로 주체를 정립하는 과제는 정언명령(정언명법)처럼 되어 있다. '대미종속'을 거부할 수 없는 정치적 현실에서 이로니는 일본의 문화민족주의와 혁명론을 낭만적(미적)으로 수식하는 내러티브로 수없이 반복된다. 다케우치가 **'실체로서의 아시아'**를 회피하고, **'방법으로서의 아시아'**를 제시했을 때에도 실체의 '무한 유보'를 서사적 구조로 장착한 일본낭만파의 이로니가 투영되었다.

반어법은 실재를 허상으로, 거꾸로 허상을 가능성으로 설정할 수 있는 유연한 방법이다. 이것은 현실의 패배를 초월하여 영속성을 획득하는 '기만적'이거나, '설득력 있는' 어법도 된다. 여기에 바로 낭만적 이로니의 위력이 숨어 있는 것이 아닐까? 근대라는 '역사적 실재의 규정성'을 부정하고 배제하는 아이러니의 어법에서 현실 정치의 '승리'는 담보되지 않는다. 그렇기 때문에 반어와 역설의 어법은 기타 잇키를 비롯한, 현실에서 실패한 우익혁명가의 사상과 그들의 역사에도 적용된다. 이러한 반어적 내러티브는 우익사상의 역사화 담론에서 반복적으로 확인된다.

'일본적 이로니'는 특히 천황친정을 유토피아로 삼는 우익사상의 '혁명적 울림'에서 반복된다. 이때, '현실에서의 패배'를 필연적인 것으로 인정하는 이로니의 서사 효과는 이중적으로 나타난다. 그 하나는 주어진 현실을 부정하고 '혁명적인 것'으로 비약하는 방법(way)·양식(style)이다. 또 하나는 자기부정을 통해 절대성을 부여(획득)하는 수사(rhetoric)·수식(modification)이다. 이로니의 서사는 객관적 실재나 타자와의 관계성, 그리고 사실적 의미로부터 자유롭게 '일본미(의식)'를 자의적으로 재현하고 재구성할 수 있다.

그러한 '일본적 이로니'의 여러 전형에 나타나는 사상적 효과 중에서도, '혁명적 비약'에 가까운 사례는 다케우치의 '방법으로서의 아시아', 야스다의 '절대평화론', 이시와라의 '세계최종전'일 것이다. 또 하나의 자기부정을 통한 '절대성 부여'에 가까운 사례는 가미카제 특공대의 죽음과 청년 하시카와의 죽음에 대한 사유, 자위대의 궐기를 외쳤던 미시마 유키오의 '자결=패배의 숙명'을 향한 퍼포먼스가 아닐까 싶다.

미시마가 인정하는 패배는 현실 권력의 세계에 속하는 육체의 죽음일 뿐, 만세일계의 천황에 깃든 민족문화는 '불사의 혼'이다. 그의 소설과 영화 『우국(憂國)』은 '천황친정'의 쿠데타를 일으킨 동료들을 진압하지 않고서 함께 죽음을 택하는 신혼부부를 탐미적으로 그려낸다. 중위의 자결을 아름답고 지고지순한 모습으로 묘사할 수 있는 까닭은 그것이 현실적 패배에서 불사의 영혼을 지키는 '일본적 이로니'의 리얼리티였기 때문이다. 미시마에게 아름다움은 강한 것이고, 국가(천황)를 위한 자결은 강하고 아름다운 '일본미'가 된다.[54] 『우국』의 중위는 1936년 발생한 2·26 쿠데타와 관련한 인물이지만, 실제로는 일본낭만파의 동인으로 미시마를 문예잡지(『文藝文化』)에 등단시킨 하스다 젠메이(蓮田善明)를 모델로 삼았다.[55] 문무를 겸한 육군중위 하스다는 패전 직후 말레이시아 전선에서 패전의 책임을 천황에게 돌리던 상관을 사살하고 자결했다. 『고사기학초(古事記学抄)』라는 저작도 남겼으니, 하스다는 청년 하시카와가 열망했던 전장에서의 비장한 죽음을 실제로 맞이했던 인물인 셈이다.

『비판서설』의 부제는 '탐미적 패트리어티즘의 계보'이다. 하시카와가 상정한 탐미성=일본미의 계보는 국학에서 출발하여 일본낭만파로 계승된다. 향토애로 번역 가능한 패트리어티즘(patriotism)은 일

54 와카마쓰 고지(若松孝二) 감독이 영화 〈11·25 자결의 날, 미시마 유키오와 젊은이들〉(2012)에서 '자결'에 착목한 것도 '육체의 죽음을 두려워하는 사회'에서 '영혼의 죽음을 두려워하는 사람'들의 결의를 보여주고 싶었기 때문이라고 한다.

55 千坂恭二, 「蓮田善明·三島由紀夫と現在の系譜」, 『東大陸』 第3号, ビヒモス, 1993, pp.16-53. 『思想としてのファシズム: 「大東亜戦争」と1968』에 재수록.

본 내셔널리즘의 부정적 이미지와 역사적 무게감을 벗겨내고자 하시카와가 채택한 용어로 보인다. 패트리어티즘에 대한 본격적 연구는 1968년에 간행한 『내셔널리즘: 그 신화와 이론』에 실렸다.[56] 그 서장인 '내셔널리즘의 이념: 하나의 수수께끼'는 전후 독일의 문화 내셔널리즘에 대한 연구를 인용하면서 패트리어티즘의 보편성을 논한다. 내셔널리즘과 패트리어티즘의 구별은 나치스 독일로부터 '고향 독일'에 대한 향토애를 구원해야 했던 독일인들에게도 절실한 과제였다.

패트리어티즘이란 원래 "자신의 향토, 또는 그 소속한 원시적 집단에의 애정으로", "어느 시대이든 모든 인종·민족에게 인정되는 보편적 감정"이다.[57] "사람들에게 조국이란 국가가 아닌, 유년 시대의 문득 그리워지는 기억, 희망으로 가득찬 미래를 그려내던 시절의 추억"을 의미한다.[58] 보편적·원시적인 향토 감정(home feeling)은 훈육되는 조국애, 즉 인위적인 국토감정(national feeling)과는 그 형성과정에서부터 성격을 달리한다. 이렇게 향토애를 강조한 견해를 수용한 하시카와는 "내셔널한 감정은 '여론의 힘, 교육, 문학작품이나 신문잡지, 창가, 사적지'를 통해 교육되는 데 반해, 향토애는 인간의 성장 그 자체와 함께 자연스럽게 형성되는 보다 근원적인 감정"이라고 설명한다.[59]

문제는 내셔널리즘과 향토애에 기초한 패트리어티즘의 미묘한 동거관계에 있다. 하시카와는 인간의 영원한 감정으로서 패트리어티즘

---

56 橋川文三, 『ナショナリズム』, pp.16-19.

57 Elie Kedourie, *Nationalism*, Hutchinson, 1961, p.74. 橋川文三, 위의 책, p.16에서 재인용.

58 Robert Michels, *Der Patriotismus: Prolegomena zu seiner soziologischen Analyse*, Duncker & Humblot, 1929, pp.84-85. 橋川文三, 위의 책, p.17에서 재인용.

59 橋川文三, 『ナショナリズム』, pp.16-19. 노벨문학상을 수상한 망명 작가 토마스 만이 1945년 5월 미국 워싱턴 의회도서관에서 행한 연설 '독일과 독일인'에서도 고향 독일과 독일어를 사랑하는 마음을 피력했다.

이 정치적 교의로 내셔널리즘에 이용되거나 배제되는 문제를 놓치지 않았다. 근대 주권의 기초로서 '일반의지'를 내세운 루소의 정치철학이 프랑스혁명에서 자코뱅파의 공포정치로 이어진 현상도 같은 성격의 문제였다. 루소는 패트리어티즘과 내셔널리즘을 동의어로 쓰면서, 종래의 지역성에 깃든 패트리어트(patriot)의 충성심을 그가 일반의지로서 추상화한 실체, 즉 국가라는 정치공동체로 이행시켰다는 것이다. '공포정치의 대천사'로 불린 애국자 생쥐스트는 루소의 일반의지에 기초하여, 자신의 무자비한 테러를 전체의 행복을 위한 공공의 논리로 정당화하기에 이르렀다. "마치 신이 권력과 정의를 한 몸에 집중시켜, 그 관념에서부터, 그 뜻하는 것은 늘 선하고, 또한 선한 것은 늘 그 현실에서 뜻하는 것과 일치하는 것처럼", 일반의지가 자연법적 원리로서 정당화되는 문제는 칼 슈미트의 『독재론(*Die Diktatur*)』(1921)에서도 명쾌하게 지적된 바다.[60]

하시카와의 결론은 근대 내셔널리즘의 정치신학적 이해에 가 닿는다. 루소의 이른바 패트리어티즘(=내셔널리즘)은 개인의 의지를 넘어선 어떤 보편적·절대적인 의지에의 복종을 의미한다. 그 일반의지는 소위 전통적인 신을 대신한 새로운 신의 의미를 갖는다. 그 새로운 교회에 해당하는 것이 종래의 '그리스도 공동체'를 대신하여 불리는 '네이션'이다.[61] 중세의 교회가 사랑의 공동체를 약속했듯이, 새로운 교의로서 내셔널리즘이 근대인(국민)의 행복한 공동생활을 실현하는 장(국민국가)으로 떠올랐다는 일반론이다. 그리고 하시카와는 루소에게서 인간의 선의만이 새로운 공동 질서의 형성원리로 남은 시대의 고독감과 병리를 포착한 "실로 조숙한 의식"을 엿본다. 그가 야스다 요주로에게서 시대적 무력감에서 비롯한 '초조한 성숙에의 열망'을 보

---

60 위의 책, pp.24-27.
61 위의 책, p.31.

았던 것과 비슷한 독해법이다.

계속해서 하시카와는 근대인의 애국심(패트리어티즘)과 일반의지의 총체로서 국가(내셔널리즘)가 갖는 불협화음을 지적한다. 사람들의 행복을 추구하려는 애국자의 의지는 "유년기의 회상과 결부된 평화로운 패트리어티즘이 아니라, 조국에 대한 피어린 헌신을 요구하는 것이었다. 그것은 이른바 무의식 속에서 품은 유년기의 맑은 행복감으로부터 버려진 후, 대부분의 로마인처럼 스토이시즘과 의지력에 의해 추구되어야 하는 새로운 행복의 이미지였다"는 설명이다.[62] 이처럼 하시카와는 근대의 정치적 세속화에 동반하여 국가의 '신화'적 권위가 창출되고, 그 과정에서 향토애와 국가의지의 결합으로 전쟁과 테러 같은 비합리적 폭력이 정당화되는 문제를 논한다.

마지막으로 하시카와는 유럽 사상사에서 국민국가에 규범적 권위를 부여한 루소의 '일반의지'가 칸트의 선한 '자율의지'에 대한 신념과 공명하는 문제를 지적한다. 그에 따르면 칸트의 철학은 그 인식론에 의해 '신, 즉 세계의 최고 주인'을 학살해버렸다. 이러한 세계에 남겨진 것은 개인의 자율 의지일 뿐이며, 우주의 중심에 이른바 '지상명법'(정언명령, 정언명법)이 군림하게 된다. 신은 단지 자율적 의지의 '요청'에 의해 작위된 허구의 존재로 전락한다. 이리하여 독일에서 칸트의 사상을 원류로 하여 인간의 의지를 중심으로 한 주정주의 정치사상이 전개되지만, 그 심정의 기본적인 원형은 이미 루소에 의해 주어졌다는 해석이다.[63] 나아가 하시카와는 신을 잃어버린 근대인의 행복욕망이 '일반의지' 이념, 즉 절대 보편적인 것으로서 국가적 권위를 만들어내고 충성을 요구하게 되었다고 결론을 내린다.

---

62 위의 책, pp.31-32.
63 위의 책, p.33.

하시카와는 칸트의 인간 이성에 대한 철학적 사유가 근대인의 자율 의지를 신적 권위로 대체시켰고, 선한 의지로 절대화된 인간의 의지가 주정적(emotional)인 정치사상과 결합한 것이라고 본다. 이러한 칸트 이해가 바른지 틀린지를 검증하는 작업은 필자의 관심과 능력을 넘어선다. 다만 필자는 하시카와가 인간 의지의 신화화와 주정주의와의 만남을 읽는 부분에서 일본낭만파의 근원 욕망(또는 혁명적 울림)과 주정주의적 국학의 결합을 읽었던 사실을 떠올린다. 그는 유럽에서 시작한 내셔널리즘의 사상사적 성찰에서 '근대인의 비소함'을 재확인하고, 그것을 '국가의 비대함'과 대조하고 있는 듯하다. 결과적으로 하시카와는 근대국가의 영향력 밖에서 향토애와 애국주의를 이상화하거나, 일반의지의 총체로서 근대 국가의 확립을 찬미하지 않는다. 칸트 비판의 궁극적 도달점이 무엇인지는 아직 파악되지 않는다. 분명한 것은 하시카와가 파시즘의 주범으로 간주된 쇼와 일본의 애국자들을 당대의 국가적 권위와 국가의지로부터 구제하고 있다는 사실이다.

『내셔널리즘: 그 신화와 논리』의 제1장은 '일본에서의 네이션 탐구'로 존왕양이와 민권운동의 국가관을 기술하고, 제2장은 '국가와 인간'으로 '초국가주의 정신사'를 다룬다. 그런데 제2장의 마지막 구절은 서장의 '일반의지'론으로 돌아가 수미상응을 이룬다. 하시카와는 오쿠보 도시미치를 참살한 자유민권파 지사들이 루소의 '일반의지'에 입각하여 행동했다고 본다. 서장에서도 밝혔듯이, 오쿠보는 "공의(公儀)를 두절(杜絕)하여 민권을 억압하고 정사를 사사롭게 했다"는 이유로 암살당했다. 그 후 일본의 국가 의지는 여러 형태로 드러났지만, 민주적 절차에 입각한 일반의지는 여전히 실현되지 못했다는 점에서 천황제 내셔널리즘의 태생적 한계가 지적된다.

일본인은 지금에 이르기까지 진실로 자신의 '일반의지'를 본 적이 없을지도

> 모른다. 왜냐면, 과거 천황제 아래에서는 천황의 의지 이외에 '일반의지'라는 것은 성립하지 않는다고 생각되었고, 만일 천황제하에서 국민의 일반의지를 추구하려고 했다면, 그것은 예를 들면 기타 잇키처럼 천황을 국민의지의 괴뢰로 만드는 길밖에 없었기 때문이다. 후자의 길은 2·26 사건으로 그 불가능이 입증되었다. 일본인의 '일반의지'는 그 이후 아직까지 허공에 떠돌며, 패전 후의 한 세대를 맞이하고 있다고 말해야 할지도 모른다.[64]

그렇다면 전후 일본에서 '일반의지'의 성립 불가능성을 밝히는 자세가 단순히 전후 시민민주주의의 불완전성, 혹은 미국에 종속된 일본의 혁명 과제를 문제 삼기 때문일까? 하시카와는 근대국가에서 신화화된 '일반의지'의 인간적 비소함과 그 국가적 일체성에 내재된 무자비한 폭력성을 모두 인지하고 있다. 그렇다면 하시카와는 오히려 근대국가의 형식(일반의지)을 초월해서 '천황제'의 정치성을 '심미적'으로 규정하는 종족주의(tribalism)적 문화 전통, 에스노심벌리즘(ethno-symbolism)을 상정하고 있는 것이 아닐까? 그는 문화공동체로서의 민족(종족)의 역사적 전통에서 출발한 일본낭만파에게서 "정치로부터 소외된 혁명 감정의 '미'로 향한 후퇴·분출"과 "필사적 비약"을 읽어 내려고 했다. 어떤 제언도 단정도 하지 않았지만, 필사적 비약이라는 표현 자체가 근대를 '초극'하려는 하시카와 내면의 울림이 아닐까?

하시카와는 근대 일본인들의 정신사 속에서, 근대적 자율의지로 판단하지 않아도 뜻하는 대로 실재한다고 믿을 수 있었던, 공동체의 신앙과 문화전통에서 직감하고 소통되는 '일본미'를 상정했다. 이는 『고사기』를 품에 안고서 전장에서의 비장한 죽음을 열망했던 청년 하

---

64 위의 책, p.186.

시카와의 정신사적 체험이다. 그것은 아직 바깥세상과 접촉하지 않았던 청년의 의식 속에서 패트리어티즘=내셔널리즘이 훼손되지 않은 '원형'으로 살아있던 시절의 리듬 감각이었다. 어른이 된 하시카와는 그 '원형'의 감각을 일본낭만파 연구를 통해 재현하면서 '일본미'라는 언어로 표상해냈다.

청년 시절의 불우하고 조급했던 성숙에의 열망이 불혹을 지나면서 자기 성찰과 근대 비판의 연구시점까지 확보한 터이다. 하시카와는 무한한 자기부정으로서의 이로니 어법을 관찰하면서 '일본미'의 개념에 스스로의 체험을 적용했다. 좌우익의 민족주의자들처럼 국가나 혁명을 위한 정언명령의 테제를 그 스스로가 내세운 적도 없다. '신을 학살했다'는 칸트 비판에서 알 수 있듯이, 애초에 하시카와는 신적 권위에 대체된 근대인의 자율의지나 정치적 일반의지를 신뢰하지 않는다.

전후 일본의 민주주의에 비판적인 하시카와의 목적은 전후의 정치적 현실에서 소외된 '우익'들의 목소리를 복원하는 데 있었다. 전후 70년도 넘어선 오늘날에 만일 그가 살아있더라도 그는 여전히 '일반의지'에 대해 '무한 유보'를 지속하리라. 하시카와의 내러티브는 근대성에 입각한 정치적 리얼리즘이나 현실 정치의 실세에 대한 '안티테제로서의 일본적 역사의식', 즉 '일본적 이로니'를 반복하고 있는 것으로 보인다.

6. 우익사상의 역사화와 정치화

하시카와 분조에서 마쓰모토 겐이치에 이르면서 일본의 우익사상은 '일본의 민족사상'으로 정립되었다. 그것은 서구적인 자유주의나 합리주의, 보수주의와 다른 특수성을 띠면서, 존황사상, 농본주의, 향토주의의 전통에 뿌리를 둔다. 한편 하야시가 '동아시아 100년 전쟁'을 논했을 때, 우익의 뿌리는 이국선(異國船)의 출현으로 전개된 해방(海防)론과 존왕양이운동에서 출발했다. 지배논리로서의 국가주의와 저항논리로서의 민족주의를 구별하던 전후의 시대정신 속에서, 우익의 원조는 메이지의 국가권력과 대립했던 재야의 사이고 다카모리로 추앙되곤 했다. 우익사상의 기원은 '우익'이란 언어조차 없었던 막부 말기로 소급되었다.

그러나 실제 역사에서는 존왕양이운동에서 메이지유신의 관료(보수) 세력과 재야 세력이 모두 배출되었고, 재야의 정한론과 자유민권 운동도 국권운동에 통합되는 역사적 과정을 거쳤다. 결국, 우익과 보수의 뿌리는 다르지 않고 그 몸통은 하나로 볼 수 있다. 그럼에도 불구하고 하시카와가 국가와 향토를 구별하고, 마쓰모토가 우익과 보수를 구별한 것은 그들이 살아간 각각의 시대정신을 반영한다.

하시카와는 지배 권력으로서의 국가를 부정하는 전후민주주의가 고양된 시대 분위기에서 활동했다. 당시 그는 우익사상의 국가주의를 비판하는 동시에 민중정서에 뿌리내린 향토주의를 구제하고자 했다. 1980년대 경제대국 일본에서는 아시아 지역질서를 주도하려는 미래 지향적 의지가 충만했다. 아시아에 대한 속죄의식과 연대의식도 호소력을 갖고 있었다. 반미 연대를 통해 일본의 민족적 주체성을 회복하고 싶은 민족주의자 마쓰모토는 아시아주의가 원래 침략보다 연대를 추구한 사상이었음을 논증하고자 했다.

우익사상을 반미민족주의와 아시아주의와 관련시켜 재해석하는 담론은 전후 부흥 이후 리버럴한 학술 연구 차원에서 진행되어오다가 1990년대 후반부터 대중화된다. 1960년대 초반까지 좌익으로부터 우익이론가로 비판받기도 한 다케우치는 2000년대 아시아주의를 대표하는 인물로 재평가된다.[65] 중국혁명을 '제3의 근대화'로 높이 평가했던 다케우치의 '방법으로서의 아시아'는 미국 중심의 글로벌리즘을 극복하는 아시아지역주의의 새로운 '방법'으로 재해석되었고, 한국과 중국에서도 각광을 받았다.[66] 2014년에 작고할 때까지 활발하게 집필했던 마쓰모토의 일부 저작도 한국어로 번역·소개되었다.[67] 아시아주의 및 우익사상의 연구 성과가 대중화의 흐름을 타면서, 국가-관료-정치에 대한 저항으로 해석되었던 '우익 정서'는 1990년대 말부터 '강한 국가'를 요구하는 내셔널리즘으로 분출했다.

그렇다면 새로운 국가주의가 단순히 일본의 우경화를 입증하는 현상일까? '좌익', '우익'이란 용어는 탈이념과 탈냉전의 시대적 문맥 속에서 효용성을 상실했다. 국가주의를 우익의 본질로 규정하는 사람들도 많지만, 복지국가의 이념과 무한경쟁의 현실이 충돌하는 사회에서 국가는 더 이상 지배계급의 권력 장치로 인식되지 않는다. 국민의 안전과 복지를 책임지고 운용하는 국가는 다양한 계층의 욕구를 흡수하고 충족시켜야 할 보호자로 기대된다. 중앙 정부가 글로벌리즘의 국제 협조를 우선하는 경우, 지방에서 신자유주의와 미일 FTA에 저항하기도 한다. 우익 정당으로 불리다가 해체된 유신의 당(2014-2016)이 지방분권을 내걸었던 이유이기도 하다.

글로벌 자본주의에서 파생되는 격차 문제의 해결을 요구하는 '진

---

65 2000년대 일본에서 다케우치를 아시아주의의 문맥에서 재해석한 대표적 연구자로 마루카와 테츠시(丸川哲史)가 있다.

66 다케우치의 중국 소개자이기도 한 쑨거의 저서가 일본어와 한국어로 번역되기도 했다. 쑨거, 윤여일 역, 『다케우치 요시미라는 물음: 동아시아의 사상은 가능한가』, 그린비, 2007.

67 1986년 가와데서방신사(河出書房新社)에서 출판된 마쓰모토의 『기타 잇키 전설(北一輝伝説)』은 2004년 이와나미서점에서 수정본이 간행되었다. 마쓰모토 겐이치, 정선태·오석철 역, 『기타 잇키-천황과 대결한 카리스마』, 교양인, 2010.

보'의 목소리, 국민 공동체를 보호할 책임과 권한을 요구하는 '보수'의 목소리가 모두 풀뿌리 민족주의와 향토주의, 그리고 국가주의를 연결한다. 2010년 이후 동아시아 내 역사인식의 갈등과 영토분쟁이 더욱 고조되자 국가주의와 민족주의를 분리할 필요성도 사라졌다. 과거 일본의 우익은 아시아의 '부흥'에 기여할 임무를 스스로에게 부여했다. 하지만 이제 일본이 아시아의 성장 주도권을 상실한 만큼, 우익 정서는 내향적 보호 본능과 강한 국가에 대한 욕망을 응축시키고 있다.

'강한 국가'를 욕구하게 된 현재적 상황에서, 메이지유신의 집권 세력과 대립한 재야의 우익 원조인 사이고 다카모리의 매력도 한풀 꺾였다. 그 대신에 메이지유신의 동력과 인재를 모두 길러낸 요시다 쇼인이 새롭게 부각된다. 막말의 내셔널 히스토리를 구성하는 시작점에 존재하는 쇼인은 당대 무사의 웅혼(雄渾)과 사기(士気)를 대표한다. 일찍이 1896년에 『요시다 쇼인』을 집필한 도쿠토미 소호는 쇼인을 "대의명분을 세우고 그 이상을 위해 순사한 일본 남아의 표본", "깨끗한 양심으로 일군만민을 위해 살다 간 혁명아"로 추억했다.[68]

2015년 NHK 대하드라마의 주인공은 쇼인이었다. 쇼인이 민족영웅으로 새롭게 부상한 배후에는 '강한 패기'를 회복하려는 군중의 사회적 심리 및 그것의 정치적 활용이 작용한다. 쇼인의 어록을 현대어로 엮어낸 『각오를 닦는 방법』은 2013년 5월에 출판된 후, 2014년 1월 현재 13쇄 20만 부가 팔렸다.[69] 이 책의 선전 문구는 "불안에 살 것인가, 이상에 죽을 것인가"이다. 경기 침체와 동일본 대지진으로 '잃어버린 20년'을 지나고 있던 일본인의 일상에 패기를 불어넣는 제

---

68 徳富蘇峰, 『吉田松陰』, 民友社, 1934, 개정판 서언. 인용문은 필자의 발췌·요약이다.

69 池田貴将, 『覚悟の磨き方 超訳 吉田松陰』, サンクチュアリ出版, 2013. 2014년 12월에 25만 부 판매를 기록한 후, 楠戸義昭, 『吉田松陰「人を動かす天才」の言葉: 志を立てることから, すべては始まる』(知的生きかた文庫), 三笠書房, 2014 등 경쟁 부문의 책자가 다수 출판되었다.

언이자, 국가적 이상을 위해 결의하자는 충언이 숨어있다. 일본 아마존의 독자서평에서 막말 운동사의 열혈 팬들은 오히려 쇼인의 지사정신이 소시민의 '자기계발'로 각색되었다고 불평한다. 현대어로 풀이된 쇼인의 저서는 "사람을 움직이는 천재의 말"로 주목되었고, 2018년 현재 적어도 15종류의 쇼인 어록이 출판 시장에 나와있다.

일본회의가 세력을 결집하고, 쇼인이 시대정신으로 부상하는 심층 심리에는 메이지유신의 혁명적 패기에 대한 집단적 기억을 불러일으키려는 의지가 깔려 있다. 일본회의 지방의원연맹이 2005년에 만든 블로그의 제목은 '초망굴기(草莽崛起)'이다. 그들은 "막부체제를 타도한 초망지사처럼 '자랑스러운 나라 만들기'를 제창하고 일본을 변혁할 행동가가 되고자" 다짐한다. "쇼인은 보수적인 번의 사고방식이나 번사(藩士)들의 힘만으로 개혁이 불가능한 것을 알아차렸고, 민중의 힘으로 개혁을 성취하는 '초망의 굴기'가 필요하다며 제자들에게 가르쳤다." 쇼인을 소환함으로써 그들 스스로가 풀뿌리 민중을 대변하여 일본을 개혁할 주인공으로 자부하는 모습이다. 전통문화의 부흥을 외치는 위성방송국 '일본문화채널 사쿠라'의 블로그 제목도 '초망굴기'이다. "지금 세계의 대전환기에 우리들은 초망굴기, 독립불기(独立不羈: 얽매이지 않음)의 뜻을 실천하고 추진하며, 일본인으로서의 '정론'을 발신"한다고 한다.[70]

유신 호걸들은 최근에 '테러리스트'로도 불리게 되었지만(제1장 제6절 참조), 여전히 국민적 영웅으로 환대받는다. 일본의 집단적 기억 속에 마그마처럼 흐르는 메이지의 유신 정신이 1930년대 국제연합 탈퇴 후에 쇼와유신을 실천한 세력에게로 이어졌다. '유신의 정신=초망굴기'는 혁명적 의지와 실천을 촉구하는 신좌익과도 공감대를 형성했

70 「'日本文化チャンネル桜二千人委員会'設立と委員就任へのお願い」(http://www.ch-sakura.jp/578.html).

다. 2000년대 일본의 내셔널리즘을 이끄는 '초망굴기'가 1960년대 말부터 전공투 세대와 지식인들 사이에서 환기되었던 사실은 다음의 제7장 제4절에서 논하기로 한다.

우익사상의 역사화는 존왕양이운동에서 메이지유신으로 이행한 일본 근대사를 '민족주의'의 사상사 계보 안에 재정립하는 작업이기도 하다. 이 맥락에서 좌우 양익의 민족주의를 포섭한 '일본사상/혁명운동사'의 전체적 체계가 그려질 수도 있다. 메이지와 쇼와 시대에 재야의 저항 세력으로서 활동한 우익의 '불온한 기운'은 국가개조의 혁신적 기운으로 주창되었지만 결과적으로 전쟁을 동반하는 것이었다. 그 치명적인 역사적 상흔 때문에 일본 국민의 다수는 전후 레짐의 해체를 서두르거나 '우익'이 정치 세력으로 부각되는 현상을 두려워한다.

현대 일본인들은 우익사상의 긍정적 재해석을 반겼다.[71] 하지만 '우익'으로 지목되기를 회피하고 '신보수' 용어가 쓰이는 현상을 보면, '우익'의 정치화에 대한 경계심이 풀어진 것은 아니다. 우경화를 견제하는 심층 심리는 일본에서도 마찬가지로 나타난다. 따라서 한국과 중국에서도 일본 우익사상의 역사화에 대한 인식의 폭을 넓히는 한편 일본인들과 함께 정치적 분쟁으로 치닫는 '불온한 기운'을 억제시킬 필요가 있다. 결국, 자민족 중심의 내향적 역사인식을 넘어서는 소통 능력이 이 지역의 미래 질서를 창출하는 가장 중요한 원동력이 될 것이다.

---

71 쓰루미 슌스케는 하시카와 분조 사후 1984년에 『쇼와유신 시론(昭和維新試論)』이 출간되었을 때의 감상을 가토 노리히로(加藤典洋)의 다음과 같은 표현, "이것은, 전후에 어느덧", "40년 묵은 맛난 술을 마시게 된 것이라고나 할까. 카프카처럼 그로테스크한 맛의 진실을 일본의 전후가 이제야 갖기 시작한 것이라고나 할까"(『昭和維新試論』, p.304)를 인용하면서 토로한다. 쇼와유신의 주체를 우익=전범으로부터 구제하는 하시카와의 작업은 1960-1970년대에 꾸준히 진행되다가 그의 사후에 저작집으로 출판되었고, 그 저작은 2000년대에 활발하게 재출간되고 있다.

제7장

신좌익의 '문화대혁명'과 전후민주주의 비판

1. 신좌익의 어제와 오늘

일본에서 노인들의 시위는 눈에 띄는 풍경이다. 아베 정권의 출범 이후 '헌법개정 반대'의 팻말을 들고 국회의사당 앞을 행진하는 시위대는 어김없이 머리가 희끗하며 그 발걸음이 무겁다. 그 옆을 지나본 사람들은 한 번쯤 의아했을 것이다. 도대체 저 고단한 육체를 뚫고 나오는 정치적 열정과 의지는 무엇일까? 그들의 오늘을 있게 한 역사는 무엇일까? 이 장에서는 이들 신좌익의 족적과 당대의 이념을 살펴보고자 한다.

한국에서는 신좌익이 '일본의 양심'을 대표하며 일본의 '우경화'와 맞서는 세력처럼 이해되고 있다. 그들이 일본의 전후민주주의를 비판함으로써 오히려 좌우합작의 사상적 혼돈과 융합을 재촉한 측면은 거의 알려져 있지 않다. 신좌익의 어제와 오늘이 일본의 국민적 의지를 대표하기에 충분한 내용을 담고 있는 것도 아니다. 그렇다면 그들을 '일본의 양심'으로 추앙하는 한국 사회와 그들의 영향력이 '쇠퇴'한 일본 사회와의 간극이 무엇인지도 밝힐 필요가 있다. 이 장에서는 신좌익 세대에 대한 이해를 통해 한일의 역사인식에서 벌어진 차이를 객관화하고자 한다. 신좌익의 활동 중에서도 아시아의 내셔널리즘과 연대하면서 '문화대혁명'을 일본에서 실천하고자 했던 마오주의자들의 논리와 내부폭력(内ゲバ(우치게바))의 전개 양상을 고찰한다.

1957년 무렵부터 공산당의 스탈린주의를 비판하고, '싸우지 않는 기성 좌익'에 반발하여 대두한 세력이 신좌익이다. 그들은 독자의 전위조직을 만들어 폭력혁명을 추구하면서, 미일안전보장조약의 개정과 베트남전에 반대하는 대중운동을 주도했다. 신좌익은 60년 안보투쟁을 주도한 후 여러 분파로 분열되었고, 70년 안보투쟁이 잠잠해진 후에도 분열과 이합집산을 반복했다. 그 조직명과 이념적 차이가 조

잡하고 분파의 구성도 복잡하므로 이 장의 이해에 필요한 조직계통만 간단히 짚어보기로 한다.[1]

일본공산당(약칭 '공산당')에서 이탈하여 학생운동에 관여한 신좌익 조직은 크게 두 계열로 나뉜다. 하나는 1957년에 결성된 혁명적공산주의자동맹(혁공동(革共同))이며, 또 하나는 1958년 공산당에서 제명된 전일본학생자치회총연합(전학련)의 지도부가 조직한 공산주의자동맹(공산동(共産同))이다. 그밖에 공산당에서 이탈하여 아나키즘으로 기운 동아시아반일무장전선, 아나키스트혁명연합(흑색분트), 구조개혁파 등이 있다. 1964년에는 공산당에서 따로 민청(일본민주청년동맹)계 전학련을 재건하여, 민청과 다른 신좌익 조직이 서로 대립하는 모습도 보였다.

'혁공동'은 반제국주의론과 트로츠키즘의 세계혁명론을 수용했으며, 60년 안보투쟁 이후 혁명적마르크스주의(혁마르)파, 중핵(中核=전국위원회)파, 제4인터내셔널 일본지부로 갈라졌다. 1964년까지는 이론 학습과 전위조직의 구축을 중시한 혁마르파가 주도권을 잡고 있었지만, 학원분쟁이 확산되며 점차 대중투쟁을 중시한 중핵파의 활동이 두드러졌다. 한편 '공산동'은 마르크스와 엥겔스가 런던에서 조직한 '공산주의자동맹(Bund der Kommunisten)'(1847-1852)에서 유래한 이름이다. '공산동' 계열의 분파로 전기(戦旗)파, 정황(情況)파, 마르크스레닌주의(ML)파, 적군(赤軍)파, 전국위원회, 가나가와현 좌파 등이 형성되었다.

---

1 조직계통은 이 장에 인용된 여러 자료를 종합하여 필자가 정리한 것이다. 蔵田計成, 『新左翼運動全史』, 流動出版, 1978; 新左翼理論全史編集委員会 偏, 『新左翼理論全史』, 流動出版, 1979; 高見圭司, 『反戦青年委員会』, 三一書房, 1968; 日本社会主義青年同盟中央機関紙, 『青年の声』(縮刷版: 1960. 3-1971. 2), 社青同中央本部, 1975; 渡辺一衛 他, 『新左翼運動40年の光と影』, 新泉社, 1999 등 참조.

일본사회당(약칭 '사회당')의 청년들은 1960년에 일본사회주의청년동맹(사청동(社青同))을 결성했다. 이들은 레닌의 전위당 조직론과 그 지도를 '외부 주입'으로 비판했지만, 자신들의 전위조직을 포기한 것은 아니다. 사청동 내에서 무장투쟁을 주장한 세력이 해방파(1965-1971)를 형성하고, 혁명적노동자협회(1969-)를 만들어 이탈한다. 1965년에는 사청동과 총평(노동조합총평의회)의 청년조직이 '반전청년위원회'를 만들어 베트남전쟁 반대와 한일기본조약 비준 저지를 위해 활동했다. 하지만 협회 안에서도 구조개혁파 등의 파벌이 생기고, 1967년 협회의 다수파가 반전청년위원회에서 탈퇴한다. 이후 반전청년위원회는 신좌익의 공동투쟁조직으로 기능한다.

스탈린주의 극복을 위해 마르크스·레닌주의를 추종하고 혁명투쟁을 중시한 신좌익 각 조직은 동맹을 뜻하는 독일어 분트(Bund)[2]라는 연합체를 꾸려 전학련의 대중투쟁과 안보투쟁을 주도했다. 60년 안보투쟁을 이끈 제1차 분트(1958-1960)와 70년 안보투쟁을 이끈 제2차 분트(1966-1970)로 나뉘는 세력 간 세대 차이가 나타나고, 주도권을 다투는 내부 투쟁이 벌어지기도 했다.

전학련은 1948년 9월 공산당의 지도하에 조직된, 당시 국공사립 145개 대학의 30만 명이 자동으로 가입되는 '전일본학생자치회총연합'으로, 현재도 활동 중이다. 공산당과 사회당의 영향력하에서도 각 지역마다 독자적 학생운동을 추구하는 세력이 존재했다. 1950년 한국전쟁 당시 전국적 학생통일전선조직으로 '반전학생동맹'(반전학동)이 결성된다. 반전학동은 1955년부터 노동자, 사회당 좌파와 함께 미군 비행장 확장반대를 위한 스나가와(砂川) 주민투쟁을 지원했다. 유혈사

2 속칭 '분트'로 불리는 경우에는 안보투쟁 당시의 전학련 지도부를 가리킨다.

태까지 벌이며 비행장 이동 및 기지 반환까지 이끌어낸 스나가와 투쟁을 토대로 급진적인 신좌익 세력이 성장했다.[3] 1958년 반전학동이 사회주의학생동맹(사학동(社学同))으로 이름을 바꾸고 전학련의 한 분파를 형성한다. 사학동은 한일회담 반대투쟁을 전개하면서 ML파와 독립파로 분열되고, 1968년에는 마오주의를 수용한 ML동맹(학생해방전선)이 파생된다.

공산당의 투쟁이 후퇴하는 국면에서 스나가와 투쟁의 경험은 60년 안보투쟁을 촉발했고, 1966년부터 산리쓰카(三里塚(나리타))와 1967년 하네다 공항건설 반대운동으로 이어진다. 여기서 신좌익의 각 파벌이 전학련의 주도권 장악과 공동투쟁을 위해 이합집산을 반복한다. 그 과정에서 1966년 12월 사학동, 사청동계 해방파, 혁공동계 중핵파가 연합하여 '3파전학련'을 구성하고 "싸우는 전학련"을 표방했다. 1966년부터 반전·반미투쟁을 실질적으로 주도한 '3파전학련'은 1969년 도쿄대학 분쟁 당시 대학봉쇄에 반대한 공산당계 민청과 폭력적인 대결도 벌였다. 한일회담 및 베트남전쟁 반대를 위해 결성된 '반전청년위원회'와 '3파전학련'은 1970년 안보투쟁을 향해 새로운 국면을 개척한 것으로 평가된다.[4]

55년 체제를 형성한 좌우의 정치 세력은 지속적인 경제발전을 통해 복지사회로 진보하고 인류평화에 기여한다는 목적을 공유했다. 그러면서도 1950년대 후반 일본 경제가 고도성장기에 진입하자, 전전의 일본자본주의논쟁을 재편한 형태로 '종속-자립' 논쟁이 반복된다. 공산당은 일본의 대미종속성을 강조했다. 1961년 제8회 당대회에서 채택된 일본공산당 강령은 일본의 지위를 "고도로 발달한 자본주의

---

3 伴野準一, 『全学連と全共闘』, 平凡社, 2010, pp.15-22.
4 高沢晧司·高木正幸·蔵田計成, 『新左翼二十年史:叛乱の軌跡』, 新泉社, 1981, p.67.

국가이면서 점령된 종속국"으로 규정하고, 일본 독점자본의 지배에 반대하고 일본의 독립을 쟁취하는 '반제 반독점 인민민주주의 혁명' 노선을 채택한다. 반면 사회당은 일본자본주의의 자율성을 강조하고, 국가독점자본의 제국주의화를 부각시켜 반제국주의 사회주의혁명을 추구했다.[5] 그러나 이들의 논쟁이 '투쟁'으로 진화하지는 않았다.

기성 좌익의 평화주의와 법치주의에 반발한 신좌익은 트로츠키의 세계동시혁명론과 마오이즘의 '반미애국 무장투쟁'을 수용하면서 폭력혁명의 실천으로 질주하는 경향을 보였다. 특히 경제성장이 가시화된 1960년대 말에 고조된 신좌익의 폭력 긍정론은 아나키즘적 열망도 내장하고 있다. 가전제품과 집 장만으로 중산층을 가족주의 행복감에 안주시키려는 소비사회에서 신좌익은 인간의 주체성 소외와 관리 사회의 지배 시스템을 문제 삼았다. 베트남전쟁과 문화대혁명이 일어난 1960년대 후반의 정세 판단에서, 그들은 국제금융자본과 전후 세계체제의 위기, 일본 전후민주주의 체제의 동요를 강조했다.[6] 반제투쟁과 프롤레타리아 세계혁명의 조건이 성숙했다고 믿었던 만큼, 필사적인 혁명투쟁만이 그들 삶의 의미가 되어 있었다.

세계동시혁명과 무장투쟁 노선이 좌절하고 내부의 파벌 갈등도 격렬했지만, 신좌익의 멸종은 없었다. 각자의 일터와 시민운동의 틀 속에서 새로운 '진지'가 꾸려지고, 살아있는 자들이 현재 진행형으

---

5 공산당의 대표적 저작은 上田耕一郎, 『戦後革命論争史: 戦後日本の分析』(上巻), 1956; 사회당의 대표적 저작은 小野義彦, 「「従属経済」論への批判」, 『経済評論』, 1957. 6; 小野義彦, 『戦後日本資本主義論: 従属経済論批判』, 青木書店, 1963. 전전, 전후의 논쟁을 정리한 것으로 강좌파의 입장은 小山弘健, 『日本資本主義論争史』(上·下), 青木書店, 1953-1954; 노농파의 입장은 小島恒久, 『日本資本主義論争史』, ありえす書房, 1976에 반영되었다.

6 신좌익이 태동한 시대배경과 그들의 문제의식에 대한 견해는 小阪修平, 『思想としての全共闘世代』, 筑摩書房, 2006, 제1장, 제2장; 絓秀実, 『1968年』, 筑摩書房, 2006; 小熊英二, 『1968年』(上·下), 新曜社, 2009 참조.

로 조직운동을 펼쳤다. 1988년 『경찰백서』에 따르면, '극좌폭력 세력'의 '조직 및 세력'은 1969년 53,500명으로 정점을 찍고 감소했지만, 1974년부터 35,000명 정도를 유지했다.[7] 고령화로 쇠퇴했지만 신좌익 조직의 명맥은 2018년 현재도 이어지고 있다. '공산동'의 전기파, '혁공동'의 혁마르파와 중핵파가 연합하여 1966년에 시작한 나리타 공항 건설 반대 활동은 아직도 명맥을 유지한다. 새로 구성된 '공산동 통일위원회'는 1985년부터 노동운동과 시민운동을 이어갔다. 아랍의 테러조직에 합류한 '일본적군'에도 아직 생존자가 있다.

1992년부터 활동한 '일본과 미국의 아시아 지배에 반대하고, 아시아 민중의 연대를 추진하는 아시아공동행동·일본연락회의(AWC日本連絡会議)'는 '공산동 통일위원회'가 이끌어왔다. 이들은 한국의 민주노총과 연대하고, 오키나와의 미군기지 반대운동에서도 아시아와의 연대를 펼친다. '전기 공산동'은 무장혁명이 아닌 사회·환경혁명을 내걸고 1997년에 시민단체 분트를 결성했고, 2008년부터 Actio(Network)라는 이름으로 활동하고 있다. 가나가와현 좌파, 적군파, ML파를 잇는 세력도 2008년에 '혁명 21' 준비위원회를 결성했고 『월간 코몬즈』를 발행하고 있다.[8]

1989년 신우익(민족파 우익)의 스즈키 구니오가 『힘내자!! 신좌익: '나의 적, 나의 친구' 과격파의 재기를 성원하며』란 책을 냈다.[9] 이는 1990년대 이후 일본의 사회운동을 '신우익/반미보수/신보수'가 주도하게 되었음을 보여주는 현상이다. 이는 또한 일본의 사회운동에서

7 警視庁, 「極左暴力集団等の現状」(第1章, 第2節 1-(1)), 『昭和63年 警察白書』(https://www.npa.go.jp/hakusyo/s63/s630102.html).

8 『月刊コモンズ』(http://com21.jp/topics/opinion).

9 鈴木邦男, 『がんばれ!!新左翼: 「わが敵·わが友」過激派再起へのエール』(復刻新版), エスエル出版会, 1999(초판: 1989).

좌우의 적대적 구별이 무의미해진 현상을 보여준다. 실제로 전후체제 타파와 대미자립은 1950년대의 구좌익과 1960년대의 신좌익이 외쳤던 구호다. 현재의 신우익과 신보수의 대중운동 속에 신좌익의 영향력도 녹아들어 있다. '행동하는 보수'를 이끄는 니시무라 슈헤이(西村修平)는 마오이즘 조직 출신이고, 반미보수 논객으로 활동한 니시베 스스무는 전학련 지도부 출신이다.

신좌익 세대의 활동가들은 1998년 유사법제화(有事法制化) 반대, 2001년 9·11테러 이후 이라크전쟁 반대와 반미평화운동, 2011년 이후 탈원전운동에 앞장섰다(사진 3). 2015년 집단적 자위권의 법제화 반대 시위는 제법 규모도 컸다. 반미보수의 논객들도 안보법제에 반대했다. 그러나 다수 일본인들의 정치적 의사는 투표와 침묵으로 표출된다. 유사법제와 안보법제의 발효는 자국 안보를 위해 일본의 국회와 국민 다수파가 이끌어낸 결과로 그것이 동아시아의 평화를 직접 위협하지는 않는다. 만일 동아시아의 평화가 일본의 무장해제로 가능한 것이라면, 그것은 패전 직후에 이루어졌어야 한다.

오늘날 중국이 자본주의 성장으로 군사대국, 경제대국으로 변화했다. 핵 개발로 군사적 긴장을 고조시키던 북한도 정치적 협상을 통해 경제발전을 도모하려고 한다. 동아시아에서 반제혁명과 세계혁명의 슬로건, 냉전의 진영 논리가 모두 사라진 것은 아니지만 더 이상 실효성을 갖지 않는다. 이러한 현실에서 일본 좌파의 몰락이나 건재함만을 따지고 묻는다면 그 태도는 공정할 수 없다. 일본과 동아시아의 변화한 현실에서 과거의 문제가 어떻게 재구성되고 있으며, 문제의 현실적 해결 가능성이 무엇인지를 돌아보는 작업이 필요하다. 이는 동아시아인 모두가 함께 풀어가야 할 동시대의 연구 과제이리라.

2. '패배사'의 이로니와 신좌익 폭력의 '세계성'

2000년대부터 신좌익 연구와 전공투 담론이 활발하게 펼쳐지고 있다. 여기서 신좌익 분파(당파)의 전위조직과 대중적 행동대인 전국학생공동투쟁회의(전공투, 1968-1969)는 구별된다. 양자의 차이는 분명하지만, 신좌익 분파에서 벌어진 자멸적인 폭력 이미지로부터 전공투의 '유희성'과 '순수성'을 구제하려는 의도가 엿보인다. 전체 학생의 공동투쟁을 주도한 전공투는 무당파(non sect)의 '연대=횡단'으로, 투쟁의 명분에 동조하는 누구나가 이슈에 따라 모이고 흩어지는 '무정형'의 운동 방식이기 때문이다.

그러나 동시에 전공투는 '순수하게' 대중의 횡적 연대로 움직인 행동대가 아니다. 내부에 신좌익 8개 분파가 진입하여 공동으로 대중투쟁을 지도했던 만큼, 그것은 전위들이 운용하는 '기능조직'이기도 했다. 각 분파의 전위들은 혁명적 당파성과 주도권을 서로 다투며 대중투쟁을 전투적으로 이끌었다. 분파들이 혁명적 지도력을 서로 경쟁한 결과, 결과적으로 내부폭력까지 불러일으켰다. 폭력과 학생운동의 과열은 동시대의 보편적 현상이기도 했다. 폭력혁명론은 베트남전쟁과 문화대혁명, 그리고 미국과 유럽의 학생운동이 한창이던 시대 분위기에서 세계적 동시성으로 나타났다. 한반도에서도 무장 대립의 긴장감이 고조될 때였다.[10]

대중은 전공투의 이념적 명분에 공감하고 집단행동의 즐거움을 공유하면서 참가했다. 정치에 무관심했던 대학생과 대학원생도 사학비리에서 촉발된 학원투쟁에 참가했고, '고교 전공투'와 '낭인 공투'

10 1968년 김신조 사건과 프에블로호 납치 사건, 통혁당 사건, 1971년 실미도 사건이 있다. 그러나 1972년 미중수교의 데탕트하에서 남북공동회담이 성사된다.

도 생겨났다. 유희성은 헬멧과 마스크를 착용하고 바리케이드를 치며 각목(ゲバ棒)을 든 새로운 집단 패션과 운동 스타일에서도 나타난다. 그들의 유희는 도심가의 광장을 점유하고서 어깨동무하고 노래하거나, 선전선동의 구호를 외치며 행진하는 영상 기록에서도 목격할 수 있다. 사립대학과 헌책방들이 모여 있는 간다(神田) 거리를 1968년 5월혁명이 시작된 파리의 카르티에 라탱 거리처럼 만들고자 했던 활동에서도 문화적 연대의식과 유희성은 발견된다. 호모루덴스가 추구하는 유희(놀이) 본능은 1968년 학생운동에서 파리코뮌을 흉내 내는 '전투 놀이'로도 나타났다.

1968년부터 1969년까지의 전공투운동에서 "집합적 주체가 발양하는 것을 자신의 신체 내부에서 발견하는 체험"을 했다고 고백한 신좌익 평론가도 있다.[11] 그러나 고도성장기 일본에서 해방구의 '유희'는 '폭력적 사태'로 전변해갔다. 1968년 10월 20일 베헤렌(베트남에 평화를! 시민연합)과 국제문화회의의 시국강연회가 평화롭게 개최된 다음날 저녁, '국제반전의 날'을 기념하며 각목으로 무장한 신좌익 분파 2천여 명이 신주쿠에 모여들었다. 기동대와 충돌한 그들은 역 구내로 들어가 방화와 투석으로 소란을 피워 22일 오전 10시까지 전차가 불통되는 사태가 벌어졌다(사진 1).[12] 당시 공동투쟁을 벌였던 해방파와 혁마르파, 혁마르파와 중핵파는 1970년부터 서로를 '반혁명'으로 비난하며, 상대파의 조직원을 대낮에 납치하거나 폭행을 가하며 살상하는 '내부폭력'을 벌이기 시작한다.

---

11 津村喬, 「横議横行論」(1980. 2-1981. 6), 『横議横行論』, 航思社, 2016, p.7.

12 〈新左翼戦闘史·1968年新宿制圧/新左翼, 新宿東口広場·駅構内を制圧·騒乱罪〉(https://www.youtube.com/watch?v=HKtFXATQCWk). 유튜브에서 '신좌익 전투사'와 관련한 다양한 영상을 검색할 수 있다. 〈新左翼戦闘史·1968年, 解放派と革マル派の共同行動〉, 〈新左翼戦闘史·1969年神田解放区闘争/東大安田講堂戦支援〉 등 참조.

학원투쟁의 절정을 보인 도쿄대학 분쟁은 의학부 학생들의 수련의 처우개선 요구에서 촉발되어 1년 동안 지속되었고, 그 결과 1969년도 도쿄대학 입학시험이 폐지되어 신입생을 선발하지 못했다(사진 2, 4-7, 9 참조). 전공투는 자신들의 연대와 점거 농성으로 제국대학의 상징을 파괴하고자 했다. 책걸상이 바리케이드로 쌓인 채, 야스다 강당에서는 화염병과 돌멩이, 최루가스와 물폭탄의 치열한 공방전이 벌어졌다. 도쿄대학 분쟁은 공권력의 투입으로 진압되었지만, 이를 계기로 신좌익의 무장투쟁론이 급진전하고, 반전·반안보의 정치투쟁이 격화했다. 학원민주화 투쟁은 정치투쟁으로 이어졌고, 폭력투쟁은 양날의 칼이 되었다. 그들은 사학재단의 '장삿속'과 제국대학의 '권위'에 타격을 가했지만, 학생회의 자치 역량에 대한 대중의 신뢰를 훼손시켜 결국 1970년대 전학련의 쇠퇴를 가져왔다.

도쿄대학 분쟁에서는 문화대혁명을 모방하는 '제국주의 대학 해체'론과 조반(造反)운동이 활발하게 제기되었다. '조반'은 중국의 농민봉기를 조반무도(造反無道: 모반은 인간의 도에 반한다)로 폄하하던 봉건적 가치관을 뒤집어, 1939년 마오가 만든 용어 조반유리(造反有理: 모반에 도리가 있다, 모든 반역은 공정하다)에서 나온 말이다. 이는 그 주도세력인 도쿄대전학해방전선(ML)의 '권력 창출'을 위한 전략 전술과 관련한다.

> 제국주의 교육질서의 교육형태 파괴를 위한 제1슬로건으로 우리는 전학조수(조교) 공투회의가 제기한 "전학의 각 학부, 연구소 교수회의 구성원 모두는 학생에게 사죄하고, 자기의 무책임, 무능력을 학생의 심판에 맡겨라"를 단호 지지한다. 이 투쟁에 관한 도덕성에 준거하여 정풍(整風)할 뿐 아니라, 전통적 교육형태의 파탄의 총괄을 근저에 꿇어앉혀야만 한다. 우리는 교수회로부터 처분'권'을 박탈하여 교육과정의 결정'권'을 찬탈한다. 지금은 총체로서

'교수회 해체'로 돌진하려는 지향성을 일부러 숨길 필요는 전혀 없다."[13]

문화대혁명을 모방한 그들은 대학 봉쇄를 시도했다. 교수의 특권의식, 즉 권위주의·전통주의·학문지상주의를 적대시하고, 연구 자료나 대학의 비품을 난방 연료로 태우거나 바닥에 팽개쳤다. 모반의 '도리'는 '제국주의 지배관리' 및 '부르주아 사교육과 학문연구'를 배격하고, '우리들의 지배관리'와 '프롤레타리아 사교육과 학문연구'를 창출하는 것에 있었다. 그들은 '해방대학'이란 간판을 내걸었으며, '자치적인 지배관리'를 위해 무장했다. 대학의 권위와 국가의 교육이념을 타격한 대신에 '마오쩌둥사상 만세'라는 깃발을 들었다. '제국대학 해체'와 '조반유리'를 내걸고 봉쇄한 대학의 정문에는 마오쩌둥의 사진과 ML(도쿄대전학해방전선)의 깃발을 내걸었다(사진 4-7 참조).

1969년 4월 28일, 신좌익의 5개 정파가 1972년에 예정된 오키나와 반환의 기만성을 폭로하며 미군기지 철폐를 이슈로 선정하고 전국적 규모로 투쟁했다.[14] 도쿄에서만 2만 명이 모인 '4·28 오키나와 반전 Day 투쟁'에서 '수도 총반란'을 노리며 주요 관공서가 밀집한 가스가야세키(霞ヶ関)에 운집한 세력도 있다. 이때 '공산동'에서 창설한 돌격대가 '적군의 맹아형태'였다고 한다. 그들의 투쟁 목적은 "4·28을 돌파구로 삼아 70년 안보투쟁을 위한 전열을 강화"하자는 것이었다.

야스다 강당의 공방전에서 적들 앞에서 도망쳤다는 혐의를 받은 '혁마르파'는 무장봉기주의의 망상을 비판하기 시작했다. 4·28 오키

---

13 東大全学解放戦線, 「帝国主義大学解体と学園闘争の戦略的課題=二重権力の創出: 学園闘争の階級的使命=二重権力の創出」, 新左翼理論全史編輯委員會 編, 앞의 책, p.400.

14 革命的共産主義者同盟·共産主義者同盟·社会主義労働者同盟·第四インターナショナル日本支部·日本マルクス·レーニン主義者同盟, 「4·28を突破口とし70年への戦列を強化せよ」, 新左翼理論全史編輯委員會 編, 앞의 책, pp.412-417.

나와 반전 Day 투쟁 이후, 이들은 타 당파를 해체시키기 위한 '당파투쟁'을 선언한다. 레닌의 전위당 이론에서도 당파투쟁은 계급 내부의 모순을 지양하고 계급정당으로서의 혁명성을 확립하는 방법으로 긍정되었다.[15] 이로써 '혁공동' 내부에서 혁마르파와 중핵파의 대립이 격화하고, 1970년 8월부터 서로를 살상하는, '우치게바'로 불리는 조직 내부의 폭력이 무수히 반복되었다. 여러 분파들 사이에서 벌어진 내부폭력의 피해자 중 사망자만 1971년부터 5년간 40명이다.[16]

한편, 1971년 1월부터 매달 크고 작은 무장 유격전이 펼쳐졌다. 금융기관 및 파출소 습격, 총포 탈취, 폭탄 투하가 주요한 방법이다. 자금과 무기 조달을 위해 은행과 총포점을 습격한 조직원들이 수배되자 조직 활동에도 난관이 겹쳤다. 일본공산당에서 제명된 '혁명좌파'와 요도호 사건(1970)을 일으킨 '공산주의자동맹 적군파'는 조직을 보강하기 위해 합류한다. 1971년 7월, 수배자의 몸으로 무장혁명을 환상하던 그들은 새롭게 '연합적군'을 형성하고 군마현의 산악지대에서 합동군사훈련에 돌입한다. 그러나 대중의 시선이 없는 산악 근거지에서 벌어진 것은 살벌한 내부폭력이었다.

연합적군은 '섬멸전'을 벌일 '공산주의 혁명 전사'로 자신들을 단련한다는 명목으로 자기비판과 총괄, 숙청을 거듭했다. 마오이즘을 신봉한 '혁명좌파'의 여전사가 '적군파' 여전사의 반지 끼고 화장하고 머리 빗는 모습이나, 대원들의 남녀관계를 비판하면서부터 총괄이 시작되었다.[17] 중국 인민해방군의 규율을 흉내 내고자 했던 그들은 도시

15 蔵田計成, 앞의 책, pp.290-296.

16 警察庁, 『昭和51年 警察白書』, 1976, 第7章 〈図7-1 極左暴力集団勢力推移(昭和42-50年)〉, 〈図7-3 内ゲバ事件の発生状況(昭和46-50年)〉(http://www.npa.go.jp/hakusyo/s51/s510700.html).

17 총괄의 사전적 의미는 '개별 사안을 모아 묶어내는 것'이다. 좌익 조직에서는 집단적으로 자기비판을 거치고 인민재판을 가하는 '반성'과 '심판'의 형식으로 삼았다.

적 감수성이나 소부르주아 급진주의를 비판하고 전투적 충성심을 서로 검열했다. 자기모순을 밝히는 총괄에 소홀하거나, 죽음과 폭행에 공포감을 갖는 것조차 기회주의, 패배주의로 취급되었다.

'반혁명'에 사형을 선고한 '적군파'의 지도자는 마오이즘에 정통하지 못했지만, '패배사(敗北死)'라는 논리로 집단폭력을 총괄했다. 혁명 정신이 패배한 결과가 육체적 죽음이라는 논리다. '패배사'를 당하지 않기 위해 집단폭행에 앞장선 '전사'가 다음 번 자기비판에서 숙청의 대상이 되었다. 이리하여 1971년 12월부터 2개월 간 대원 총 29명 중 12명이 집단폭행과 동사, 질식사로 희생되었다. 1972년 2월, 열흘 동안 인질극을 벌이던 아사마 산장 사건이 수습되면서 산악베이스 사건의 전모가 드러나자 일본 사회는 더 큰 충격에 빠졌다(그림 3 참조). 시대의 불의에 항거했던 젊은이들이 동지 살해의 불의에는 항거하지 못했다. 영화 〈실록 연합적군: 아사마 산장의 도정〉의 마지막 장면에서는 "모두가 (잘못을 알면서도 지도부에) 저항할 용기가 없었다"는 절규가 나온다.[18]

그들의 '총괄'은 무한한 자기부정을 통해 자신들의 혁명성을 증거하려고 한 점에서 '일본적 이로니'의 서사를 잇고 있다. 처음에 총괄과 자기부정은 '혁명 전사'로 새로 태어나기 위한 '문화대혁명'의 방법이었다. 그러나 '현존재'에 대한 자기부정과 '패배사'라는 명분은 누구도 '승리'할 수 없게 만드는 '패배'의 장치다. '지금 여기'에 연결될 수 없는 '혁명 전사'로의 변신은 억지이고, 그 불가능성에 대한 책

18 와카마쓰 고지(若松孝二) 감독, 〈실록 연합적군: 아사마 산장의 도정(実録·連合赤軍 あさま山荘への道程)〉은 2008년 공개되었다. 1987년 '연합적군의 전체상을 남기는 모임'이 설립되어 관련자들의 증언을 모았다. 총괄에 대한 기록은 坂口弘, 『あさま山荘1972』(下), 彩流社, 1993. 내부폭력에 대한 연구로 퍼트리샤 스테인호프, 임정은 역, 『적군파: 내부폭력의 사회심리학』, 교양인, 2013 참조.

임에 폭력을 가하는 숙청의 방법 자체가 비열하다. 실존에 대한 논리적 자기부정과 '혁명적 저항'의 실천적 결벽성이 배가되었던 그 폭력은 더욱 그로테스크한 '이로니'의 한 양상이 아닐 수 없다. 육체의 고통을 외면하고 실존을 부정하는 신좌익의 '혁명정신'은 우익 테러나 자결에서 자신들의 행위를 '숭고한 정신'으로 확신하는 것과 별반 다르지 않다.

산악베이스 사건의 생존자가 증언한 '패배사'라는 뜬금없는 어휘는 1960년 안보투쟁 이후의 시대정신에서 '저항과 패배'의 이중적 계기가 역사철학의 중요한 단상처럼 떠오른 현상과 무관하지 않다. 『중앙공론』 1964년 10월호 특집 '전후 일본을 만든 대표 논문'의 하나로 다케우치 요시미의 「일본의 근대와 중국의 근대」라는 글이 선정된다. "전후 일본이 낳은, 말 그대로의 본래적 의미에서 역사철학의 하나"라고 높이 평가된 이 글은 1951년에 처음 발표되었다. 그 내용은 패전 이후 일본에서 망각된 '패배'라는 감각과 '저항' 의지를 동시에 소환하는 것이다.

> 동양에서 저항은 지속하고 있었다. 저항을 통해 동양은 자기를 근대화했다. 저항의 역사는 근대화의 역사이고 저항을 거치지 않는 근대화의 길은 없었다. 유럽은 동양의 저항을 통해, 동양을 세계사에 포괄하는 과정에서 자기의 승리를 인정했다. 그것은 문화, 또는 민족, 또는 생산력의 우위로 관념되었다. 동양은 같은 과정에서 자기의 패배를 인정했다. 패배는 저항의 결과였다. 저항에 의하지 않은 패배는 없다. 따라서 저항의 지속은 패배감의 지속이다.

> 패배라는 일회적 사실과 자기가 패배 상태에 있다는 자각은 직접 연결되지 않는다. 오히려 패배는 패배라는 사실을 잊어버리도록 자기를 이끌어서 이차적으로 스스로에게 결정적으로 패배하는 것이 많은데, 이 경우 당연히 패

> 배감의 자각은 일어나지 않는다. 패배감의 자각은 이처럼 스스로에 대한 패배를 거부하는, 이차적인 저항을 통해 일어나는 것이다. 거기에서는 저항이 이중으로 되어 있다. 패배에 대한 저항과 동시에 패배를 인정하지 않는 것, 또는 패배를 잊으려는 것에 대한 저항이다.[19]

일본낭만파의 이로니도 패배를 긍정하는 반어법이다. 야스다의 생각에 '일본 문학'의 전통은 무사 정권에 패배한 고토바인 천황의 시가에 뿌리를 두고 있기 때문이다. 패배감은 패전 직후 정신사의 한 단면을 포착한 핵심어였다. 다케우치에게 일본의 '대동아전쟁'은 동양의 저항을 의미했고, 저항의 결과가 패배였다. 물론 다케우치는 '아시아 침략성'의 문제를 간과하지 않았고, '침략과 저항의 양가성'을 일본 근대의 아포리아로 삼았다. 다만 그에게 문제는 패배한 과거의 사실이 아니라, 미국에 대해 패배감을 갖지 않기 때문에 더 이상 패배에 저항하지 않는 역사적 현재에 있다. 패배감은 이차적인 저항에서 비로소 살아난다. 그 저항의 이중성이란 패배를 인정하게 하고, 패배를 망각한 주체를 일깨워서 패배 상태를 딛고 다시 저항으로 나가게 한다.

여기에서도 역사적 승리를 부정하면서도 무한한 저항 정신으로 패배를 극복하려는, 무한 부정의 '이로니' 어법이 쓰인다. 무한 패배와 무한 저항의 역사적 시간을 지속시킴으로써 다케우치 나름의 '영속혁명'론을 정립한 셈이다. 그러면서도 다케우치는 전후의 근대문학론자와 마르크스주의 문학론자들이 일본낭만파를 패배시킨 적이 없음을 확신했다. 『고사기』를 품고서 전장에 뛰어들겠다던 하시카와처럼, 야

19 竹内好, 「中国の近代と日本の近代」, 『日本とアジア』, 筑摩書房, 1993, pp.17-18. 이 글은 1948년에 초고 집필하여 1951년 『현대중국론』에 「근대란 무엇인가-일본과 중국의 경우」라는 제목으로 발표하고, 1959년 『현대교양전집』에도 「일본문화의 반성」이란 제목으로 다시 수록하였다(『日本とアジア』, pp.471-473).

스다의 고교동창으로 『코기토』의 동인이었던 다케우치에게도 '민족문학=국민문학'은 그 심장에 박혀 있는 불패의 근원 신화였을지 모른다.

다케우치는 기시 정권의 독재를 문제 삼았고, 1960년 신안보조약의 강제 체결에 항의하여 도쿄도립대학의 교수직을 사퇴했다. 그는 반미투쟁의 필요성을 인정했지만, 먼저 국내 정치에서 '민주'와 '독재'의 대결을 종식시킬 것을 주장했다.[20] 그로서는 일본이 아시아에서 '저항 주체'로서의 존재 의미를 회복하려면, '전범'이었던 기시 정권의 퇴진이 더욱 중요했을 것이다.

신좌익의 무장투쟁파와 전후의 '아시아주의자'인 다케우치가 공감한 흔적은 찾지 못했다. 그러나 패배주의를 거부하며 무한한 자기부정과 폭력에 빠진 신좌익의 '혁명적 강박감'은 스스로에 대한 패배를 거부하며 무한 저항을 촉발하려는 다케우치의 '저항적 패배감'과 무관해 보이지 않는다. 서로의 역사적 경험이나 문제의식을 충분히 공감할 수 없는 세대가 같은 말을 반복하며 '이로니'의 어법으로 자신들의 저항 의지를 환기시키려고 한다. 마치 일본어 '패배'의 주술에 걸린 듯이 가토 노리히로의 『패전이후』와 시라이 사토시의 『영속패전론』에서도 '국민 주체'를 불러일으키려는 '패배'의 이로니 어법은 반복된다.

산악베이스 사건과 아사마 산장 사건은 '혁명 전사 따라잡기'에 패배한 결과였다. 그렇다면 테러, 무장투쟁, 저항이란 방법으로 거둘 수 있는 승리는 무엇일까? 본디 이로니 어법의 강점은 독선적인 정당성에 집착하는 '원리주의'를 원천 부정하는 점에 있을 것이다. 그러나 제국과 식민지, 자본가와 노동자라는 적대적 모순 구조에 사로잡힌 신좌익 세대가 스스로의 체험 속에서 '혁명적 폭력'에 대한 환상을 벗

---

20 竹内好, 「民主か独裁か: 当面の状況判断」(『図書新聞』, 1960. 6. 4), 『竹内好全集』(第9巻), 筑摩書房, 1981.

겨내는 일은 쉽지 않았다.

'국제 근거지론'과 세계동시혁명을 추구한 적군파의 일부는 1971년 팔레스타인인민해방전선(PFLP)과 연대하면서 아랍의 테러조직 '일본적군'으로의 변신에 성공했다.[21] 그들은 자신들의 행위는 테러가 아니라 '무장투쟁'이라고 역설한다.[22] 1972년 5월 20일에 일본적군 4명이 이스라엘의 로드 공항에서 24명을 무차별 살상하는 테러 사건을 일으켰다. 일본에서 '반일 망국론'과 아이누 독립론을 펼치며 폭탄 폭파사건을 일으킨 '동아시아반일무장전선'의 일부도 일본적군에 합류했다. 약 25명이 활동한 일본적군은 1980년대까지 국제 테러 사건을 일으켰고, 적군파 수감자를 포로 교환으로 구제하는 작전에 성공하기도 했다. 오카모토 고조(岡本公三)는 1972년 테러 참가자로 구속되었다가 포로 석방을 위한 일본적군의 테러를 통해 다시 구출되었다. 아사마 산장에서 체포된 반도 구니오(坂東國男)도 일본 정부의 포로 교환을 위한 '초법률적 조치'로 석방되어 일본적군에 가담한 1인이다.

1997년부터 일본에 잠복하여 중국을 왕래하며 활동하다가 2001년에 체포된 최고 간부 시게노부 후사코(重信房子)가 2001년 일본적군의 해산을 선포하자 반도는 해산 무효선언을 발표하기도 했다. 일본적군의 잔존자와 지지자는 모두 고령이 되었지만, PFLP와의 연대를 유지하고 있다. 그들은 일국혁명론을 넘어 세계사적 저항과 연대의 결의를 보여주었다. 하지만 테러(무장투쟁) 자체가 목적이 아니라면 그들도 역사의 패배자일 뿐이다. 일본의 경시청 관계자는 반도가 체포될 때까지 아사마 산장 사건은 끝나지 않은 것이라고 한다. 그러나 지구 곳곳에서 터지는 무차별 테러가 끝나지 않는 한, 누군가가 그들

---

21 重信房子,『日本赤軍私史 パレスチナと共に』, 河出書房新社, 2009.

22 「テルアビブ空港乱射, 岡本容疑者「一度は日本に帰りたい」」,『毎日新聞』, 2017. 5. 30.

의 테러에 공감하며 가담할 것이다. 자국의 방위와 자국민의 안전에 만전을 기한다 해도 새로운 세계질서로의 변화를 이끌어낼 수 없다면 그 누구도 안전할 수 없는 세계다.

〈그림 3〉 체포된 연합적군 학생들 중 하나가 직접 그린 산악베이스의 군사훈련과 총괄 모습

출처: 〈連合赤軍集団リンチ殺人事件〉(https://www.youtube.com/watch?v=L3yzXBPV6sk&t=8s)의 일부 장면.

〈사진 1〉 베트남전쟁 반대, 미군 제트연료 운송저지를 내걸고 신주쿠역 구내를 점거하여 기동대와 대치하는 학생들

출처: 1968년 10월 21일, 보도사진가 미토메 다다오(三留理男) 촬영, 『마이니치 신문』 제공.

〈사진 2〉 도쿄대학 야스다 강당 앞, 도쿄대학과 니혼대학 투쟁 승리 전국학생 총궐기대회

출처: 1968년 11월 28일, 미토메 다다오 촬영. 『마이니치 신문』 제공.

〈사진 3〉 '전쟁법철폐! 개헌저지! 헤노코(미군) 신기지 건설 저지! 일미 글로벌 전쟁동맹 구축반대! 아베 네오파시스트 정권 타도!'가 적힌 플랭카드를 들고 시위 중인 규슈 지역 전학련 공투와 반전청년회(2012)

출처: 「10·18全国労学統一行動: 東京/北海道/東海/関西/九州/沖縄」(http://www.jrcl.org/img/L23943pho51.jpg).

〈사진 4〉 1969년 1월 15일 봉쇄된 도쿄대 정문

〈사진 5〉 도쿄대 의학부 도서관 앞 바리케이드

〈사진 6〉 1969년 1월 19일 도쿄대 공학부 열품관(列品館)

〈사진 7〉 '도쿄지구 해방대학'이라는 현수막이 걸린 도쿄대 학생식당

〈사진 8〉 마오쩌둥사상연구회가 발간한 잡지 『마오쩌둥사상연구』(1966년 11월 제1호부터 1973년 9월 제62호까지 간행)

〈사진 9〉 도쿄대 야스다 강당을 점거한 전공투

출처: (사진 4–8) 〈日本の文化大革命〉(http://www.360doc.com/content/16/0503/00/32853411_555761339.shtml); (사진 9) 〈怒りをうたえ ② 1969. 1. 15–19 東大闘争(医学部図書館砦戦, 工学部列品館砦戦, 法学部研究室砦戦, 安田講堂砦戦, 神田カルチェ·ラタン解放区闘争)〉(https://www.youtube.com/watch?v=FNEkO0Yu4AE).

3. 전후민주주의 비판과 모순의 '분열=증식'

전후민주주의 비판론은 전후 최대의 반정부·반미 대중운동인 1960년 안보투쟁을 사상적으로 총괄하는 과정에서 대두한다. 전후에 민주주의를 수행했던 세 그룹, 즉 전후민주주의를 대표하는 진보적 지식인, 전전부터 활동한 리버럴리스트와 관료, 의회제에 진입한 공산당 모두가 급진적인 신좌익 세대의 비판을 받았다. 오히려 1970년에는 '우익 탐미주의 작가'로 간주되었던 미시마가 전후체제에 대한 '폭력적 전복'을 옹호하는 감성으로 전공투 학생들과 공명하는 모습까지 보였다.

넓은 의미에서 전후민주주의는 공산당의 활동을 보장하는 의회제 민주주의, 평화헌법과 상징천황제를 정초한 전후 민주화된 일본의 정치적 정체성을 가리킨다. 좁은 의미에서 전후민주주의는 마루야마 마사오로 대표되는 '이와나미 문화인=진보적 지식인', 즉 근대의 자유와 공공의 합리적 진보를 추구한 지식인과 미디어 및 교육계의 리버럴리즘 사상 등을 가리키는 비평 용어다. 마루야마는 미국에 의해 이식된 민주주의 제도를 수긍하면서, 자유를 내면적으로 확립할 국민적 과제로 제시했으며, 스스로가 전후민주주의의 실천 주체로 활약했다.[23] 이들 중도·진보 지식인과 공산당은 전후질서의 혁명을 환상했던 신좌익 세력으로부터 기득권자, 권위주의 세력으로 질타를 당한다.

전후민주주의에 대한 비판은 고도성장기에 접어든 문화공간의 급진적인 진보(좌익)진영에서 시작되어 급진적 보수(우익)진영에도 영향

23 마루야마의 리버럴리즘 사상에 대해서는 苅部直, 『丸山眞男: リベラリストの肖像』, 岩波新書, 2006 참조.

을 미쳤다.[24] 신좌익계 출판사의 경우, 혁공동(혁마르파) 계열의 고부시 서방(こぶし書房, 1959-)과 반아카데미즘과 탈권위주의를 표방한 현대사조사(現代思潮社, 1957-)가 주목된다.[25] 이들은 일국적 단위에서 관철되는 공산당의 지도노선과 그것을 강제하는 스탈린주의를 비판하며, 공산당 주위에 포진한 출판사 및 '양심적 지식인'에게 선전포고를 한다. "나쁜 책을 내라! 꽃에는 향기를, 책에는 독기를!"이란 선정적인 슬로건을 내걸었던 현대사조사는 새디즘 관련 번역본과 트로츠키 전집을 출판하는 등 당대 좌익의 문화권력에 저항했다.

1960년 7월 안보투쟁이 수습되자 그해 10월, 현대사조사는 『민주주의의 신화-안보투쟁의 사상적 총괄』을 신속하게 편집·출판했다.[26] 필자는 모두 6명이다. 공산당의 외곽에서 1950년대의 서클운동의 정신과 방법을 유지하려고 했던 시인이자 교육운동가인 다니가와 간(谷川雁), 천황제 및 스탈린주의의 국가적 '공동환상'을 논박하고 계몽주의를 야유한 평론가 요시모토 다카아키(吉本隆明), 혁마르파의 사상가이자 최고지도자인 구로다 간이치(黒田寛一) 등, 급진적이거나 아나키적인 성향의 이론가들이 모였다. 다소 난해한 그 책은 2010년, 전후민주주의에 대한 논란이 격화된 시점에서 복간되었다. 그 책의 글들이 안보투쟁보다는 '전후민주주의의 사상적 총괄'을 시도한 때문일 것이다.

---

24 『산케이 신문』(1955-)은 1959년에 보수여론의 확립을 새로운 경영이념으로 세웠다. 1960년대 신좌익 학생운동의 활발한 여론에 대항하여 뒤늦게 『문예춘추(文藝春秋)』의 자매지 『제군!(諸君!)』(1969-2009)과 산케이 신문사의 자매지 『정론(正論)』(1973-현재)이 발행되었다.

25 陶山幾朗, 『「現代思潮社」という閃光』, 現代思潮新社, 2014. 신좌익은 전후민주주의와 공산당의 후광을 업은 출판사와 거래하지 않았다고 한다.

26 吉本隆明·埴谷雄高·谷川雁·森本和夫·梅本克己, 『民主主義の神話-安保闘争の思想的総括』, 現代思潮社, 1960.

1960년 5월 19일 국회에서 신안보조약이 강제 체결된 후, 6월 15일 전학련 주류는 국회의사당 점거를 시도한다. 그러나 경찰과의 대치 속에서 도쿄대 여학생 간바 미치코(樺美智子)가 인파에 깔려 압사했다. 이 사건을 계기로 전학련의 지도를 자처했던 공산당과 안보투쟁을 적극 환호했던 지식인, 언론, 시민들이 전학련 지지를 철회하고, "폭력을 배제하고 의회주의를 지키자"는 노선으로 돌아섰다.[27] 요시모토의 「의제의 종언」은 의회제 민주주의에 안주한 공산당과 언론, 지식인의 기성세대를 모두 '거짓 민주주의'로 야유하고, '싸우지 않는' 전후민주주의에 '사멸'을 선고한 글이다.

> 안보투쟁은 전후사에 전기(転機)를 그렸다. 전후 15년간, 전중(戦中)의 퇴폐와 전향을 은폐하고, 마치 전중에도 싸우고, 전후에도 계속 싸워온 것처럼 아귀를 맞춰온 전전파(戦前派)가 지도하는 가짜 전위들이, 십 수만의 노동자·학생·시민의 눈앞에서 마침내 스스로 싸울 수 없는 것, 스스로 싸움의 방향을 찾지 못하는 무능력을 완벽하고 명백하게 드러냈다.

> 나는 이들 시민, 민주주의의 사상가들이 처음으로 정당 콤플렉스에서 자립하여 스스로 대중행동에 나선 것을 평가하지 않을 수 없다. 그들의 민주주의(현실적으로는 부르주아민주)로의 침투운동은 그대로 민주주의(부르주아 민주)의 사멸운동에 다름 아니다.[28]

---

27 『아사히 신문』·『마이니치 신문』·『요미우리 신문』·『산케이 신문』·『도쿄 신문』·『도쿄 타임스』의 7개 언론이 폭력배제와 의회주의 수호를 위한 공동선언을 발표했다. 「共同宣言「暴力を排し議会主義を守れ」」, 『朝日新聞』, 1960. 6. 17.

28 吉本隆明, 「擬制の終焉」, 『民主主義の神話: 安保闘争の思想的総括』, pp.43, 70. 글 제목의 의제(擬制)는 법률상의 용어로 서로 다른 것을 동일한 것으로 인정하고, 동일한 효과로 취급하는 일을 의미한다. 이를테면 형법상 전기(電氣)를 재물로 보는 것과 같은 일인데, 요시모토가 의도한 '의제'는 의회제 민주주의에서 의회의 결정을 국민의

전학련 지도부(제1차 분트)도 전후민주주의를 부르주아의 지배 장치로 보았고, 안보개정을 인정하고 오키나와 반환운동을 벌이는 공산당과 사회당이 일본의 진정한 독립과 평화적 진보를 가로막는다고 비난했다. 전학련을 지지한 요시모토는 공산당의 '반미애국'이 마오쩌둥의 반제민족운동 노선을 흡수한, 광기 어린 배외주의라고 말한다.[29] 그렇다고 요시모토가 '진짜 민주주의'를 제시하고 전학련을 이끈 정신적 지주는 아니었다. '가짜 전위'와 '시민민주주의'에 대한 비판은 계몽적 이념과 지적 권위에 대한 거부일 뿐이다. '진짜'를 찾지 못한 요시모토는 '공동환상'을 벗겨내고 대중의 욕망을 솔직하게 대변하며 일상의 모순을 그대로 드러낸다. 그는 1980년대 자본주의 소비문화를 적극 긍정하고, 2011년 동일본 대지진 이후 원전을 경제성장의 동력으로 옹호한다. 이념적 의제를 벗겨내고 현재적 욕망에 솔직한 태도이다.

1960년대 후반에 마오이즘을 흡수하고 한일회담 반대투쟁에도 참여했던 사청동계의 해방파는 요시모토와 동일한 논리로 60년 안보투쟁에서 활약한 '사청동'과 '공산동'을 비판한다. 그 「결성 선언문」에서는 60년 안보투쟁의 평화와 민주주의운동뿐 아니라, 제1차 분트의 사멸까지 선언한다.[30] "스스로를 노동자계급의 전위로 망상"한 공산주의자동맹이 "외부 주입"한 "분트는 일본 독점자본의 제국주의적 자립 과정에서 산출된 새로운 중간층"과 "몰락해가는 낡은 중간층의 불안의 표명이며, 그들의 급격한 합성이다". 새로운 중간층으로는 사

의사로 동일시하는 것을 '위선, 가짜'로 비판하는 함의를 갖는다.

29 위의 글, p.51. 일본공산당의 평화옹호투쟁에 대한 신좌익의 비판논리는 大嶽秀夫, 『新左翼の遺産 ニューレフトからポストモダンへ』, 東京大学出版会, 2007, pp.42-43 참조.

30 社青同学生解放派, 「社青同学生解放派結成宣」(『解放』 創刊号, 1965. 4. 10), 新左翼理論全史編輯委員會 編, 앞의 책, pp.296-297.

회당의 '국민주의', 낡은 중간층으로는 공산당의 '민족주의'가 지적된다. 자기비판의 방법은 해방파의 선언문에서도 중시되었다. "프롤레타리아 혁명은 반복하여 자기비판한다." "안보투쟁의 패배로 소시민층으로부터 노동자계급의 정치적 독립이 본격적으로 시작되었다." 이러한 자기비판론은 과거 역사 및 다른 당파의 한계를 '부정=비판'함으로써 자타의 모순을 '지양'할 수 있다고 믿는다.

그렇다면 과연 신좌익은 전후민주주의와 기성세대를 비판하고 극복한 것일까? 신좌익의 분파는 앞선 세대가 이미 활용하고 경험했던 낡은 논리로 기성세대와 타 정파를 비판하면서 스스로에게 '혁명의 진보'라는 새로움을 부여한다. 해방파의 경우, '반미애국주의'로 사회당의 국민주의와 공산당의 민족주의를 비판한다. 하지만 그 내셔널리즘의 결정적 차이는 마오이즘의 추종 여부에 있다. 그들의 '폭력'도 1950년대 초반 마오이즘을 추종하여 무장투쟁을 채택한 공산당의 경험을 잇고 있건만, 그 역사는 망각되었다.

신좌익 정파가 스스로의 혁명성을 찾아가는 방법은 '자기비판'이라는, 주어진 현실과 내 앞의 타자에 대한 '무한 부정'을 통한 '자기분열'에 있다. 마치 체세포의 분열=증식과도 같은 방법이다. 그들은 앞선 세대와 타 정파(당파)의 모순을 극복하지 못한 채 익숙하고 낡은 '혁명론'을 방출했다. 그 혁명성에 대한 집착과 내부폭력은 서로 닮은 꼴을 증식시키는 암세포의 활동처럼 보인다. 주목할 사실은 낡은 언어의 '분열=증식'이 일으킨 새로운 변화다. 신좌익의 활동으로 마르크스주의를 표방했던 오래된 당파성의 구도가 사산되고, 동시대에 새로운 좌우합작이 형성되고 있었던 것이다.

신좌익의 전후민주주의 비판은 우익사상의 부활은 물론, 신우익의 태동을 도왔다. 안보투쟁을 실질적으로 지원한 우익도 존재했다. 전전 공산당 중앙위원 출신의 사업가 다나카 기요하루(田中清玄)가 공산동

(제1차 분트)의 전학련 서기장 시마 시게오(島成郎)에게 수백만 엔을 지원했다. 세이겐으로도 불리는 다나카의 목적은 학생운동을 이용하여 공산당과 기시 정권을 모두 분쇄하는 데 있었다.[31] 그는 도쿄대학의 공산당 세포조직인 신인회 출신으로 '무장공산당'(1929. 7-1930. 7) 시대에 직접 무장투쟁을 조직했다가, 1934년 옥중에서 전향했다. 이 사실이 알려지자, 시마는 1960년 당시 전세 버스로 학생들을 국회의사당에 동원하는 등 활동자금으로 대중을 동원했음을 당당하게 고백했다.

1960년대 후반 베트남전 반대운동과 반미투쟁은 반미적 성향의 우익에게도 감화를 주었다. 모든 지배권력의 타도를 위해 무력투쟁을 시도한 신좌익 세대는, 그들이 자각적으로 의식했든 아니든, 심정적으로 기타 잇키와 같은 혁명적인 아시아주의자와 연결되어 있다. 1930년대 우익 청년들도 당대 일본의 지배관료를 타도하기 위해 군사정변을 일으켰고, 서구제국주의와 결전할 주체로서 일본 국가를 개조하여 '아시아의 맹주'로 거듭나야 한다는 혁명론에 사로잡혀 있었다.

전후민주주의를 비판하는 좌·우익 모두가 제도적 민주화를 '민주주의의 본의'가 아니라고 말한다. 1943년 대일본언론보국회 이사를 역임하여 공직에서 추방당했던 와카 시인이자 경제학자인 오구마 노부유키가 1970년에 펴낸 『일본의 허망-전후민주주의 비판』의 논리를 보자.[32] 제도적 민주화로 "농지개혁, 재벌해체, 부인참정권, 노동입법, 가족법의 개정 등, 어느 것이나 혁명적인 급진 전개로 실현한 것은 사실이었다. 그것들은 어디까지나 점령정책으로서의 '제도의 민주화'에

31 田中清玄(インタビュア: 大須賀瑞夫), 『田中清玄自伝』, 文藝春秋, 1993, pp.163-165. 다나카는 자신과 마찬가지로 옥중 전향한 실업가이자, '일중우호협회'를 지원하여 자민당 내 '좌파'로 지목되는 정치가 우쓰노미야 도쿠마(宇都宮徳馬)와 교류하며 아시아 외교의 흑막에서 활동했다.

32 大熊信行, 『日本の虚妄: 戦後民主主義批判』(増補版), 論創社, 2009, p.5.

불과했다. 그렇게 말해야 한다." 여기까지는 마루야마의 견해와 일치한다.

마루야마도 민주주의의 초석을 '제도적 완성'이 아니라, 사회적 의무를 실행하는 평범한 사람들의 매일매일의 일과에서 발견한다. "정치를 목적으로 삼지 않는 인간의 정치활동에 의해서만 데모크라시는 언제나 생생한 생명을 부여받는다."[33] 평범한 일상에 내면화하는 정치적 과정으로서의 민주주의는 '파괴와 건설'을 목적으로 삼는 신좌익 혁명론과도 어긋난다. 반면 오구마는 제도적 민주화를 긍정적으로 평가하면서도, 그것이 점령군의 '식민정책'으로 이루어졌다는 이유로 부정한다. 일본을 식민지로 선언하는 논리는 공산당의 '민족독립'과 신좌익의 제국주의 비판론 위에서 정당화된다.

> 저 8월 15일은 일본의 독립 상실의 날이자, 바로 대일본제국의 제삿날이다. 그것을 신생 일본의 탄생일인 것처럼 착각한 것이 이른바 '전후민주주의', '점령민주주의'의 허망한 시작이다.

전후민주주의를 '점령민주주의'로 비하하고 허망함을 탓하는 논리는 좌익의 반제민족주의, 반미애국주의와 공명한다. 점령하 민주화에 폭력혁명으로 대응하려고 했던 1950년대 일본공산당의 민족민주운동 및 신좌익의 제국주의 비판에서 폭력적 방법론만 빠졌을 뿐이다. 당시 일본공산당의 반미민족주의는 재일조선인 운동 및 아시아 인민연대를 통해 그 정당성을 더욱 강화하였다. 신좌익도 1970년대

33 丸山眞男, 『現代政治の思想と行動』, 未来社, 1964, pp.458-459. 『일본의 사상(日本の思想)』(岩波新書, 1961, p.156)에서 마루야마는 "민주주의란 인민이 본래 제도의 자기목적화—물신화—를 부단히 경계하고 제도 실현의 움직임을 부단히 감시하고 비판하는 자세에 의해 처음으로 살아있는 것이 될 수 있다"고 한다.

일본 혁명과 세계혁명이 허망하게 실패하자, 재일조선인의 민족운동을 지원하는 길에서 새로운 탈출구를 찾았다.

시민과 정치권은 과격한 각목 투쟁에 반대했지만, 일본의 베트남전쟁 가담과 핵의 반입에 반대하는 반미·반전운동에서는 기동대의 최루가스에 당하는 신좌익을 동정했다. 1968년 1월 18일 사세보에서 '서일본 5만 인 항의 집회'가 미국의 원자력 항공모함 '엔터프라이즈 기항 저지 투쟁'을 벌였을 때에는 우익단체도 참가했다.[34] 한 노인이 "일본인은 패전으로 불알도 없는 국민이 되었다고 생각했는데, 미군기지에 돌입하는 학생의 모습을 보니 일본인은 아직 죽지 않은 것을 알았다"고 쓴 편지를 정치학자 이노키 마사미치(猪木正道)에게 보냈다.[35] 사세보는 현양사와 흑룡회를 탄생시킨 후쿠오카에 근접한 지역이기도 하다. 아버지 세대의 '반미 성전'을 기억해낸 시민들이 "왜 미국 문제로 일본인이 서로 싸워야 하는가?"라고 물었고, 모금함이 된 전학련의 헬멧은 시민들의 성금으로 가득 찼다.[36] 각지에서 조직적으로 몰려든 신좌익의 투쟁에 사회당, 공산당, 공명당까지 가세한 결과, 19일 입항하여 승무원들의 휴양을 마친 엔터프라이즈호는 23일 사세보를 출항하여 베트남으로 향했다.

그러나 엔터프라이즈호는 항로를 바꾸어 다시 동해-일본해로 출동하여 1개월 정도 머무른다. 북한군 31명이 청와대를 습격한 1·21 김신조 사건의 이틀 후인 1968년 1월 23일, 동해를 정찰하던 미군정

---

34 時事問題研究所,『全学連: その意識と行動』, 時事問題研究所, 1968, pp.40-41. 사건 종료 후 경찰의 과잉 진압이 사회적으로 문제시되었다. 長崎県警察史編集委員会 編,『長崎県警察史』第3巻, 1996, p.122.

35 三島由起夫·猪木正道,「〈対談〉安保問題をどう考えたらよいか」(1969),『若きサムライのために』, 文藝春秋(文庫), 1996, p.166.

36 〈16-佐世保エンタープライズ寄港阻止闘争-1968〉(https://www.youtube.com/watch?v=TtNhDce6UgU).

푸에블로호가 북한에 납치되는 사건이 벌어졌기 때문이다. 1964년부터 중국의 핵개발과 베트남전쟁의 발발로 미국 원자력 잠수함의 일본 기항이 잦아진 상태였다. 1968년 5월 사세보에 정박해 있던 원자력 잠수함(Swordfish)이 방사성 냉각수를 바다에 버렸다는 이유로 반핵 운동 단체가 항의하자, 사토 에이사쿠 수상은 안전성의 보증 없이는 미국 원자력 함대의 일본 입항을 허락하지 않겠다고 발표했다.[37] 사토의 '자주방위'론은 '핵확산금지조약'을 수용하면서 '미국의 핵 억지력에 의존'하는 정책이었다. 한편 국교 수립이 없는 냉전기였지만, 일본 정부가 북한 및 중국과 직접 충돌하는 일은 없었다.

4. 신좌익의 마오이즘과 전공투의 조반운동

신좌익 평론가이자 기공가인 쓰무라 다카시(津村喬)는 1948년생으로 1960년대에 아시아와의 접촉이 활발했던 인물이다. 특정 정파에 소속하지 않았지만 마오이즘에 경도되었던 쓰무라는 와세다대학 재학 중인 1970년 2월에 『우리 안의 차별』을 출판한다. 이 책은 일본 사회의 구조적 차별 문제만이 아니라, '재일'들의 입국관리제도 철폐운동에 무관심한 신좌익 내부의 차별 문제를 고발했다. '재일아시아인'을 민족·계급·세계혁명의 주체가 아닌, 사회적 차별의 객체로 부각시킨 이러한 문제제기는 마이너리티 영역의 사회운동을 새롭게 개척

37 〈佐世保でエンタープライズ入港反対闘争〉, NHKニュースハイライト, 1968. 12. 30(https://cgi2.nhk.or.jp/archives/shogenarchives/postwar/news/movie.cgi?das_id=D00123 01002_00000). 사토 수상의 핵정책에 대해서는 黒崎輝, 『核兵器と日米関係』, 有志舎, 2006, pp.205-207, 제5장 참조.

한 것으로 평가된다.[38]

신좌익 일반의 '자기비판'과 달리, 쓰무라는 자신의 유전자 정보에 대한 자긍심과 책임감을 동시에 갖는다. 그 우월감과 특이성은 그의 가족 환경과 두 차례의 중국 체류에서 비롯한다. 총평의 사무국장을 역임한 부친 다카노 미노루(高野実)가 지병인 결핵의 기공 치료를 위해 중국에 초빙되면서 쓰무라도 1964년과 1967년에 중국을 방문한다. 그는 난징에서 일본의 아시아 침략에 대해 민족적 책임 의식을 느끼고, 상하이에서 '인민공사' 운동을 목격하며 홍위병들과 더불어 활달한 연대의식을 키웠다.[39]

총평은 연합군 최고사령부(GHQ)의 민주화 정책으로 탄생한 전국적 노동운동 조직이지만, 다카노의 지도하에 한국전쟁 참전 등에 반대하는 '평화 원칙'을 행동강령으로 정하고 반미운동을 전개한다. 쓰무라는 부친이 전후 400만 명의 노동조합연합체의 지도자가 되어 맥아더의 지시로 노조를 만들어 놓고선 그를 배반하여 공공연하게 조선전쟁에서 중국·조선에 대한 지지를 외쳤다고 전한다. "점령 당국이 꼬꼬닭이라고 여기며 키운 것이 거위였다"는 무용담에는 전후 민주화 정책을 역이용하여 반미민족운동을 펼치고자 했던 부친에 대한 쓰무라의 존경심이 배어나온다.[40]

다카노는 전전에 활약한 노농파 경제학자 이노마타 쓰나오(猪俣津南雄)의 제자였으며, 정치적으로 사회당 좌파를 지지했다. 그는 총평을 대미종속하에 있는 일본의 민족문제를 타개할 주체로 설정하고,

---

38 津村喬,『われらの内なる差別』, 三一書房, 1970. 재일아시아인과 관련한 자세한 내용은 조경희,「'아시아적 신체'의 각성과 전형(転形): 1970년대 일본 신좌익운동과 쓰무라 다카시(津村喬)」, 인하대학교 한국학연구소,『한국학연구』44, 2017. 2, pp.75-107.

39 津村喬,『津村喬精選評論集: "1968"年以後』, 論創社, 2012, pp.393-394.

40 津村喬,『戦略とスタイル』(増補改訂新版), 航思社, 2015, p.9.

반전평화를 내건 우치나다(内灘) 기지 반대투쟁 등에 주력했다.[41] 그러나 '미국=전쟁 세력'과 "중소=평화 세력'으로 간주한 다카노의 노선은 사회당 좌파의 스즈키 무사부로(鈴木茂三郎)와 대립한다. 스즈키는 미국과 중국·소련의 폭력적 대결로부터 독자적인 '제3 세력'의 평화노선을 견지하고자 했다. 한국전쟁의 휴전협정으로 일본의 반미투쟁은 이미 소강상태로 접어들었기 때문에 다카노는 1955년 총평 선거에서 밀려난다.

쓰무라는 친중·반미노선을 펼친 부친과 중국을 방문하여 문화대혁명 당시에 상하이와 베이징의 공장과 학교를 견학하고, 홍위병의 '자유롭고 활달한' 조반운동에 매료되었다. 문화대혁명에서 홍위병과 노동자들은 류사오치(劉少奇)의 지배하에 권력 탈환을 정당화하는 의미로 '조반유리'를 내걸었다. '조반' 용어는 전공투와 신좌익운동에서도 크게 유행한다.

1967년 일본공산당의 주류가 문화대혁명에 비판적 태도를 취하고 친중파를 제명했지만, 1965년부터 신좌익 당파 안에서 마오이즘을 지도이념으로 공식화하는 세력이 부상했다. 전국에서 공산주의자동맹 계열의 ML파와 적군파, 사학동 계열의 ML파, 사회주의학생연맹 계열의 학생해방전선(SFL), 일본공산당 '혁명좌파'(가나가와현 상임위원회) 등이 활동했다. ML파와 해방파의 조직적 토대는 한일회담 반대투쟁 당시에 이미 형성되었다.[42] 이들은 마오의 유격전과 근거지론을 신봉하고, 문화대혁명의 조반운동을 실천하고자 했다. 동시대 일본에

---

41 일본노동조합총평의회(1950-1989)의 초대 사무국장이었던 다카노 미노루는 '다카노 총평'이란 말을 들을 정도로 지도력을 발휘했다. 高野実, 『日本の労働運動』, 岩波書店, 1958.

42 渚雪彦, 「帝国主義列強の抗争の現局面: 日韓闘争と革命闘争の勝利のために」, 『マルクス·レーニン主義』, 1964. 2. 15; 社青同学生解放派, 「社青同学生解放派結成宣言」(『解放』 創刊号, 1965. 4. 10), 新左翼理論全史編輯委員會 編, 앞의 책, pp.285-303.

서는 마오의 어록과 선집, 문화대혁명에 관한 정보가 비교적 활발하게 출판되었다(사진 8 참조). '혁명좌파'의 경우, 1969년 무장투쟁에 돌입할 즈음 중국에서도 유행한 '노3편'을 학습했다고 한다.[43]

자신을 "문화대혁명의 아들"로 자처했던 쓰무라가 『우리 안의 차별』에 쓴 마지막 문장은 "너희들은 국가의 대사에 관심을 기울여 프롤레타리아 문화대혁명을 최후까지 밀고나가야 한다"는 마오의 어록이다. 1960년 미일안보조약의 개정안이 통과한 이래, 중국은 일본군국주의 부활과 미일동맹을 비판하고, 한일수교와 일본 자본의 동남아시아 진출을 '새로운 대동아공영권'의 형성으로 견제했다. 반면, 일본공산당은 평화헌법하에서 군국주의 부활은 있을 수 없다며, 공세적인 도시혁명을 요구하는 문화대혁명의 일본 수입을 거부했다.[44] 평화 기조의 반미민족통일전선을 주장한 공산당은 선린학생회관 폭력사건에서처럼 마오쩌둥을 신봉하는 화교 청년들과 물리적으로 충돌하면서 중국과의 대립을 마다하지 않았다. 친중파의 신좌익은 스탈린주의에 젖은 공산당이 조반운동의 물결을 두려워하여 문화대혁명을 배격한다고 비판했다.

공산당에서 제명된 친중파가 결집한 일본공산당 '혁명좌파' 가나가와현 상임위원회는 "마오쩌둥사상으로 무장한 혁명당 건설"을 강령적 목적으로 삼아 1971년 "반미애국-무장유격전쟁 전략전술"을 세운다. 애초에 가나가와 공업지대의 노동자들이 참가한 조직이었지만, 무장투쟁으로 사상자가 나오면서 대중적 기반이 약화되었다. 남은 성원들은 주변 지역의 '안보공투'에서 온 학생들이었다. 당시 중소분쟁

43 坂口弘, 앞의 책, p.153. '노3편(老三篇)'은 마오의 저작 3편으로 『바이츄언을 기념하다』, 『우공 산을 옮기다』, 『인민에게 봉사하다』로 구성되어 있다.

44 津村喬, 『歴史の奪還』, せりか書房, 1972, pp.21-22.

이 격화하는 와중에 베트남전쟁이 캄보디아에 파급되어 마오이즘 신봉자인 폴 포트의 무장조직 크메르루주가 '해방구'를 건설한 단계였다. 동남아시아의 정세에 고무된 일본의 마오주의자들은 "이제 인민이 제국주의를 두려워하는 시대는 지나가고, 제국주의가 인민을 두려워하는 시대에 돌입하고 있다. 이것은 세계의 혁명적 인민이 마오쩌둥의 유격전쟁을 공동의 재산으로 삼고 있기 때문"이라며 유격전을 찬미한다.[45]

고도성장기에 접어든 일본에서 민족-계급-세계혁명을 논하던 신좌익 세대는 1960년대 동남아시아의 냉전 정세와, 프랑스 및 미국의 신좌익운동과의 연계 속에서 혁명 충동을 키워나갔다. 쓰무라는 "베트남전쟁의 인도지나화"를 "중국혁명의 확고한 심화, 그 가장 깊은 곳에서 지역무장 코뮌화를 기초로 한 중국 외교의 새로운 전개"로 평가한다. 중국이 "아랍에서 필리핀까지, 조선에서 인도차이나·말레이까지, 유라시아의 반제전선의 혁명적 재편을 강력히 원조할 수 있다"고 보았던 것이다.[46] 반면, "후진적인 일본"은 "선진적인 아시아"에 대해 반동의 역사를 쓰고 있다는 주장이다. 이러한 역사의 '탈환'을 쓰무라는 기대했다. 그는 안보투쟁 이후 일본공산당의 반미 내셔널리즘이 독점자본에 유리한 여건을 조성했다고 비판하면서, 시베리아 자원 개발에 나선 일본을 "아시아 반혁명의 전초기지"로 규정한 북한과 중국의 성명을 옹호한다.[47]

1960년대 후반 신좌익 당파는 정도의 차이가 있을 뿐 폭력적 투쟁 방법을 긍정했다. 스탈린과 마오쩌둥에 대한 추종을 거부하고 '영

45 日本共産党(革命左派)神奈川県常任委員会, 「遊撃戦争の戦略問題」(『解放の旗』 15号, 1971. 2. 1), 新左翼理論全史編輯委員會 編, 앞의 책, p.513.
46 津村喬, 「中朝共同声明と「日本軍国主義」」(1970. 7), 『歴史の奪還』, pp.17-18.
47 津村喬, 「他者としてのアジア」, 위의 책, p.42.

속혁명'의 관점에서 선진국형의 사회주의혁명을 주장한 히로마쓰 와타루(廣松涉)도 무장대중의 반란형 혁명노선을 모색한다.[48] 공산주의자동맹의 적군파는 「전쟁선언」(1969. 9. 3)에서, "너희들이 껍데기로 변질시킨 소련-바르샤바군까지 동원했다 해도, 우리들은 전 세계 프롤레타리아 인민의 힘으로 세계당-세계적군-세계혁명전선 아래 결집" 할 것이라고 한다. 기성 좌익과 우익 모두를 향하여 "반전에서 혁명전쟁으로"의 비약적 전환을 선언함으로써 동시대의 냉전에 동참한 셈이다.[49] 1969년 1월에 취임한 닉슨 대통령이 베트남에서 미군의 '명예로운 철수'를 추진하겠다고 발표한다. 냉전체제 내 데탕트 분위기가 시작되었지만, 오히려 사회주의 진영에서는 3월부터 중소의 국경분쟁이 격화한다. 엇갈린 국제정세 속에서 무장투쟁 노선이 격화했던 것이다.

쓰무라는 1970년부터 2년 동안 발표한 글들을 『역사의 탈환: 현대 내셔널리즘 비판의 논리』(1972)라는 책자로 출판한다. 이 책은 일본에서 군국주의와 식민주의가 부활한다고 비판하는 중국과 북한의 성명문을 소개하고, '재일아시아인'들에 대한 일본 내 차별을 고발하면서 일본제국주의의 민족적 책임을 환기시켰다. 당시에 '탈환'이라는 용어는 문화대혁명에서의 '권력 탈환'과 신좌익의 '오키나와 탈환' 투쟁에서 유행했다. 그러나 역사적으로 실재한 '권력 탈환'은 '인민에 대한 독재'나 개발독재로 이어졌고, 반세기 후 중국은 자본주의 시장의 활로를 개척했다. 그렇다면 중국의 개혁개방 이후 글쓰기를 재개하고 평론집을 복간해온 쓰무라가 청년 시절의 역사인식을 어떻게 재정립하고 있을지, 오늘날 그에게 '역사의 탈환'이란 어떻게 가능한 것으로

48 廣松涉, 『現代革命論への模索: 新左翼革命論の模索のために』, 盛田書店, 1970, pp. 275-296.

49 共産同赤軍派, 「戦争宣言」, 新左翼理論全史編輯委員會 編, 앞의 책, p.437.

변했는지 자못 궁금해진다.

2008년 쓰무라는 조반유리를 패러디한 「반역에는 역시 도리가 있다」는 평론에서 1967년 무렵의 중국 체험을 회고한다. 그에 따르면, 당시 중국에서는 '파사립공(破私立公)'이란 말이 유행하면서 '인민공사'가 만들어지고 있었다. 일본인의 입장에서 '멸사봉공(滅私奉公)'이 떠올랐지만, 문화대혁명의 현장에 안내되었을 때 음지에서 벌어진 폭력적 상황은 보지 못했다. 당시 공적 가치의 슬로건은 고도성장기의 소시민적 욕망을 벗어나고 싶은 신좌익 젊은이들을 사로잡았다고 한다. 그러나 쓰무라는 문화대혁명 이후 중국의 공(公)이 "개(個)의 확립"으로 나아가 결국 "백만 명의 부자와 일억 명의 빈곤층"으로 분열되었다며 그 공공성 확립의 실패를 인정한다. 마지막으로 그는 오늘의 중국 사회에서 "당시 홍위병들은 단지 추억에 젖어 잠들어 있는가?"라고 묻는다.[50]

문화대혁명을 회고하며 쓰무라는 여전히 조반운동의 '도리'를 찾아 홍위병의 재현을 기다린다. 다케우치가 1959년 안보투쟁 당시 미국식 근대화를 멈추게 할 사상적 주체로서 일본낭만파의 민족주의를 환기시키고, 중국혁명에서 '방법으로서의 아시아'를 읽어내려고 한 태도와 다르지 않다. 쓰무라는 문화대혁명과 전공투 시대에서 '역사의 탈환'이 무엇을 의미했으며, 왜 실패했는지를 묻지 않았다. 홍위병이 재현되거나 재현되지 않으려면 현실에서 무엇을 어떻게 해야 하는지에 대한 문제의식은 없다. 이러한 태도는 '잃어버린 20년'의 저성장 시대를 맞은 일본에서 신좌익을 비롯한 기성세대가 보여준 일반적 태도이기도 하다. 기성세대는 경쟁을 원치 않는 초식남, 사토리(득도) 세

50 津村喬, 「反逆にはやっぱり道理がある」, 『悍』 第1号, 2008. 10, pp.18-37.

대 젊은이들을 탓하면서, 그들에게 성공에의 투지나 저항의 의지를 요구하고 자극하고자 했다.

전공투 경험에서 10년이 지나 일본에 푸코의 이론이 소개되던 1979년에도 쓰무라의 태도는 비슷했다. 전공투의 재현을 기다리며 그 실패에 대한 이유는 묻지 않았다. 1979년, 쓰무라는 '전공투 이후'의 '정신적 단절'을 자각하면서 전공투 세대의 체험을 돌아본다.

그에게 전공투의 경험은 규율권력에 의해 관리되는, 근대로부터 "이화(異化)하는 신체의 경험"이자, "일상성을 거절하는 운동"이었다고 한다. 1955년 체제가 공동화되어 보수와 혁신의 대립은 사실상 의미가 없고, "권력을 잡는 사상"과 "권력이 되는 사상"의 대립이 사회운동의 핵심으로 부상하고 있었다. "권력이 되는" 것은 '자기권력, 자주관리'를 의미하기 때문에 전공투는 "권력을 잡은" 좌익(공산당)과 필연적으로 충돌했다. 전공투는 몸에 익숙한 질서를 배반하는 "조반하는 신체"로 변신함으로써 세계를 바꾸고자 했다는 것이다. 그들은 권위를 세우고 정통성을 다투는 기성 좌익과 단절하고, 바리케이드를 치고 행동하는 투사가 되고자 했다.[51] 여기서 "'권력이 되는' 사상"이란 주지(主知)주의에 반하는 전공투의 행동주의와 아나키즘, 반지성주의적 태도를 옹호한다.

1979년 쓰무라는 전공투의 체험을 포스트모더니즘과 아나키즘의 '근대 비판적 정치운동'으로 해석했다. 이것은 다시 1960년대 말의 혁신적인 지방자치제 운동의 정치적 성과와 연결된다. 그에 따르면, "전공투의 '정치'는 단순히 주지주의의 일본적 전통의 종언이나 전후의 지적 공간의 붕괴인 것에 멈추지 않았다. 그것은 근대주의적인 정치,

51 津村喬, 「異化する身体の経験-全共闘世代について」(1979. 3), 『横議横行論』, pp.215-217.

근대국가 내의 정치의 극복이라는 것을 품어낸 최초의 정치운동이었다."[52] 쓰무라는 전공투를 "반(反)정치의 정치"로 해석하고 혁신지자체를 "반(反)중앙의 정치"로 묘사한다.[53] 이 또한 반어법의 서술이다. '자주관리'와 '자치'로 현실 국가의 지배를 극복하고 '정치의 탈환'에 성공했다는 의미가 부여된 셈이다. 쓰무라도 '이로니'의 어법을 쓰지만, 탈환이라는 행위의 주체와 대상이 명시되어 있어서 이로니의 '무한 부정'에 빠지지 않는다. 수식어 '반정치'는 오히려 피수식어 '정치'를 강하게 긍정한다.

근대 일본에서 이룩한 "최초의 정치운동"이란, 1967년부터 1970년대 중반까지 일본 지방자치단체의 과반수를 혁신 정치권에서 석권한 사실을 가리킨다. 혁신지자체의 탄생은 파리코뮌에 대한 신좌익의 정치적 로망과 문화대혁명의 민주적 이상을 충족시키는 효과를 내포했다.[54] 1967년부터 마르크스주의 경제학자인 미노베 료키치(美濃部亮吉)가 사회당과 공산당의 지지로 도쿄도지사에 당선되었다. 그의 아버지는 천황기관설로 다이쇼 데모크라시를 대표하는 헌법학자 미노베 다쓰키치다. 도지사에 3번 당선된 미노베는 12년간 노인의료 무료화, 재일조선인학교 지원 등의 혁신 정책을 펼쳤다. 그러나 재정적자의 심화로 1975년부터 '복지 재검토'론이 제기되고, 중도를 표방한 공명당이 자민당과 연대하면서 혁신지자체 붐은 끝났다.[55] 1979년 이후 전국의 지자체는 보수진영에 다시 '탈환'되었다.

전중세대인 하시카와는 일본낭만파에 심취했던 자신의 청년 시절

52 위의 책, p.218.

53 위의 책, p.219.

54 문화대혁명의 강령인 '문혁 16조'는 파리코뮌을 준거로 삼고 대중이 정치적 주체가 되어 스스로를 해방하는 혁명적 원리를 표방했다. '문혁 16조'에 대해서는 백승욱, 『문화대혁명: 중국 현대사의 트라우마』, 살림출판, 2007의 부록 참조.

55 岡田一郎, 『革新自治体 熱狂と挫折に何を学ぶか』, 中公新書, 2016, pp.171, 180-184.

에서 '조급한 열망=미성숙'을 읽어냈다. 일본 내셔널리즘의 역사적 실패가 명백했고 그 스스로도 내셔널리즘을 연구하여 성숙해진 만큼, 실제 정치운동이 아닌 일본낭만파의 '미적 저항'을 도출했다. 하시카와의 반어법은 미적 표상이 갖는 '무한 부정'을 통해 겨우 일본낭만파에 내재된 '당대적 혁명성'을 긍정하는 것이었다. 반면 쓰무라는 '조반하는 신체=전공투 세대'가 '반정치의 정치'로 도쿄와 요코하마, 오사카의 도시에서 혁신지자체를 탄생시키는 시대를 '무한 긍정'하고 있다. 전공투는 전후 일본에서 회고되는 "전쟁체험과 마찬가지로 민중 속에 축적된 반란의 기억이며, '전공투 이후'의 반란은 의식하든 아니든 관계없이 '전공투 스타일'이 된다"는 것이다.[56] 그에게 중요한 사실은 역시 '반란 행위', 즉 현실의 정치적 조반운동에 있다.

1980년대에 문화대혁명과 혁신지자체 운동의 정치적 실패가 드러났다. 하지만 쓰무라는 그 역사적 실패를 자신들의 정치적 책임으로 반추할 필요도, 그 패인을 연구할 의향도 없었다. 때문에 2009년의 시점에서도 쓰무라는 조반운동의 혁명적 계기를 긍정하고 '역사의 탈환'이라는 의미를 재생시키고 있다. 그는 홍위병의 조반운동을 여전히 '저항·혁명'의 역사 서사로서 기억한다. 조반운동은 신좌익 자신들의 역사를 긍정하고 옹호하는 논리이기 때문이다.

쓰무라는 신좌익에서 뉴에이지(New Age) 운동가로 변신하여 신체와 정신의 조화로운 소통 가능성을 구현하는 새로운 일상의 가능성을 찾았다. 그것은 '횡행=옆으로 가로지르기'를 통한 일본사상의 재발견과 새로운 생활문화의 개척으로 나타난다. 1980년부터 쓰무라는 전공투 체험을 일본사상사와 기공의 세계에 접맥시키고, 요리연구가로도

56 津村喬, 『横議横行論』, p.223.

활동했다. 중국 방문 시 도교협회 회장에게 배운 기공수련으로 생활하면서 기공문화연구소도 운영했다. 중국의 문화대혁명과 프랑스의 파리코뮌, 포스트모더니즘에 관련한 책자를 읽던 쓰무라는 이제 메이지유신에 관심을 기울이며 초망지사와 마르크스주의 활동가를 접맥시킬 의미의 통로를 발견한다. 신좌익운동이 주춤해지면서 지식계 전반에서 일본인의 '민족적·사상적 자각'이 다양한 양상으로 새롭게 전개되고 있는 중이었다.

쓰무라는 「횡의횡행론(横議横行論)」이란 기사를 잡지 『류(游)』(1980. 2-1981. 6)에 연재한다. 이 글의 모티브 중 하나가 이노마타 쓰나오의 '횡단적 좌익론'에 있다. 1920년대 이노마타는 좌익의 전위들이 결집하는 분파주의를 '종단적 좌익론'이라고 비판하며, 대중조직 내 좌익이 대중에 대한 영향력을 가지면서 통일전선을 촉진하는 조직운동론으로서 '횡단적 좌익론'을 제기했다.[57] 『노농』을 창간하고 일본대중당을 함께 창건한 야마카와 히토시와 이노마타는 전위당의 조직론에서 의견이 엇갈려 1929년 이노마타가 이탈한 것으로 알려졌다. 야마카와가 '공동전선당론'을 주장한 반면, 이노마타는 전위당의 형식을 부정하고, 좌익의 횡적 연대를 도모하는 '횡단 좌익'을 부각시킨 것이다.[58] 쓰무라가 전공투의 경험을 "집합적 주체의 발양"으로 표현하고, 스스로 좌익 분파에 가담하지 않은 것도 이러한 '횡단 좌익'에 매료되어 있었기 때문으로 보인다.

쓰무라의 「횡의횡행론」에 영향을 미친 또 하나의 단서는 후지타 쇼조의 『유신의 정신』(1967)에 있다. 1960년대에 후지타는 일본의 안전보장 문제를 '군사화'가 아닌 '보편성의 추구'에서 탐색한다. 그는

57 猪俣津南雄, 『横断左翼論と日本人民戦線』, 而立書房, 1974, pp.101-121.
58 長岡新吉, 『日本資本主義論争の群像』, ミネルヴァ書房, 1984, p.86.

근대 일본의 정신사적 전통을 새로 발견하여 일본의 사상과제로 연결시키려고 했다. 이때 유신의 원리는 '비무장'과 '보편적 가치'를 빚어내는 '횡의=가로질러 논의하기'와 '횡행=가로질러 행하기'의 논리에서 석출된다.

> '해방책(海防策)'이 유신을 유신답게 한 것이 아니라, 오히려 유신을 가져온 것은 '백론비등(百論沸騰)'과 '처사횡의(処士横議)'와 '낭사횡행(浪士横行)'과 지사(志士)의 횡단적 연결이었다. 다시 말하면, '해방책'이 아니라 다른 어떤 문제에 대해서도 횡단적 의론과 횡단적 행동과 현세적 지위(status)에 의거하지 않는 '뜻(志)'으로 서로 모여 횡단적 연대가 출현한 경우, 그 경우에만 유신은 유신이 되었다.[59]

유신의 정신을 국가의 무력 방위가 아니라, '초망굴기'의 낭인 및 지사정신에서 찾은 것이다. 계속하여 후지타는 근대 일본에서 비무장으로 연결되는 방책을 후쿠자와 유키치가 제출했으며, 그 기본 정신은 '세계 보통(보편)의 도리'에 따라 믿음과 성실을 다함에 있다고 역설했다. 1967년에 발표된 후지타의 정신사 연구에서 후쿠자와가 청일전쟁을 지지했던 사실이나 초망지사들이 아시아주의로 팽창한 사실은 포착되지 못했거나 언급되지 않았다. 그러나 1980년 시점에서 후지타의 글을 인용한 쓰무라는 무장투쟁의 필연성과 마오이즘을 지지했던 당사자로서 횡의횡행론을 그 나름의 독자적 방식으로 사유한다.

쓰무라에 따르면 '횡행'은 단지 공간적·지역적 이동을 의미하지 않는다. 그것은 사무라이와 성곽 주민(町民), 농민 간에 서로 합심하여

59 藤田省三, 「維新の精神」, 『維新の精神』(藤田省三著作集 4), みすず書房, 1997, p.7. 후쿠자와에 대한 언급은 같은 글, pp.8-10 참조.

곤란 따위를 밟고 넘어가는 행위, 즉 같은 뜻으로 연대감을 품는 행위나 조반하는 신체의 혁명적 실천을 내포한다. 횡의, 횡행은 '횡사'(横死)와 '변혁'으로 연결된다. 시바 료타로의 소설에서도 다수의 지사가 횡사했지만, 그의 작품에서 "변혁의 근원적 시스템"은 떠오르지 않는다고 한다. 변혁의 가능성은 나카자토 가이잔의 소설 『큰 보살 고개』와 전기 『요시다 쇼인』에 표상된 한자 '고개 상(峠)'에서 발견된다.[60] "큰 뜻을 품은 영재, 청년으로 노성(老成)한 요시다 쇼인"과 같은 나그네=지사가 공동체의 경계나 생사를 초월한 인생의 고비를 굽이굽이 넘어가는 곳이 '고개(峠)'로 표상된다. 쓰무라는 여기서 "지사의 '뜻'이 그 자체로서만 움직이며, 죽기 위해 살고 있다고 생각할 수밖에 없는 민중의 꿈이야말로 '뜻'으로써 고개/고비(峠)를 넘어서도록 하는" 변혁의 근원이라고 의미를 부여한다.[61] 쓰무라는 시바 료타로의 소설에 투영된 '근대적 영웅'이 아닌, 1970년대 민중사의 관점을 투영함으로써 요시다 쇼인의 삶을 변혁의 에너지로 읽어내고 있다.

그렇다면 1980년 시점에서 죽음을 전제한 '뜻(志)'과 '가로지르기(横行)'의 변혁이란 무엇이며, 어떻게 감지될 수 있는가? 생활의 근거지에 뿌리내리면서 기공과 요리를 매개로 뉴에이지의 '문화혁명'을 추구한 쓰무라는 월경(越境)과 변신(變身)을 말한다. 쓰무라의 정신세계에서 횡의·횡행과 횡사의 구조적 연결은 막말에 이세신궁 참배를 위해 고개를 넘던 민중들의 집단 이동(伊勢参宮, お蔭参り)에서부터 메이지유신의 지사들, 대륙을 횡단한 아시아주의자, 신좌익의 횡사자들로

60 나카자토 가이잔(中里介山)은 고토쿠 슈스이를 비롯한 사회주의자들과 친했던 소설가다. '대역 사건'에서 지인들이 처형된 후 허무감이 깔린 검객의 삶을 불교적 단상으로 표현한 『큰 보살 고개(大菩薩峠)』를 현재 『도쿄 신문(東京新聞)』의 모태인 『도신문(都新聞)』에 1913년부터 27년간 연재했다.

61 津村喬, 「横議横行論」, pp.8-15, 18.

연결된다. 나카자토가 막말의 자유민권운동가와 근대 사회주의자들의 희생을 보살의 혼이 깃든 고개에서 품어냈듯이, 쓰무라는 그들의 광기와 죽음까지도 '변혁의 근원적 시스템'에서 삶과 죽음의 경계를 넘어 '꿈=뜻'을 실현하는 인생으로 '변신'시킨다.

그렇다면 군부 쿠데타로 죽어간 청년장교, 가미카제 특공대, 미시마 유키오의 죽음은 어떤가? 그 언급되지 못한 대상들도 일본어로 표상되는 '횡의=횡행=횡사'라는 '죽음의 미학'에서 서로 인용되고 변형되는 집합적·집단적 의미 구조를 이루고 있는 게 아닐까? 실제로 1960년대 말부터 하시카와와 후지타의 연구대상은 우익 파시스트에게로 이어졌고, 그들은 우익사상과 우익혁명의 논리를 '변혁의 근원적 시스템'에서 재정립하고자 노력했다. 즉, 역사를 선과 악으로 구분한 것이 아니라, 그 악을 자아낸 환경과 그 악의 논리가 무엇인지를 돌아보았다. 그들은 '선'에서 나온 '악'과 '악'에서 욕구했던 '선'을 동시에 보여주고자 했던 것이리라.

그러나 일본의 혁명사를 묘사하는 '이로니'의 다양한 이야기는 일본을 '악'으로 전제하는 동시대 아시아인들과의 '가로지르기'에 실패해왔다. 같은 시대에 공통된 역사적 문제에 직면했으면서도 아시아인의 언어와 사유는 여전히 좌/우로 분단된 진영, 한/중/일의 국경에 동시에 갇혀 있다. 모순된 상황에서 모순된 논리로 희생된 죽음의 의미와 형식이건만, 그 의미 붙이기와 제사 지내기를 놓고서도 좌/우, 한/중/일의 국경에 갇혀서 과거의 논리로 싸워야 하는 현실이다. 어떤 방식으로 싸우든, 새로운 환경은 횡의와 횡행의 방식으로 소통하면서 함께 만들어가야 한다. 그런 의미에서 싸우는 정신과 가로지르기를 동시에 고찰했던 쓰무라의 논의는 주목할 가치가 있다.

5. '민족적 자각'의 부족과 과잉

신좌익은 근대 계몽주의와 내셔널리즘을 거부하는 탈권위주의 성향을 보이다가, 포스트모던적 사상조류와 사회운동으로 전환했다는 통설이 있다.[62] 이러한 견해는 1960년 전후민주주의와 공산당의 민족통일전선을 비판한 신좌익의 행태에 부합한다. 1970년대 일본 사회운동이 '계급-민족-혁명'의 대주어에서 벗어나 여성·마이너리티·공해·소비자·지역 시민운동과 같은 '주변'으로 이동한 역사도 자연스럽게 설명된다. 전공투운동이 일본의 집단주의 가부장제 문화에 타격을 가하고, '인권·공민권·시민권'의 개념을 확산시킨 계기로 작용한 사실도 인정된다. 하지만 그 통설은 반은 맞고 반은 틀린 듯하다.

신좌익 세대의 평론가 스가 히데미(絓秀実)는 '1968년' 학생운동이 동시대 '선진국 동시다발 혁명'과 연계된 사실을 강조하며, '세계혁명'의 첨예한 논리 속에 숨어있는 '억압민족'으로서의 자각이 부족했다고 문제를 제기한다.

> 일본의 신좌익은 스스로를 세계혁명이나 일본제국주의 타도의 투쟁'주체'로 자임해왔다. 그러나 그것은 '재일'을 비롯한 마이너리티 문제를 종속적 또는 편의적으로 이용하는 것이기도 했다. 간단히 말하면, 혁명이 성취되면 그 외의 모든 과제도 해결된다, 또는 혁명 후에 문제화하면 좋다는 것이다. 게다가 그것은 인터내셔널리즘이란 이름 아래 '**억압민족으로서의 일본인**'이란 역사성을 괄호에 넣는 것으로 가능한, 공상적인 '주체'에 불과하다고 비판되었다. 그러한 공상적인 주체였기 때문에 69년부터 70년에 이르는, 적군파를 비롯한 각 당파의 공상적인 무장투쟁이 행해졌다는 것이 7·7에서 직접 제기된

62 大嶽秀夫, 앞의 책, pp.7-14.

문제였다고 말할 수 있겠다.[63]

신좌익의 혁명론이 현실에 대한 조급한 비판의식에서 나온 도식적인 목적론이었던 만큼, 그 운동 과정에서 공평성·합리성·도덕성을 기대하는 논평은 별 의미가 없을 것이다. 지적·체험적으로 미숙한 20대의 감수성이 아무리 순수해도, 경직된 집단 논리 안에서 자신의 모순을 성찰한다는 총괄의 문화 자체가 어설픈 설정이다. '적대적 모순 타파'를 위한 '혁명적 정의'만을 신봉한 그들은 '저항주체'가 되기를 열망하며 '자기비판'의 파행을 자초했다. 신좌익은 노동자계급의 세계동시혁명을 말했지만 시대상에 대한 정보가 편협하고 미래 구상력도 제한적이었다. 한편 일본은 1960년부터 이케다 정권의 소득증배계획이 성공하면서 10년 동안 국민총소득이 2배로 증가한 상태였다. 일본의 국민총소득은 1968년부터 프랑스를 약간 넘어섰고, 1972년부터 독일을 넘어서서 1995년까지 가파른 상승곡선을 그렸다.[64]

그렇다면 신좌익의 포스트모던화가 그들의 탈권위적인 성향과 민족적 자각의 부족에 기인한 현상일까? 실제로는 국민의 중산층화에 기초한 대중소비사회로의 구조 변동이라는 시대 변화와 맞물리면서 전공투운동이 끝난 후 자연스럽게 포스트모던 흐름이 형성되었다. 다만 그들 세대는 아직 고도성장의 진입 단계에서 경제적 빈곤층을 목격하며 자라났기 때문에 사회적 차별과 정의의 문제에 민감하게 반응하며 전공투운동에 가담했다. 베트남전쟁과 문화대혁명의 여파 속에

63 絓秀実, 『1968年』, p.176. 7·7에 대해서는 絓秀実, 『革命的な, あまりに革命的な: 「1968年の革命」史論』, 作品社, 2003, pp.312-317 참조.

64 1968년 학생운동이 일어났던 프랑스와 일본의 1960년대 후반 국민총소득은 근소한 차이를 나타낸다. World Bank, "GNI, Atlas method(current LCU)"(https://data.worldbank.org/indicator/NY.GNP.ATLS.CD).

서 그들은 일본자본주의의 성장과 미일동맹을 제국주의 지배구도하의 문제로 여겼다. 그렇다면 과연 일본의 신좌익이 '**억압민족으로서의 일본인**'이란 역사성을 망각한 '**공상적 주체**'였다고 단언할 수 있을까? 만일 '억압민족으로서의 자각'을 가졌다면, '공상적 무장투쟁'으로 질주하는 일이 없었을까?

마오이즘을 수용했던 공산당 '혁명좌파'와 ML파, 일부 적군파가 미국을 제국주의 침략국가로 설정하고 '반미애국 무장투쟁'과 '제국대학 봉쇄'에 적극적이었던 사실은 이미 앞에서 확인했다. 비록 피부감각이 따르지 않는 공상적 관념이었을지라도 그들은 스스로를 '피압박 민족·민중'의 편에 놓고 마오이즘을 지도사상으로 수용하였기에 '반미애국'의 무장투쟁을 벌였다. 스가의 말대로 만일 그들이 '억압민족'의 자각만을 가졌다면 애초에 운동에 가담하지도 않았으리라. 다케우치는 '억압민족'이라는 자각만으로는 '저항 의지'를 불러일으키지 못하기 때문에 패배감의 지속을 강조했다. 일본제국주의는 패배했고, 이제는 일본도 미국의 세계지배에 종속된 '피억압민족'의 일원으로서 아시아 인민과 연대하는 '혁명 주체'로 변신해야 한다는 것이 정언명령이다. 혁명적 관점을 수용한 신좌익은 일본이 장쉐량(張學良)의 토벌 세력과 국민당의 부르주아 세력과 전쟁하여 그 역량을 소모시킴으로써 결과적으로 일본이 마오쩌둥의 중국 통일을 도왔다는 논리에도 납득했을 가능성이 있다. 그렇다면 '**억압민족으로서의 일본인**'이란 자각의 부재가 아니라, 그 역사성을 혁명적으로 극복한다는 의식의 과잉이 지적되어야 마땅할 것이다.

'**억압민족으로서의 일본인**'을 고발한 주체는 1970년 7월 7일 '노구교사건 33주년·일제의 아시아 재침략저지 인민대집회'를 개최하려던 화교청년투쟁위(화청투)였다. 집회 준비 중에 실행위원회 사무국 인선을 두고 화청투와 전공투가 대립하다가, 전공투의 전국조직과 반전청년위의 전국연락회의가 주도권을 잡았던 것이다. 7·7 대회 당일, 화청투는 신좌익을 '억압민족'으로 고발한 후에 결별을 선언했다. 당시 발언을 정리한 자료의 논점만 발췌하면 다음과 같다.[65]

> 일제가 패배했을 때, 포츠담선언을 천황제가 수락한 형식이 되어 일본 인민의 배외주의에의 저항사상이 확립되지 못했다. 일본의 신좌익 안에도 명확히 배외주의에 저항한다는 이데올로기가 구축되지 않았다. 7·7 집회를 일본의 신좌익이 떠맡은 것은 평가하지만, 입관체제 분쇄투쟁에 태만했던 것을 면죄할 수 없다. 신좌익은 65년 일한투쟁에서 법적지위협정 문제를 직시하지 않았고, 69년 입관투쟁에서도 입관법을 폐기하면 프롤레타리아 국제주의가 실현될 것처럼 평가하며 대학입법투쟁(학원분쟁)으로 갈아탔다. 4·19 혁명에 무지하면서 어찌 국제투쟁을 논하는가. 전전과 전후, 일본 인민이 권력에 굴복하고 우리를 잔혹하게 억압해온 것을 지적하고 싶다. 실천 없는 연대는 믿을 수 없다. 억압인민으로서의 입장을 철저하게 검토하길 바란다.

입관투쟁이란 1970년 일본이 포츠담정령(政令)의 '출입국관리령'을 법제화하는 과정에서, '출입국관리법' 제정에 반대하며 재일조선인·중국인들이 벌인 투쟁이다. 1947년 '외국인'의 자격으로 등록된 '재일아시아인'의 체류자격이 여전히 보장되지 않는 상태였기 때문이다. 당시 포츠담선언에 참가한 중국은 장제스의 중화민국이었고, 일본과 중화인민공화국의 국가수교도 공중 부양 상태였다. 하지만 일중국가수교운동을 벌이던 화교 청년들은 1966년 이후 정치적으로 더욱 곤란한 처지였다. 문화대혁명을 비판한 일본공산당이 중국에 대한 맹

65 7·7 고발문과 중핵파의 자기비판문은 중핵파 기관지 『전진(前進)』(1970. 7. 13)에 편집부 문책으로 실렸다. 蔵田計成, 앞의 책, pp.262-644.

종을 비판하고 중국공산당과의 교류를 단절한 상태에서 선린학생회관의 폭력사건까지 일어났고, 일중우호협회도 친중국파와 친공산당파로 분열되었기 때문이다.[66]

학원분쟁과 안보투쟁에 몰두했던 신좌익 각파는 '7·7 고발'을 진지하게 수용하고, "프롤레타리아 연대의 내실"을 심각하게 자기비판했다. 특히 중핵파는 자신들이 "재일아시아 인민에 대한 일본제국주의의 공격에 무지했고, 그에 대한 재일아시아 인민의 투쟁에 무관심하고, 또 그 투쟁에 대한 자신들의 책무에 무자각했다"고 인정했다. 중핵파는 공산당의 '재일중국인에 대한 억압'까지 포함하여, 자신들이 "억압민족의 체제"에 편입되어 "민족배외주의에 굴복"하고 있었음을 자기비판한다. '민족배외주의'는 공산당 내 친중파가 반중파(당중앙)를 비판하던 말이다. 그들은 재일아시아인의 투쟁을 무조건 지지하리라고 맹세한다.

> 우리는 재일아시아 인민의 일본제국주의에 대한 투쟁을 무조건 지지하고, 그것을 스스로의 투쟁으로 떠안고 가서, 재일아시아 인민과 우리들의 연대를 심화하고, 그 공동 전선을 구축하기 위해 끝까지 싸울 것을 맹세합니다. (중략) 재일아시아 인민을 방위하여 그 자유를 쟁취해갈 것은 일본 노동자계급 인민의 중대한 임무이며, (중략) 혁명적 좌익의 양어깨에 걸려 있습니다.

쓰무라 다카시의 『우리 안의 차별』이 입관투쟁에 무관심한 신좌익 내부의 차별 문제를 이미 공론화한 상태였다. 신좌익운동에서도

66 선린학생회관 사건(1967. 2. 28)은 일중우호협회의 문혁 추종 세력, 그리고 중국 유학생과 공산당 주류(요요기파)의 지원을 받은 일중우호협회의 문화대혁명 비판 세력이 대립한 난투극이다.

국면 전환이 필요한 시점이었다. 1970년 7월부터 기성 정당이 참가하는 대규모 안보투쟁은 없었다. 내부폭력으로 치닫는 신좌익의 분열상만 날로 깊어가는 중이었다. 스가는 화청투가 자신들의 기관지를 통해 '입관투쟁'이 무장투쟁노선에 어울리지 않는 일상적 '진지전'의 영역임을 강조했다고 평가한다.[67] 그러나 그것이 곧바로 무장투쟁을 반대한 사실을 의미하지는 않는다.

화청투는 1970년 10월, 신좌익이 입관투쟁을 안보-오키나와 투쟁의 결전에 이용하려 한다고 거부했다. 이 문제는 좀더 '정치적'으로 해석할 필요가 있다. 1970년 4월의 "4·19 남조선혁명 10주년, 전국노동투쟁연대, 안보분쇄, 오키나와 투쟁 승리, 노학총궐기대회"에도 오키나와 이슈가 들어가 있었다. 중핵파가 준비한 오키나와 안보투쟁은 1970년 10월과 11월에 벌일 예정이었고, '7·7 고발' 이후 프롤레타리아 연대 강화를 맹세한 그 입장에서는 '결전' 참가에 대한 제안을 연대 약속의 이행으로 간주했을 것이다. 그러나 주도권을 박탈당한 화청투의 입장에서는 과격 투쟁에 참가해서 국외 방출의 위험을 감수할 필요도 적고, 오키나와 이슈는 자신들의 일상 및 정치적 이익과도 무관했다. 비록 반미투쟁의 명분을 공유한다 해도, 오키나와 탈환은 일본의 국익에 수렴될 문제였다. 중국의 입장에서는 중일수교의 추진이 더 중요했다.

화청투와 신좌익 정파들의 갈등은 중국과 일본의 공산당이 서로 등진 상태에서, 중국이 일본 민족의 '전쟁책임'을 촉구하게 된 시대 정황을 암시한다. 1970년부터 위안부 여성 문제가 제기되고, 1972년부터 과거 일본군의 잔학상이나 난징학살을 고발한 서적들이 나왔

67 趙阿桂, 「中核派の入管決戦の掛け声: 入管『決戦』論批判」, 『底流』 2号, 1970. 10. 8; 絓秀実, 『1968年』, p.182.

다.[68] 재일과 마오주의자들의 중국 및 아시아 연대를 위한 정치투쟁이 지속되는 가운데 재일 2세들의 일본 정착을 위한 '진지전' 성격의 투쟁도 필요했다.

과거 GHQ 점령하 재일중국·조선인 운동가들은 '제국의 공민·신민'이 아닌 '승전국의 인민'으로 승격되어 일본 혁명의 선두에 나선 적도 있다. 그러나 한국전쟁이 발발하고 일본이 주권을 회복하자 '외국인'인 그들은 일본 사회에서 언제 방출될지 모르는 불안한 처지에 놓이게 된다. 그 와중에도 공산당 및 사회당 좌파와 연대한 반미운동의 전선에서 그들은 혁명과 연대의 '주체'로 활약했다. 그 부메랑 효과로 그들의 과격한 '불법 행동' 이미지가 확산되었고, 결과적으로 재일조선인과 중국인 일반에 대한 사회적 차별은 더욱 심화했다. 1965년 한일수교의 결과, 한국 국적을 취득하지 않은 조선적 재일조선인의 체류 자격은 공중 부양된 상태였고, 1960년대 말부터 그들의 귀국(북송)운동도 거의 종료된 상태였다. 일본이 유럽 선진국보다 풍요로워진 만큼 이제 재일들의 조국 귀환보다는 일본 정착을 돕는 사회운동이 절실해진 시점이었다.

재일중국인의 출입국 관리 문제는 순식간에 해소되었다. 1972년 9월 중일수교가 성립했기 때문이다. 대신에 중국이 대만의 국가자격을 부인하고 일본과 대만의 외교 단절을 요구했기 때문에, 거꾸로 재

---

68 千田夏光,「特別レポート 日本陸軍慰安婦」,『週刊新潮』, 1970. 6, pp.74-86;『従軍慰安婦: "声なき女"八万人の告発』, 双葉社, 1973;『従軍慰安婦 続(償われざる女八万人の慟哭)』, 双葉社, 1974; 平岡正明,『日本人は中国で何をしたか: 中国人大量虐殺の記録』, 潮出版社, 1972; 本多勝一,『中国の旅』, 朝日新聞社, 1972. 아사히신문사의 '날조보도'를 시비하는 사람들이 위 책자들도 중국에서 만들어진 '관제 인터뷰'라고 비판한다. 일본 연구자 지명관 교수의 필명 T·K生으로 발표된 「한국으로부터의 통신」은 1973년부터 1988년까지 잡지 『세계(世界)』에 비정기적으로 연재되었다. 그 연재가 끝나자 일본의 우파 잡지에 T·K生을 북한의 앞잡이로 의심하는 기사도 실렸다. 西岡力,「「韓国からの通信」「T·K生」は「北」の手先だったのか」,『諸君!』, 1988. 7, pp.90-101.

일대만인의 체류 자격이 공중에 떠버렸다. 동시에 일본의 시민사회와 신좌익의 지원에 힘입어 '재일' 마이너리티 운동이 사회운동의 중심에 떠올랐다. 1970년 재일한국인 2세의 '히타치 채용차별 사건'은 1974년에 법정 승리를 거두었다. 재일조선인과 대만인이 일본에서 추방되는 일 없이, 1982년부터 특별영주권도 부여되었다. 신좌익 내부의 당파투쟁이나 재일코리안 내부의 분쟁이 적대적으로 나타나기도 했듯이, 신좌익과 마이너리티의 연대가 신뢰의 미담으로 가득한 것은 아니다. 서로의 정치적 의존과 이용관계에 대한 불신감을 드러내는 뒷담화도 간간이 들린다.

6. 문화·농지·생명 방위론, 일상 파괴의 폭력 신화

1970년 11월 25일, 노벨상 후보급 작가인 미시마 유키오가 자신의 사조직인 방패회(盾の会, 1968-1971)의 학생 4명과 함께 이치가야(도쿄)의 육상자위대에 침투한다. 대원들을 모아달라고 협박한 그는 현관 옥상 위에 우뚝 서서, "제군은 무사가 아닌가. 무사라면 어찌 자신을 부정하는 헌법을 지키는가?"라며, 헌법개정을 위한 자위대의 궐기를 촉구했다. 5분 남짓 연설한 그 목소리는 확성기도 없이 허공으로 퍼지다가, 느닷없이 불려나온 대원들의 야유와 고함 속에 파묻혔다. "일본을 위해 자신과 함께 일어설" 무사가 "한 사람도 없구나!"라며 탄식한 그는 "천황폐하 만세"를 연거푸 외친 후, 옥상 안 사무실에서 방패회 청년 한 명의 도움을 받아 할복으로 거사를 마무리한다.[69]

69 전체 연설문은 〈三島由紀夫-檄〉(https://www.youtube.com/watch?v=xG-bZw2rF9o), 자위대원들의 동향까지 촬영한 영상은 〈1970年11月25日 三島由紀夫@東京 市市谷 陸上自衛隊駐屯地〉(https://www.youtube.com/watch?v=bprGPmEwiw0) 참조.

미시마는 미국의 전리품처럼 장식되는 상징천황제와 미국의 용병으로 전락한 자위대가 아닌, 절대 통수권자로서의 천황과 일본의 군대라는 지위를 회복시킬 것을 촉구했다. 그는 신좌익의 '신주쿠 소란'(국제반전의 날 시위)에 출동하지 못하는 자위대의 기능부전을 문제 삼았다. 미시마의 폭력 옹호론은 대량살상의 군사력으로 정복전쟁에 승리하려는 태도와는 거리가 멀다. 그는 '서양에서 수혈된 무기'로 서구제국과 경쟁하거나 승리하는 것도 거부한다. "서양의 혼"에 젖어 "서양 발명품"의 복제 생산에 으스대고, 서양을 거울로 삼아 비교 우위를 점하려는 "주관적 미망"과 "문명개화의 망령적 사고"에서 벗어나라고 일갈한다.

> 지금 일본이 크게 뻐기는 근거는 모두 서양 발명품 덕분이다. 이것은 애초에 대동아전쟁의 항공기에도 해당하는 것으로, 그 전쟁이 일본도(日本刀)만으로 싸운 것이라면 뽐낼 만하지만, 모두 서양의 발명품으로, 서양을 상대하며 싸운 것이다. 단 하나, 진짜 일본의 무기는 항공기를 일본도처럼 사용하여 참사한 특공대뿐이다.[70]

미시마는 경제성장으로 우월감에 젖어있는 일본 사회에 '일본 혼'을 불러일으키고자, 일본도로 죽음을 마무리했다. 그는 특공대 정신을 계승할 엄두도 내지 않는 자위대 앞에서 다케우치가 말한 '패배감=저항'을 불러일으키기 위해 자신의 목숨을 일본도처럼 사용하여 참사했다. 그에게 죽음은 두려운 것도 소멸도 아니다. 민족혼을 방위할 방패회의 후예들이 그의 의지를 지켜나가리라고 믿기 때문이다. '건

70 三島由起夫, 「お茶漬けナショナリズム」(1966), 『若きサムライのために』, pp.105-115(인용문은 p.114).

전한 테러리스트' 미시마에게 감화를 받고 그의 사상을 승계한 것은 '민족파'의 신우익이다. 미시마의 뜻을 기린 청년들은 "일본인 스스로를 부정하는" (점령)헌법 타파를 위해 재판운동까지 벌였다.

사회주의 혁명에 경도된 신좌익과, 미소 중심의 전후체제 타파를 외친 신우익, 그들은 모두 '싸우지 않는 평화'를 거부했다. 풍요로운 소비사회에서 '쇼와유신'과 '대미성전'에 바쳐진 죽음을 몸소 재현한 미시마, 자본주의에 젖은 '타락한 신체'에 태형을 집행한 연합적군의 '내부폭력=총괄' 퍼포먼스, 이들은 그로테스크한 자기파괴와 현실 부정의 폭력을 자존·자율을 지켜내는 주체의 '사상'으로 연출해냈다. 그들의 행위는 대중의 지탄을 받았다. 신좌익이 내부폭력으로 쇠퇴하자, 그들과 '적대적 의존' 관계를 형성했던 신우익의 투쟁 의지도 한풀 꺾였다. 그리고 새로운 좌우합작의 지역운동·시민운동이 시작된다. 1970년 안보투쟁 이후에도 반미와 반근대의 정서는 사회의 심층에 흘러내리고 있었다. 좌·우익의 반근대 담론은 대중 소비사회의 공허한 심리를 파고들면서 향토정서와 풀뿌리 민족주의를 배양하려는 움직임을 낳는다.[71]

신좌익은 학원분쟁과 안보투쟁이 진정된 후 토지의 강제수용과 나리타 국제공항 건설에 반대하는 산리쓰카 투쟁에 결집했다. 국가와 자본의 개발 논리에 저항하여 반근대적 농본주의, 향토주의 정서와 신좌익의 혁명운동이 결합했다. 1966년부터 활동한 '공항반대동맹'은 "산리쓰카는 일본 농업과 300만 농가의 축도(縮圖)"라고 주장하며, 이후 전국의 공항건설 반대운동에서 노동자 단체와 공동투쟁을 벌였

71 나리타 투쟁에 참가했던 핵심 조직이 이후 '자치·연대·에코로지를 향한 정치그룹·창생'으로 변신한 경우도 있다. 신좌익운동이 소비자 운동이나 '생활자 네트워크'와 같은 시민운동으로 이전하는 경우에도 풀뿌리 민족주의와 결합되었다(http://www.seikatsusha.me/).

다.[72] 1983년부터 공항 안팎의 토지소유 형태에 따라 '한 평 공유지' 운동에 대한 반대와 찬성이 갈리고, 공항이 제공하는 용수의 수용 문제로 동맹 내 분열이 일어났다. 신좌익 조직 간 주도권 다툼으로 투쟁이 과격화하여 1980년대까지 게릴라 습격사건도 종종 일어났다.[73] 공항 바깥에서는 노조와 사회당 등도 참여하는 '한 평 공유지' 운동을 벌였고, 공항부지에서도 거점(団結小屋(단결소야))을 만들어 활용했다. 그 영향으로 오키나와의 미군기지 반대운동에서도 '한 평 반전 지주 모임'이 생겼다. 1977년 나리타 공항의 개항 직전에 신좌익 활동가 110여 명이 30여 개소의 상주 거점을 확보했다. 단결소야는 지속적인 처분 결정으로, 2017년 현재 7채가 남았다.[74]

정부와 공항 측에서도 1990년대부터 나리타 공항 문제를 해결하기 위한 심포지엄, 원탁회의 등을 개최하여 화해·조정 국면을 넓혀갔다. 1994년부터 '나리타 공항 지역 공생·공영회의'가 구성되어 지역 발전을 도모했고 공항의 국제경쟁력 강화와 주민생활의 공영을 추진하는 중이다. 산리쓰카 투쟁은 정부 공공사업에서 보상비용을 상승시키고, 공항의 편의성과 국제경쟁력을 저하시켰다는 비판도 있다. 동시에 국책공공사업에서 환경 고려와 주민 합의의 도출 등, 지금은 상식이 된 문제의 중요성을 제고시켰다는 평가도 있다.

---

72 1966년부터 지속적으로 활동 중인 산리쓰카·시바야마 연합 공항 반대동맹(Sanrizuka-Shibayama United Opposition League against Construction of the Narita Airport-From 1966)의 홈페이지를 보면, 관련한 주민단체와 신좌익 조직 중핵파, 해방파, 통일위, 봉기파가 소개되었다(http://www.sanrizuka-doumei.jp/home/).

73 공항이 개설한 1978년부터 2017년까지 발생한 습격사건이 511건이다. 「成田空港～その役割と現状: 2017年度」(PDF), p.209(https://www.naa.jp/jp/issue/yakuwarigenjyo/2017/pdf/0_all.pdf).

74 伊藤睦 編, 『三里塚燃ゆ: 北総台地の農民魂』, 平原社, 2017, p.182; 토지매수 및 분쟁의 법적 해결 과정에 대해서는 「成田空港～その役割と現状～2017年度」(PDF), 제4장 참조.

원탁회의를 거부한 반대동맹의 활동도 지속되었다.[75] 2013년 토지 매수 거부로 재판투쟁 중이던 그들은 "농지는 우리들의 생명"이란 성명서를 통해 "둘도 없는 농지와 농민의 생활을 폭력적으로 탈취하려는 국가와 공항회사, '국책'에 복종하는 재판소"를 고발한다.[76] 2013년 재판에서 나리타국제공항회사가 승소하여 활주로 확보를 둘러싼 보상협의가 원만히 이루어졌지만, 2018년 현재에도 '한 평 공유지'와 매수반대 농가 3채를 중심으로 재판운동이 지속된다. 신좌익 계열은 '농지사수'운동을 펼치며 아베 정권에 대한 반정부 집회도 펼치고 있다. 그 정보는 중핵파가 발간하는 주간지 『산리쓰카(三里塚)』에서 확인된다.[77]

미시마가 '시간의 지속'으로서 전통·문화국가 일본을 방위하려고 했다면, 신좌익 조직과 농민해방 단체는 '한 평의 토지'에서 생활의 실체를 지켜내려 한다. 이들의 반근대, 반국가, 반독점자본, 반관료 투쟁 논리는 우파의 '국토애·향토애'에 입각한 탈원전 운동과도 접목된다. 다케다 쓰네야스(竹田恒泰)는 천황가 출신의 헌법 저널리스트이자 환경론자로 '원자력 발전에는 사랑이 없다'고 강조한다. 그는 고대 신화를 인용하면서 "본디 신들의 '국토 낳기(国生み)'로 생겨난 우리나라에서 '신들의 영역을 범하는 존재'인 원자력 발전은" 가당치 않다고 피력한다.[78] 원전 가동에 찬성하는 경제성장론과 문화전통을 우선시

---

75 北原鉱治, 『大地の乱 成田闘争: 三里塚反対同盟事務局長の30年』, お茶の水書房, 1996, pp.173-190.

76 「農地取り上げに反対する緊急3万人署名」(http://www.sanrizuka-doumei.jp/home/cat5/).

77 「3·27全国集会 空港労働者との連帯, 安倍政権打倒を訴え 成田ニュータウンど真中 デモ 農地死守·最高裁決戦勝利へ 720人新たな闘い決意」, 週刊『三里塚』 2頁(0940号01面01), 2016. 3. 28.

78 竹田恒泰, 『原発はなぜ日本にふさわしくないのか』, 小学館, 2011. 인용은 소학관(小学館)의 북 데이터 베이스(http://www.shogakukan.co.jp/books/detail/_isbn_97840

하는 '황통 우익'이 갈리는 현상도 마쓰모토의 '보수 대 우익' 구도에서 바라보면 확연해진다. 좌우익의 생활 터전에 대한 감성은 합리적 보수주의, 공리적 개발주의와 대립한다.

한편 미시마가 남긴 언어와 영상은 전후 일본에서 일상의 흐름을 교란하는 마력을 발휘한다. 미시마 사후에도 일본 사회에 일상을 위협하는 폭력이 감지되거나 '싸우지 않는 평화'에 대한 저항 심리가 돌출될 때 어김없이 미시마가 호출되었다. 1990년 1월 나가사키 시장의 '천황의 전쟁책임' 발언에 대한 우익의 총격 테러 직후에도 각종 잡지에서 미시마가 회고되었다.[79] 1995년 옴진리교 사건 이후 증폭된 미시마에 대한 관심은 세기 전환기 일본의 울적한 심리 속에 깃든 '자기방위'와 '자기파괴'의 격정을 엿볼 수 있게 한다. 반미의식이 격정적으로 부활한 2000년대 일본에서 미시마는 더 이상 일본을 대표하는 심미적 에로티시즘의 문학가에 머물지 않았다. 유튜브의 다양한 동영상을 보면, 미시마 유키오는 21세기 일본에 새로운 '유신' 혹은 '혁신'의 폭풍을 온몸으로 불러일으키려는 '행위 실천가'로 재림한 듯하다.

2000년대의 미시마 붐은 서적 이외에도, 자위대 연설 및 전공투와의 토론을 촬영한 영상과 음성, 미시마가 자작 소설을 직접 영화로 제작하고 출연한 『우국(憂國)』을 재생하는 등의 방식으로 인터넷을 통해 유포되고 있다. 1969년 5월 도쿄대 교양학부 900번 교실에서 열린 미시마와 전공투의 토론을 편집한 영상은 "어디까지 날아오를지 모르지만 여기에 언령(言靈)을 남긴다. 여러분의 열정을 믿는다"는 미시마

93881920).

79 일본 국회도서관에서 미시마 유키오를 검색하면 연도별로 출판건수를 확인할 수 있는데, 1971년 516건으로 정점을 찍은 후 1976년 178건까지 줄어든다. 이후 매년 최저 39에서 최고 98건까지 오르내리다가, 1990년 110건, 1995년 138건을 기록한다. 2000년부터 2012년까지는 꾸준히 100-200여 건을 넘나들었다. 그 밖에도 미시마의 육성과 격문, 영화를 재편집한 영상들을 유튜브에서 접할 수 있다.

의 마지막 유언을 전한다.[80] 『우국』의 에로티시즘 미학이 연출하는 느리고 고요한 시간의 여백 속으로 쇼와 일본의 장교복을 입은 미시마의 생생한 목소리가 파고든다. 미시마가 남긴 '일본 혼'이 담긴 영상들은 일본적 주체성 회복을 위한 혁명적 결단을 선동하는 듯이 일상의 호흡을 멈추게 만든다.

2000년에는 미시마와 토론에 참가했던 전공투 출신들이 당시를 회고하는 책을 출간했다. 당시 미시마는 신좌익 학생들처럼 자민당과 공산당의 '위선'에 대해 비판적이었지만, 학생들은 미시마의 천황관에 공감하지 못했다. 하지만 그들은 미시마가 "전후에 천황은 그저 심벌(symbol)로서 동원"되었다고 문제를 제기한 것으로 기억한다. "맥아더 막부체제가 성립되었을 뿐인데도 국체(國體) 유지를 요구하는 종교적 퍼포먼스만 있었을 뿐 반(反) 맥아더 투쟁 같은 것은 하나도 없"는 일본 사회를 미시마가 문제 삼았다고 한다.[81] 점령하에 성립된 상징천황제를 비판한 그 논리는 코민포름이 점령체제 안에서 평화혁명론을 유지하던 일본공산당을 비판했던 논리와 일맥상통한다. 전공투 출신의 평론가 고마쓰는 전후 일본 사회에서 그러한 미시마의 천황 인식이 적중했다고 높이 평가한다.[82]

미시마와 전공투의 만남이 성사된 것은 미시마의 '자주방위'와 학생들의 '폭력혁명'이 체제의 합법적 폭력에 저항하는 사상과 실천을 공유했기 때문이다. 전공투의 토론장을 찾은 미시마는 사상을 위해 자신의 신체를 '폭력'에 투기하는 행위에서 학생들에게 공감했음

---

80 〈三島由紀夫vs東大全共闘〉(長尺版)(https://www.youtube.com/watch?v=5wLaND09VF8).

81 三島由紀夫·芥正彦·浅利誠·木村修·小阪修平·小松美彦, 『三島由紀夫vs東大全共闘: 1969-2000』, 藤原書店, 2000, p.326.

82 〈三島由紀夫vs東大全共闘〉(長尺版).

을 고백했다. 미시마는 1967년에 민병조직인 '조국방위대'를 구상하고, 스스로 자위대 체험입학을 실천했다. 그 주위에 유도와 검도를 익힌 청년들이 모여 11명이 혈서를 쓰는 등, 민족문화와 조국방위를 내건 민병대 '방패회'가 전공투운동 당시에 발족했다.[83] 방패회가 검도를 연마한 것도 국가적 위기상황에서 전투적 주체이고자 함이다.

관료제 국가를 넘어서는 '천황 공동체'를 상정한 우익 혁명도, 자본주의적 착취와 불평등 구조를 넘어서는 '세계동시혁명'을 환상한 좌익 혁명도, 근대의 합법적 폭력을 비합법적 폭력으로 파괴하려고 했다. 이들에게 1955년 이래 평화헌법을 중시한 일본공산당과 1965년 이후 베헤렌의 반전평화운동은 오히려 체제 유지의 논리와 부합한다. 평화론자들이 국가 폭력을 합법적으로 구조화한 전후민주주의를 옹호하며 일상의 평화에 안주한다고 여기기 때문이다.

전공투 학생들과의 토론에서 미시마는 '비합법 폭력'론을 펼쳤다. 민간인으로서 자신은 체제(자위대)가 행하는 합법적 폭력을 싫어하며, 자신이 비합법 폭력으로 누군가를 해치게 될 때, 체제의 합법 폭력에 구속되기 전에 자결할 것이라는 취지였다. 미시마는 스스로 '근대의 고질라'가 될 것이라고 말해서 학생들의 웃음을 자아냈다. 괴물 영화 시리즈의 주인공 고질라(Godzilla)는 미국의 핵실험이나 미국 태생의 괴물 '킹콩'과의 대결에서도 살아남고, 자위대의 공격도 물리치는 자연의 폭력으로 표상된다.[84] 일본 토종의 고생물(古生物)인 고질라는 미국의 수폭실험에 반대하는 여론 속에서 탄생한다. 1954년에 처음 상

83 다테노카이의 취지에 대한 미시마의 육성과 전공투와의 대화는 다음의 동영상에 담겼다. 〈三島由紀夫の死-実音収録〉(https://www.youtube.com/watch?v=a8mPVv XYkUg).

84 시리즈의 세 번째 작품 〈킹콩 대 고질라〉(1962년 8월 공개)는 거액의 저작권료를 지불하고 빌려온 '킹콩'과 대결시킨 결과, 1,200만 명이 넘는 관객을 동원하여 역대 고질라 영화의 최고작으로 손꼽힌다.

연된 〈고질라〉는 제국일본의 영토였던 비키니섬에서 미국이 핵실험을 하자, 해저에서 고질라가 깨어나 도쿄를 습격한다는 내용에서 출발했다.

미시마는 자위대의 군대화를 위한 궐기를 촉구하면서 기꺼이 비합법 전사인 '고질라'가 되었다. 그는 발터 벤야민의 폭력비판론에서처럼 현실의 제도적·합법적 폭력(신화적 폭력)을 비판하기 위해 스스로 초월적 의지(신의 폭력)를 대행하는 역할을 했고, 전공투의 폭력의지와도 소통할 수 있었다.[85] 1960년대 신우익의 형성에서 미시마가 끼친 영향력을 고찰하면서 '미적 테러'라는 개념을 제기한 연구도 있다.[86] 일본낭만파의 '미적 저항'이 미시마의 '미적 테러'로 이어지고 있는 셈이다. 일본의 문학자들이 국가의 합법적 폭력 체제를 일본 민족의 온전한 권리와 미의식으로 탈구축하고자 실천했다는 해석이 '일본미'를 서사하는 하나의 양식으로 자리를 잡아가고 있는 중이다.

천황과 일체화된 정신(혼)을 절대시하는 집단 의지, 또는 불평등한 일상을 파괴하려는 혁명 의지는 현실 사회를 초월하려는 일본인들의 '이로니' 어법으로 재구성된다. 근대 비판과 반제국주의 저항으로 자민족의 신화를 만드는 논리에는 현실에서 결핍된 주체를 이념적으로 완성하려는 욕구가 숨어있다. 좌·우익의 거대 이념 주체가 현실 비판의 정치적 폭력을 민족과 혁명의 이념으로 신화화한 사례는 일본에서만 발견되는 것은 아니다. 누구든 현재적 시공간의 일상을 '주체가 누락된, 가치 없는 것'으로 부정하고 파괴하려 한다면, 그것 역시 현실

---

85 벤야민의 '신의 폭력'에 대해서는 ヴァルター ベンヤミン(Walter Benjamin),『暴力批判論』, 晶文社, 1967, p.37; 조관자,「〈반〉제국주의의 폭력과 멸죄의 힘: 중국망명기의 신채호와 동시대의 폭력비판론」,『문화과학』 24, 2000, pp.169-187 참조.

86 梶尾文武,「一九六〇年代における新右翼の形成と美的テロル: 三島由紀夫と橋川文三」(特集 三島由紀夫というプリズム, 三島由紀夫 10の光彩),『国文学: 解釈と鑑賞』 76(4), 2011. 4, pp.76-84.

의 문제에 대한 책임을 공유하려는 자세는 아니다. 마성의 폭력적 신화로 역사적 현재를 제압하려는 지배 의지일 뿐이다.

2000년대 일본에서 우익사상이 다양하게 환기되고 풀뿌리 내셔널리즘이 부흥하는 모습을 한국과 중국의 언론에서는 군국주의 부활이라는 새로운 괴물의 출현처럼 보도했다. 그러나 고질라와 킹콩의 이원적 대립은 아시아 내셔널리즘이 만들어낸 이야기로, 현실에서는 '토종의 자연산 괴물'로 '비합법 폭력'을 구사하는 고질라도 '거대한 외래 문명'과 '제도적 폭력'을 상징하는 킹콩의 에너지를 흡수하며 킹콩으로 변신해왔다. 오늘날 한중일 모두 고질라와 킹콩처럼 몸집을 키워왔다.

이제 그 몸집을 서로 경쟁하거나, '우리'를 자연의 우월한 가치로 놓으면서 '상대'를 인공적 모조품처럼 적대시하기보다 더불어 국제사회에 공헌할 바를 자각해야 할 것이다. 오늘날 혐한·혐중 시위에 참여하는 일본인들에게 '억압민족으로서의 자각'을 기대해도 통용되지 않는다. 그들은 오히려 중국과 한국을 일본의 야스쿠니신사 참배나 자주방위의 내정에 간섭하는 '억압민족'으로 여긴다. 이제 억압과 피억압이란 대칭 구도로 미래의 동아시아 질서를 상상하기보다, 현실의 적대적 모순에 집착하는 의식의 과잉에서 벗어나려는 노력이 필요할 때가 아닌가 생각된다.

제8장

반미주체화-아시아 연대의 '공동환상'을 넘어서

1. 세기 전환기 일본의 사상지형

세기 전환기, 일본과 한국에서는 반미의식이 고양하고 아시아 공동체 담론이 확산되었다. 하지만 미국 중심의 일극체제는 20년을 채 넘기지 못했다. 2008년 금융위기로 미국의 위신이 추락하고 2010년부터 중국이 일본을 초월하여 세계 2위의 강국으로 부상했다. 그러자 역설적인 배반 현상이 일어났다. 미국 헤게모니에 저항하던 동아시아 담론이 맥없이 사라지고, 영토분쟁까지 터지면서 동아시아 내셔널리즘이 노골적으로 충돌한 것이다. 한일 간에 추구된 '공동의 역사인식'을 위한 노력도 한갓 '공동환상'으로 남고, 외교적 갈등도 교착 상태에 빠졌다. 이 장에서는 이러한 현상이 일어난 사상사적 인식 문제를 밝힘으로써, 앞으로 동아시아의 지역질서에 필요한 사상과제를 모색하는 계기가 되기를 희망한다.

한국에서는 2010년 무렵까지 '미국-일본-아시아'를 잇는 일본의 지정학적 사상지형을 비교적 명쾌한 이항대립 구도 속에서 그려왔다. 즉, '친미-보수-우익-개헌'과 '반미-진보-좌익-호헌'의 정치적 대립 구도 위에서, '탈아입구'(대미종속-미일동맹)와 '반미입아'(대미자립-아시아 연대)의 전략이 길항하는 모습으로 인식하는 것이다(그림 4). 이러한 대립 구도는 냉전시대에 평화와 반제민족운동의 사상을 전유한 좌파적 패러다임의 산물이기도 하다. 그러나 현실의 정치적·사상적 지형에서는 '친미-친아시아/친미-반아시아/반미-친아시아/반미-반아시아'의 유형을 모두 찾아볼 수 있으며, 정치적 입장과 사상적 입장이 반드시 일치하지 않을 수도 있다. 다만 이 장의 목적은 현실 정치의 판도를 정확하게 그려내는 것이 아니라, 사상 담론의 재편 양상을 분석하는 데 있다.

이 장에서는 세기 전환기 일본에서 두드러졌던 사상운동으로서

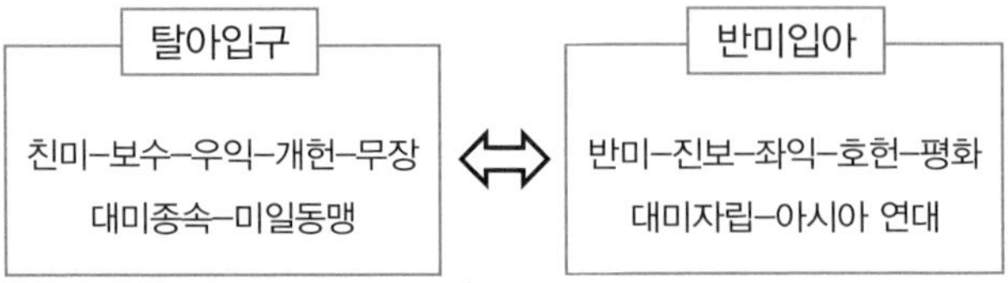

〈그림 4〉 일본의 지정학적 사상지형: 이항대립적 인식 구도

'반미주체화'와 '아시아주의'에 초점을 맞출 것이다. 이러한 접근 방법은 이항 대립적 사상지형으로 설명할 수 없는 일본 내셔널리즘의 갈등 구도와 역사적 전개를 이해하는 데 도움을 줄 수 있다.

'반미주체화'란 미국의 점령하에 제정된 평화헌법과 상징천황제에 대해 비판적이며 미일동맹을 대미종속으로 인식하는 사람들이 일본의 자주성을 회복하고자 하는 의식과 운동을 가리킨다. 그 실체를 들여다보면, 좌우 각 정파와 시대 변화에 따라 입장의 차이와 의견의 변화가 뚜렷이 보인다. 좌익은 애초에 혁명적 무력행사를 옹호하여 평화헌법에 반대했지만, 한국전쟁을 계기로 일본의 재무장이 허락되자 호헌과 평화주의로 선회했다. 그러나 1990년대 후반부터 개헌의 필요성을 인정하는 리버럴 좌파가 늘었다. 다만 우경화 견제를 위해 전략적으로 호헌을 주장하는 경우도 있다.

1970년대에 등장한 신우익은 평화헌법과 상징천황제, 미국식 소비문화에 모두 반대하며 '자위대의 군대화'에 근거한 '반미 무장평화'와 '문화방위'를 주장한다. 반미민족주의에 입각한 '자주헌법' 개정론자들은 탈냉전 이후에 공공적 발언의 장을 확대했다. 전후민주주의를 부정하고 일본의 전통으로서 천황제를 회복시키자는 '우익혁명적 사고'를 담은 동영상은 2010년 이후 더욱 활발하게 인터넷에 떠돌고 있다.[1] 그러나 반미 우파 중에서도 스즈키 구니오와 고바야시 요시노리

1 '일본문화채널 사쿠라' 방송에 출연하는 민족주의자들 중에서 미국식 전후민주주의

등은 일본이 대미종속된 상태에서는 미국의 세계체제 수호를 위한 침략전쟁에 가담할 위험성이 크다는 이유로 안보법제와 아베 정권에 반대한다.[2]

'아시아주의'란 서양 문명과 패권에 대응하여 아시아의 문화적 공동성과 연대의식을 강조하는 지역협력주의와 그 실천을 의미한다. 제2-3장에서 검토했듯이 아시아주의는 서세동점의 1880년대에 태동했으나 일본의 식민지 팽창과 대동아공영권 건설에 협력함으로써 '연대'와 '침략'이란 양날의 행적을 남겼다. 일본의 패전으로 부활한 1950년대 아시아주의는 좌파의 '인민연대'와 결합하여 동아시아 공산화혁명을 추진하는 양상을 보였다. 하지만 한국전쟁의 휴전협정으로 한국과 일본에서 무장(빨치산)투쟁은 소강상태에 빠졌다. 1955년 의회투쟁으로 돌아선 일본공산당에 1966년 중국공산당이 문화대혁명을 수출하려고 하자, 양자의 대립으로 '동아시아 인민연대'의 큰 흐름은 종료된다. 대신에 진보적 지식인과 일중우호협회·일조우호협회 등, 재야 단체들이 북한을 포함한 동아시아 진보진영의 네트워크를 형성했다.[3]

1965년 한일수교와 1972년 일중수교, 미중수교를 비롯한 국제적 데탕트 분위기를 타고, 아시아주의는 국가적 교류로 수렴되었다. 역사인식논쟁을 반복하면서도 아시아의 국가적 교류와 민간 교류는 경

의 대안으로 일본 공동체에 고유한 천황제를 제시하는 경우를 볼 수 있다.

2 松谷創一郎, 「改憲論者が反対する安保法制: 小林節·小林よしのり·宮台真司はなぜ反対するのか」 2015. 9. 11(https://news.yahoo.co.jp/byline/soichirosutani/20150911-00049419/).

3 문화대혁명 이후 중일관계 및 동아시아 인민연대의 양상에 대해서는 조관자, 「내재적 발전론의 네트워크, '민족적 책임'의 경계: 가지무라 히데키와 그의 시대, 1955-1989」, 『아세아연구』, 2013. 9(『가지무라 히데키의 내재적 발전론을 다시 읽는다』(공저), 아연출판부, 2014에 재수록) 참조.

제 활동을 중심으로 비교적 원만하게 지속되었다. 그러다가 1990년대에 일본군 위안부 문제가 불거지며 '전후책임'론이 부상하자, 전후 일본의 '탈아'와 '아메리카화'를 돌아보며 일본 국민과 지구시민의 자격으로 새로운 공공성을 창출하자는 발언들이 늘었다. 1975년부터 국제사회의 전쟁책임 문제를 연구해온 오누마 야스아키는 1980년대부터 도쿄재판에서 관철된 '문명의 심판'과 '승자의 심판'을 넘어서는 전후 책임의 문제를 제기하고, 고노 담화와 무라야마 담화를 이끌어내는 데 기여했다.[4] 그러나 일본 국민 스스로가 희생자와 국제사회, 미래 세대에 대해 전후 책임의 주체가 되자는 차원에서 발족한 '아시아여성기금'은 일본의 국가적 책임을 추궁하는 한국 측(한국정신대문제대책협의회)의 거절로 무산되었다. 동아시아의 내셔널리즘이 충돌하는 가운데 일본의 국가적 책임의식은 오히려 증발하고, 한일의 정치적 갈등은 2012년부터 외교적 대립으로 번지기 시작했다.

일본의 사상지형에 대한 이항 대립적 인식 구도는 『일본비평』 창간호(2009. 8)의 특집 주제 '현대 일본 사회의 형성과 미국'에 실린 논문들에서도 확인된다. 미국의 점령권력하에서 사산된 천황제의 전쟁책임 문제를 다룬 박진우의 논문 「상징천황제와 미국」은 일본과 아시아에서 '신뢰 회복과 공존'의 과제를 대미종속의 극복에서 찾는다. 그 맺음말의 한 구절에서는, "'친미'와 '반미'의 딜레마는 일본이 아시아에서 신뢰를 회복하고 아시아 속에서의 공존을 모색할 것인지 아니면 계속해서 아시아이기를 거부하고 대미종속에 머물 것인지의 문제이기도 하다"고 지적한다. 여기에서 딜레마란 일본의 보수 세력이 대

4 大沼保昭, 『東京裁判から戦後責任の思想へ』(第四版), 東信堂, 1997(초판: 有信堂高文社, 1985; 증보판: 東信堂, 1987; 제3판: 東信堂, 1993); 大沼保昭, 『東京裁判, 戦争責任, 戦後責任』, 東信堂, 2007; 高橋哲哉, 『戦後責任論』, 講談社, 1999.

미종속에 대해 회의하기 시작했으나 여전히 미국에 의존하는 상황을 이르는 말이다. 논문의 앞에서는 "헌법을 개정하여 자위대의 군사행동"을 허용하는 것도 "오히려 대미종속적인 군사행동"으로 귀결되며, "미일안보에 의존하고 있는 한 진정한 의미에서의 '반미'를 표방하기" 어렵다고 말한다.[5]

이러한 '대미 자주-아시아 연대'의 해법은 1945년 이후 동아시아 진보진영에서 추구한 전략적 가치이자 실천 방향이기도 했다. 그러다가 2000년대 들어 세계적인 반미의식의 고취 속에서 일본과 한국의 지식사회에서도 '친미의 극복'이 사상과제로 유행했다. '반미-아시아주의'는 그러나 동아시아 내부의 역사적 갈등과 내셔널리즘의 견고한 장벽을 홀시했다. 그 결과 2010년 이후 영토분쟁이 격화되자 '반미'도 '아시아주의'도 동아시아 각국의 내셔널리즘에 흡수되는 모습을 보였다. 미국 패권이 상대적으로 쇠퇴했음에도 불구하고 동아시아 평화론이 '공동환상'으로 끝난 이유를 밝히려는 사람들은 아직 없다. 그저 일본 좌파의 '몰락'과 '우경화'를 탓하는 소리가 들릴 뿐, 아시아의 현실을 직시하고 미래 질서를 전망하는 혜안은 좀처럼 만날 수 없었다.

한편, 『전후 일본, 그리고 낯선 동아시아』에 수록된 박철희의 논문 「일본 자민당 정치 세력의 동아시아관-1960년대와 1990년대의 비교」(2011)는 일본 보수 세력 내부의 동아시아관이 '화해 외교'(사과 외교)와 '자주 외교'(야스쿠니 신사 참배) 등으로 분열되는 과정을 밝혔다. 이 연구는 보수 세력이 아시아와의 관계 설정에서 갈등하는 문제를 밝혔지만 '반미'의 문제는 다루지 않았다. 1990년대에는 자민당의 친미 기조 속에서 보수 세력 스스로가 반미정서를 적극적으로 드러내지

5 박진우, 「상징천황제와 미국」, 『일본비평』, 2009. 8, pp.58-59.

않은 까닭도 있다. 일본의 반미의식과 아시아주의의 상관성에 대해 언급한 괄목할 만한 연구는 아직까지 일본에서도 찾을 수 없다.

그렇다면 일본에서 '반미주체화'는 어떻게 제기된 것이며, 아시아주의와의 연동 관계는 어떻게 인식하는 것이 바람직한가? 이 장에서는 먼저 일본에서 '반미주체화'와 '아시아주의'가 갖는 역사적 상관성을 고찰한다. 다음으로 탈냉전 이후 일본에서 '반미보수화'가 좌파 사상을 흡수하는 형태로 진행된 사실을 밝히고자 한다.

2. 반미주체화와 아시아주의의 이중변주

일본의 근대화는 미일수교에서 시작해서 대미전쟁의 패배로 끝났고, 전후 일본의 시작은 미일동맹에 입각해 있다. "근대 일본인의 삶을 송두리째 뒤바꾼 두 번의 체제 교체(regime change)가 모두 미국의 입회하에 이루어진 것"이며, 일본사에서 근대와 현대를 구분하는 역사적 기준도 대미관계에서 제공되었다.[6] '민족파 우익'의 스즈키는 친미든 반미든, 좌익이든 우익이든, 전후 일본에서 "아메리카를 생각하는 것은 일본을 생각하는 것"이 된다고 말한다.[7] 근대 이후 지금까지 일본의 국가 정책과 국익에 결정적 영향을 미치면서도 '민족적 자존감'을 건드려온 타자는 다름 아닌 미국이었던 것이다.

---

6 윤상인, 「'말 걸기'를 시작하며」, 『일본비평』, 2009. 8, p.11. 서양 중심의 시간의식을 거부하는 국수주의와 일본사 담론에서는 천황의 원호에 입각한 메이지(明治), 다이쇼(大正), 쇼와(昭和 전기/후기), 헤이세이(平成)라는 시대 구분법을 사용한다. 문명개화 이후에 태음력을 과감히 청산하고 태양력을 채택한 일본이지만, '일본을 지키는 국민회의'의 원호(元号) 법제화운동이 1978년에 성공하여, 일본의 행정 서류는 원호로 작성된다.

7 鈴木邦男, 『愛国と米国』, 平凡社, 2009, p.10.

한편 일본의 대미관계는 '아시아 관계'와 대응하면서 변화했다. 일찍이 서세동점의 시대에 '존왕양이론'의 병학 사상가들은 일본과 아시아를 연결시켜 국가방위 전략을 구상하고 실천했다. 메이지 정부와 지배 권력에 대립한 일본의 재야 세력 모두 아시아에 대한 침략과 연대에 관련되었다. 근대 이후 일본민족주의의 '지사'와 '열사'들은 미국(서양)과 아시아 사이에서 일본의 '운명'을 생각하고 행동했다. 미국과 불평등조약을 체결한 막부를 토벌하고자 궐기했던 하급무사들, 메이지유신을 아시아에 수출하여 백인제국주의에 맞서려던 대륙낭인들, '대동아공영권' 건설을 위해 '대미성전'에서 산화한 학도병들, 미군의 한국전쟁 참전을 저지하고 일본 혁명을 꾀하려던 일본공산당의 비밀 무장조직들(재일조선인의 '조국방위대' 포함), 안보투쟁과 반전반핵운동을 벌인 신좌익, '친미 반공 우익'에 반대한 '민족파 우익'과 베트남 전쟁에 반대한 시민들, 오키나와의 일본 반환과 미군기지 철수를 외친 평화주의자들…. 정도의 차이는 있지만, 일본의 근현대사에서 '유신, 혁신, 혁명, 평화' 투쟁에 나섰던 투사들에게서 모두 반미와 아시아주의의 이념과 정서를 발견할 수 있다.

제1차 세계대전 이후의 세계적 패권 구도와 동북아시아의 끝자락 태평양 연안에 접한 일본의 지정학적 환경에서 일본의 정치적 의식과 무의식에 결정적 영향력을 행사한 타자는 미국이었다. 그러나 그렇다고 해서 '반미주체화'와 '아시아주의'의 호응에서 어떤 주종 관계가 있는 것처럼, 즉 아시아주의가 대미관계의 종속변수라고 이해해서는 곤란하다.

만주사변 이전 일본의 대외관계에서는 미국보다 러시아(구소련)가 중요 변수로 작동했다. 일찍이 18세기 후반부터 해양국가 일본에서는 러시아 이국선의 출현에 대응하여 다양한 해방론(海防論)이 제기되었다. 난학을 통해 서양 정보를 입수했던 당시의 경세가와 병학자들은 에조치(蝦夷地) 개발과 해외영토의 획득, 서구와의 교역과 중상주의 정책에 의한 부국론까지 제기했다.[8] 영일동맹(1902-1923)은 러시아를 견제한 선택이었고, 러일전쟁의 승리로 일본은 서구와 경쟁하는 제국의 반열에 진입했다. 코민테른이 천황제 타도를 일본 혁명의 제1단계 목표로 제시한 1927년부터 일본공산당의 혁명운동이 활발했던 1950년대 전반까지 일본에서 구소련의 존재감은 미국 못지않게 컸다. 당시 우파는 '일본공산당의 대소종속'을 비판했고, 북방영토의 탈환 문제는 전후 일본의 숙원으로 남아 있다. 중국이 부상한 2010년대부터는 중국 변수가 중요해진 만큼 미일동맹의 전략적 가치가 중시되는 분위기다.[9]

따라서 일본의 대아시아 관계를 대미관계의 종속 변수라고 고정적으로 보아서는 안 된다. 기준은 대외관계가 아닌 일본의 국가적 방위 의식에 있으며, 대외관계는 그 자체가 시대 상황과 세계 패권의 역학 관계를 반영하는 변수일 뿐이다. 이 절의 제목에서 '이중변주'로 밝혔듯이, '반미주체화'와 '아시아주의'는 단순한 수직적·수평적 결합을 이루는 대응관계가 아니라, 시대 상황과 조응하면서도 독자적 의미 연쇄를 이루는 두 개의 선율로 보아 마땅하다. 바꾸어 말하자면, 이 장은 '반미주체화'를 우위에 놓고 '아시아의 평화와 해방'을 제시하거나 아시아주의의 한계를 지적한 모든 정치적 상상력에 대한 비판

---

8 에조치는 현재 홋카이도를 가리키는 에도 시대의 명칭으로, 당시에 러시아를 가리키는 말이기도 했다. 해방(海防)론과 부국(富國)론을 구축한 인물과 대표 저작으로 구도 헤이스케(工藤平助)의 『적하이풍설고(赤蝦夷風説考)』, 하야시 시헤이(林子平)의 『해국병담(海国兵談)』, 혼다 도시아키(本多利明)의 『경세비책(経世秘策)』, 『도해일기(渡海日記)』, 사토 노부히로(佐藤信淵)의 『혼동비책(混同秘策)』 등이 있다.

9 2009년 9월, 미군 신기지(오키나와 헤노코) 이설에 반대 공약을 내건 민주당이 정권교체에 성공했지만 결국 공약 이행을 포기했다. 센카쿠에서 중국 어선과 일본 해상보안청이 충돌한 사건 이후 중국에 대한 위기의식이 고조되고 '전략적 친미' 기조는 재차 강조되었다.

적 문제제기로 보아도 좋다. 이 장이 갖는 또 하나의 독창성은 그동안의 이항 대립 구도 속에서 '반미주체화'의 독선적 가치를 전유해온 좌파 담론과 역사적으로 호응해온 '반미보수'와 우익사상에 주목하고 있는 점이다.

1970년 안보투쟁이 수습되고 소비사회에 안주한 일본에서 탈정치화 현상을 자기비판하는 담론은 '안락의 파시즘'이나 '주체 부재'라는 문제의식을 꾸준히 발신하고 있었다.[10] 예를 들어 다음과 같은 문제가 거론되었다. "전후 일본이 미국의 세계전략에 포섭되어 천황의 전쟁책임을 면피하는 등, 일본인 스스로가 아시아에 대한 전쟁책임을 청산할 기회를 상실했다. 일본은 세계 최초의 원폭 피해국이면서도 미국에 군사기지를 제공하고 미국의 핵우산하에 베트남전쟁, 이라크전쟁 등에 참여하여 '평화헌법'을 위반하고 미국의 아시아 침략을 원조했다. 위선적인 평화의식과 미국식 소비문화의 안일한 풍요에 빠졌지만, 결국 미국발 글로벌리즘과 신자유주의적 개혁으로 일본식 경영전통을 상실하고 사회적 격차를 확대시켰다. 피폭의 역사를 망각하고 미국식 원전 개발을 수용하여 일본 국토의 안전을 훼손했다."

이러한 반미 기조의 평화·문화·경제·탈원전 담론은 천황제의 전쟁책임론을 제외하면 좌익과 우익(반미보수) 담론에 모두 공통되는 주제들이다. 아시아에서 식민지를 경영한 일본이 아시아의 다른 어느 나라보다 치열하게 '미국의 식민지'라는 민족적 콤플렉스를 키우면서 독립운동을 수행해온 셈이다. '반미주체화'는 경제대국 일본에서 소비문화에 젖어든 '사상적 식민화' 상태를 일깨우는 정언명령이었던 것이다.

---

10 후지타 쇼조(藤田省三)는 1980년대부터 고도성장기의 생활양식이 갖는 사상적 문제를 제기해왔으며, 이를 「'안락'의 전체주의-충실을 되찾아야 한다」는 평론에 집약적으로 표현했다. 藤田省三, 『全体主義の時代経験』(藤田省三著作集 6), みすず書房, 1997, pp.29-41.

앞에서 검토했듯이 1950년대 말에 시작된 우익사상의 학술 연구는 좌익운동의 변화와 함께 활발해졌다. 일본공산당과 사회당 좌파가 한국전쟁 당시 무장투쟁과 반미민족주의로 선회하고, 1959-1960년 안보투쟁 및 신좌익운동에서도 반미민족주의와 아시아주의가 계승되는 과정에서 전후민주주의가 부정되고, 오히려 우익사상의 저항적 계기가 부각되었다. 아시아주의적 감성의 반미민족주의도 2000년대 반미의식의 흐름을 타고 부활했다. 그런데 과거의 아시아주의가 침략과 연대의 이중성을 띤 궁극적 이유를 묻거나 찾으려는 연구는 없었다. 다케우치는 '연대'의 역사적 불가능성을 '일본 근대의 아포리아(난제)'로 '통치고', 마쓰모토는 제국주의로 소환된 아시아주의에 안타까움을 표하며 군부 권력의 횡포를 고발했다.[11]

문제는 과거의 서세동점 시대에 실패한 아시아주의와, 탈냉전으로 부흥했다가 또다시 실패한 아시아주의가 궁극적으로 같은 사상적 출발점에 서 있다는 사실이다. 그렇기 때문에, 2010년대 아시아주의는 각국의 민족주의에 소환되었고, 국가적 갈등 속에 파묻힌 상태가 되었다. 아시아주의의 궁극적 토대는 서구적 근대와 제국주의에 저항한 자민족의 역사를 정당화하고 자민족의 생존과 자존감을 옹호하려는 '사상적 공통성'에 있다. 결국 자민족 중심의 '독립' 환상이 '반미 연대'로 뭉쳤다가, 각국 내셔널리즘의 경쟁과 불신 속에서 시세의 바람을 맞고 분열했다. 자민족 중심의 생존 감각에서 볼 때 '반미'는 '반일·반중·반한'으로 얼마든지 전변하는 것이다.

11 竹内好,「近代の超克」(1959), 竹内好 編,『近代の超克』, 富山房, 1979, p.338; 마쓰모토 겐이치, 권정희 역,「아시아주의자의 원상(原像): 나카노 세이고(中野正剛)의 경우」,『일본비평』, 2014. 2, pp.51-70.

3. 탈냉전의 세계질서와 일본 '전후체제'의 균열

1990년대에는 냉전진영의 구속력에서 풀려난 각지에서 민족갈등과 국지전이 분출했다. 나 홀로 승리한 슈퍼맨 미국은 '정의'의 해결사를 자처하며 분쟁의 소탕에 분연히 나섰다. 2001년 9·11 테러는 미국 중심의 세계질서에 대한 정면 도전이었고, 테러와의 전쟁을 선포한 미국은 세계평화의 통치자로서 행군을 지속했다. 그리고 미국이 통치하는 세계화의 시대에서도 민족주의는 여전히 세계 정치의 향방을 결정하는 중요한 권력으로 작동했다.[12]

세기 전환기의 세계사에서 두드러진 경험은 '네오 내셔널리즘의 분출'과 '글로벌리즘의 진전'이라는 상반된 역학운동이었다. 그 변화의 특징은 통합과 배제, 응집과 팽창, 탈(脫)경계와 재(再)경계, 세계화와 지역화 같은 모순된 방향성의 동시 진행으로 설명된다. 바야흐로 유럽연합의 탄생에 이어 미국이 글로벌 거버넌스로 기능하는 '세계제국'이 탄생할 것인가? 주권국가의 한계를 벗어나 전 지구적 문제에 응답하려는 '미래 상상력'이 발동하였고, '세계 통치'의 가능성과 불가능성을 가늠하려는 듯이 제국(사) 연구도 활발히 전개되었다.[13] 그리고 탈냉전으로 미국 패권이 부상하는 가운데, 냉전의 가장 큰 수혜

---

12 Jerry Z. Muller, "Us and Them: The Enduring Power of Ethnic Nationalism", *Foreign Affairs*, March/April 2008, pp.18-19.

13 새로운 제국 연구는 '자본주의 최후 단계로서 제국주의'를 종식시키려는 레닌의 혁명론이나, '매판적인 반민족 세력을 타도하려는 마오쩌둥의 민족해방론'을 벗어난 것이다. 제국과 식민지는 중심과 주변의 길항관계에서 다시 포착되었다. 사람·권력·자본의 경계 이동 또는 문화의 혼성·혼종을 연구하는 흐름도 형성되었다. 한국에서는 2001년 마이클 하트와 안토니오 네그리의 공저 『제국』(윤수종 역, 이학사)이 번역되어 대중적 관심 속에서 베스트셀러로 등극하는 현상도 생겼다. 일본의 제국 연구는 서정완·임성모·송석원 편, 『제국일본의 문화권력』(한림일본학연구총서 I), 소화, 2011에 수록된 번역논문에 자세하다.

국이었던 일본에서는 전후체제의 균열이 시작되었다.

1990년 무렵, 경제대국 일본은 정치대국으로의 도약까지 꿈꾸었다. '정치대국' 노선은 미일의 정치·경제·군사적 협력관계의 실질적 강화를 의미했다.[14] 이를 위해 경제회복을 우선시한 '요시다 독트린', 즉 안보 문제를 미국에 의존하고 국제분쟁에 소극적 저자세로 관여하는 평화주의 노선이 수정되었다.[15] 이러한 흐름은 1980년대 신자유주의로의 정책 전환에서 리더십을 발휘한 나카소네 야스히로 정권(1982-1987)에서 시작했다.[16] 1981년 소련의 핵 우위에 위기감을 느낀 레이건 정부가 일본에 군사비 분담을 요구했을 때에도 당시 스즈키 젠고(鈴木善幸) 수상은 평화헌법을 이유로 거절했다. 그러나 나카소네 수상은 세계평화를 위한 '강력한 미국(Pax Americana)'의 군사비 분담 요구를 수용하고 한미일의 군사방위 협력을 강화한다.[17] 한국의 진보진영과 중국 정부는 그러한 일본의 행보를 '군국주의 부활'과 '우경화'로 비난했고,[18] 일본 내 평화주의, 민족주의 세력도 대미종속의 심화를 비판했다.[19]

---

14 '중견국가' 외교노선은 중국 부상으로 세계 헤게모니가 다원화된 2000년대 후반에 등장한다. 2005년부터 2010년까지 일본 외무성은 영향력 있는 중견국가(middle power)를 지향하고, 1998년 핵폐기를 위해 국제NGO네트워크가 설립한 Middle Powers Initiative에 참가했다. 외무성 보고 자료 「中堅国家構想(MPI)訪日団による岡田外務大臣表敬」 참조(http://www.mofa.go.jp/mofaj/press/release/21/12/1209_02.html).

15 片岡鉄哉, 『日本は「政治大国」になれる: "吉田ドクトリン"からの脱却』, PHP研究所, 1992.

16 나카소네 정권의 국영기업 민영화 정책에 관여한 경제학자 가토 히로시도 자본주의 구조 개혁을 통한 정치대국화를 논하고 있다. 加藤寛, 『日本の時代が来る: 政治大国への条件』, 山手書房, 1981.

17 「中曽根外交第一幕の選択: 訪韓―訪米」, 『朝日ジャーナル』 25(3), 1983. 1. 21, pp.10-21; 山栄太郎, 「サミット後の中曽根外交: 「政治大国」への重要な契機(世界の焦点)」, 『世界週報』 64(23), 1983. 6. 14, pp.4-5.

18 「나카소네 訪韓(방한) 반대」, 『경향신문』 1면, 1986. 8. 30.

19 中原正一, 「'政治大国化'狙う竹下首相: 憲法の枠を越え'禁じられた火遊び'(政界メ

일본의 보수진영에서도 독자적인 아시아 협력 방안을 제기했다. 1989년, 소니사 회장인 모리타 아키오(森田昭夫)와 소설가 출신의 정치가인 이시하라 신타로(石原慎太郎)가 공동 집필한 『'No'라고 말할 수 있는 일본(「NO」と言える日本)』이 출판되었다. 미국 의회에서도 촉각을 곤두세울 정도로 선풍적 반향을 일으킨 그 책의 마지막 장에서 다룬 주제는 "아시아와의 공생"이다. 모리타는 일본 기업의 공동체적인 경영윤리가 미국 기업의 이윤추구 논리보다 우월하여 미국의 대일무역 적자를 가져왔다고 주장하며, 일본의 경제인이 미국의 '일본 때리기'에 당당히 대처할 것과 세계경제, 특히 아시아의 부흥에 기여할 것을 강조한다. 정치대국을 꿈꾸는 '풍요로운' 일본에서 미일동맹을 근간으로 삼았던 '전후민주주의'는 아직까지 동요하지 않았다.

전후체제의 균열은 걸프전쟁의 참전에서 시작된다. 1991년 걸프전쟁에 다국적군이 투입되자 일본은 미국의 전쟁 비용에 총 135억 달러를 지불하고 1992년 유엔의 평화유지군(PKO)에 참가한다.[20] 이 과정에서 일본은 '돈으로 때운' 국제 공헌이라는 국제사회의 비판과, 평화헌법에 위배되는 '자위대의 파견'이라는 국내사회의 비판을 이중적으로 듣게 된다. 석유자원의 안정화를 위한 국제 공조에서 정치대국으로 인정받기는커녕, 전후 일본의 아킬레스건인 미일동맹과 평화헌법의 모순만 심각하게 부각된 셈이다.

냉전시대에는 현실과 이념의 모순이 당파적 경계와 진영 논리에 묶여 있었기 때문에 오히려 '모순'을 덮어 두고 진영 내부를 통제할 수 있었다. 그러나 냉전의 해체로 당파성은 무력해진다. 보수정치 안

モ)」, 『公明』 319号, 1988. 8, pp.54-59.

20 걸프전쟁 관련 기록은 外務省北米局長·佐藤行雄の答弁, 参議員-決算委員会-4号, 「国会会議録」 126, 1993. 4. 19 참조.

에서도 리버럴리즘의 온건노선과 민족주의의 강경노선이 분열을 시작하고, 진보·혁신계와 그 지지 세력 안에서도 무당파가 증가했다. 이리하여 세계적 냉전구도에서 양당체제로 정립된 일본의 55년 체제는 1993년 총선거에서 막을 내리고, 군소정당의 난립상이 전개된다. 설상가상으로 1993년부터 일본의 성장 곡선도 주저앉기 시작했다. 걸프전쟁의 석유 위기는 수습되었지만, 일본의 '거품경기'는 꺼지고 세계 자본주의의 불확실성은 확대되었다.

일본의 '풍요 잔치'가 막을 내리자, 1994년 교토대의 사에키 게이시 교수는 『'아메리카니즘'의 종언』에서 개인적 자유주의와 민주주의, 시장경제주의의 한계를 논한 후, 1998년 증보판에서 글로벌리즘을 비판하는 장을 가필했다. 신좌익 마르크스주의 이론가인 히로마쓰 와타루(廣松涉)는 달러를 기축통화로 삼는 자본주의 세계경제의 퇴조를 예상하면서 "일본자본주의의 발본적인 사고 전환"을 요청한다. 히로마쓰는 이미 1980년대에 "근대의 초극"론에 대한 비판적 재평가를 시도하여, 중일전쟁 이후 전향좌파들의 '동아협동체론'과 '동아신체제'라는 프로젝트에 주목하고 있었다.

그랬던 히로마쓰가 『아사히 신문』(1994. 3. 16)의 시론에서 반체제 좌익운동에서도 "일본과 중국을 기축으로 동아신체제를! 그것을 전제로 세계신체제를!"이라는 슬로건으로 전환하자고 제기한다. "미국이 달러를 마구 뿌리며 세계의 수요 흡수자(absorber)로 역할하던 시대는 사라지고" 있으니, "일본 경제의 중심축을 아시아로 돌리자"는 제안이다. 새로운 자본주의는 소비 만능과 환경 위기를 벗어나 수정자본주의적 통제를 가하고 관료주의를 벗어나 인민주권을 회복하는 것이어야 한다는 주장이다.[21] 그러나 보수의 사에키와 진보의 히로마쓰

21 廣松涉, 「東北アジアが歴史の主役に: 日中を軸に「東亜」の新体制を」, 『廣松涉著作集』

가 동시에 예상한 '미국 중심 세계경제의 종언'은 2008년 이후에도 여전히 지연되고, 2018년 현재 미국 경제는 트럼프의 보호무역정책으로 활기까지 얻고 있다.

일본에서 글로벌리즘과 신자유주의적인 구조개혁을 비판하는 논리는 1990년대 후반부터 본격화된다. 1998년에 이시하라 신타로는 히토쓰바시 연구소의 연구팀과 함께 『선전포고, 'No'라고 말할 수 있는 일본 경제: 미국의 금융노예로부터의 해방』을 출판했다. 1999년, 신도정치연맹 소속의 자민당 의원으로 당시 법무성 장관인 나카무라 쇼자부로(中村正三郎)는 법무성 신년 하례식에서 반미 독설을 내뱉는다. 미국이 말하는 시장경제의 자유는 다른 나라에 뒤처지면 "원자폭탄과 미사일을 날리는 자유"로, 제조업 경쟁에서 일본에 뒤지니까 "이번엔 금융으로 위협"한다는 것이다.[22] 그는 '개헌'과 '군비증강'도 역설했지만, 그 발언은 다음 날 즉각 철회되었다. 국제사회에 분출하는 국지전과 북한의 IAEA 탈퇴에 대비하여 '주변사태법'을 제정하고 미일동맹의 협력 기조를 강화하는 마당이었다.[23]

1990년대의 일본은 유엔에 협력하는 PKO법과 주변사태법을 제정하면서 국제 공헌의 방법과 헌법 9조의 해석을 놓고 공방했다. 거듭되는 논쟁 속에서 국제 현실에 부합한 국가 정체성의 확립이라는 과제가 부상하고 헌법개정론의 지지 여론이 형성된다. 평화헌법의 이상과 국제 현실의 괴리에 대한 인식의 확장은 '친미보수와 반미진보의 공조체제'를 이루었던 전후민주주의에 대한 신념을 흔들고 역사수

第14巻, 岩波書店, 1997, pp.499-500: 廣松渉, 『「近代の超克」論: 昭和思想史への一視覚』(新訂·増補版), 講談社, 1989(초판: 朝日出版社, 1980).

22 「日 현직 법무상, 개헌·對美 비판 발언 물의」, 〈연합뉴스〉, 1999. 1. 5.

23 「周辺事態に際して我が国の平和及び安全を確保するための措置に関する法律」, 『法律』 第60号, 1999年5月28日, 国際連合平和維持活動等に対する協力に関する法律.

정주의를 싹틔운다. 도쿄대학 교수이자 공산당과 교원노조(日教組) 소속의 교육운동가였던 후지오카 노부카츠(藤岡信勝)는 일본 스스로 국가적 의지와 결단을 실천할 수 없는 전후 상황을 비판하고 그 극복을 주장했다.[24] 1995년, 그는 교사들을 중심으로 '자유주의사관' 운동을 발족시킴으로써 전후체제의 균열을 가속화하는 대중적 사상운동의 중심에 서게 된다.

자유주의사관연구회는 좌우이념의 구속력을 '자유롭게' 극복한 새로운 역사관의 정립과 역사교육의 실천을 주장하면서 '도쿄재판 사관'과 '코민테른 사관'을 비판했다. 처음에 그들은 '대동아전쟁 긍정 사관'에 대해서도 비판적이었다. 대신에 후지오카는 메이지유신의 건국정신과 청일·러일전쟁의 국민적 승리를 긍정하는 시바 료타로(司馬遼太郎)의 역사관을 옹호했다.[25] 이러한 움직임에 니체 연구자인 니시오 간지(西尾幹二)가 의기투합하여 1997년 1월 '새 역사교과서 만들기 모임'(약칭 '새역모')을 출범시켰을 때에도 '좌익의 자학사관'과 '우익의 대동아전쟁 긍정론'은 모두 부정되었다.

이들은 사료비판에 근거한 역사인식을 구실로 난징대학살, 일본군 위안부 강제연행, 오키나와 집단자결 등을 미국의 전시 프로파간다와 점령정책을 위한 음모로 비판하고 역사교과서에서 삭제할 것을 주장했다. 새역모는 출범 당시 "중일전쟁의 도화선은 중국공산당에 의해 만들어졌다", "난징대학살은 없었다"라는 음모론을 제기한 와타나베 쇼이치(渡部昇一)와 일선을 그었다. 하지만 침략전쟁에 대한 반성

---

24 藤岡信勝, 『汚辱の近現代史: いま, 克服のとき』, 徳間書店, 1996. 자유주의사관 연구회(http://www.jiyuushikan.org/tokai.html) 참조.

25 藤岡信勝, 『近現代史教育の改革: 善玉·悪玉史観を超えて』, 明治図書出版, 1996. 자유주의사관에 대해서는 姜尚中, 「国民の心象地理と脱-国民的語り」, 시바 료타로의 역사관에 대해서는 成田龍一, 「司馬遼太郎の歴史の語り」 참조. 두 논문 모두 小森陽一·高橋哲哉 編, 『ナショナル·ヒストリーを越えて』, 東京大学出版会, 1996에 수록.

을 '자학사관'으로 부정하고 전쟁의 피해상에 대한 불확실한 증거와 통계 수치를 음모론으로 덮으려는 그들의 역사인식 태도는 '대동아전쟁 긍정'의 기폭제가 되었다. 특히 인기 만화가인 고바야시 요시노리(小林よしのり)가 새역모에 가담하여 출간한 『전쟁론』 1권(1998. 7)은 새역모의 '대동아전쟁 긍정론'을 젊은 세대에 확산시키는 데 결정적으로 기여했다.

일본의 식민정책과 침략전쟁으로 상처 입은 아시아(일본군 위안부 피해 할머니들)의 목소리를 배제하고 미국의 일본 봉쇄와 점령정책으로 훼손된 일본의 자존심만을 보상하려는 새역모의 윤리적 문제의식은 그 자체가 역설적으로 '대미종속'의 상태에 머물러 있음을 반증한다. 2001년 9·11 테러 이후, 새역모에서 대미관계에 대한 인식 문제는 내부 분열의 씨앗으로 거듭 작용했다. 진영 내 진흙탕 싸움의 명분은 '일본 민족의 주체성' 문제로, 아시아와의 관계 회복과 보편적 윤리의 확립 문제는 아니었다. 대동아전쟁 긍정론을 펼치면서 미국의 이라크에 대한 '대테러 전쟁'을 비판한 『전쟁론』 2권(2001. 11)으로 좌파의 지지를 얻기 시작한 고바야시는 2002년에 새역모에서 축출되었다. 고바야시는 새역모의 니시오 간지를 '친미보수'로 낙인찍었다. 2006년에는 국수주의 단체인 일본회의와 친밀한 세력이 스스로 새역모를 탈퇴했다.[26] '반미보수', '정통보수'와 모두 결별한 새역모의 설립 취지문을 보면, 일본인의 자화상에서 "품격과 밸런스"를 중시하고 "세계평화와 번영"에 헌신할 것을 강조한다.[27]

---

26 새역모의 내부 분열에 대해서는 하종문, 〈韓日 교과서 전쟁, 해법은? ③〉「새역모의 분열과 지유샤 교과서의 출현」, 〈프레시안〉, 2011. 4. 14(http://www.pressian.com/news/article.html?no=104038); 노병호 『전후 일본의 내셔널리즘과 미국』, 신서원, 2014, 제5장 참조.

27 새역모의 취지문은 새역모 웹페이지(http://www.tsukurukai.com/index.html) 참조.

그러나 새역모의 역사인식 운동이 반미민족주의에 대항하여 일본인의 품격과 세계평화를 지켜내고 있을지 의문이다. 새역모는 일본군 위안부 강제연행에 대한 재검증과 고노 담화의 철폐를 위한 서명운동을 펼침으로써, 아베 정권에 압력을 행사하면서도 아베의 '소신 외교'를 지지했다. 그 결과 2014년 아베 정권과 일본인의 품격은 세계적으로 실추되었다. 일본의 혐한론자들은 한국의 박근혜 정권과 위안부 지원 단체들이 국제사회에서 일본의 국가 이미지를 실추시켰다고 분노한다. 그러나 다극화된 국제사회에서 공감하는 역사인식의 태도는 '역사적 불행'의 정확한 검증이 아닌, 새역모가 스스로 중시했던 '품격과 밸런스'의 진정성에 있다. 이해관계의 당사자가 아닌 제3자는 어느 한 국가의 명예나 국익, 또는 사실 인식의 오차 범위가 아닌, 인류의 불행했던 과거를 더불어 극복하고 반성적 가치를 공유하는 태도에 공감하게 마련이다.

4. '전략적 친미'를 부정하는 '반미보수'

일본의 사상지형에서 좌·우파의 경계가 엷어지고 보수화가 진전했지만, 보수의 목소리가 하나로 통합된 것은 아니다. 친미보수는 '보수의 탈을 쓴 반미'를 견제하고, 천황제의 국수주의적 전통을 강조하는 우익은 '새역모'의 교과서가 '근대의 합리적 국가관'을 추구하는 '좌파 성향'의 산물이라고 의심한다. '반미보수'는 미일동맹의 탈각과 자주적 외교 정책을 촉구했고, 2000년대까지만 해도 일본의 좌파와 한반도의 반미 담론에서 '무늬만 우익'이라는 혐의를 받는 반미보수의 출현을 반기는 형국이었다.

1995년 이후 반미보수의 발흥은 정치인, 지식인, 문화인을 중심으로 한 보수단체와 서브컬처의 대중문화 속에서 전개되었다. 그 선전 활동에서 과거 일본공산당이나 신좌익 학생운동가 출신, 또는 리버럴한 지식인과 교류하는 사람들이 주도적 역할을 하는 경우도 많았다. 탈냉전으로 좌우대립이 형해화한 조건에서 반미민족주의가 좌·우파의 목소리를 모두 흡수하는 흐름을 형성한다. 신좌익의 퇴조와 함께 사라졌던 신우익도 1990년대에 부활하여 '반미보수'의 진영 확대에 기여한다.[28] 진보적 지식인들도 줄곧 "종속 내셔널리즘"의 탈각을 촉구해왔는데,[29] 신우익과 반미보수의 민족주의가 좌파의 목소리를 거꾸로 흡수한 채 대중화 실천에서 주도권을 장악한 셈이다.

2000년대 이후 일본의 사상지형에서 가장 특기할 사항은 '전략적 친미'를 철저히 부정하는 '반미보수'의 등장과 '민족파 우익'의 부활이다.[30] 고바야시는 새역모의 니시오 간지를 "미국에 꼬리를 흔드는 강아지(ポチ保守)"로 야유하며 '친미보수'와의 대립각을 세운다.[31] 고바야시와 함께 새역모를 탈퇴한 니시베 스스무(전 도쿄대 교수)는 저술과 TV의 토론방송 등을 통한 대중교육에 전념한다.[32] 보수 세력의 분열, 보수사상의 대중화 현상에 따라 우파 잡지도 전성기를 맞았다. 반

---

28 '민족파 우익'(신우익)은 1960년대 후반에 신좌익과 대립하면서도 그 영향력 속에서 탄생했고, 1970년대 초반 중일수교, 미중수교의 데탕트 분위기에서 '반공'보다 '반미·반소'의 태도를 취했다.

29 石田英敬·鵜飼哲·小森陽一·高橋哲也, 「21世紀のマニフェスト 脱「パラサイト·ナショナリズム」!」, 『世界』, 2000. 8, pp.189-208.

30 친미보수와 반미보수의 구분에 대해서는 佐伯啓思, 『自由と民主主義をもうやめる』, 幻冬舎新書, 2008, pp.18-19 참조. 우파는 역사적으로 분열과 탄생을 거듭했다. 가령, 일수회의 기무라는 2000년대에 나타난 '반미보수'가 '타민족 존중'이라는 민족파 우익의 이념을 결여하고 폐쇄성에 함몰되었으며, 만화의 가벼움 때문에 문제의식의 진정성이 없다고 비판한다. 木村三浩, 「'總保守化'を検討する」, 『右翼はおわってねえぞ! 新民族派宣言』, 雷韻出版, 2001, pp.73-100.

31 小林よしのり, 『アホ腰抜けビョーキの親米保守』, 飛鳥新社, 2003.

32 西部邁·小林よしのり, 『反米という作法』, 小学館, 2002.

미보수는 기존의 우파 매체인 『산케이 신문』, 『정론(正論)』, 『제군!(諸君!)』이 반미주의를 표방하면서도 정책론에서 대미종속적 태도를 취한다고 비판한다. 매체의 자기검열로부터 자유롭게 '전략적 친미'를 비판하고 반미적 입장을 견지하기 위해 고바야시와 니시베는 각기 자신들의 잡지 『와시즘(わしズム)』, 『표현자(表現者)』를 발행했지만, 2017년 현재 모두 폐간되었다. 일수회는 '전후체제 타파'를 강령적 목표로 삼고서 기관지 『월간 레콘키스타(月刊レコンキスタ)』[33]를 발행하고 대중 강연회도 조직하고 있다. 역사문화 위성방송국 '일본문화채널 사쿠라'가 탄생하고, 『아사히 신문』의 논조에 반발한 월간지 『윌(*Will*)』(2004)도 발행 중이다.

새로운 반미보수는 이라크전쟁을 시작한 미국을 괴물로 야유하며 사담 후세인을 응원했다.[34] 일수회는 후세인의 추도회까지 열었다. 이들 반미론자들은 미국이 규정한 '악의 축'을 민족운동의 관점에서 본다. 일수회의 최고 고문이자 평론가로 활동하는 스즈키는 2008년 4월에 북한을 방문하고 북한의 '반미 적개심'과 일본의 '반미 감정'과의 온도차를 비교하는 글을 쓴 적도 있다.[35] 『산케이 신문』 기자 출신의 다카야마 마사유키(高山正之)는 사담 후세인을 이라크의 영웅으로 칭송하는 칼럼을 저술했다.[36] 자유민주주의를 제국주의 문명 이념으로

---

33 reconquista는 스페인어로 '재정복'이라는 뜻이다.

34 西部邁·木村三浩, 『鬼畜米英-がんばれサダム·フセインふざけんなアメリカ!!』, 鹿砦社, 2003.

35 스즈키는 북한 신천박물관에 전시된 한국전쟁 그림에서 괴물을 본다. '귀축미영(鬼畜米英)'과 싸웠던 일본인의 의식에서 사라져버린 '괴물과의 투쟁정신'이 북한에 살아있다는 것이다. 鈴木邦男, 앞의 책, p.19.

36 다카야마가 『주간신조(週刊新潮)』에 연재한 칼럼을 2011년 단행본 『변견자재, 사담 후세인은 훌륭했다(変見自在 サダム·フセインは偉かった)』로 출판하였으며 2018년 6월 현재 일본 아마존의 독자 서평 41건, 별표 4.5개, 2014년 사회정치 저널리즘 베스트셀러 43위를 기록하였다.

비판하는 반미민족주의의 입장에서 이라크와 북한의 정치적 실정이나 인권의 실태 등은 관심 밖의 일이다.

다국적군의 이라크 점령에 대한 비판은 일본의 '점령기' 비판으로 이어지고, 미국의 '아시아 봉쇄와 침략'의 역사를 입증하는 구실로 활용되었다. 반미 자주론자들의 생각에 '미국식 민주주의와 정의'는 히로시마와 나가사키 원폭 투하를 결정하고, 후세인 정권을 '악의 축'으로 몰아서 이라크를 점령하려는 위선적 폭력이다. 고바야시는 "미국은 일미전쟁을 모델로 이라크전쟁을 수행했다"고 진단한다.[37] 『전쟁론』 2권과 3권은 서구제국주의에 의한 아시아·아프리카 침탈을 강조하고 백인제국주의와 자본주의 문명론을 비판함으로써 승자의 사관인 '도쿄재판 사관'의 부당성에 대한 공분을 불러일으켰다.[38] 그의 만화는 '아시아의 공영과 해방'을 명분으로 삼았던 '대미성전=대동아해방전쟁'에 대한 일본인의 기억을 정당화하는 것이었다. 이 시기부터 좌파 지식인의 고바야시 비판은 수그러들었고 고바야시와 '친미보수'의 대립이 격화되었다.

아직 일본과 중국의 대립이 심각하지 않던 2009년 무렵까지 미일동맹의 탈각은 중국과의 우호관계를 전제하고 있었다. '친미 재무장'에 반대하는 노선은 미국 주도의 전쟁에 개입하지 않으려는 전통적인 '중립 평화노선'과 맥락을 공유한다. 외무성의 국제정보국장과 방위대학교수를 역임했던 마고사키 우케루(孫崎享)는 미일동맹 탈피와 친중 우호협력을 일관되게 주장했다. 마고사키는 미국의 이라크전쟁의

37 小林よしのり, (新ゴーマニズム宣言special)『戦争論』3, 幻冬舎, 2003, p.44.

38 고바야시는 2001년 9·11 테러 이후 '아메리카의 정의'를 정면으로 공격하고, '아메리카 제국주의 대 이슬람 원리주의'를 주제로 삼은 만화에서 알카에다의 테러를 전면 옹호했다. 「アメリカ帝国主義VS.イスラム原理主義」(新ゴー宣151章, 2001)는 『전쟁론』 2권에 수록되었다. 친미보수에 대한 격렬한 비판은 『전쟁론』 3권(2003)에 수록되었다.

실패를 지적하며 일본의 미국 추종과 자위대의 해외파견을 비판하는 한편, 북한을 글로벌 경제에 포섭하는 전략적 사고 전환으로 일본의 안보를 평화적으로 해결할 것을 제안한다. 센카쿠 분쟁 이후에도 마고사키는 중국과의 경제교류를 강화하고 영토 문제를 거론하지 않는 방식으로 정치적 대립을 회피할 것을 거듭 주장한다.[39] 미일동맹은 중국의 군사대국화에 대한 견제 수단으로 무효하며, 동아시아 공동체의 구축만이 일본의 국익에 합당하다는 생각이다. 그러나 군사적 불균형과 긴장감 문제에 대한 실질적 대책을 제시하지 못한 동아시아론은 자주방위론의 확산을 막아내지 못했다.

2007년 니시베는 "당연한 이야기를 해야지 않나"라는 부제를 단 『핵무장론』을 출판한다. 북한의 핵개발이 보도된 2006년 1월 이후 자민당에서 핵무장 문제를 정책적 의제의 하나로 거론하자는 주장이 제기된 상황이었다.[40] 미일동맹을 벗어나 일본의 독립을 보장할 최선의 자위는 핵무장이라는 생각은 조금씩 퍼져나갔다.[41] 2010년부터 '국방론'을 문제제기한 고바야시 요시노리는 2011년 동일본 대지진 이후부터 '핵(원자력)발전 없는 핵무장'을 주장한다. 『국방론』(2011)의 마지막장 '원전과 국방'론에서 고바야시는 미국이 이식한 핵발전소야말로 국토방위의 최대 불안 요소며, 미국은 일본의 핵무장을 억제한 세

---

39 孫崎享, 『日米同盟の正体: 迷走する安全保障』, 講談社, 2009; 『不愉快な現実: 中国の大国化, 米国の戦略転換』, 講談社, 2012.

40 2006년 10월 28-29일에 걸친 아사히TV 여론조사에 따르면, 비핵3원칙 유지에 찬성 여론은 82%, 핵무장에 찬성 여론은 여전히 2-3할 사이에 머무르고 있지만, 핵무장 논의는 꾸준히 활발해졌다. 伊藤貫, 『中国の「核」が世界を制す』, PHP研究所, 2006; 『中国の核戦力に日本は屈服する 今こそ日本人に必要な核抑止力』, 小学館, 2011; 田母神俊雄, 『日本核武装計画 真の平和と自立のために』, 祥伝社, 2013 등 참조.

41 西部邁, 『核武装論: 当たり前の話をしようではないか』, 講談社, 2007. 니시베의 대중교육 활동은 '니시베 세미나(西部邁ゼミナール)' 형식으로 도쿄 MX 텔레비전 방송국에서 제작, 방송했다. 징병제와 핵무장에 대한 공론화를 촉구하는 내용으로 〈戦後タブーをけっとばせ: 「徴兵制と核武装」の議論に踏み込むべし〉(2010. 7. 31) 참조.

력이라고 비판한다. 인도와 파키스탄이 핵개발로 고립된 선례가 없으니 국제사회의 시선을 두려워하지 말 것이며, 중국과 북한이 핵병기로 일본을 위협하는 현실에서 핵무장은 독립국의 당연한 국방의 권리라는 주장이다. 이라크전쟁 당시 좌파의 반미론과 공감대를 형성했던 고바야시는 중국 부상 속에서 결국 '핵무장 중립노선'으로 귀결했다.

일본 국민의 과반수는 방위력 강화의 필요성을 느낀다.[42] 북한의 핵개발이 확실시되고 중국이 핵무장한 현실에서 영토분쟁까지 분출한 마당에, 러시아의 패권주의까지 대두하였기 때문에 군사적 비대칭성을 해소하려는 일본의 국가적 의지는 오히려 절박해졌다. 이러한 상황에서도 궁극적으로 핵무장을 전제하는 자주방위론자들은 아베 정권의 집단적 방위론과 헌법개정이 미국의 세계 방위 전략에 협력한다는 이유로 반대 입장을 취했다.[43] 결국, 일본의 선택은 미일동맹을 전제한 집단적 방위체제인가 미일동맹을 부정하고 일본 자신의 핵무장을 전제한 독자적 방위체제인가의 문제로 좁혀지는 상태에서, 2014년 아베 정권은 집단적 자위권의 행사를 용인했다.

2010년 중국 부상 이후 일본에서 '반미'의 실익과 실효성이 사라진 것도 사실이다. 미국을 배제한 일본의 독자방위나, 동아시아 공동체의 형성은 사실상 무효한 논의가 되었다. 동아시아 각국의 '반미'는 자국 내셔널리즘의 연장선에 머물러 있으며, 미국의 존재는 동아시아

---

42 2013년 12월 17일에 의결된 '국가안전보장전략(NSS)'은 비핵3원칙을 재확인하면서도 동북아 힘 균형의 변화에 대응하여 "방위력을 강화하고, 우리나라의 국가안전보장의 강인성(強靭性)을 높인다"고 한다. 후지TV(フジテレビ)의 여론조사(2013년 12월 19일 조사, 22일 방송)에서 "NSS의 방위력 강화"에 대한 생각을 묻는 질문에 "필요 54.5%", "불필요 40.4%"로 답이 나왔다.

43 고바야시의 헌법개정안에 대한 반대론은 〈自民党の憲法改正案の恐ろしさ〉, 小林よしのりライジング Vol. 36(2013. 5. 7), Niconico(http://ch.nicovideo.jp/yoshirin/blomaga/ar221933) 참조.

의 질서 유지에도 일본의 우경화 견제에도 아직까지 유효하다. 2018년 6월 12일 북미 정상회담의 성과도 동아시아에 탈냉전과 평화적 상생질서를 가져오는 실질적 계기가 될 것으로 기대된다.

5. '진보·혁신'의 깃발은 어디로?

한국과 중국, 일본의 좌파는 새로운 긴장국면을 조성한 책임을 일본의 역사인식 왜곡과 야스쿠니 신사 참배, 군사적 재무장을 추진하는 정치적 보수화와 사상적 우경화에서 찾았다. 한국의 지일파들은 종종 일본 내부의 비판 세력인 좌파(진보, 혁신)의 무력화를 한탄한다. 더 이상 아시아의 '강자'가 아닌 일본에서 과거 일본의 '양심'을 대표하던 좌파는 한국·중국의 '반일내셔널리즘'에 침묵하는 모습이다. 2000년대 전반까지 이른바 '반일, 자학사관'으로 공격당하면서도 한결같았던 일본 내 '자성'의 목소리와 아시아를 향한 '연대'의 손길이 2010년 이후 급격하게 사라졌다. 그렇다면 '반미보수'의 활약 속에서 좌파의 존재감은 어떤 것이었을까?

세기 전환기 좌파 운동의 무력화와 좌우(보수·진보) 개념의 모호성은 한국과 중국에서도 공통적으로 나타난 현상이다. 중국은 자본주의 경제대국으로 탈바꿈하면서도 일당주의 체제 일탈에 대한 통제력을 강화시켰고, 한국은 경제성장과 민주화를 통해 '혁명' 충동을 합법적 제도권으로 흡수했다. 반면, 한국·중국의 경제성장과 비교하여 일본의 상대적 퇴조가 강조되던 국면이었다. 경제대국인 일본에서 '쇼와(昭和)의 황금시대'를 그리워하는, 가진 자의 상실감이 '잃어버린 20년'이란 시간의식을 만들어냈다. 2001년 고이즈미 준이치로(小泉純一郎)는 만성적 적자 구조에서 기득권을 지키려는 '저항 세력'에 '성역 없는 개혁'을 선포했다. 대중은 나카소네 이후 고갈되었던 정치적 리더십의 부활을 반겼고 일본 사회의 변화 욕구가 고이즈미의 장기 집권(2001-2006)을 지지했다.

고이즈미의 신자유주의 개혁에 대항하여 좌파와 반미보수는 국민의 생활 문제를 중시했다. 좌파는 '아시아의 이념 분쟁'보다 일본 사회의 양극화와 복지정책의 쇠퇴를 비판하고, 세금의 '재분배'를 관장하는 국가의 공공적 역할 증대에 집중했다. '생활보수주의'와 신자유주의 비판의 접목은 지역의 표밭을 중시하는 보수 정치인의 활동 목적과도 일치한다.[44] 이러한 상태에서 동아시아 영토분쟁과 방위 문제가 충돌했다. 국민의 생활과 안전을 위해 '애국'적 선택으로 기운 좌파가 보수 세력의 국가적 위기의식을 침묵으로 옹호하는 것은 그다지 놀랄 일이 아니다. 더군다나 반미보수가 일본의 대미종속 내셔널리즘을 전면 부정하고 나온 것은 좌파 지식인의 이론 전개를 실천적으로 보완하는 형태로 봐도 무방하다.

그렇다면 정치운동이 쇠퇴한 공간에서 좌파의 사상, 문화 담론은 어떻게 변했는가? 1970년대 고도소비사회에서 신좌익이 쇠퇴하고 베트남전쟁도 종료한 후, 좌파는 혁명적 유토피아의 '피어린' 비약을 꿈꾸지 않게 되었다. 그들에게 가능한 것은 일상의 '지속 가능성' 속에서 '풍요의 재분배'를 욕구하고 실천하는 것이다. 1983년 시마다 마사히코(島田雅彦)의 소설 『부드러운 좌익을 위한 희유곡』과, 1986년 이소다 고이치(磯田光一)의 평론 『좌익(左翼)이 사요쿠(サヨク)가 될 때』는 그러한 변화를 집약적으로 표현했다. 저술가 아사바 미치아키는 "주의(主義)가 취미로서만 살아남는 상황은 좌익이 사요쿠가 된 1980년

---

44 경제 저널리스트 히가시타니 사토시(東谷暁)도 우파 정론지에서 같은 논조로 활동하고 있다.

대에 이미 완성되었다"고 말한다.[45]

한편, 1990년대에 좌파의 '주의≒취미'는 내셔널리즘과 근대주의를 극복하려는 포스트모더니즘을 보급했다. 1970년대 후반 미국에서 체류한 가라타니 고진(柄谷行人)은 포스트모더니즘의 문학론인 『일본 근대문학의 기원』을 1980년에 출간한 후, 일본을 대표하는 문학평론가이자 이론 좌파로 활동한다. 자본주의 화폐-소비경제와 국민(주권) 국가의 경계를 넘어서려는 가라타니의 글들은 중국과 한국에서도 주목받았다. 그러나 이론적 추상화가 높은 지식인의 내셔널리즘 비판 담론은 풀뿌리 민족주의의 대중정서를 추월할 수 없다. 고바야시 요시노리와 같은 인기 만화가를 앞세운 역사수정주의를 막아낼 만큼, 지식 담론은 서브컬처 담론의 대중적 파급력을 갖추지 못했다. 민속학자 오쓰카 다카히로는 죽창(펜)을 들고 싸우는 지식인과 핵무기(만화)를 갖고 나타난 고바야시로 비유한다.[46]

1990년대 이후에 주목받는 평론가들(大塚英志, 宮台真司, 東浩紀, 北田暁大)은 "사요쿠 취미"에 머물지 않고 애니메이션, 만화, 광고, 2채널(2ch) 등의 대중매체를 통한 대중문화와 결합하기 시작했다. 그 배경에서는 오타쿠 체질의 서브컬처나 소비사회의 중심으로 부각된 소녀문화가 인터넷을 비롯한 현대적 미디어 공간에서 장기불황 시대를 살아가는 젊은 세대의 '감성 공동체'를 형성해내고 있었다. 소비문화를 자양분으로 삼고 성장한 서브컬처는 기성세대에 의해 '탈정치화'를 비판받은 적도 있다. 하지만 젊은 세대는 2000년대 '격차사회'에 대한 자각과 '반미의식'의 고조 속에서 '주체화'의 욕구를 키웠다. 그들은

45 浅羽通明, 『右翼と左翼』, 幻冬舎, 2006, p.197. 사요쿠(サヨク)는 좌익에 동조하는 세력을 의미한다.

46 大月隆寛, 「小林よしのり"反米一直線"のコーマニズムに一筆啓上いたします」, 『諸君!』, 2005. 3, p.200.

반미의 사운드 시위에 참가하는가 하면, 월드컵 축구 경기에서 한국의 '자유분방'한 내셔널리즘을 선망하고 히노마루의 깃발을 높이 들기 시작했다.[47] 사요쿠 취미와 논리를 겸비한 미야다이 신지(宮台真司)는 2000년대에 와서 일본 내셔널리즘의 활기를 옹호하고, '경(輕)무장과 대미의존'이 아닌 '중(重)무장과 대미중립'을 제시한다.[48] 1990년대 후반에 대립했던 미야다이와 고바야시는 2000년대에 서로 의기투합하고 있었다. 1990년대 이후 담론의 장을 이끄는 일본의 평론가들은 과거의 좌·우파 진영 구도를 자유롭게 넘나들고 있다. 젊은 사회학자들이 복지국가의 공공성 제고를 위해 애국심과 내셔널리즘을 긍정하는 논조를 펼친다.[49]

1975년생 여성작가이자 사회운동가로 한국에도 잘 알려진 아마미야 카린의 경험은 세기 전환기 일본 사회에서 좌우 양익의 의미가 어떻게 변용되었는지를 보여주는 사례로 주목된다.[50] 그녀는 학창시절에 이지메와 등교거부를 체험했고, 일교조 교사들에게 저항감을 느끼기도 했다. 고바야시 요시노리의 만화를 접하고서 '민족파 우익'을 만난 이후 '미니스커트 우익'으로 활동했던 그녀는 2001년 이후 신자유주의의 문제에 눈뜨면서 좌파로 전향했고, 2014년 현재 좌파 정론지인 『주간 금요일』의 편집위원으로 활동한다. '민족파 우익'이야말로

---

47 2002년 월드컵 축구경기에서 '붉은 악마'의 '대한민국' 열기를 본 일본인들은 "국가 내셔널리즘이 아닌 민중 내셔널리즘"을 양성하는 방향으로 선회했다(黒田勝弘, 「'赤い群衆'たちの愛国心」, *Vocie*, 2002. 8, pp.104-111). 이러한 흐름 속에서 2000년대 중반에는 학교 교육에서 국기게양과 국가제창을 정식화하고, 2006년 교육기본법의 개정으로 애국심 양성을 중시했다.

48 「(試される憲法)社会学者 宮台真司さん 国家操縦の『憲法意思』大事」, 『東京新聞』, 2007. 5. 8.

49 宮台真司·鈴木弘輝·堀内進之介, 『幸福論 〈共生〉の不可能と不可避について』, NHK出版, 2007, pp.50-60의 좌담에도 잘 나타난다.

50 雨宮処凛, 『生き地獄天国: 雨宮処凛自伝』, 筑摩書房, 2007.

1960년대 신좌익의 반제투쟁에 동화되었던 새로운 감성의 신우익이었으며, 2000년대 반미보수를 선행하여 전후민주주의를 비판한 세력이었다. 이러한 역사적 배경까지 감안한다면 아마미야의 좌우 행보가 그다지 새롭거나 특별할 이유는 없겠다.

일본에서 좌·우익의 의미는 더 이상 이념적 정당성이나 조직의 지도성이 아닌, 실존의 생동감과 일상의 충실감을 추구하는 '유희적 감성' 차원에서 가볍게 유동한다. 현재 서브컬처에서 좌익/우익의 용어는 가타가나의 표음어 '사요쿠/우요쿠'도 아닌 '사요/우요'로 약칭된다고 한다. 다만 '상실의 시대'를 살아가는 젊은 세대의 실존 감각은 1970년대와 1980년대 고도성장기의 흥청거림과 무기력에서 배태된 '부드러운' 취미나 여유와도 다른 것으로 보인다. 초식남과 사토리(득도) 세대가 나타난 한편에는, 시대 분위기에 배태된 '상실감'에 맞서려는 극복 의지로 '까칠한' 공격성도 자라났다. 이는 '상실의 시대'에 태어난 젊은이들이 아시아에 대한 '사죄 감각'을 버리고 '잃어버린 풍요'를 찾아서 강한 국가를 욕망하기 쉬운 까닭이기도 하다. '공기의 흐름'에 따라 가볍게 부유하는 젊은이들의 감성은 2012년 8월 이명박 대통령의 독도 방문과 천황 발언 이후 '반한류'의 정서로 분출되고, '거리의 행동하는 우익'으로도 등장했던 것이다.[51]

그렇다면 신자유주의 시대의 박탈감을 안고 사는 젊은이들의 '주체화' 욕구와 일본 내셔널리즘의 결합이라는 현상에 유의할 때, 일본 사회에서 변화를 그리 단선적으로 진단할 수 없게 된다. 다양한 세대의 경험이 공존하는 일본 사회에서 진보와 혁신의 가치를 대변하는 세력은 어떠해야 하는가의 본격적 논의는 별도로 이루어져야 할 것

---

51 야스다 고이치, 김현욱 역, 『거리로 나온 넷우익: 그들은 어떻게 행동하는 보수가 되었는가』, 후마니타스, 2013.

이다. 명확한 사실은 한국 언론에서 '우경화'로 지적한 현상이 사실상 중국 부상의 국제사회에서 좌우대립을 넘어 '강한 일본'을 재건하려는 내셔널리즘 운동이라는 점이다. 이 장에서 밝히고자 한 것은 그러한 일본 내셔널리즘이 세기 전환기의 반미운동 속에서 진척되었으며, 그 과정에서 좌파의 전통적인 반미 자주화론과 민중적(풀뿌리) 민족주의가 우파 담론에 흡수되었다는 사실이다. 세기 전환기의 우파 담론은 미일동맹과 평화헌법에 입각한 전후체제를 부정함으로써 냉전시대의 좌파가 점유했던 '진보와 혁신'의 깃발을 탈환한 것으로 보인다.

6. '반미주체화'에서 핵심 문제는 아시아

한국인의 역사의식 속에서 간절한 '자주독립'이란 용어가 일본에서 맹렬한 바람을 일으키며 회자되는 사실을 어떻게 이해하면 좋은가? 한국에서 우익만화가로 알려진 고바야시 요시노리는 만화 『전쟁론』 3권의 마지막 장 '국익과 도덕'에서 미일동맹을 국익의 생명선으로 간주하는 리얼리즘을 '보신주의'로 맹렬하게 배격하고 "독립"을 촉구했다. 그는 "안전보다, 생존보다 우위의 가치가 독립"이라고 외치며 "독립이란 의존하지 않는 것"이라고 정의한다.[52]

그러나 '만국공법'과 함께 이식된 '독립'이란 의식 자체가 제국주의 팽창 질서를 '주인과 노예', '문명과 야만'의 위계질서로 재편하는 서구적 개념이 아니었던가? 『전쟁론』 3권의 마지막 그림은 아메리카식의 '자유'와 '민주주의' 일색으로 지구촌을 칠하지 못하도록 "반드

52 小林よしのり, 『戦争論』 3, pp.304-305.

시 일본의 '도덕'이 국제사회의 조정에 기여할 때가 올 것"이라는 호언장담으로 끝난다. 고바야시를 비롯한 '반미자주론자'들은 전후민주주의는 부정하면서도 미국의 '독립 선언'에서 비롯된 '독립 정신'은 절대 가치로 내면화하고 있다.

한국의 담론 공간에서도 흔히 접하는 '독립 정신'이지만, 고바야시의 어법에 공감하는 한국인은 없을 것이다. 식민주의를 청산하고 반성하지 않는 일본의 도덕이란 '어불성설'임에 틀림없다. 하지만 가벼운 필치의 고바야시 만화에서 외치는 '대미독립'론은 전후 일본의 좌·우익 혁명(유신)론에서 모두 절체절명의 과제로 삼아온 것이다.

그렇다면 과연 '타자 의존성'을 탈피한 자주와 독립이란 가치는 온전히 실재할 수 있는 것일까? 그 명분은 불균등한 위계질서와 복잡한 역학 관계에서 '주인과 노예의 변증법'을 형성하면서 '상호의존'하는 인류 사회의 현실을 무시한 철학적 오독이자, 데카르트 이후 근대인의 '주체 환상'에서 출발한 형식 논리가 아닐까? 근대인과 근대국가, 제국과 식민지의 어느 주체도 타자에 대한 의존 없이 독자적으로 자주와 독립의 가치를 실현할 수 없는 불완전한 존재가 아닌가? 그럼에도 불구하고 근대의 국민국가는 그 형식 논리를 전제로 구성되었으며, 미국의 '독립 선언' 이후 세계사의 원동력은 역시 '독립'이었다. 일본의 문명개화론자인 후쿠자와 유키치의 테제도 결국 '독립'이었고, 식민지에서 해방된 제3세계 민족해방론의 정치 테제도 역시 '독립'이었다. '독립'과 '자주'는 20세기에 주권국가를 인증하는 용어였고, 일본제국은 아시아에서 최초로 '대미 성전'에 도전하고 패배한 나라다. 그렇기 때문에 일본의 정치적 무의식과 '주체 환상'에 미국이 따라붙고 '반미주체화'가 정언명령처럼 작동한다.

'반미주체화-아시아 연대'론은 '미국 부재'의 아시아에서 독립과 평화공존을 상상했다. 그러나 정작 일본과 아시아에서 '주체'의 문제가 무엇인지를 묻지 않았다. 현실을 인식하고 의제를 발신하는 사고력 자체가 '미국 문제'(반미민족해방론)에 종속되어 있었던 셈이다. 2010년 이후 일본의 반미 기조는 새로운 조정 국면에 접어들었고 현 시점에서 '전략적 친미'가 강조된다. 그렇다고 대미 자주성을 요구하는 일본인의 목소리가 소멸된 것은 아니다. 언제까지나 일본의 안전보장 문제를 미국에 의존할 수 없기 때문이다. 미일동맹을 대신하여 평화를 유지할 수 있는 수단은 현실적으로 일본 자신의 무장을 전제한 '자위력'이기 때문이다. 미국의 군사력이 후퇴해도 동아시아 스스로 새로운 협력 질서를 정립하지 못한다면 동아시아의 무력 충돌 가능성만 높아질 것이다. 과연 미국의 군사력으로부터 자립적인 일본은 어떠한 모습으로 변화할 것이며, 한반도와 중국의 타자들은 일본과 어떻게 공존할 것인가? '미국 부재'를 상정해볼수록 동아시아에서 '주체 부재'가 심각한 문제로 떠오른다.

종장

동아시아 지역질서를 위한 사상과제를 찾아서

엔트로피 법칙으로 설명되는 자연계에서는 유용한 에너지가 무용한 에너지로 증가할 때 폭발 현상이 일어난다.[1] 마찬가지로 사회질서나 국제질서에서도 무질서한 모순과 갈등이 과잉되면 폭력과 전쟁이 발생한다. 과거사의 평가를 놓고 서로 명분과 이해를 다투는 태도는 무용한 에너지를 증폭시키는 악순환을 반복한다. 따라서 축적된 모순의 정체를 직시하고 서로의 변화와 발전을 인정함으로써 유용한 에너지를 증가시키는 방법을 탐색하는 태도가 바람직하다. 특히 동아시아 민족주의의 과잉 속에서는 남을 탓하고 원망하는 에너지가 쌓이지 않도록 역사인식을 재정립하려는 노력이 절실하다. 과거의 갈등을 극복하는 최선의 방법은 무엇일까? 각국의 의로운 에너지를 인류 사회에 긴박한 공통의 숙원 사업에 쏟아내어 인류의 미래 질서를 함께 창출해가는 협의와 협동의 과정에서 과거의 갈등도 해소되는 것이 아닐까?

1. 전후 일본의 사상지형, 우익은 없다?!

일본의 헌법과 안보법제의 개정이 논란되고 역사수정주의가 대두하자 한국에서 '일본 우경화'를 비판하는 담론이 비등했다. 그러나 정작 일본에서는 '우익·우경화' 용어가 거의 쓰이지 않는다. '숨은 우익'의 존재가 불거져도 우익 정체성을 인정하는 사람이 없다. 왜 그럴까? 일본에서 우익은 '파시스트 전범'과 '우국충정의 애국지사'라는

---

1 자연 물질계의 변화는 엔트로피의 총량이 증가하는 방향으로 진행한다. 가용할 수 있는 에너지는 일정한데 자연의 물질은 일정한 방향으로만 움직이기 때문에 무용한 상태로 변화한 자연현상이나 물질의 변화는 다시 되돌릴 수 없다는 것이다. 즉 다시 가용할 수 있는 상태로 환원시킬 수 없는, 무용의 상태로 전환된 질량(에너지)의 총량을 '엔트로피(entropy)'라고 한다. 〈두산백과〉(http://www.doopedia.co.kr/) 참조.

양립하기 어려운 의미로 모두 쓰였기 때문이다. 그 의미의 혼용을 검토하기에 앞서, 종장에서는 전후 일본에서 우익·좌익·리버럴리즘과 같은 용어가 어떻게 배치되고 변용되었는지의 역사적 변화를 정리하기로 한다.

맥아더가 이끄는 점령 권력은 전시기의 우익 세력을 추방하고, 전후 민주화와 비군사화를 추진했다. 그러나 1949년 중국 공산화와 1950년 한국전쟁의 발발로 역코스(reverse course)로 불리는, 좌익운동 규제 및 재군비가 진행된다. 전후 좌익과의 정치 군사적인 대치 상황 속에서 전전 우익의 복권이 실현된다. 일본의 입장에서는 동아시아의 냉전구도에 대응하여 일본의 치안과 방위 문제를 현실화한 조치였지만, 이 시점부터 동아시아의 좌파 진영에서는 일본의 '군국주의 우경화'를 비판해왔다.

전후민주주의를 옹호하는 지식인들은 '평화국가 일본'을 추구했다. 좌우의 극단적 편향을 경계하는 그들은 보수와 진보의 중도적 흐름을 모두 형성한다. 물론, 냉전체제하 평화는 체제경쟁의 우위성 확보와 국가방위를 위한 전술적 가치였다. 1964년에 중국은 핵개발에 성공했고, 일본과 한국의 평화는 미국의 핵우산하에서 보장되었다. 이 와중에 1950년대 말부터 기성 좌익의 현실 타협을 비판하는 신좌익이 출현한다. 그들은 제국주의 폭력과 독점자본에 종속된 전후민주주의를 비판하면서, 기만적 평화를 폭력적 방법으로 돌파할 일본 혁명과 세계혁명을 추구했다.

전후 일본에서도 좌익과 우익의 심성과 행동은 단순히 구분되기 어려운 지점을 공유한다. 가령, 1960년 신안보조약을 비준시키고 사임을 표명한 기시 노부스케(岸信介)를 칼로 찔러 중상을 입힌 폭한은 아라마키 다이스케(荒牧退助)라는 우익계 인물로, 당시 학생운동에 공감했던 것으로 밝혀졌다. 우익으로 추방되었던 기시의 복권과 미일안보조약의 개정에 반대한 1959-1960년 안보투쟁은 좌·우익과 진보적 지식인들의 공감대를 널리 형성했다. 기시도 국민적 분노에 직면하여 죽음을 각오하면서 미일동맹을 관철시켰다고 한다.[2] 그러나 만주국의 혁신관료였던 기시를 단순히 친미 성향의 우익 정치가라고만 말할 수 없다.

기시는 일본의 국익을 위해 1957년 9월 외무성이 발표한 외교 3원칙(유엔 중심주의, 아시아의 일원으로서 입장 견지, 자유주의 국가 간 협조)을 관철했다. 기시를 외무대신에 등용하고 그에게 정권을 이양한 사람은 중국과의 관계개선을 통해 대미자주정책을 취하고자 했던 이시바시 단잔(石橋湛山)이었으며, 기시 자신도 안보조약의 개정을 통해 대등한 미일관계를 추구하고 동남아시아 진출에도 적극적인 내셔널리스트였다.[3] 자주의식을 품고서 미일동맹을 수용한 그 태도는 막말 유신의 '양이를 위한 개국'과도 서로 통한다.

한편, 안보투쟁 직후 1960년과 1961년 연달아 일어난 17세 우익 소년들의 테러 사건은 일본 사회에 내재된 우익 정서와 그것이 폭발될 때의 섬뜩한 기운을 사회적으로 각인시켰다.[4] 특히 1961년 시마나카(嶋中) 사건은 천황가를 처형하는 '혁명 환상'을 직설적으로 표현한 단편 소설 「풍류몽담(風流夢譚)」을 게재한 잡지 『중앙공론』(1960. 12)이 표적이 되었다. 이 사건을 계기로 일본의 언론이 천황가 보도와 천황제 비판을 금기시하고 검열하는 분위기가 더욱 굳어졌다. 그러나 소

2 工藤美代子, 『絢爛たる悪運 岸信介伝』, 幻冬舎, 2012, 제6장. 안보투쟁 당시의 반공 활동과 테러 사건에 대해서는 堀幸雄, 『戦後の右翼勢力』(増補版), 勁草書房, 1993, pp.137-143.

3 権容奭, 『岸政権期の「アジア外交」: 「対米自主」と「アジア主義」の逆説』, 国際書院, 2008, p.181.

4 사회당 위원장인 아사누마 암살 사건(浅沼稲次郎事件, 1960. 10. 12)과 중앙공론사 사장을 암살하려다가 그 집 가정부를 살해한 시마나카 사건(嶋中事件, 1961. 2. 1).

년들의 우익 테러는 우익사상을 대변할 언론이나 지식 권력이 부재했던 사실을 거꾸로 입증한다. 실제로 전전에 활발하게 활동했던 우익 문필가들은 언더그라운드에 묻혀 있었다. 전시기 청년들에게 '일본낭만파'의 영혼을 불어넣었던 야스다 요주로는 역사의 패배자로서 "재야 언론의 확립"을 주장하는 처지였다.[5] 『산케이 신문』이 재계의 요청으로 '보수 여론의 확립'을 표방한 것은 1959년 이후였다. '보수'를 자청하는 산케이도 역시 '우익'이란 호칭을 꺼린다.

전후 일본에서 '우익'은 정치와 언론의 전면에서 공식화된 가시적 존재가 아니었다. '보수'가 국가질서를 주도했고, '혁신·좌파·전후민주주의 지식인'들이 시대정신을 주도했다. 만화가 고바야시 요시노리는 냉전시대 일본에서 좌익(左翼)과 그에 동조하는 사요쿠(サヨク), 그리고 보수가 대치했던 상황을 다음처럼 설명한다. 그 사상지형에 우익은 없다.

> 일본에서 냉전은 영토가 아닌 우리 일본인의 정신에 38도선을 긋는 식으로 나타나, 사상적으로 이분된 일본인이 혼재되어 싸우는 양상을 나타냈다. 공산주의를 좌익(左翼)이라고 한다면, 인권과 평등과 약자·소수자를 절대 정의로 삼고 반권력과 반국가의 이데올로기에 기울기 쉬운 사람들을 사요쿠(サヨク)라고 부르자. 좌익과 사요쿠의 심정은 이 나라 사람들의 정신에 확실히 뿌리박혀 있었다. 매스컴이나 문화인, 학자, 법조계 등 모든 지식인층뿐 아니라 체제 측인 자민당 정치가들 안에도 사요쿠의 심정이 들어 있었다. 이들이 일본인 정신의 38도선 북측에 있었다면, 남측에는 이 나라 문화와 역사

5 야스다는 대동아문학론의 주창자로 공직추방을 당한 후 복권한 1960년부터 고향(나라)에서 잡지 『조국(祖国)』을 발행했다. 保田與重郎, 「日本の独立と在野言論の確立」(祖国昭和二十八年三月号), 『保田與重郎全集』 第27巻, 講談社, 1988.

와 전통을 지키고 상식이 통하는 사회를 지키려는 보수적 심정의 사람들이 있었다고 말해도 좋다.[6]

1953년생인 고바야시처럼 전후민주주의 교육을 받은 세대는 '우익'이란 언어와 실체를 경원시한다. 고바야시 자신이 1990년대 중반까지 부락민 차별문제, 옴진리교 사건, 에이즈(HIV) 약물피해 사건과 같은 사회문제를 만화로 비평했던 '사요쿠=동조자'였다. 1990년대 후반부터 '반미보수'로 활약하는 그에게 우익은 비가시적이거나, 테러와 연결되는 부정적 존재다. 반면 과거 우익과 그 사상을 긍정적으로 평가하는 논리가 있다.

한국에서 우익으로 불리는 이시하라 신타로(石原慎太郎)는 도쿄도지사이던 2010년 한 인터뷰에서 "일본의 우익은 벌써 소멸했다"고 발언한다.[7] "가두선전차의 폭력단은 있어도, 우익은 없다"는 말이다. 이시하라는 자민당의 친미적 태도에 불만을 품고 탈당한 후, 1999년부터 도쿄도지사로 3번이나 연임된 거물이다. 거침없이 당당한 그가 자신의 정치적 정체성을 감추려 꼼수를 부릴 까닭이 없다. 1932년생인 이시하라에게 '우익'이란 섬뜩한 이름이 아니다. 오히려 '건전한 내셔널리스트, 애국적 테러리스트'를 의미하는 자랑스러운 이름이다. 하지만 미시마 유키오의 사후, 일본에서 진정한 우익이 사라졌다고 한다.

미시마는 자신의 죽음을 황도파(皇道派) 사무라이의 이념으로 연출한 심미주의 작가다. 황도파란 1936년 2월 26일 부패한 관료 정치를 청산하고 천황 친정의 국가 개혁을 추구한다며 쿠데타를 일으켰던

6 小林よしのり, 「あとがき 羞恥からの成長」, 『ゴーマニズム宣言』 9, 幻冬舎文庫, 2000, p.160.

7 石原慎太郎, 「日本の右翼はとっくに消滅している」(2010. 11. 4)(http://www.metro.tokyo.jp/GOVERNOR/ARC/20121031/tvkb2200.htm).

청년장교들이다. 그 행동 양식은 막말의 존왕양이 무사를 닮았지만, 그 '우국충정'은 메이지 천황으로부터 인정받지 못했다. 역사가들은 2·26 군부 쿠데타가 일어났기 때문에 일본에서 대의제 민주주의가 붕괴했다고 본다. 그러나 미시마는 청년 장교들의 쿠데타가 실패했기 때문에 일본이 파행적 길을 걸었다고 생각한다. 1930년대 황도파 청년들이 당대의 관료 정치를 증오한 것처럼, 미시마는 메이지의 입헌군주제와 전후의 상징천황제를 모두 일본의 '문화적 전체성'을 일그러트린 것으로 불신했다.

> 국가와 민족의 비분리의 상징이자, 그 시간적 연속성과 공간적 연속성의 좌표축인 천황은 일본 근대사에서 한 번도 그 본질인 '문화 개념'으로서의 모양새를 여실히 드러낸 적이 없었다. 이것은 메이지 헌법국가의 본질이 문화적 전체성의 침식 위에서 성립하고, 유교 도덕의 잔재에 머문 관료문화에 의해 대표된 것과 관계가 있다. (중략) 잡다한, 광범한, 포괄적인 문화의 전체성에서, 바야흐로 균형 잡힌 유일한 가치 그 자체로서, 우리들은 천황의 본래 모습인 문화개념으로서의 천황에 도달하지 않으면 안 된다.
>
> 전후의 이른바 '문화국가' 일본이 미국의 점령하에 간신히 유지했던 천황제는 그 두 가지 측면을 모두 무력화시켰다. 속류 관료나 속류 문화인이 따르는 다이쇼 교양주의의 귀결로서 대중사회화를 추종하게 만들었으며, 이른바 '주간지 천황제'의 영역까지 그 위엄을 실추시켰다.[8]

8 三島由紀夫, 『文化防衛論』, ちくま文庫, 2006, pp.73, 75. 한국어 번역본은 미시마 유키오, 남상욱 역, 『문화방위론: 문화를 지킨다는 것은 무엇을 의미하는가』, 자음과모음, 2012, pp.80, 83.

미시마는 메이지 이후 일본의 천황제가 정치적 기구로 "순화(醇化)"하고 문화적 기능을 "사상(捨象)"했다고 판단한다. 왕정복고는 정치개념으로서의 천황을 부활시켰다. 하지만 '국가와 민족의 비분리'를 상징하는 '문화적 본질'로서의 천황제는 '문화국가'를 표방한 전후 일본에서 만세일계의 명목만을 유지했을 뿐, 경제 부흥 이후 대중사회 속에서 더욱 타락했다는 주장이다. 미시마는 좌우의 정치적 편향과 관료주의, 자본주의 속류 문화에 대항하는 유일한 이념으로 '문화개념으로서의 천황', '문화적 전체성의 통괄자로서의 천황'을 제시하고, 그 이미지의 부활과 정립을 시도했다. 그리고 스스로 근현대 일본의 주체 및 전통 상실을 극복할 '문화 방위'의 차원에서 할복이라는 '건전한 테러'를 감행한 것이다.

한국에서는 우익과 보수를 혼용하지만, 일본의 사상사적 맥락에서 두 용어의 의미는 다르게 쓰인다. 보수는 미일동맹의 현실적 효용가치를 수긍한다. 요시다 시게루-이케다 하야토-사토 에이사쿠로 이어지는 관료 정치 세력의 '경무장 경제국가' 노선이 보수 원류의 흐름이다. 미시마와 이시하라는 보수 원류에 대해 비판적이다. 보수와 달리 우익은 전후민주주의의 가치와 미일동맹을 부정한다. 우익은 패전으로 주어진 외압적인 국가 시스템에 대한 비판적 전복자이고, 온전한 일본의 가치(민족문화)를 방위하는 자주적 주체로서의 품격과 이상을 체현해야 한다. 따라서 '우익이 없다'는 말은 일본의 현실에 대한 '자학적'인 자기부정이 된다. 좌파의 역사관을 '자학사관'으로 비판한 역사수정주의도, 전후 일본의 발전상을 부정하면서 스스로 '자학사관'에 묶여 있는 셈이다.

1972년 이후, 좌익운동이 소멸한 풍요로운 안전 사회에서 미시마의 뜻을 받들고자 했던 신우익의 운동도 시들해졌다. 안보투쟁을 경험한 전후세대의 시대감각에서, 우익은 '전범, 파시스트, 군국주의, 테러, 배외주의, 정치 폭력단'의 이미지로 굳어졌다. 미일동맹하에서 우익은 소비사회의 평화와 어울리지 않는 존재였다. 동아시아의 냉전적 대립에서 우익이 고개를 들면, 전후민주주의 세력과 좌익 모두에게 게임기의 두더지처럼 두들겨 맞아야 했다. 이러한 맥락 속에서 2000년대 중반에 대두한 '넷우익'은 그 이름이 시민운동 그룹에서 붙인 꼬리표라고 거부한다. 넷우익의 본질은 아사히와 NHK의 편파보도에 항의하는 '신보수 여론'의 등장이라는 논지다.[9] 우익이 아니라는 차원에서, 넷우익(넷토우요쿠)에 미달하는 우스꽝스런 명칭인 '넷우'(넷토우요)가 통용되기도 한다.

한편 2000년대에도 '우익'을 자부하는 활동가가 있었다. 1970년 미시마의 죽음에 감명을 받아 '민족파 신우익'을 선언한 1943년생 스즈키 구니오가 그 대표적 인물이다. 1972년 일수회(一水会)라는 우익 단체를 조직한 스즈키는 전학련 학생들의 반전반핵 운동과 베트남전쟁 반대 시민운동에 사상적으로 자극받은 사실을 고백한 적이 있다. 반미의 입장에서 이라크와 북한에 공감하던 스즈키는 '좌익 같은 우익'이었다. 그는 혐한의 헤이트 스피치와 넷우익의 배외주의적 언사를 일본 이미지를 추락시키는 행위로 비판했다. '무늬만 우익'이라는 비난을 받으면서도, "우익은 애국자"라는 신념을 관철하던 스즈키는 결국 2015년 8월에 '탈우익 선언'을 발표한다.[10]

전후 일본에 대한 우익의 현실 부정이나 '우익은 없다'는 생각은 좌익의 혁명 충동과 일맥상통한다. 실제로 전후 일본에서 좌익의 반미(반제)민족주의와 아시아 민족해방론(민족통일전선론)은 전전 우익의

9 佐々木俊尚, 「〈断〉「ネット右翼」は新保守世論」, 『産経新聞』, 2005. 5. 8. 신보수론에 대해서는 古谷経衡, 『ネット右翼の逆襲 「嫌韓」思想と新保守論』, 総和社, 2013 참조.

10 「一水会 「脱右翼宣言」と, これからのこと -鈴木邦男」(http://blogos.com/article/126630/).

일본주의와 아시아주의와도 연결되는 지점을 갖는다. 비타협적 민족정신을 고취하는 측면에서 그들의 사상은 닮은꼴이다. 전전과 전후를 연속적으로 볼 때, 1945년 이전 우익의 반미투쟁과 1945년 이후 좌익의 반미투쟁은 지속되고 있었다.

1997년 설립된 전국적 조직으로 정치적 영향력을 행사하는 일본회의는 스스로를 "풀뿌리 네트워크를 갖는 국민운동단체"로 말한다. 한국에서는 극우단체로 말하고, 홍콩에서는 'ultra-right cult(극우 추종)'으로 표기하고, 미국에서는 'a nationalistic right-wing group(내셔널리스트의 우익 그룹)'으로 총칭한다.[11] 이들의 조직 활동이 활발해진 것은 1981년 무렵부터다. 1978년부터 원호(元号) 법제화운동을 추진하던 종교계, 지식인, 퇴직 관료들이 '일본을 지키는 국민회의'를 결성한 후, 1997년에 '일본회의'로 개칭한다. 그들은 야스쿠니 신사 참배와 국수주의 개헌론을 주장한다. '우익' 꼬리표를 거부하는 그 사상과 운동의 요체는 미시마가 촉구했던 '문화전통'과 '자주독립'의 회복에 있다.

전후민주주의의 '이식'된 가치와 제도를 부정하거나 지양하려는 움직임이 '탈전후'운동으로 나타난다. 장인성에 따르면, 전후체제를 부정하고 탈전후를 지향하는 신보수주의는 "개체적 실존보다는 전체적 실존을, 개인의 자유보다는 사회의 질서를, 개별적 체험보다는 전체적 체험을 중시"한다. 그 대표적 논객인 니시베 스스무(西部邁)와 사에키 게이시(佐伯啓思)는 근대적 가치와 전통적 가치 사이의 균형을 모색하지만, 사회의 질서를 중시할 때 그 평형감각이 붕괴되어 국가의

11 "The Secretive Cult Shaping Japan's Future", *South China Morning Post*, 2016. 8. 14; Norihiro Kato, "Tea Party Politics in Japan: Japan's Rising Nationalism", *New York Times*, September 12, 2014. 영어판 위키피디아에서는 'nationalist unincorporated association(내셔널리스트의 비법인 협회)'로 설명한다.

식을 고양하는 공동성의 미학으로 귀결되는 모습이다. 이러한 현상은 전후체제 형성기에 보수주의를 정초한 후쿠다 쓰네아리(福田恆存)의 문예적 교양 및 리버럴한 성향과 견주어보면 상당히 이질적인 정치적 보수화를 드러낸다는 분석이다.[12]

반면, 일본 바깥에서 '우경화'를 우려한 것과 달리 일본의 젊은 비평가들 사이에서는 과거의 우익적 사상에서 오히려 진보적 가치를 발견하고 인정하려는 경향이 나타난다. 최근, 아시아주의와 보수주의 연구에서 두각을 나타낸 연구자 나카지마 다케시(中島岳志)는 보수주의와 리버럴리즘의 친화성을 지적하면서 스스로를 '리버럴 보수'로 자칭한다.[13] 다케우치 요시미의 반미아시아주의가 1990년대에 '진보적 시대사상'으로 주목받고, 일본낭만파와 마르크시즘을 연결시켰던 하시카와 분조의 저서가 2000년대에 활발하게 복간되고 연구되는 현상도 같은 맥락에서 이해된다. 2000년대 '우익사상'의 부흥은 좌우 양익의 민족주의가 부활하는 현상으로 나타났다.

오늘의 일본에서 1960년대의 좌/우익 용어와 1970년대의 진보/혁신 용어, 그리고 그들의 현실적 대립구도는 거의 유효성을 상실했다. 1990년대 탈냉전 이후 글로벌 사회와 일본의 사상지형에서 좌우 진영의 경계가 무너지고 이항대립적인 문맥을 상실했기 때문이다. 한국에서는 리버럴리즘이 자본주의를 옹호하는 보수적 '우파' 이념을 지칭하지만, 동시대 일본에서는 '시민'과 '리버럴리즘'이란 용어가 '좌파' 또는 '진보주의'를 지칭한다. 이때 리버럴리즘은 산업혁명과

---

12 장인성, 「보수의 미학: '포스트전후' 일본 보수주의의 정치미학」, 『일본비평』, 2015. 8, pp.14-43.

13 中島岳志, 『「リベラル保守」宣言』, 新潮社, 2015(초판: 2013). 나카지마 타케시는 진보계 잡지 『주간금요일(週刊金曜日)』과 보수계 잡지 『표현자(表現者)』의 편집위원으로서 양쪽에서 활동하고 있다.

유럽의 계몽적 이성에 근거한 '자유주의'의 번역어가 아니다.

동시대 일본에서 리버럴리즘 용어는 1970년대 데탕트에서부터 탈냉전을 맞이한 1990년대까지 존 롤즈 등이 추구했던 '분배 정의'와 '평등', '관용'에 입각한 새로운 정치철학을 가리킨다. 롤즈는 자유주의 이론 속에 사회주의적 요구를 통합하여 리버럴한 평등(liberal equality)을 제시하고, '정치적 리버럴리즘'의 실현을 모색해왔다.[14] 20세기 후반 미국의 정치철학에서 추구한 혁신적인 리버럴리즘이 일본에 보급된 가운데, 1990년대부터 일본의 정치사상적 지형이 '보수와 혁신'이 아닌 '보수와 리버럴'의 구도로 불리게 되었다.[15] 냉전과 탈냉전을 거치면서 좌우의 이념이 퇴색되고, 숱한 '좌우합작'이 시도되면서 정치적·사상적 지형이 변화해왔다. 모든 것이 변한다. 그렇다면 동아시아의 지역질서를 변화시키기 위한 가장 우선적인 사상과제는 무엇일까?

2. 좌우 편향의 착종과 역사인식의 '패자'를 넘어서

저성장기 일본에서는 '네티즌'이 아닌 '넷우익'이 대두했다. 넷우익은 학생운동의 쇠퇴 후 활약해온 시민운동을 적대시하면서 성장했다. 그만큼 일본에서 시민 개념에 대한 긍정과 부정의 낙차는 격심하

14 존 롤즈, 황경식 역, 『정의론』, 이학사, 2011.

15 리버럴리즘과 자유주의, 보수주의와의 차이에 대해서는 井上達生, 『リベラルのことは嫌いでも, リベラリズムは嫌いにならないでください』, 毎日新聞出版, 2015, 제1부 참조. 도쿄대 교수 이노우에 다츠오가 2015년에 출판하여 베스트셀러가 된 이 책 『리버럴한 것이 싫어도, 리버럴리즘은 싫어하지 말자』는 『아사히 신문』의 위안부 위증 보도의 처리 과정 등에서 리버럴 세력의 위선과 무책임이 대중의 불신을 증폭시켰다는 반성에서부터 시작한다.

게 나타난다. 그러나 역설적이게도 전후민주주의와 시민운동을 비판하는 넷우익·신보수의 논리와 행동에서 냉전기 좌익의 그림자가 발견된다. 전후 좌익의 반미민족운동에서 전전 우익의 논리를 품고 있던 현상과 마찬가지다. 특히 인터넷 담론장에서 성장하여 활약하는 평론가들에게서 좌우 편향이 착종된 '좌우합작'의 역사의식이 엿보인다.

가령 2002년 한일월드컵 공동 개최 시기에 인터넷 게시판 '2채널(2ch)'에서 싹튼 '혐한'의 현상과 논리를 보자. '한국이 싫다'는 노골적 감정은 처음에 공동 개최국인 일본을 배려하지 않는 '붉은 악마'의 배타성에 대한 불쾌감과 한국 축구의 4강 진출에 대한 질투에서 비롯되었다. 스포츠 민족주의로 불거진 감정싸움이 한류 문화의 상권 확장에 대한 견제 심리와 합쳐지고, 2012년부터 독도와 위안부 문제를 둘러싼 정치적 대립과 외교적 단절로 이어졌다. 혐한론자들은 갈등의 책임이 한국에 있으며, 한국과의 국교단절까지 결행하라는 '증오'의 목소리를 냈다. 1998년부터 남북한의 '민족공조' 정책이 실시되면서 한국의 국시가 '반공'에서 '반일'로 바뀌었다고 한다. 따라서 냉전기 미국의 동아시아 전략 속에서 펼쳐진 한일의 우호관계는 그 역사적 실효성을 이미 상실했다는 주장이다.

혐한론의 대표적 논객인 후루야 쓰네히라는 '혐한'이 한일회담을 반대했던 1960년대 좌익의 '반한'을 계승한 태도라고 한다. 후루야는 한국의 개발독재 정권을 '미 제국주의의 앞잡이'로 적대시한 과거 좌익이야말로 '혐한'의 원조라고 밝힌다. '혐한=신보수'는 냉전기 좌파의 '친미 우익' 비판을 거꾸로 포섭해냄으로써 자신들의 반한적 태도를 정당화한다.[16] 나아가 그들은 한미일 공조와 한일회담으로 구성된

16 古谷経衡, 앞의 책, pp.203-205. '혐한=신보수론'은 동아시아 전후질서의 책임을 미국과 친미보수 세력에 전가한 점에서 '좌우합작'을 이루어낸다. 반한과 혐한의 일본인,

동아시아의 반공적 안보동맹의 유효성을 부정한다. 냉전적 진영논리가 해체된 동아시아에서 일본의 대미 자립적 국가 전략을 전망한 것이다. 그렇다고 아베 정권의 전후레짐 탈각과 미일동맹 강화라는 이중정책을 적극 비판하지도 않는다. 전후레짐에 반대하지만 적극적인 반미주의는 아니다. 극단을 회피한 현실감각으로 재특회의 헤이트 스피치에도 반대한다. '신보수'를 선언한 그들은 다만 패전국가 일본에 주어진 규범(평화헌법)과 과거사에 대한 무한책임(사죄 의무)에서 벗어나려고 한다.

한편, 『영속패전론』(2013)이란 베스트셀러로 각광을 받은 시라이 사토시는 전후 일본의 핵심 문제가 대미종속의 '영속패전 구조'에 있다고 역설한다. 동일본 대지진 이후의 원전 반대 집회에서 오에 겐자부로가 인용한 "우리들은 모욕 속에서 살고 있다"(나카노 시게하루)는 '자학사관'의 성찰적 인식을 시라이도 반복한다. 당시 30대의 젊은 신예 논객이 전후 일본의 민족감정을 견인해온 '모욕'(나카노 시게하루)과 '굴욕'(다케우치 요시미)이란 집단적 반성기제를 환기시키고, '전후체제'를 '영속패전 체제'로 인식한다. 1950년대 후반에 '종속 대 자립'이라는 전후 일본자본주의논쟁에서의 '종속'론이 1990년대 중반에 '역사주체' 논쟁을 일으킨 '패전후론'(가토 노리히로)으로 이어지다가, 2010년대 '영속패전 레짐'으로 한층 강조된 셈이다.

3·11 동일본 대지진 이후의 상실감 속에서 시라이는 '전후'라는 판도라의 상자가 열리고, '전후'가 이제 종말했다고 선언한다.[17] 전후

그리고 한일협정에 반대한 재일조선인과 한국의 극단적 정치 세력들이 모두 '한일협정의 무효화'를 주장해왔다. 넷우익과 신보수의 논리에 대해서는 조관자, 「일본인의 혐한의식: '반일'의 메아리로 울리는 '혐한'」, 『아세아연구』, 2016. 3, pp.250-281.

17 시라이 사토시, 정선태 역, 『영속패전론』, 이숲, 2017, p.37. 이하 본문 내용은 같은 책 제1장, 제3장 참조.

일본이 미국에 종속된 채 누린 '평화와 번영'을 '기만'과 '허상'으로 치부하며, 이제 재난과 쇠퇴가 시작되었다는 예고다. 이러한 종말론적 비약은 후쿠시마 원전 폭발 당시 민주당 정권과 관료, 전력회사의 거짓과 무능에 대한 분노에서 비롯한다. 과거 전범 세력의 '무책임의 체계'가 일본에서 반복되고 있다는 분노다. 시라이는 전범 세력이 자신들의 재집권을 위해 '패전'을 은폐하고 '종전'과 '전후'라는 용어를 사용했다고도 주장한다. 강좌파의 역사인식을 계승한 시라이의 『영속패전론』은 2014년에 이시바시탄잔상(石橋湛山賞)을 비롯한 권위 있는 학술상을 다수 수상했고, 한국어로도 번역되었다.

후루야와 시라이는 일본의 전후체제가 대미종속(식민지)을 본질로 한다고 이해하며, 그 사상적·정치적 극복의 과제를 중시한다. 그들은 아시아의 민족통일전선이나 프롤레타리아 연대를 강조하다가 일국 내셔널리즘에 회귀한 냉전기 좌익, 거슬러 올라가 백인제국주의에 저항한 전전 우익의 민족주의를 내면화하고 있다. 그들은 '주체의 결핍'과 '영속패전'이라는 시간의식에 일본을 가두고, 투명하고 자립적인 정치공동체를 욕구한다. 그 현실 인식을 타당한 것으로 인정할 수 없지만, 그들이 동아시아의 민족주의적인 역사인식의 자장에서 그러한 욕구와 의지를 키워온 사실을 충분히 이해할 수 있다.

그러나 과연 '친미보수'의 거세나 '반미정권'의 수립을 통해서 일본인들이 '주체'를 회복할 수 있을까? 대미 군사적 의존을 벗어난다고 해서 일본이 자립적 공동체를 건설할 수 있을까? 아쉽게도 아시아나 미국을 탓하는 그들의 책에서 그 가능성에 대한 근거나 대안은 찾을 수 없다.

2018년 2월, 『속국 민주주의론: 이 지배로부터 언제 졸업할 수 있을까』(2016)의 한국어 번역판이 출판되었다.[18] 레닌의 정치사상 연구에서 출발한 1977년생 시라이가 레비나스의 번역가로서 문무를 함께 닦아온 1950년생 평론가 우치다 다쓰루(内田樹)와 함께 대담 형식으로 저술한 책이다. 시라이는 미국과의 단독강화로 탄생한 전후 일본은 '존왕양이'가 아닌 '존미양이'의 속국이라고 일갈한다. 이들은 "일본이 패전으로 미국의 속국이 되었다"는 역사인식, 즉 "종속에 대한 자각"이 없어서 "민주주의적인 주권 탈환의 독립론"이 일어나지 않는다고 개탄한다.[19] 아베 정부는 미국의 동아시아 안보전략을 추종하고 안보법제를 통과시킨 독재 정권이며, 경제성장 위주의 아베노믹스가 성공하기 위해서는 군사적 케인스주의로 치닫게 될 것이라고 경고한다.[20]

시라이에 따르면, '패전'을 '종전'으로 바꿔치며 일본의 '영속패전' 상태를 부인하려는 태도는 '역사수정주의의 욕망'에서 나온다. 그러나 '종전'은 국제법에서 당사자 간에 전쟁 종식을 합의한 날로 '개전'과 대립하는 용어다. '패전'은 전쟁의 결과와 판정을 의미할 뿐이며, 애초에 '종전'과 대립하거나 대체 가능한 의미가 아니다. 천황이 포츠담선언을 수락하며 항복을 공표한 날을 '종전 기념일'로 삼는 것은 한국의 '해방/광복' 기념일과 일치한다. 그 종전 기념일이 항복과 패전으로 이루어진 사실은 누구나 알고 있으며, 아시아적 맥락에서 미국의 종전일인 9월 2일보다 합당하다. 독일의 종전일은 5월 8일이지만 법적 공휴일이 아니다. 옛 동독만이 패전과 무관하게 그날을 공휴일

---

18 우치다 다쓰루·시라이 사토시, 정선태 역, 『속국 민주주의론: 이 지배로부터 언제 졸업할 수 있을까』, 모요사, 2018.

19 内田樹·白井聡, 『属国民主主義論: この支配からいつ卒業できるのか』, 東洋経済新報社, pp.34-35, 38-40.

20 시라이와 우치다는 안보법제에 반대하지만, 일본의 국가정책에 대한 전문가들의 견해와 달리 일방적으로 미국의 군사전략에 예속된 문제로 취급한다. 정치군사 전문가들이 보는 관점에 대해서는 박철희 편, 『일본의 집단적 자위권 도입과 한반도』(SNU 일본연구총서 8), 서울대학교출판문화원, 2016.

로 기념했다. 2002년 이후 독일의 지방정부 및 일부 도시에서만 나치즘으로부터의 '해방의 날'을 기념한다고 한다.

그렇다면 천황의 항복 선언을 '종전'이나 '파시즘으로부터의 해방'도 아닌, '패전'으로 삼자는 논리야말로 전후의 역사관을 부정하며 역사수정주의를 욕망하는 것이 아닐까? 일본인에게 패전의 감각이 결여되었다면, 그것은 전후 부흥에 쉽게 성공하여 1970년대부터 세계 2위의 경제대국으로 성장했기 때문이리라. 그렇다면 그 전후 부흥의 역사를 응시하는 올바른 태도는 무엇일까? 세계 3위의 경제대국으로 밀려났다고 전후의 '평화와 번영'을 거짓과 허망으로 엎어버려야 할까? 한국전쟁과 베트남전쟁을 비롯한 아시아의 냉전=열전의 '특별 수혜'로 일본이 번영을 이루었다면, 그 성과를 국지전과 굶주림에 시달리는 사람들에게 돌려줄 방법을 찾으려는 자세가 필요하지 않을까? 일본과 한국이 인류 사회의 진정한 평화와 번영을 위해 무엇을 해야 하는지 함께 연구하고 실천할 길은 없을까?

아베 정권의 '자발적 대미종속성'을 비판하는 지식인들이 과연 자율적 주체인가? 그들은 일본과 아시아와의 걸림돌조차도 미국 탓으로 돌린다. 일본은 미국의 요구 때문이 아니라, 중국의 군사대국화와 한반도 정세의 위기 요인을 견제하기 위해 미일동맹을 더욱 강화하고 있다. 그렇다면 중국에 대한 일본의 경쟁 심리와 동아시아의 안보 불안을 어떻게 돌파할지, '대미종속'을 벗겨낸 일본 내셔널리즘의 향방이 무엇인지를 규명하고 그 대책도 강구해야 한다. 일본의 군사적 자립이 일본의 핵무장과 군사화를 가속화할 위험이 높은 현실에서 대미자립을 주장하는 것은 지역질서의 관점에서 집단적 자위권의 도입보다 더 위험해 보인다.

시라이와 우치다는 미일관계를 '존미양이'로 단순하게 비약한다. 그러나 일본은 자국의 전략적 이해가 반영된 미일동맹으로 오늘날까지 군사적 위기를 해결하며 경제대국을 유지하고 있다. 미시마 유키오의 생각대로 그 과정에서 천황제 국가의 '문화적 전통'이 상실되었다면, 그것은 고대 및 근대(국가)의 초입으로 돌아갈 수 없는 글로벌 시대의 환경과 사회구성체의 역사적 변화 속에서 궁구해야 할 성격의 문제다. 미국의 세계전략에 문제가 있다면 세계적 차원에서 문제 극복의 대안을 제시하여 일본 국민과 정부가 세계를 위해 할 일을 찾도록 이끌어야 할 일이다.

2015년 12월 위안부 문제의 한일합의가 대미 외교의 저자세에서 비롯되었을 것이라는 시라이와 우치다의 근거 없는 추측과 야유도 억지스럽다. 한일관계를 미국에 종속된 것으로 해석하는 좌파의 냉전적 사고 자체가 '대미종속성'에 빠져 있다. 한일의 졸속 합의가 문제라면 그것은 한일 정부의 협상 태도와 대국민 소통 능력의 문제다. 위안부 문제에 대한 한국과 일본의 마찰 및 그 대응까지 '대미 굴종 외교'의 가십거리로 취급한다면, 그 태도는 일본 내셔널리즘의 문제를 미국에 전가하는 반미민족주의의 과잉에서 나온다. 도대체 '영속패전'과 '군사적 종속'을 문제 삼는 논리에 잠재된 역사의식은 무엇일까? 리버럴한 지식인으로 분류되는 그들은 제국일본을 비판하지만, 그 사유는 과거의 승패에 집착하는 상태로 머물러 있지 않나?

우치다는 패배와 패전 대신에 '변경'이란 탈패권적 위상을 새롭게 설정한 에세이 『일본변경론』에서 '전전 일본'에 대한 역사인식을 설핏 드러낸다. 그는 "대동아전쟁을 긍정하는 모든 논거"와 일본의 "강인한 사상성과 명확한 세계전략"이 밝혀졌음에도 불구하고, "전쟁을 선택할 수밖에 없도록 궁지에 몰렸다"는 식으로 변명하는 일본인들의 궁색한 태도에 불만을 토로한다.[21] 하지만 우치다도 밝혔듯이, 넷

21 内田樹, 『日本辺境論』, 新潮社, 2009, p.56. 이 책은 2009년 한 해 동안 30만 부를 팔아

우익과 반미보수 논객들은 1990년대 말부터 대동아전쟁을 긍정하는 논거를 당당하게 펼쳤다. 2000년대 일본의 출판 시장이 그러한 역사 수정주의로 활황을 보였다. 만일 우치다가 '아시아 해방'이라는 대동아전쟁의 명분을 그대로 수긍한다면, 우익만큼이나 패전으로 주어진 전후 질서를 용납하지 못하는 그 심정도 이해할 수 있겠다. 그렇지 않다면 패전과 종속이라는 국가적 패권과 위상을 저울질하면서 집착하는 그들의 무의식을 이해할 도리가 없다.

『속국 민주주의론』의 한국어 번역판에서는 시라이와 우치다가 미국에 대한 패전만 인정하고, 아시아에 대한 패전을 인정하지 않는 일본의 오만을 일갈한다고 강조한다. 그러나 솔직히 당시 중국과 조선은 일본을 패배시킬 힘이 없었다. 국민당의 중화민국이 연합국의 승전국을 자임했지만, 공산당의 중화인민공화국에 밀려난 후 양국은 '하나의 중국'이라는 명분하에 갈라져 있다. "도둑처럼 해방을 맞이한" 조선도 미소 양 진영에 귀속되어 대한민국과 조선민주주의인민공화국으로 분단되었다. 일본까지 '속국, 군사적 식민지'를 자처한다. 동아시아의 어느 국가도 통일된 주권국가, 내셔널리즘의 '완성체'는 아닌 셈이다.

승패라는 힘의 논리로 접근한다면, 일본이 '속국'으로부터 '졸업'하는 날은 일본이 미국과 중국보다 더 강한 군사력과 경제력을 보유할 때 찾아온다. 그렇다면 아베노믹스를 비판한 시라이가 스스로 설정한 '영속패전'의 감옥에서 벗어날 실질적 방도는 무엇인가? 탈출구 없는 '반미주체화'의 논리에 '자승자박'하고 있는 그들이 불평불만을

중앙공론신사(中央公論新社)가 주최하는 '2010신서대상'을 수상했다. 우치다의 역사 인식 문제는 보수계 일본문화론자의 서평에서 지적된 사항이다. 田中英道, (學藝随想 第53回)「日本「辺境」論の偏狭さ」(http://hidemichitanaka.net/?page_id=406).

넘어선 어떤 미래 질서를 그려낼 수 있을지 의문스럽다. 문제는 학술적인 성과도 현실적 대안도 없이 대중의 민족감정을 자극하는 '선정적 출판물'이 리버럴리즘과 진보를 표방한 채 한국과 중국에 소개되고 환영받는 현실에 있다.

경제 평론가이자 독서가인 이케다 노부오는 우치다와 시라이의 또 하나의 대담집인 『일본전후사론』(2015)을 서평하면서 리버럴 지식인의 지적 쇠락을 날카롭게 꼬집는다.[22] 이케다는 전면강화(全面講和)에서 안보반대, 반원전운동에 이르기까지 이상주의 슬로건만 제시해오면서도 현실 역사를 바꾸지 못한 좌파 지식인을 역사의 '패자'로 말한다.[23] 과연 전후 일본이 '영속패전 레짐'에 빠져 있는 것일까? 오히려 그러한 생각의 틀에 빠진 사람들의 문제를 돌아볼 때다. 더 늦기 전에 현실의 모순을 인식하고, 현실을 변화시킬 힘을 소진시켜온 역사인식의 '패자' 문제를 재고할 필요가 있다.

3. 저항민족주의의 정언명령과 '일본적 이로니'를 넘어서

근대적 세계체제에 거의 강제적으로 편입된 동아시아에서 저항민족주의는 정언명령(정언명법, categorical imperative)처럼 나타났다. 민족주의든 아시아주의든, 좌익이든 우익이든, 아나키즘이든 독재든, 동아시아의 민족서사에서 저항·혁명·독립·주체가 핵심어로 자리 잡았

---

22 池田信夫, 「首相の「破局願望」をめぐる与太話『日本戦後史論』」(2015. 5. 1), アゴラ-言論プラットフォーム(http://agora-web.jp/archives/1640441.html).

23 池田信夫, 『戦後リベラルの終焉 なぜ左翼は社会を変えられなかったのか』, PHP新書, 2015.

다. 제국주의에 가담한 일본에서조차 '양이를 위한 개국', '대미종속을 통한 대미자립'이라는 전략으로 탈식민의 의지를 키워왔다.

칸트가 말한 정언명령이란 "그대가 하고자 하는 것이 동시에 누구에게나 통용될 수 있도록 행하라"는 보편적 도덕률에 부합하는 가치다. 그것이 개인과 국경을 넘는 '보편적 입법 원리'로 소통될 때 세계의 평화적 질서도 담보된다. 그러나 동아시아에 공통된 '저항민족주의'는 지역 내 상생을 도모하는 '보편적 입법 원리'로 기능하지 못하고 좌충우돌했다. 민족주의와 주권 개념이 배타적으로 행사되며, 저항민족주의가 타자(민족/국가)와의 적대성 위에 성립하기 때문이다.

칸트의 이성철학과 근대적 법체계에서는 자유의지를 갖는 행위주체가 양심적 자각에 기초하여 책임을 이행할 수 있다고 믿었다. 하지만 근대 이후 동아시아에서 제기된 역사 문제는 행위 주체(국가, 정파, 개인)의 책임 의식이나 정치적 협상으로 해결되지 않았다. 화해 불가능한 역사 문제는 민족감정과 국가 간의 폭력적 충돌을 초래할 수 있다. 그러나 현실의 문제를 고민하고 연구한다면, 거꾸로 보편적 윤리감각을 키우며 현실적 해법을 모색하는 기회가 확장된다. 갈등과 합의, 충돌과 상생, 그 어느 쪽이 동아시아의 미래를 좌우하든 '민족적 책임'의 경계를 넘어 동아시아 지역질서, 나아가 인류 사회의 미래와 관련한 공공의 문제로 자각될 필요가 있다. 그 자각의 가능성은 2채널(니찬네루) 출신 젊은이들의 지적 성장에서도 발견된다.

2013년에 혐한론을 펼쳤던 후루야는 2017년 8월 15일, 야후재팬의 인터넷 기사로 「그 전쟁에서 '졌으면서도 이겼다는 설'의 깊은 죄」라는 글을 발표했다.[24] 대미 단독강화를 추진한 요시다 시게루의 '전

24 古谷経衡, 「あの戦争に「負けたけど勝ったんだ論」の罪深さ」, 2017. 8. 15(https://news.yahoo.co.jp/byline/furuyatsunehira/20170815-00074544/). "그 전쟁"이란 표현

쟁에서 졌지만, 외교에서 이기는 역사'라는 어법을 모방하면서 '아시아 해방전쟁'론의 진상을 규명한 글이다. 그 논점을 정리하면 다음과 같다. "미국에 군사적으로 패배한 전쟁이지만, 식민지의 독립과 해방이라는 궁극 목적이 달성되었으므로 결과적으로 이긴 전쟁이라는 논리가 확산되었다. 고바야시 요시노리가 그 전도사 역할을 했다. 일본군은 버마와 필리핀, 프랑스령 인도차이나를 서류상 해방시키고 친일정권을 세웠다. 그러나 1934년 미국 의회가 필리핀의 독립을 이미 승인한 상태였고, 석유와 천연자원이 풍부한 인도네시아는 패전 당시까지 일본 군부의 직할지였다. 식민지 독립은 세계사적 조류로, 아시아 해방은 아시아인의 손에서 1930년부터 태동하기 시작했다. 일본의 역사수정주의는 자신에게 유리하게 역사를 해석하다가, 불리해지면 '음모론'으로 회피한다."

1982년생 후루야는 역사수정주의의 세례를 받고 성장했지만, 자의적으로 수정된 일본의 '승리사관'이 '패전 책임'을 희석시키는 사상적 게으름과 비겁함을 문제시한다. 마지막으로 그는 1967년의 영화 〈일본의 가장 긴 하루(日本のいちばん長い日)〉에서 육군대신 아나미 고레치카(阿南惟幾)가 포츠담선언의 수락을 앞두고 할복하며 남긴 유언을 적는다. "살아남은 사람들이 다시는 이런 비참한 날(8월 15일)을 맞이하지 않는 일본을, 어떤 일이 있어도 그런 일본을 재건하길 바란다." 아나미가 '본토 결전'을 주장하던 '국체 수호'의 신봉자였던 만큼, 후루야가 생각하는 '비참한 날이 없는 일본'과 '패전의 본질과 책임'이 무엇일지는 좀 더 지켜볼 일이다.

후루야는 '전쟁/전후 책임' 대신에 '패전 책임'이란 용어를 쓴다.

은 점령당국이 금지했던 '대동아전쟁'과, '태평양전쟁'이란 점령당국의 용어를 회피하기 위한 용어였다.

'전후의 종언'을 '전후'라는 용어를 폐기하는 것에서부터 실천하려는 듯하다. 시라이가 '영속패전 레짐'이란 신조어를 만든 것처럼, 일본의 젊은 지식층에서 '전후'를 종식하고, '패전' 의식을 부상시키는 담론이 꾸준히 확장되고 있다. 1951년 일본에서 반미의 저항 불씨를 되살리기 위해 패배감의 지속성을 주문했던 다케우치의 '저항'이 지속 가능한 정치적 의지로 계승되고 있는 셈이다. 그러나 '전후'는 '전쟁이 끝난 후'를 의미한다. '전후의 종언'은 말 그대로 새로운 전쟁의 돌발 가능성을 품는다. 그렇다면 오히려 '전후'는 '전쟁의 종식'이라는 긍정적 의미로 다시 확인할 필요가 있다.

일본이 미중대결이나 미국의 전쟁에 연루되고 싶지 않아서 미일동맹을 거부한다면, 오히려 '전후'는 지속되어야 할 용어다. '나 홀로 평화'는 실질적으로 보장되지 않는다. 일본의 안전보장에 대한 대안과 동아시아의 협력 체제가 결여된 '전후레짐=미일동맹'의 종언은 동아시아의 군사적 갈등을 고조시킬 뿐이다. 진정한 평화와 안전을 추구한다면, 필요한 것은 '전후의 종언'이 아니다. 일본 스스로가 실질적인 지역 평화에 공헌하고 상생의 질서를 구축할 구체적 방법을 찾아야 한다.

일본인이 '영속패전'이라는 언어의 감옥에서 벗어나려면, '패배감=저항 의지'라는 다케우치의 반어법과 무한한 자기부정을 초래하는 일본낭만파의 '이로니'에서 벗어나려는 노력도 필요할 것이다. 뿐만 아니라 동아시아 차원에서 문제적 상황의 해법을 적대성의 원리와 '남 탓'에서 찾으려는 저항민족주의가 더 이상 정언명령처럼 통용되는 일도 없어야 하리라. 전후 일본에서 반복되는 '패배감=저항 의지'와 '이로니'의 서사 양식은 동아시아에서 인정받지 못하는 일본 자신의 저항민족주의를 표출한다. 하지만 일본의 민족주의는 일본의 부흥과 안보를 실질적으로 보장했던 승전국 미국에 대한 저항으로 직접 나타나기보다, 오히려 아시아의 반미민족주의에 묻어가며 연대를 표방하는 형태로 분출했다.

전후 일본의 반미투쟁은 한국전쟁에 참전하는 미군을 동아시아에 대한 식민주의 침략 세력으로 비판하면서 부활했다. 오래된 좌익운동의 반미 슬로건이 1990년대 후반 한일관계 속에서 새로운 바람을 불러일으켰다. 1998년, 김대중 대통령과 오부치 게이조 수상의 '21세기 새로운 한일 파트너십 공동선언'으로 한일의 문화교류가 진전한 동시에, 일본을 미국의 '식민지'로 설정한 '반미아시아주의'론이 한국 사회에 활발하게 유입되었다. 재일조선인 연구자들의 민족 담론도 한국에 적극 소개되었다. 이러한 변화로 한일의 대미종속성과 일본 사회의 민족차별, 그리고 천황제의 전쟁책임을 촉구하며 일본 전후민주주의의 허상을 비판하는 목소리도 높아졌다.[25]

마침 냉전진영의 해체와 국지전의 확산에 대응하며 일본에서 헌법개정론과 역사수정주의가 대두하고, 국기 게양과 국가 제창의 법제화 및 자위대의 해외 후방 지원과 관련한 유사법제(有事法制)도 제정되고 있었다. 이러한 현상을 '우경화'로 비판한 한중일의 여론은 일본이 미일동맹 구도에서 탈각하여 전쟁책임을 완수함으로써 동아시아에 회귀해야 한다고 주장했다. 반면, 중국의 군사대국화를 '우경화'로 부르지는 않았다. 2012년 한일관계가 악화될 무렵까지 일본의 '반미아시아주의'를 촉구하는 여론이 한국에서도 설득력을 발휘했다.[26]

25 조관자, 「1990년대 이후 한국에 소개된 재일조선인 지식인의 민족담론: 서경식의 '식민주의 저항' 담론에 관한 비판적 고찰」, 『일본비평』, 2016. 2, pp.50-81. 서로 연계되었던 한일의 저항민족주의는 2007년 한국의 보수정권 등장과 일본 내 혐한 동향으로 각자의 진지로 후퇴했다.

26 반미론의 양상에 대해서는 『일본비평』 창간호(2009)의 특집 주제인 '현대 일본 사회의 형성과 미국'에 실린 논문들 및 특집서평 「'반미=아시아주의'의 '무의식'을 들여다보다」 참조.

돌이켜보면, 1980년대 한일의 진보진영에서는 나카소네 정권에 대해서도 미국의 '팍스 아메리카나' 정책에 부응하여 한미일 삼각동맹을 강화하는 '군국주의 부활 세력'으로 지탄했다. 아이러니하게도 오늘날 아베 정권을 비판하는 일본의 리버럴한 연구자들이 당시 나카소네 정권의 '대중국 외교' 및 '대아시아 유연성'을 긍정적으로 재평가하고 있다.[27] 마찬가지로 훗날 '아베 시대가 차라리 좋았다'라고 말할 날이 올 수도 있다. 아베 정권은 다른 보통국가가 갖는 집단적 자위권을 제정했다. 만일 이 법을 발판으로 일본이 침략국가가 된다면, 그것은 폭력적 대결 상황을 확대시킨 당대 모든 국가의 무능력과 정치적 무책임에 따져야 할 문제다. 일본의 헌법개정도 역시 일본인과 동아시아인 모두가 어떻게 평화적 질서를 창출하는가의 실천 능력을 시험하는 문제가 될 것이다.

1998년 이후 한국의 '민주'와 일본의 '반민주'라는 대립 구도가 더욱 부각되었다. 2018년 3월 현재, 이 프레임은 박근혜 정권을 탄핵시킨 '촛불혁명'과 아베 정권의 안보법제화와 사학재단 비리의 처리 문제로 더욱 굳어졌다. 1960-1970년대 일본에서 한국이 '군부 파시즘'으로, 북한이 '인민의 낙원'으로 선전되던 사태를 돌이켜보면 괄목할 역전이다. 그러나 대한민국의 민주주의가 진짜 진보했다면, 일본 국민이 정치적 폐색 상황을 극복하도록 도울 수 있어야 한다. 일본의 풀뿌리 내셔널리즘 차원에서는 '반일' 바이러스가 일본을 고립시켜 정치적 보수화와 사상적 우경화를 부추긴다. 따라서 민주주의의 승자와 패자를 나누고, 일본의 잘못을 심판하는 것보다 중요한 작업은 동시

27 나카노 고이치는 아베 시대 일본 정치를 '보수화'가 아닌 '우경화'로 지적하고 있다. 일본어 단행본은 中野晃一, 『右傾化する日本政治』, 岩波新書, 2015. 한국어 번역본은 나카노 고이치, 고대성 역, 『일본정치의 우경화』, 제이앤씨, 2016.

대의 위기를 적실하게 짚어내고 문제적 상황에 더불어 대응하는 방법을 몸소 보여주는 것이리라. 문제의 원인과 해결책을 나(행위 주체)로부터 찾아내고 실천하는 모습이야말로 동서양의 성인들이 보여준 지혜와 통찰이며, 고등 철학과 보편 종교에서 추구하는 사랑과 구원의 자세이기도 하다.

우치다가 번역한 『폭력과 성스러움』이란 책에서 프랑스의 사상가 레비나스는 "역사를 심문하는 권능은 어떤 것에 군림하는 권능이 아니라, 어떤 존재를 대신하는, 어떤 것을 위한 권능이다. 말하자면 임무이고, 과잉의 책임"이라고 말한다. "주체는 다른 존재를 대신하며, 그 존재는 타자에게로 향한다."[28] 즉, 역사적 정의를 추구하는 주체가 타자를 심판하는 대신에 타자와의 공존 문제에서 무한 책임을 떠맡는 실천적 모습을 강조한 대목이다. 그 책임성은 '가해-피해'의 특정한 법률적·정치적 관계에 국한하지 않고 무한한 타자의 존재로 확장된다. 사르트르가 주체의 '자유'에서 유래한 '책임'을 강조했다면, 레비나스에게 "유책성(有責性)은 근원적 수동성이며 '고난받는 것'"을 의미한다. 이는 예수의 실천을 전제한 모습이다.

개별 주체가 타자와 함께 책임을 공유하는 무한한 도정은 인류 보편의 공도(公道)를 실현하는 과정으로 해석된다. 레비나스가 추구하는 '이타행'의 궁극적 형태를 불교적 맥락에서 표현하면, 모두 함께 성불해야 한다는 '자타일시성불도(自他一時成佛道)'가 된다. 일본적 문맥에서는 '세계가 모두 행복하게 될 수 없는 동안에 개인의 행복은 있을 수 없다'가 되는데, 이는 〈은하철도 999〉의 원작 동화작가 미야자와

28 エマニュエル レヴィナス(Emmanuel Lévinas)·フランソワ ポワリエ(François Poirié), 内田樹 訳, 『暴力と聖性』, 国文社, 1991, p.23. 즉 주체는 무한하게 확장되는 타자를 대신하는 존재이므로, 책임 있는 주체는 스스로의 주권성을 박탈당하여 고난받는 존재와 함께한다.

겐지의 사상과 통한다. 그것은 또한 법화경에 기초하여 팔굉일우(八紘一宇)의 건국이념, 즉 '도의적 세계의 통일'이란 뜻을 제시한 다나카 지가쿠의 사상이기도 했다. 다나카는 근대적 국가 이념을 일본 신화의 문맥과 니치렌의 사상에 기초하여 설파했다. 이것을 한국적 문맥으로 표현하면, '널리 사람을 이롭게 하는 홍익인간'의 이념과 통한다.

이처럼 인류는 저마다의 전통적 언어로 인류 보편의 이상을 펼쳐왔다. 오늘날 선진국들이 '주체 부재의 장소'에서 벗어나는 길은 인류 보편의 공도 확립에 있으며, 그 내용은 '국제적인 사회복지'를 실현하여 '영구평화'를 보장하는 과정이 될 것이다. 그 일차적 과제는 유네스코의 사업에서 찾을 수 있다. '헐벗은 삶'을 구제하기 위한 저마다의 실행이 동심원처럼 퍼져나갈 때, 동서양을 관통하는 보편적인 올바름(정언명법)은 서로 어우러질 수 있으리라 기대한다.

4. 이민의 역류와 상생의 패러다임을 위해

권력의 흥망성쇠는 이미 역사가 증명한다. 그렇다면 역사의 진정한 승패란 무엇으로 이루어지는가? 일본의 메이지유신과 전후 부흥, 한국전쟁 이후 '한강의 기적'은 문명 진보를 향한 도정이자 세계질서로 편입되는 과정이었다. 그 과정에서 정치적 갈등과 상처를 남겼지만, 전후 일본과 전후(한국전쟁) 한국은 세계의 에너지를 흡수하면서 성공신화를 만들었다. 그리고 이제 미국에 이어 중국이 세계 제국으로서 역할을 추구하며 일대일로(一帶一路, One belt, One road) 정책을 펼치는 중이다. 그렇다고 미중의 패권 경쟁에 과도하게 불안해 할 필요가 있을까?

'자주독립'의 실현이 강대국의 영향력을 배제하는 것일 수 없다.

물은 높은 곳에서 낮은 곳으로 흐르고, 약한 힘은 큰 힘에 끌려가게 마련이다. 사람의 이동과 자본의 세계화, 지식의 공유와 문명의 융합은 거부할 수 없는 에너지의 흐름이다. 그 에너지가 크게 뭉쳐서 서세동점의 제국주의를 이루었다. 어느 지역 어느 인종이 경작한 문명이든, 고대로부터 문명은 동서양과 남북을 넘나들었다. 개인도 국가도 자신이 부족할 때에는 더 큰 에너지에 침범을 당하면서 그 자극과 갈등 속에서 성장했다. 제국주의는 글로벌 세계로 흐르는 문명 에너지의 집성체였다. 따라서 그 거대한 에너지의 흐름을 '저항민족주의'로 막아내려는 의지 자체가 인류 사회의 보편적 흐름을 거꾸로 되돌리려는 '주체의 환상'이다. 서양을 견문한 일본의 하급무사들과 전후 부흥을 이끈 보수주의 세력은 그 흐름을 재빠르게 판단함으로써 메이지유신과 부흥을 견인했다.

그러나 사람은 돈과 물질의 힘에만 이끌리지 않는다. 지식과 기술이 진보할수록 군사력과 물리적 충돌을 억제할 힘도 커진다. 인간의 능력 중에서도 가르침과 배움을 통한 감화력은 적대감을 해소시키는 가장 큰 믿음과 경제적 부가가치를 만드는 고도의 힘이다. 따라서 새로운 '자주독립'은 사람들을 이롭게 하여 감화시키는 문화력과 기술력으로 구현할 수 있다. 평화와 평등의 바탕이 되는, 인류에 통할 수 있는 보편타당한 법(사상)을 세울 수 있어야 '자주독립'이 가능해진다. 인류 사회에 즐거움과 행복감을 주는 개인과 국가의 능력이 진보한다면, 자주독립의 문제를 군사적 주권에서 구할 절박성은 점점 옅어진다.

우치다가 독창적인 '세계표준'을 만들자고 제안했지만, 올바름을 분별하고 가르치는 능력이 있다면 누구든 새로운 에너지의 흐름을 만들 수 있다. 한국과 일본은 그 사상 능력을 키워야 하지 않을까. 세계를 이끌려는 미국의 정의와 중국의 일대일로가 물이 흐르는 통로가 된다면, 누구든 그 물길에 인류 사회에 필요한 새로운 콘텐츠를 띄우면 된다. 인공지능과 로봇이 인간의 노동을 대체하게 될 미래 사회에서 식민지배와 개발독재, 노동착취는 더 이상 기능할 수 없다. 인공지능의 시대에 필요한 것은 '인간'을 깨우치고 세상을 조화롭게 구성할 수 있는 인문 사회의 사상과 문화를 창조하는 능력이 아닐까?

돌이켜보면, 근대화·서구화·세계화의 문명을 거부하고 전복시키려던 혁명 및 주체화는 정치적 실패나 역사적 파탄으로 끝났다. 한국의 식민지화와 일본의 패전은 그 불행 자체로 역사적 심판을 받은 셈이다. 뿌린 대로 거둔다는 자연의 이치는 인간의 역사와 사회현상에도 그대로 적용될 터이다. 그 이치를 깨닫는다면 앞날을 준비하는 자세가 달라진다. 과거에 집착하고 나의 모순을 돌아보지 못한다면, 지금 현재 나는 다가올 앞날의 또 다른 불행을 만들고 있는 셈이다. 동아시아인들이 서세동점의 문명화에서 갈등했던 문제의 해법과 각각의 사회기반에서 키워온 능력을 융합하고 동시대의 문제를 함께 해결하도록 노력한다면, 불행했던 과거의 잘못을 함께 뉘우치고 서로의 한을 해원할 수 있지 않겠는가.

21세기 세계 곳곳에서 민주주의의 난맥상이 펼쳐지고 있다. 신자유주의적 무한 경쟁과 민주주의의 무능력에 대한 비관적 분위기 속에서, '민주주의 시대의 종말'(콜린 크라우치)도 고해졌다. 민주주의는 제2차 세계대전과 냉전의 승자인 미국에 의해 강제된 한갓 '정치적 관념'에 불과하다는 평가절하도 있다. 이슬람권의 젊은이들이 미국과 유럽의 민주주의를 증오하며 스스로 IS라는 무장국가를 조직하고 세계체제의 전복까지 노렸다. 의회제 민주주의의 한계가 '참여 민주주의'로 극복되지 않고, 국가주의에 대한 욕망이나 포퓰리즘의 혼란으로 분출되기도 한다.

서로 증오하고 불화해온 역사를 돌아볼 때, "민주주의는 어떤 현실을 변혁하는 이념"이라기보다, 불균등한 "현실에 존재하는[편향된] 사고나 행동의 양식"에 불과할지도 모른다는 견해가 설득력을 갖는다.[29] 이념이 아니라면, 민주주의는 주권자(국민)들의 숙의(熟議)를 거쳐 법질서를 만드는 제도이자 절차다. 의회제 민주주의는 인간의 무력이나 배타적 욕망 앞에서 무너질 수 있지만, 민주화의 역사적 과정에서 검증된 덕목이 있다. 민주주의가 소통 불가능한 타자들을 교섭과 타협으로 이끄는 장치이자, 불공정성을 최소화한 규칙하에서 서로 경쟁하여 그 결과에 승복하게 만드는 통치의 기술이라는 점이다. 이 제도하에서 힘으로 '지속 가능한 승리자'는 없으며, 통치자도 피통치자도 모순과 갈등을 해소하지 못하면 언젠가 '패배'에 승복해야 한다. 일본의 자민당 일당 독주하에서도 그 내부에는 다양한 파벌들이 경쟁 구조를 띠고 있기 때문에 패배의 경험은 누구에게나 주어졌다.

결국 민주주의는 운용의 규칙이자 합의의 절차다. 이때 투표권을 행사하는 사람들이 민주주의의 내용과 성공을 결정한다. 내셔널리즘(국민주의, 민족주의)은 유권자들에게 책임과 권한을 부여하며 시민들의 실행력이 민주주의의 성패를 좌우한다. 유권자는 대의제의 대표자가 능력을 발휘하도록 정치하는 사람이어야 한다. 국민을 대표하여 직능을 맡은 정치가와 관료, 공무원들에게 역할을 부여하는 지도력을 주권자 스스로가 갖추어야 한다. 르낭과 마루야마의 일상의 정치 개념[30]도 유권자의 선택과 분별을 민주주의의 원동력으로 강조했다. 이러한 관점에서 "민주주의는 현상을 바꾸려고 하는 자기비판적인 개념", "자기 반성의 행위"라는 견해는 타당하다.[31]

---

29 森政稔, 『迷走する民主主義』, ちくま書房, 2016, p.43. 민주주의 종언론은 같은 책, 제1장 참조.

30 이 책 서장과 제7장 제3절 참조.

31 위의 책, p.45.

민주주의는커녕 국민국가의 형태조차 확립하지 못한 지역에서는 내전을 반복하고 난민을 배출해왔다. 난민을 받아들였던 유럽의 국가들에서는 인종주의와 파시즘을 맹신하는 '외로운 늑대'들이 난민(이민) 배척의 분위기를 조장하고 있다. 이 모든 불행은 난민 탓이 아니며 배외주의로 우리의 안전이 보장될 리 없다. 인류 사회의 번영은 '사회적·정치적 삶'을 박탈당한 '호모 사케르(homo sacer)'의 희생 속에서 가능했다. 오늘날 세계적인 난민과 기아 문제는 이민자의 값싼 노동력을 활용하여 물질적 부와 문화적 가치를 누리면서도, 인류의 모순을 방치하고 있는 선진국의 지식 사회가 공동으로 해결에 나서야 할 문제다.

1950년대부터 아시아·아프리카(AA)의 비동맹운동이 활발했지만, 제국주의가 그어놓은 인위적인 국경선 위에서 국민국가 건설에 실패한 나라가 대부분이다. 냉전 진영의 논리로 일부 정치 세력을 밀어주는 방법은 분쟁 가능성만 높였다. 1980년대부터 아프리카에서는 내전과 가뭄이 지속되어 기아와 기근, 문맹과 질병, 약탈과 인권 침해 등이 일상화되었다. 1990년대부터 기아와 분쟁을 벗어나려는 난민 대열이 늘어났다. 2009년 말 아프리카 난민은 약 230만 명, 국외 탈출을 못한 국내 피난민은 약 650만 명으로 집계된다. 평균 수명도 짧고 아이를 양육할 환경이 아님에도, 1950년 2억 2,100만 명이던 아프리카 인구가 2009년 10억으로 불었다.[32] 아프리카를 탈출하는 난민이 늘어난 결과, 난민과 이민을 수용했던 유럽에서 2010년 무렵부터 차별과 분노, 증오와 테러가 도미노 현상을 이루기 시작했다.

빈곤과 분쟁이 거듭된 지역에서는 빈곤으로부터 탈출하기 위하여

32 平野克己 監修, 株式会社レッカ社 編, 『「アフリカ53国」のすべて』, PHP文庫, 2011, pp.28-31.

선진국에 밀입국하거나 불법으로 체류하는 사람들이 많았다. 탈식민과 탈냉전의 미래 비전을 주류사회에 통합되는 길에서 찾아야 했다. 하지만 고도성장이 멈춘 선진국에서는 삶의 불균등성과 가시적인 차별이 더욱 증폭하고 있다. 이민은 그 역기능, 즉 분쟁의 외연을 확장하고 이식하는 결과를 초래했다. 아프리카의 빈곤과 기아, 선진국의 난민과 테러, 참혹하게 악순환하는 고리를 끊어낼 수 없는 것일까? 분쟁지역의 문제 해결 방도와 지원을 강대국의 패권 및 원조 국가(기업)의 이익 창출이 아닌, 글로벌 사회의 상생 패러다임 구축에서 찾아낼 방법은 없을까? 이민·난민을 차단하는 폐쇄주의가 아니라, 이민·난민의 흐름을 돌려세우는 역류(逆流)의 방법을 모색해야 하지 않을까? 세계가 협력하여 난민이 발생하지 않도록 근본적 방법을 강구해야 한다.

문제는 글로벌 상생을 위한 막대한 지원과 원조의 방법이 아직까지 별다른 효과를 내지 못하고 있다는 사실이다. 선진국에서 '원조 피로감'이 쌓이자, 2005년 파리선언의 합의에서는 원조받는 국가의 개발과제와 연계하여 주인의식을 높일 방안을 다각도로 검토하는 노력도 기울였다.[33] 2000년에 기획되어 2015년까지 실행된 UN의 새천년개발목표(MDGs)는 그간의 성과를 보고한다. 먼저, 공적개발원조(ODA: Official Development Assistance)가 늘어나 전 세계의 원조 총액은 2014년 현재 1,352억 달러로 2000년의 810억 달러보다 67% 늘었다. 빈곤국에 대한 의료, 수도 시설, 교육 등의 원조 내용이 늘었고, 극심한 빈곤율은 1990년 47%(19억 2,600만 명)에서 2015년 14%(8억 3,600만

33 코이카, 「원조 프로그래밍」(http://www.koica.go.kr/devaid/interaid/programming/index.html).

명)으로 줄었다고 한다.[34] 2018년 4월 잠정 집계된 2017년 ODA 지원 실적에 따르면, 총 1,466억 달러 중 한국의 ODA 지출은 22억 달러로 세계 15위, 일본은 114억 7천 달러로 세계 4위의 원조 국가다.[35]

그러나 2017년 5월 15일 유니세프의 발표에 따르면, 중동·북아프리카 지역 11개국을 분석 조사한 결과, 이 지역 어린이 4명 중 1명에 해당하는 최소 2,900만 명이 여전히 빈곤과 기아 문제를 겪고 있다.[36] 한국전쟁 직후 아프리카보다 궁핍했던 한국이 ODA 원조국으로 성장한 현실을 떠올린다면, 북아프리카가 오늘의 최빈국으로 전락한 이유와 그 대책을 밝히는 작업이 요원하지만은 않을 것이다. 한국과 동남아시아의 발전 모델을 궁구하여 아프리카 기아 문제 해결에 효과적으로 적용할 방법을 적극 모색해보는 작업도 필요하리라 보인다.

일본은 제2차 세계대전의 전후 배상과 아시아 국가들과의 신뢰회복을 위해 ODA 원조를 시작했다. ODA의 목적은 "국제사회의 평화와 발전에 기여하고 이를 통해 일본의 안전과 번영의 확보에 이바지하는 것"이다.[37] 국익과 미일동맹 및 기업의 이익을 중시한 결과, 일본의 ODA 지원은 동남아시아와 아프가니스탄에 집중되어 있다. 동남아시아에서 일본 기업의 활약이 두드러졌고 동남아의 발전에도 기여했다. 그 와중에 ODA에 관여하는 기관과 민간단체에서 비리와 공금 유용 사건이 발생하고, 원조받는 지역의 이기주의 등도 운영의 문

34 "The Millennium Development Goals Report 2015"(http://www.koica.go.kr/download/2016/2015mdgsreport.pdf).

35 외교부, 「17년 우리나라 ODA는 22억 불, DAC 국가 중 15위」(http://www.korea.kr/briefing/pressReleaseView.do?newsId=156263437).

36 「中東·北アフリカ子どもの貧困, 2,900万人」(https://www.unicef.or.jp/news/2017/0100.html).

37 ODA KOREA, 『2017 대한민국 ODA백서』, 2017; 「独立行政法人国際協力機構, 世界の援助潮流と日本の取り組みについて」(https://www.jica.go.jp/aboutoda/basic/06.html#a01).

제로 떠올랐다. 아프가니스탄에서 유엔 평화유지군의 활동은 일본을 테러 위험에 노출시켰다는 부정적 평가도 있다.[38] 하지만 국제사회의 난제들이 해결되지 않는 한, 한 국가만의 평화와 안전이 지속될 수 없다. 적어도 아프리카 기아 문제를 근절할 수 없다면, 유니세프의 모금 활동은 유니세프 기구의 존속에 더 많이 기여하는 역설적 결과를 가져올 것이다.

AA 비동맹운동에서 소련과 경쟁하며 아프리카와 연대했던 중국은 경제성장 이후 아프리카에 투자를 확대하며 유대 관계를 굳히고 있다. 미국 하원 정보위원회 위원장 데빈 누네스(Devin Nunes)는 중국이 아프리카의 군사적 요충지인 지부티에 군사기지를 건립하고 사회 기반시설과 항구에 투자하는 사실을 경계한다.[39] 중국이 자국의 패권을 위해 아프리카에 접근하는 모습은 과거에 그들 스스로가 비판했던 미국과 일본의 '제국주의 행태'를 반복한다. 모든 관계에서 상생은 일방적 수혜를 의미하지 않는다. 미국과 일본도 한국의 경제 발전을 지원하면서 자국의 이익을 도모해왔다.

그렇다면 ODA 원조가 제공국에도 이익이 되듯이, 원조를 받는 나라에도 실질적인 이익이 되어야 한다. 물질적 기부와 지원으로 제공국의 국위를 선양하면서도 상대국의 자립 능력을 계발하지 못했다면, 그것은 오히려 인류 사회의 모순을 지속시킴으로써 테러와 불행을 배가하는 독이 된다. 유니세프가 아프리카의 어린이들을 지속적으로 지원해도 그들 부모가 아이들을 양육할 환경이 조성되지 못한다면, 그 지원은 악순환을 구조화한다. 자립적 생활을 위해서는 자립의

38 주성돈, 「일본 정부개발원조(ODA)의 정책변화 분석」, 『한국자치행정학보』 제31권 제2호(2017 여름), pp.261-280.

39 「중, 지부티 통해 아프리카 무역 차단할수도」, 〈연합뉴스〉, 2018. 3. 26.

정신과 함께, 고용-생산-소비-투자의 경제를 일으켜 지속 가능한 일자리를 창출해야 한다. 미래 비전을 공유하고, 공단을 조성하여 그 지역에 공업을 발전시키지 않는 한 빈곤 문제의 근본적 퇴치는 불가능하다. 그러나 4차 산업혁명으로 이행하고 있는 선진국의 기술과 공업이 아프리카에 이식될 형편은 아니다.

빈곤 지역의 경제를 일으킬 기술은 한국의 제조업과 중공업 분야에서 보유하고 있다는 견해가 있다. 한 연구단체가 제시한 '인류대민사업-인류기아ZERO프로젝트'라는 기획에서는 분쟁지역에서 안전거리를 확보하여 대규모 공단을 창설하고 자립갱생의 생활환경을 조성할 것을 제안한다. 한국의 기술력을 전수하고, 국제사회의 투자로 국제분쟁지역의 주변에 대규모 공단을 세워 일자리를 창출하며, 지역민들의 자립을 위한 인성교육을 도모하자는 기획이다.[40] 이 프로젝트는 한국이 국제사회의 희생과 원조로 한국전쟁의 폐허에서 부활하고 기술과 지식을 습득하여 성장한 만큼, 인류의 기아 문제를 해결하는 데 앞장서야 한다고 강조한다. 한국전쟁 당시에 참전했던 아프리카와 국제사회에 의리를 보여주고 인류 공영에 이바지하자는 논리다.

그 선순환의 국내적 효과로 국내의 제조업 경기 하락과 실업난, 주택난 등 한국 경제와 사회의 정체된 문제도 해결될 것으로 전망한다. 한국의 제조업과 중공업의 쇠퇴를 유지하기 위해 국민 세금을 퍼붓거나 숙련된 기술력을 실업 상태에 방치하는 정책이 아니라, 그 기술력을 기아와 난민 해소를 위한 인류공영 사업에 돌려서 세계평화를 실현해야 한다는 생각이다. 선순환의 국제적 효과로 기아와 난민, 실업과 불법체류의 점차적 해소, 이주노동자의 귀향과 그들의 고국에

40 정법시대미래연구재단, 『인류대민사업: 인류기아ZERO프로젝트편』, 정법시대, 2015.

대한 공헌 등이 제시된다. 글로벌 차원에서 인구밀도와 산업분포가 조화를 이루면, 인종차별 문제도 완화하고 지구의 자정능력 향상으로 환경오염도 예방된다. 국가 간 경쟁구도를 극복하고 상생관계를 유도하여 인류복지사회를 구현한다면, 종교와 이념 분쟁도 사라지고 국제사회의 협력과 신뢰 속에서 한반도의 통일도 가능해진다는 내용이다.[41] 선진국의 범죄 예비군인 '외로운 늑대'와 현대인의 우울증을 치유할 사회적 해결책이 여기에 있지 않을까?

유토피아를 낙관하는 것처럼 보일 수도 있다. '인류기아ZERO프로젝트'의 실현을 위해 준비된 주체의 존재 및 성공 여부를 가늠할 수 없고, 검증된 바도 없지만, 새싹은 자라나고 있다.[42] 사람은 누구나 바른 이치를 깨달으면 바른 행위를 하려고 노력하면서 진정한 보람을 느끼게 된다. 2018년 제주도에 예멘 난민이 상륙했듯이, 난민 문제의 해법 모색은 더 이상 미룰 수 없는 절박한 현실 문제이기도 하다. 난민의 발생을 근본적으로 예방할 수 없다면, 일시적 난민 수용은 더 많은 난민을 불러들이면서 대내외적으로 더 큰 혼란과 갈등을 야기하게 될 것이다.

글로벌 분쟁 지역의 문제는 제국주의 팽창과 냉전시대의 민족해방론, 글로벌 자본주의의 역사에서 빚어진 세계사의 산물이다. 20세기 '진보' 지식인들은 빈곤 지역의 경제 개발을 자본주의 경제 침략과 제국주의 수탈로 비판해왔지만, 더 늦기 전에 경제 개발을 통한 새로

---

41 유튜브 영상으로도 확인 가능하다. 〈인류대민사업 인류기아제로 프로젝트 선포 특별영상〉(https://www.youtube.com/watch?v=iyMqdKIvRuk).

42 아프리카 초대총괄을 맡았던 박광기 당시 삼성전자 부사장은 2015년 뉴패러다임미래연구소를 설치하여 개도국 빈곤퇴치 및 산업화 유도를 위한 공단 전략을 연구·기획하고 있다. 〈세바시 597회 베이비부머가 청년에게 말걸다: 청장년 실업 동시 해결을 위한 제언-박광기 HungerZero2023 프로젝트팀 리더〉(https://www.youtube.com/watch?v=VbZHa7Vpy2s&t=14s).

운 협력 질서의 창출에서 인류의 진보에 기여할 방도를 찾아야 한다. 새로운 경제 개발과 도시 건설에서 시행착오를 범하지 않기 위해서라도 제국사 및 탈식민 연구, 지역학의 연구 성과를 국제사회에 환원하고, 인류 복지의 구현을 위한 실질적인 방법을 모색해야 한다. 일본의 지역 연구 성과와 만주국 건설 및 동남아 지원, 한국전쟁 이후 국제사회의 한국 지원과 한국의 새마을운동 및 중동지역 건설 등의 경험은 새로운 패러다임의 도출에 유용한 지적 자산이 될 수 있다. 동아시아인들이 인류의 기아와 빈곤, 난민과 테러의 퇴치를 자신의 사상과제로 삼고서 실행할 수 있다면, 제국과 식민지의 갈등, 냉전의 역사 속에서 서로가 쌓아온 모순과 가능성을 동시에 풀어낼 수 있으리라 기대한다.

인류 사회는 상대를 희생시키는 적대적 모순 속에서 가시적이든 비가시적이든 서로 연결된 삶의 환경을 빚어왔다. 이 책에서 '좌우합작'의 역사를 '세계 관련성' 속에서 고찰한 것은 이제 그 적대성의 어느 한 편에 서서 상대를 탓하지 말고, 현실의 모순을 찾아 그 해결을 위해 '나로부터' 함께 노력하자고 제안하기 위해서다. 그를 위해 필자는 '저항민족주의'와 '일본적 이로니'를 사상적 극복 과제로 제시하기도 했다. 인류 보편의 사상과제를 공유하고 더불어 실천을 도모하기 위해서는 '변경' 의식과 '패배감'에서 벗어나 지구를 하나의 중심이자 연결망으로 사유할 필요가 있다.

우치다는 '세계표준'을 따라잡으려 하지 말고, '세계표준'을 독창적으로 제시하는 '일본인=변경인'으로 살자고 호소한다. "지금까지 어떤 나라의 어떤 국민도 생각해낸 적이 없는 진짜 오리지널한, 동시에 진짜 보편적인 국제사회의 나아갈 전도를 환하게 밝혀내는 이념이나 프로그램이 일본인에 의해 제언"되기를 그는 욕구한다. 그는 "외부에 있는 '세계표준'에 의거해서만 사고하는 우리들, 가르침을 주며 행동할 수 없는 우리들"을 탄식한다. 그리고 "나의 올바름은 미래에 그것이 실현되는 것으로 실증되리라. 그것이 세계표준을 만들어내는 인간이 생각하는 '올바름'"이라고 강조하면서, 그 사상과제에 다가가고자 분투한다.[43] 미래에 실현될 '세계표준'을 정립하여 인류를 '교화'하는 능력을 품고자 하는 우치다에게서 미래의 메시아에 응답하려는 의식까지 엿볼 수 있다.

우치다의 일본 성찰은 '변경의 종교성'으로 이어진다. "어딘가 멀리 있을 예지"로부터 동심원처럼 펴져가는 빛이 완전하게 비추지 않기 때문에, 변경에서는 스스로의 무지와 미숙을 통감하는 감수성과 종교적 관용이 싹텄다고 한다. 변경인=일본인들은 "나를 초월한 절대적 외부"를 상상하며 '종교적 절박성'을 갖지 않는 대신에, 차도·무사도·유도·검도·화도(華道)에서 "배움을 가동시켜 사제 관계를 성립시키고, 도를 추구하는 프로그램"을 성공시켰다. 그러나 그 일상에서의 성공 체험이 종교 감각의 긴장감이나 배움의 절박성을 방해했다는 것이다.[44] 우치다는 '세계표준'을 도출하려는 사상과제를 품고 있지만, 일본적 현실에서 그 불가능성을 자인하며 '변경'이란 지정학적 위상에 안주한다. '변경국가'는 '팔굉일우=제국주의'를 비판하고 '반미 자주화의 세계표준'을 꿈꾸면서도 세계로 나서지 못하는, 주체 부재의 장소인 셈이다.

'무한 부정'에 빠지지 않으며 '세계표준'을 제시하려는 우치다의 의지를 응원하지만, 올바름이 단순히 외부에 의거하지 않는 독창성과 미래 확실성으로 입증되는 것은 아니리라. 우치다도 이 사실을 잘 알고 있다. 과거의 오류와 모순이 없었다면, 전쟁과 착취의 문제를 일으

43 內田樹, 앞의 책, pp.92, 95-96, 98-99.

44 위의 책, pp.158-210.

키며 인류가 쌓아온 부와 기술과 지식이 없었다면, 오늘 우리가 '올바름'을 추구할 수도 판단할 수도 없었을 것이다. 과거로부터 주어진 오늘의 현실에서 해야 할 일을 외면한 채, 국제사회에 어떤 새로운 미래가 밝아오기를 기대할 수 없다. 인류 사회의 모든 희생과 지적 성찰을 모두의 교훈과 보람으로 바꾸지 못한다면, 투쟁과 갈등은 멈추지 않을 것이다. 오늘의 환경에서 가장 절실하게 주어진 문제를 함께 연구하고 해결하는 것이 동아시아의 사상과제의 출발점이 되어야 한다. 그 사상과제가 지구촌에서 기아와 난민을 구제하는 일에서 시작되기를 희망해본다.

일본은 아시아 국가들 중에서도 선도적으로 '전시-전후체제'의 모순 형성에 가담했다. 그 와중에 일본인들은 가해자의 입장에서 스스로를 희생함으로써 인류 역사에 교훈을 남겼고, 일본과 아시아에 축적되어온 모순을 타개하기 위해 스스로도 노력하고 분투했다. 전후체제의 모순 속에서도 평화국가의 정체성을 키워온 일본이 이제 세계 평화와 인류 복지사회의 실현 도정에서 자신들의 역할을 찾아 스스로의 희생을 빛나게 되살리기를 간절히 바란다. 한국과 일본이 더불어 인류 사회의 전쟁과 폭력을 종식시키고 평화로운 내일의 행복을 가꾸어나가는 모습을 상상하면서 동아시아 사상과제 찾기의 첫 번째 여정을 마무리하고자 한다.

| 참고문헌 |

한국어

「권두언: 맑스-레닌주의의 기치를 높이 들고 력사과학의 당성의 원칙을 고수하자」, 『력사과학』, 역사학연구소, 1962. 3.

가토 요코, 박영준 역, 『근대 일본의 전쟁논리: 정한론에서 태평양전쟁까지』, 태학사, 2003.

강원봉 외, 『가지무라 히데키의 내재적 발전론을 다시 읽다』, 아연출판부, 2014.

강창일, 「일진회의 한일 '합방'운동과 흑룡회: 일본 우익의 대아시아주의와 관련하여」, 『역사비평』, 2000. 8.

고든, 앤드류, 문현숙·김우영 역, 『도쿠가와 시대에서 현대까지: 현대일본의 역사』(개정판 1, 2), 이산, 2016.

고토쿠 슈스이, 임경화 역, 『나는 사회주의자다: 동아시아 사회주의의 기원, 고토쿠 슈스이 선집』, 교양인, 2011.

김윤식, 『한국근대문예비평사연구』(개정신판), 일지사, 1999(초판: 1976).

김종학, 「이노우에 가쿠고로(井上角五郎)와 갑신정변(甲申政變): 미간사료 『井上角五郎自記年譜』에 기초하여」, 『동양정치사상사』 13권 1호, 2014, pp.147-196.

김종학, 『개화당의 기원과 비밀외교』, 일조각, 2017.

나카노 고이치, 고대성 역, 『일본정치의 우경화』, 제이앤씨, 2016.

남기정 편, 『전후 일본, 그리고 낯선 동아시아』, 박문사, 2011.

남기정, 『기지국가의 탄생: 일본이 치른 한국전쟁』, 서울대학교출판문화원, 2016.

네그리, 안토니·마이클 하트, 윤수종 역, 『제국』, 이학사, 2001.

노병호, 『전후 일본의 내셔널리즘과 미국』, 신서원, 2014.

뒬멘, 리햐르트 반, 최용찬 역, 『역사인류학이란 무엇인가』, 푸른역사, 2001.

롤즈, 존, 황경식 역, 『정의론』, 이학사, 2011.

르낭, 에르네스트, 신행선 역, 『민족이란 무엇인가』, 책세상, 2002.

리콴유, 류지호 역, 『리콴유 자서전』, 문학사상사, 1999.

마쓰모토 겐이치, 정선태·오석철 역, 『기타 잇키-천황과 대결한 카리스마』, 교양인, 2010.

마쓰모토 겐이치, 권정희 역, 「아시아주의자의 원상(原像): 나카노 세이고(中野正剛)의 경우」, 『일본비평』, 2014. 2.
마에다 쓰토무, 이용수 역, 『일본사상으로 본 일본의 본질 兵學·朱子學·蘭學·國學』, 논형, 2014.
무라오카 츠네츠구, 박규태 역, 『일본 신도사』, 예문서원, 1998.
미시마 유키오, 남상욱 역, 『문화방위론: 문화를 지킨다는 것은 무엇을 의미하는가』, 자음과모음, 2012.
박종성, 『탈식민주의에 대한 성찰: 푸코, 파농, 사이드, 바바, 스피박』, 살림출판사, 2006.
박진우, 「상징천황제와 미국」, 『일본비평』, 2009. 8.
박철희 편, 『일본의 집단적 자위권 도입과 한반도』(SNU일본연구총서 8), 서울대학교출판문화원, 2016.
박훈, 「'연속하면서 혁신': 幕末정치사와 明治維新을 보는 시각」, 『日本歷史研究』 제40집, 2014. 12.
박훈, 『메이지유신은 어떻게 가능했는가』, 민음사, 2014.
백승욱, 『문화대혁명: 중국 현대사의 트라우마』, 살림출판, 2007.
버크, 에드먼드, 이태숙 역, 『프랑스혁명에 관한 성찰』, 한길사, 2008.
서정완·임성모·송석원 편, 『제국일본의 문화권력』(한림일본학연구총서 I), 소화, 2011.
쑨거, 윤여일 역, 『다케우치 요시미라는 물음: 동아시아의 사상은 가능한가』, 그린비, 2007.
스테인호프, 퍼트리샤, 임정은 역, 『적군파: 내부폭력의 사회심리학』, 교양인, 2013.
시라이 사토시, 정선태 역, 『영속패전론』, 이숲, 2017.
신규섭, 「'만주국'의 협화회와 재만 조선인」, 『만주연구』 제1집, 2004. 6.
신동규, 「프랑스 민족전선의 인종정치와 반이민 담론의 형성」, 『역사비평』, 2017. 8.
아오키 미치오, 허은주 역, 『일본대중문화의 원형』, 소명출판, 2016.
야마무로 신이치, 정재정 역, 『러일전쟁의 세기』, 소화, 2010.
야마무로 신이치, 정선태·윤대석 역, 『사상과제로서의 아시아』, 소명출판, 2018.
야스다 고이치, 김현욱 역, 『거리로 나온 넷우익: 그들은 어떻게 행동하는 보수가 되었는가』, 후마니타스, 2013.
왕현종, 「광무개혁 논쟁」, 『역사비평』, 2005. 11.
요네타니 마사후미, 「일본 마르크스주의와 식민지주의」(한글판), 『진보평론』, 2001.
요네타니 마사후미, 조은미 역, 『아시아/일본 사이에서 근대의 폭력을 생각한다』, 그린비, 2010.
우치다 다쓰루·시라이 사토시, 정선태 역, 『속국 민주주의론: 이 지배로부터 언제 졸업할 수 있을까』, 모요사, 2018.
윤상인, 「'말 걸기'를 시작하며」, 『일본비평』, 2009. 8.
이관형, 「헤겔의 '낭만적 반어'비판에 대하여」, 『시대와 철학』 제24권 1호(통권 62호),

2013.
이권희, 『국가와 교육 메이지 국민교육사』, 케포이북스, 2017.
이노우에 가쓰오, 이원우 역, 『막말 유신』, 어문학사, 2013.
이노우에 기요시, 서동만 역, 『일본의 역사』, 이론과 실천, 1989.
이정희, 「'만주 건국대학'의 교육과 조선인 학생」, 『만주연구』 제22집, 2016. 12.
이헌주, 「1880년대 전반 조선 개화지식인들의 '아시아 연대론' 인식연구」, 『동북아역사논총』 23, 2011.
이형식, 「문학과 경제로 풀어낸 청일·러일전쟁」, 『역사비평』, 2016. 2.
임영태 편, 『식민지시대 한국사회와 운동』, 사계절, 1985.
장인성, 「보수의 미학: '포스트전후' 일본 보수주의의 정치미학」, 『일본비평』, 2015. 8.
정법시대미래연구재단, 『인류대민사업: 인류기아ZERO프로젝트편』, 정법시대, 2015.
정용화, 『문명의 정치사상: 유길준과 근대한국』, 문학과지성사, 2004.
조경희, 「'아시아적 신체'의 각성과 전형(転形): 1970년대 일본 신좌익운동과 쓰무라 다카시(津村喬)」, 인하대학교 한국학연구소, 『한국학연구』 44, 2017. 2.
조관자, 「〈반〉제국주의의 폭력과 멸죄의 힘: 중국망명기의 신채호와 동시대의 폭력비판론」, 『문화과학』 24, 2000. 12.
조관자, 「재일조선인 운동과 지식의 정치성, 1945-1960」, 『일본사상』, 2012. 6.
조관자, 「내재적 발전론의 네트워크, '민족적 책임'의 경계: 가지무라 히데키와 그의 시대, 1955-1989」, 『아세아연구』, 2013. 9(『가지무라 히데키의 내재적 발전론을 다시 읽는다』(공저), 아연출판부, 2014에 재수록).
조관자, 「1990년대 이후 한국에 소개된 재일조선인 지식인의 민족담론: 서경석의 '식민주의 저항' 담론에 관한 비판적 고찰」, 『일본비평』, 2016. 2.
조관자, 「일본인의 혐한의식: '반일'의 메아리로 울리는 '혐한'」, 『아세아연구』, 2016. 3.
조관자 편, 『탈전후의 사상과 감성』, 박문사, 2017.
조명철, 「청일·러일전쟁의 전후처리와 한국문제」, 『한일관계사연구』 36, 2010.
주성돈, 「일본 정부개발원조(ODA)의 정책변화 분석」, 『한국자치행정학보』 제31권 제2호, 2017년 여름.
채수도, 「흑룡회의 『아시아주의 운동』: 『중국동맹회』와 관련해서」, 『한국일본어문학회 학술발표대회논문집』, 2004. 10.
최문형, 「아관파천과 로일의 대립」, 『동아시아문화연구』 34권 0호, 2000.
최종길, 「일본의 아시아주의와 조선인의 반응: 홍아회를 중심으로」, 『사림(성대사림)』 56권 0호, 2016.
트로츠키, 레온, 정민규 역, 『레닌 이후의 제3인터내셔널』, 풀무질, 2009.
표세만, 「구가 가쓰난(陸羯南)의 "국민" 문화: 메이지 내셔널리즘의 한 단면」, 『인문과학연구』 15, 2006. 6.

푸코, 미셸, 이규현 역, 『광기의 역사』, 나남, 2003.

하라 아키라, 김연옥 역, 『청일·러일전쟁 어떻게 볼 것인가: 동아시아 50년전쟁 다시 보기』, 살림, 2015.

한상일, 「일본의 우익사상과 아시아주의」, 『일본비평』, 2014. 2.

한상일, 『이토 히로부미와 대한제국』, 까치, 2015.

한석정·노기식, 『만주 동아시아의 융합 공간』, 소명출판, 2008.

함동주, 「러일전쟁 이후 일본의 한국식민론과 식민주의적 문명론」, 『동양사학연구』 94, 2006.

함동주, 「메이지 초기 서양사수용과 프랑스혁명관의 사회문화사」, 『동양사학연구』 108, 2009. 9.

홉스봄, 에릭, 강명세 역, 『1780년 이후의 민족과 민족주의』, 창작과비평사, 1998.

홍순권, 「'을사늑약' 전후 개화 지식인들의 정국인식과 대응」, 『한국독립운동사연구』 제24집, 2005. 8.

홍웅호, 「(특집)근대한러관계연구: 아관파천과 한러관계의 진전; 철도부설권과 러시아의 동아시아 정책」, 『사림(성대사림)』 35권 0호, 2010.

영어

Gellner, Enerst, *Nationalism*, Weidenfeld and Nicolson, 1997.

Greenfeld, Liah, *Nationalism: Five Roads to Modernity*, Harvard University Press, 1992.

Griffin, Roger(ed.), "BENITO MUSSOLINI, Fascism's Myth: The Nation", *Fascism*, Oxford University Press, 1995.

Hardt, Michael and Antonio Negri, *Empire*, Harvard University Press, 2000.

Kowner, Rotem, *Historical Dictionary of the Russo-Japanese War*, Scarecrow Press, 2006.

Mitani, Hiroshi, "A Protonation-State and Its 'Unforgettable Other': Prerequisites for Meiji International Relations", *New Directions in the Study of Meiji Japan*, eds. Helen Hardacre and Adam Lewis Kern, Brill, 1997.

Muller, Jerry Z., "Us and Them: The Enduring Power of Ethnic Nationalism", *Foreign Affairs*, March/April 2008.

Norman, E. Herbert, *Japan's Emergence as a Modern State*, Institute of Pacific Relations, 1940.

Richard T. Ely, *Socialism: An Examination of Its Nature, Its Strength and Its Weakness, with Suggestions for Social Reform*, Thomas Y. Crowell & Co., 1895.

Smith, Anthony D., *The Antiquity of Nations*, Polity Press, 2004.

Smith, Anthony D., *Ethno-symbolism and Nationalism: A Cultural Approach*, Taylor &

Francis, 2009, p.25.

Tankha, Brij, *Kita Ikki and the Making of Modern Japan: A Vision of Empire*, Global Oriental, 2006.

Toland, John, *Adolf Hitler*, Doubleday, 1976.

일본어

『東亜解放』, 東亜解放社, 1939. 8.

『日本資本主義発達史講座』(復刻版)(全7巻·別冊), 岩波書店, 1982.

『日本浪曼派』(復刻版)(3冊·別冊), 雄松堂出版, 1971.

『法令全書』, 内閣官報局, 1912.

『歴史学研究』, 歴史学研究会, 1951年 3月号.

青木理, 『日本会議の正体』, 平凡社, 2016.

赤澤史朗 編, 『戦後体制の形成: 1950年代の歴史像再考』(年報·日本現代史 第13号), 現代史料出版, 2008.

浅羽通明, 『右翼と左翼』, 幻冬舎, 2006.

葦津珍彦, 「右翼精神の系譜と現状」, 『経済往来』, 1969. 9.

葦津珍彦, 『明治維新と東洋の解放』(復刊版), 皇学館出版部, 1995(초판: 新勢力社, 1964; 복간판 제3쇄: 皇学館出版部, 2005).

雨宮処凛, 『生き地獄天国: 雨宮処凛自伝』, 筑摩書房, 2007.

雨宮昭一, 「戦後体制の形成」, 日本現代史研究会 編, 『戦後体制の形成』, 大月書店, 1988.

雨宮昭一, 「脱戦後体制と地域: 戦後史のパースペクティブ」, 『歴史評論』 623, 2002. 3.

雨宮昭一, 『戦後の越え方 歴史·地域·政治·思考』, 日本評論社, 2013.

新井喜美夫, 『「善玉」「悪玉」大逆転の幕末史』, PHP文庫, 2010.

荒原朴水, 『大右翼史』, 秀文社, 1966.

安藤彦太郎等, 『日·朝·中三国人民連帯の歴史と理論』, 日本朝鮮研究所, 1964.

池田貴将, 『覚悟の磨き方 超訳 吉田松陰』, サンクチュアリ出版, 2013.

池田信夫, 『戦後リベラルの終焉 なぜ左翼は社会を変えられなかったのか』, PHP新書, 2015.

石井知章·小林英夫·米谷匡史 編著, 『一九三〇年代のアジア社会論: 「東亜協同体」論を中心とする言説空間の諸相』, 社会評論社, 2010. 2.

石田雄, 『日本の社会科学』, 東京大学出版会, 1984.

石田英敬·鵜飼哲·小森陽一·高橋哲也, 「21世紀のマニフェスト 脱「パラサイト·ナショナリズム」!」, 『世界』, 2000. 8.

石母田正,『歴史と民族の発見: 歴史学の課題と方法』, 東京大学出版会, 1978(25쇄).
石原莞爾,「マイン カンプ批判」,『昭和維新論: マイン カンプ批判』(玉井礼一郎 編, 石原莞爾選集 4), たまいらぼ出版, 1986.
石原莞爾全集刊行会 編,『石原莞爾全集』(全7巻·別巻), 石原莞爾全集刊行会, 1976(第1巻-第4巻)/1977(第6巻-別巻).
石原莞爾生誕百年祭実行委員会 編,『永久平和への道: いま, なぜ石原莞爾か』, 原書房, 1988.
板垣大助監修,『自由党史』(上巻), 五車樓, 1910.
板垣竜太·戸邉秀明·水谷智,「日本植民地研究の回顧と展望: 朝鮮史を中心に」,『社会科学』40-2, 同志社大学人文科学研究所, 2010. 8.
伊藤貫,『中国の「核」が世界を制す』, PHP研究所, 2006.
伊藤貫,『中国の核戦力に日本は屈服する 今こそ日本人に必要な核抑止力』, 小学館, 2011.
伊藤隆 編,『山県有朋と近代日本』, 吉川弘文館, 2008.
伊藤睦 編,『三里塚燃ゆ: 北総台地の農民魂』, 平原社, 2017.
井上清,『軍国主義と帝國主義』(新版 日本の軍国主義 II), 現代評論社, 1975.
井上寿一,『山県有朋と明治国家』, NHK出版, 2010.
井上寿一,『第一次世界大戦と日本』, 講談社, 2014.
井上達生,『リベラルのことは嫌いでも, リベラリズムは嫌いにならないでください』, 毎日新聞出版, 2015.
猪野健治,『日本の右翼: その系譜と展望』, 日新報道, 1973.
井田輝敏,「権藤成卿の思想構造」,『松山大学論集』第9巻 第6号, 1998. 2.
稲田雅洋,『自由民権運動の系譜』, 吉川弘文館, 2009.
猪俣津南雄,「財政危機と政変」(『世界』1927年 6月号),『現代日本ブルジョアジーの政治的地位』, 南宋書院, 1927.
猪俣津南雄,『横断左翼論と日本人民戦線』, 而立書房, 1974.
今井清一,「大正デモクラシーの展開と変貌」,『近代国家の思想』(日本の社会文化史 第6巻), 講談社, 1974.
今井清一,『大正デモクラシー』(日本の歴史 23), 中央公論社, 2006.
入江辰雄,『永久平和の先駆 石原莞爾』, たまいらぼ, 1985.
入江辰雄,『石原莞爾と民族問題』, 日本図書刊行会, 1994.
入江辰雄,『日蓮聖人の大霊と石原莞爾の生涯』, 近代文芸社, 1996.
岩井忠熊,『西園寺公望』, 岩波書店, 2003.
印貞植,『朝鮮の農業機構分析』, 白揚社, 1937.
植木枝盛,『植木枝盛集』(第3巻), 岩波書店, 1990.
上田耕一郎,『戦後革命論争史: 戦後日本の分析』(上巻), 1956.

植村邦彦,『マルクスを読む』, 青土社, 2001.
上山春平,「日本のナショナリズム」,『戦後日本の思想対立』(講座·日本社会思想史 5)(増補版), 芳賀書店, 1970(초판: 1967).
臼井勝美,『日中戦争: 和平か戦線拡大か』(新版), 中央公論新社, 2000.
内田樹,『日本辺境論』, 新潮社, 2009.
内田樹·白井聡,『属国民主主義論: この支配からいつ卒業できるのか』, 東洋経済新報社, 2016.
内田甲,『露西亜論』, 黒竜会, 1901.
内田良平·宮川悌二郎,『ロシア亡国論』(覆刻版)(影山正治監修·宮川悌二郎 解説), 大東塾出版部, 1977.
内田良平文書研究会 編集·解題,『黒竜会関係資料集』1, 柏書房, 1992.
内村鑑三,『内村鑑三全集』3, 岩波書店, 1982.
江藤淳,「神話の克服」,『文学界』, 1958年 8月号.
大井憲太郎,『時事要論』, 板倉中, 1886.
大石嘉一郎,「『日本資本主義発達史講座』刊行事情」,『日本資本主義発達史講座』(復刻版の別冊 1), 岩波書店, 1982.
大門正克 編著,『昭和史論争を問う: 歴史を叙述することの可能性』, 日本経済評論社, 2006.
大熊信行,『日本の虚妄: 戦後民主主義批判』(増補版), 論創社, 2009.
大嶽秀夫,『新左翼の遺産 ニューレフトからポストモダンへ』, 東京大学出版会, 2007.
大谷栄一,「田中智学と国柱会:「日本による世界統一」というプラン」, 趙景達·村田雄二郎 他 偏,『講座 東アジアの知識人〈1〉文明と伝統社会』, 有志舎, 2013.
大月隆寛,「小林よしのり"反米一直線"のコーマニズムに一筆啓上いたします」,『諸君!』, 2005. 3.
大沼保昭,『東京裁判から戦後責任の思想へ』, 東信堂, 1997.
大山梓 編,『山県有朋意見書』, 原書房, 1966.
岡島茂雄,『明日に続く道-吉田松陰から安倍晋三へ』, 高木書房, 2009.
岡崎哲二, 奥野正寛 編,『現代日本経済システムの源流』, 日本経済新聞社, 1993.
岡崎正道,「魔王の相貌」,『異端と反逆の思想史: 近代日本における革命と維新』, ぺりかん社, 1999.
岡田一郎,『革新自治体 熱狂と挫折に何を学ぶか』, 中公新書, 2016.
小熊英二,『民主と愛国: 戦後日本のナショナリズムと公共性』, 新曜社, 2003.
小熊英二,『1968』(上·下), 新曜社, 2009.
尾崎秀実,「「東亜協同体」の理念とその成立の客観的基礎」(『中央公論』, 1939. 1),『尾崎秀実著作集』2, 勁草書房, 1977.
尾崎秀実,「東亜共栄圏の基底に横たわる重要問題」(『改造』, 1941. 3),『尾崎秀実著作集』3,

勁草書房, 1977.
小野義彦,「「従属経済」論への批判」,『経済評論』, 1957. 6.
小野義彦,『戦後日本資本主義論: 従属経済論批判』, 青木書店, 1963.
外務省 編纂,『日本外交文書』第23巻, 1952.
外務省 北米局長·佐藤行雄の答弁, 参議員-決算委員会-4号,「国会会議録」126, 1993. 4. 19.
海軍省,『明治十年西南征討志 附録』(復刻版), 青潮社, 1987(초판: 1885).
革命的共産主義者同盟·共産主義者同盟·社会主義労働者同盟·第四インターナショナル日本支部·日本マルクス·レーニン主義者同盟,「4·28を突破口とし70年への戦列を強化せよ」, 新左翼理論全史編集委員会 編,『新左翼理論全史』, 流動出版, 1979.
梶尾文武,「一九六〇年代における新右翼の形成と美的テロル: 三島由紀夫と橋川文三」(特集 三島由紀夫というプリズム, 三島由紀夫 10の光彩),『国文学: 解釈と鑑賞』76(4), 2011. 4.
鹿島茂,『怪帝ナポレオン三世 第二帝政全史』, 講談社, 2010.
片岡鉄哉,『日本は「政治大国」になれる: "吉田ドクトリン"からの脱却』, PHP研究所, 1992.
桂川光正,「東亜連盟論の成立と展開」,『史林』63(5), 1980. 9.
加藤寛,『日本の時代が来る: 政治大国への条件』, 山手書房, 1981.
加藤弘之,『人権新説』, 谷山楼, 1882.
仮名垣魯文,『三則教の捷径』, 中西源八蔵版, 1873.
亀井勝一郎,『現代史の中のひとり』, 文芸春秋新社, 1955.
亀井勝一郎,「転形期の文学」(1934),『現代日本文学大系』61巻, 筑摩書房, 1970.
亀井勝一郎,「現代精神に関する覚書」(1942), 竹内好 編,『近代の超克』, 冨山房, 1979.
亀井勝一郎,『現代史の課題』, 岩波書店, 2005.
辛島理人,『帝国日本のアジア研究: 総力戦体制·経済リアリズム·民主社会主義』, 明石書店, 2015.
苅部直,『丸山眞男: リベラリストの肖像』, 岩波新書, 2006.
河上肇·大山郁夫監修, 政治批判社 編輯,『マルクス主義講座』, 上野書店内, 1927. 11-1929. 3.
北一輝, 西田税 編集·発行,『日本改造法案大綱』, 1928.
北一輝,『支那革命外史』, 聖紀書房, 1941.
北輝次郎,『國體論及び純正社會主義』, 1906.
北原鉱治,『大地の乱 成田闘争: 三里塚反対同盟事務局長の30年』, お茶の水書房, 1996.
木村三浩,『右翼はおわってねえぞ! 新民族派宣言』, 雷韻出版, 2001.
権容奭,『岸政権期の「アジア外交」:「対米自主」と「アジア主義」の逆説』, 国際書院, 2008.
楠原祖一郎 編,『昭和十二年中における社会運動概況: 昭和十二年中における右翼社会運動

概況 その2』, 社会思想対策調査会, 1938.
陸羯南,『近時政論考』, 岩波文庫, 1972.
櫛田民蔵,「わが国小作料の特質について」,『大原社研雑誌』, 1931. 8.
工藤美代子,『絢爛たる悪運 岸信介伝』, 幻冬舎, 2012.
蔵田計成,『新左翼運動全史』, 流動出版, 1978.
栗原幸夫,「空洞, 非同時代性, 占拠 ブロッホ『この時代の遺産』を読む」,『新日本文学』38(9), 1983. 9.
黒木彬文,「興亜会のアジア主義」,『法政研究』第71巻 第4号, 九州大学, 2005.
黒崎輝,『核兵器と日米関係』, 有志舎, 2006.
黒田勝弘,「赤い群衆たちの愛国心」, *Voice*, 2002. 8.
公安調査庁,『日本共産党·在日本朝鮮祖国防衛委員会関係等基本資料集』, 1953.
高榮蘭,『「戦後」というイデオロギー』, 藤原書店, 2010.
麹町幸二 編,『モダン用語辞典』, 実業之日本社, 1930.
功刀俊洋,「地方政治における戦後体制の成立」, 赤澤史朗 編,『戦後体制の形成: 1950年代の歴史像再考』(年報·日本現代史 第13号), 現代史料出版, 2008,
黒竜会,「満州調査の必要」,『會報』第1集, 1901. 3. 10.
黒竜会,『黒竜会三十年事歴』, 1931.
黒竜会, 東亜先覚志士記伝』(上巻), 黒竜会出版部, 1933-1935.
幸徳秋水·堺利彦訳,「共産党宣言」,『週刊 平民新聞』第53号, 1904. 11. 13.
小阪修平,『思想としての全共闘世代』, 筑摩書房, 2006.
小島恒久,『日本資本主義論争史』, ありえす書房, 1976.
小田切秀雄,『講座日本近代文学史』第5巻, 大月書店, 1957.
小林峻一·加藤昭,『闇の男 野坂参三の百年』, 文藝春秋, 1993.
小林英夫,『帝国日本と総力戦体制: 戦前·戦後の連続とアジア』, 有志舎, 2004.
小林瑞乃,「日清戦争期の対外硬派-政治改革と戦争支持はどう語られたのか」,『総合文化研究所年報』第18号, 2011.
小林よしのり,『ゴーマニズム宣言』9, 幻冬舎文庫, 2000.
小林よしのり,『アホ腰抜けビョーキの親米保守』, 飛鳥新社, 2003.
小林よしのり, (新ゴーマニズム宣言special)『戦争論』3, 幻冬舎, 2003.
小松茂朗,『陸軍の異端児 石原莞爾: 東條英機と反目した鬼才の生涯』(新装版), 潮書房光人社, 2012(구판: 光人社, 1991).
小宮修太郎,『脱「戦後日本」のナショナリズム: 90年代以降の三つの流れ』, 第三書館, 2016.
駒込武,『植民地帝国日本の文化統合』, 岩波書店, 1996.
子安宣邦,『「アジア」はどう語られてきたか』, 藤原書店, 2002.
小山弘健,『日本資本主義論争史』上, 青木書店, 1953.

小山弘健,『日本資本主義論争史』下, 青木書店, 1954.
三枝康高,「革命的ロマンティシズムの道」,『日本浪曼派の運動』, 現代社, 1959.
斎藤三郎,『右翼思想犯罪事件の綜合的研究: 血盟団事件より二·二六事件まで』, 司法省刑事局, 1936.
斉藤淳,『自民党長期政権の政治経済学: 利益誘導政治の自己矛盾』, 勁草書房, 2010.
佐伯啓思,『自由と民主主義をもうやめる』, 幻冬舎新書, 2008.
酒井哲哉,「「東亜協同体論」から「近代化論」へ: 蝋山政道における地域·開発·ナショナリズム論の位相」,『日本外交におけるアジア主義〈日本政治学会 編,「年報政治学」, 1998年度〉』, 岩波書店, 1999.
佐道来夢,『4次元思想とフラットランド』, デザインエッグ社, 2017.
坂口弘,『あさま山荘1972』下, 彩流社, 1993.
坂根義久 校注,『青木周蔵自伝』, 平凡社東洋文庫, 1970.
坂野潤治·田原総一朗,『大日本帝国の民主主義 嘘ばかり教えられてきた!』, 小学館, 2006.
坂本義和,「革新ナショナリズム試論: 新たな国民像を求めて」,『中央公論』1960年 10月号.
座談会,「浪曼派の将来」,『日本浪曼派』第3巻 第6号, 1937. 8.
佐藤誠三郎,「幕末における政治的対立の特質」,『幕末政治論集』(日本思想大系 56), 岩波書店, 1976.
佐藤誠三郎,『「死の跳躍」を越えて-西洋の衝撃と日本』(改訂版), 千倉書房, 2009(초판: 都市出版, 1992).
佐藤卓己,『『キング』の時代 国民大衆雑誌の公共性』, 岩波書店, 2002.
佐野学·鍋山貞親,「共同被告同志に告ぐる書」,『改造』, 1933. 7(法政大学大原社会問題研究所-協調会史料 第2集, http://oohara.mt.tama.hosei.ac.jp/kyochokai2/r052/index.html).
佐谷真木人,『日清戦争「国民」の誕生』, 講談社, 2009.
重信房子,『日本赤軍私史 パレスチナと共に』, 河出書房新社, 2009.
重光葵,『巣鴨日記』(正·続), 文藝春秋新社, 1953.
柴宜弘·木村真·奥彩子 編,『東欧地域研究の現在』, 山川出版社, 2012.
島田昌和,「第一(国立)銀行の朝鮮進出と渋沢栄一」,『経営論集』9, 1999. 12.
清水澄,『社會主義ト社會政策』, 博文館, 1911.
時事問題研究所,『全学連: その意識と行動』, 時事問題研究所, 1968.
新左翼理論全史編集委員会 偏,『新左翼理論全史』, 流動出版, 1979.
絓秀実,『革命的な, あまりに革命的な:「1968年の革命」史論』, 作品社, 2003.
絓秀実,『1968年』, 筑摩書房, 2006.
杉原正巳,『東亜協同体の原理』, モダン日本社, 1939.
杉村濬,『明治廿七八年在韓苦心録』, 1932.

杉山茂丸, 『百魔·正続完本』, 書肆心水, 2006.
呑天 鈴木梅四郎, 『昭和維新の大国是·附録 平和的世界統一政策』, 帝国文化協会, 1929.
鈴木邦男, 『がんばれ!!新左翼: 「わが敵·わが友」過激派再起へのエール』(復刻新版), エスエル出版会, 1999(초판: 1989).
鈴木邦男, 『愛国と米国』, 平凡社, 2009.
陶山幾朗, 『「現代思潮社」という閃光』, 現代思潮新社, 2014.
関幸彦, 『武士の誕生』, 講談社, 2013.
千田夏光, 「特別レポート 日本陸軍慰安婦」, 『週刊新潮』, 1970. 6.
千田夏光, 『従軍慰安婦: "声なき女"八万人の告発』, 双葉社, 1973.
千田夏光, 『従軍慰安婦 続(償われざる女八万人の慟哭)』, 双葉社, 1974.
曽根俊虎 述, 明石順吉 編, 『露清の将来』, 明石順吉, 1896.
高見順, 「倫理的意識の日本的歪曲」(『世界』 1951年 6月号), 『日本文学研究資料叢書 日本浪曼派』, 有精堂, 1977.
第二次『東大陸』編集部, 「戦後の右翼と現在: 〈右派民族派〉の再結集といわゆる"新右翼"」, 『東大陸』 第4号, ビヒモス, 1995.
高岡裕之, 『総力戦体制と「福祉国家」: 戦時期日本の「社会改革」構想』, 岩波書店, 2011.
高木不二, 「横井小楠における政権構想の展開: 公武合体論から公議政体論へ」, 『史學』 49(4), 1980. 3.
高沢晧司·高木正幸·蔵田計成, 『新左翼二十年史: 叛乱の軌跡』, 新泉社, 1981.
高野実, 『日本の労働運動』, 岩波書店, 1958.
高橋賢, 「大井憲太郎と南洋貿易」, 『愛知大学綜合郷土研究所紀要』 第58号, 愛知大学綜合郷土研究所, 2013.
高橋哲哉, 『戦後責任論』, 講談社, 1999.
高橋昌明, 『武士の成立 武士像の創出』, 東京大学出版会, 1999.
高見圭司, 『反戦青年委員会』, 三一書房, 1968
高見順, 『昭和文学盛衰史』 二, 文芸春秋新社, 1958.
竹内洋, 『革新幻想の戦後史』, 中央公論社, 2011.
竹内弘行, 『中国の儒教的近代化論』, 研文出版, 1995.
竹内好, 「近代の超克」(1959), 竹内好 編, 『近代の超克』, 富山房, 1979.
竹内好, 『竹内好全集』(全17巻), 筑摩書房, 1981-1982.
竹内好, 『日本とアジア』, 筑摩書房, 1993.
竹田恒泰, 『原発はなぜ日本にふさわしくないのか』, 小学館, 2011.
田中康夫, 『なんとなく, クリスタル』, 河出書房新社, 1981.
田中清玄(インタビュア: 大須賀瑞夫), 『田中清玄自伝』, 文藝春秋, 1993.
谷沢永一, 「戦後民主主義の理論的指導者·丸山眞男への告発状」, 『悪魔の思想: 「進歩的文化人」という名の国賊12人』, クレスト社, 1996.
圭室諦成, 『西郷隆盛』, 岩波書店, 1960.
田母神俊雄, 『日本核武装計画 真の平和と自立のために』, 祥伝社, 2013.
張寅性, 『19世紀儒教知識人にみる開國と普遍主義: 横井小楠と金允植』, 東京大學出版会, 1994.
智学田中巴之助, 『日本国体の研究』, 天業民報社, 1922.
千坂恭二, 「蓮田善明·三島由紀夫と現在の系譜」, 『東大陸』 第3号, ビヒモス, 1993.
千坂恭二, 「日本的前衛とアジアの大衆: アジア主義の革命と戦争」, 『情況』 1997年 8·9月号.
千坂恭二, 「中野正剛と東方会: 日本ファシズムの源流とファシスト民主主義」, 『思想としてのファシズム: 「大東亜戦争」と1968』, 彩流社, 2015.
中央宣傳部, 『汪主席和平建国言論集』, 中央書報発行所, 1939.
中国共産党中央委員会毛沢東選集出版委員会 編, 『毛沢東選集』 第一巻, 外文出版社, 1968.
趙阿桂, 「中核派の入管決戦の掛け声: 入管『決戦』論批判」, 『底流』 2号, 1970. 10. 8.
趙寛子, 『植民地朝鮮/帝国日本の文化連環』, 有志舎, 2007.
朝鮮總督府, 『施政30年史』, 景仁文化社, 1990.
月脚達彦, 『福沢諭吉の朝鮮 日朝清関係のなかの「脱亜」』, 講談社, 2015.
津村喬, 『われらの内なる差別』, 三一書房, 1970.
津村喬, 『歴史の奪還』, せりか書房, 1972.
津村喬, 「反逆にはやっぱり道理がある」, 『悍』 第1号, 2008. 10.
津村喬, 『津村喬精選評論集: "1968"年以後』, 論創社, 2012.
津村喬, 『戦略とスタイル』(増補改訂新版), 航思社, 2015.
津村喬, 『横議横行論』, 航思社, 2016.
鶴見祐輔, 『英雄待望論』, 大日本雄弁会講談社, 1928.
鶴見俊輔 他 編, 『日本の百年9: わき立つ民論』, 筑摩書房, 1963.
鶴見俊輔 他 編, 『日本の百年10: 御一新の嵐』, 筑摩書房, 1963.
東亜研究所, 『抗日政権の東亜新秩序批判』, 資料: 丙第235号B, 1941. 10.
東亜聯盟中国総会 編, 『全面和平への道』, 改造社, 1941.
東畑精一, 「逆植民」, 『人口及東亜経済の研究』(上田貞次郎博士記念論文集 4), 科学主義工業社, 1943.
遠山茂樹, 『明治維新』(遠山茂樹著作集 第1巻), 岩波書店, 1991.
遠山茂樹·今井清一·藤原彰, 『昭和史』(新版), 岩波書店, 1959.
徳富猪一郎, 『台湾遊記』, 民友社, 1929.
徳富蘇峰, 『吉田松陰』, 民友社, 1934.
戸坂潤, 「科学的精神は何か: 日本文化論に及ぶ」(1937. 3), 『戸坂潤全集』 一, 勁草書房, 1966.

戸邉秀明,「ポストコロニアリズムと帝国史研究」, 日本植民地研究会 編,『日本植民地研究の現状と課題』, アテネ社, 2008. 6.

富岡政信 編,『維新史料』(一), 野史臺, 1887.

伴野準一,『全学連と全共闘』, 平凡社, 2010.

頭山満·犬養毅·杉山茂丸·内田良平,『アジア主義者たちの声: 玄洋社と黒龍会, あるいは行動的アジア主義の原点』, 2008.

長岡新吉,『日本資本主義論争の群像』, ミネルヴァ書房, 1984.

長坂覚,「韓国人と日本人: 曺寧柱氏に聞く」,『中央公論』, 1979. 8.

長崎県警察史編集委員会 編,『長崎県警察史』第3巻, 1996.

中島昭二,『まんが 会津白虎隊』, 歴史春秋出版株式会社, 1995.

中島栄次郎,「浪曼化の機能」,『日本浪曼派』創刊号, 1935. 3.

中島岳志,『「リベラル保守」宣言』, 新潮社, 2015(초판: 2013).

渚雪彦,「帝国主義列強の抗争の現局面: 日韓闘争と革命闘争の勝利のために」,『マルクス·レーニン主義』, 1964. 2. 15.

中野敏男,『大塚久雄と丸山眞男: 動員, 主体, 戦争責任』, 青土社, 2002.

永原慶二,『20世紀日本の歴史学』, 吉川弘文館, 2003.

中原邦平,『伊藤公実録』, 啓文社, 1910.

中原正一,「'政治大国化'狙う竹下首相: 憲法の枠を越え'禁じられた火遊び'(政界メモ)」,『公明』319号, 1988. 8.

中村薫,『加藤完治の世界: 満洲開拓の軌跡』, 不二出版, 1984.

中村政則,『戦後史』, 岩波書店, 2005.

成田龍一,「司馬遼太郎の歴史の語り」, 小森陽一·高橋哲哉 編,『ナショナル·ヒストリーを越えて』, 東京大学出版会, 1996.

西岡力,「「韓国からの通信」「T·K生」は「北」の手先だったのか」,『諸君!』, 1988. 7.

西部邁,『反米という作法核武装論: 当たり前の話をしようではないか』, 講談社, 2007.

西部邁·小林よしのり,『反米という作法』, 小学館, 2002.

西部邁·木村三浩,『鬼畜米英: がんばれサダム·フセインふざけんなアメリカ!!』, 鹿砦社, 2003.

日朝協会,『日朝問題』, 学習講座資料, 1960.

日本共産黨,「日本文化の擁護と発展のために」,『前衛』, 1957. 3.

日本社会主義青年同盟中央機関紙,『青年の声』(縮刷版: 1960. 3–1971. 2), 社青同中央本部, 1975.

野坂参三·平野義太郎·羽仁五郎,『野呂栄太郎の回想』, 大学新聞連盟出版部, 1948.

狭間直樹,「初期アジア主義についての史的考察(2): 曽根俊虎と振亜社」,『東亜』411巻, 霞山会, 2001. 9.

橋川文三,『日本浪曼派批判序説』(改訂版), 未来社, 1965.
橋川文三,『近代日本政治思想の諸相』, 未来社, 1968.
橋川文三,『ナショナリズム: その神話と論理』(紀伊國屋新書 復刻版), 紀伊国屋書店, 1994(초판: 1968).
橋川文三,『昭和維新試論』, 講談社, 2013.
橋川文三,『西郷隆盛紀行』, 文春学藝ライブラリー, 2014.
秦郁彦,『戦前期日本官僚制の制度·組織·人事』, 東京大学出版会, 1981.
秦郁彦 編,『日本官僚制総合事典: 1868-2000』, 東京大学出版会, 2001.
初瀬龍平,「内田良平と中国問題」,『アジア研究』17巻 3-4号, 1970-1971.
服部之総,『日本資本主義発達史講座 明治維新の革命及び反革命』, 岩波書店, 1933.
羽仁五郎,『明治維新: 現代日本の起源』, 岩波書店, 1946.
原敬,『原敬全集』(上)(原敬全集刊行会, 1929), 明治百年史叢書, 2013.
林房雄,「作家のために」,『東京朝日』, 1932. 5.
林房雄,「文学のために」,『改造』, 1932. 7.
林房雄,「作家として」,『新潮』, 1932. 9.
林房雄,『大東亜戦争肯定論』, 番町書房, 1964.
半藤一利,『幕末史』, 新潮社, 2008.
平岡正明,『日本人は中国で何をしたか: 中国人大量虐殺の記録』, 潮出版社, 1972.
平沼騏一郎,「昭和維新」,『教化の資料』, 文部省, 1929.
平野敬和,『丸山昌男と橋川文三「戦後思想」への問い』, 教育評論社, 2014.
平野克己 監修, 株式会社レッカ社 編,『「アフリカ53国」のすべて』, PHP文庫, 2011.
平野千果子,『フランス植民地主義の歴史』, 人文書院, 2002.
平野義太郎,『日本資本主義発達史講座 第5: ブルジョア民主主義運動史』, 岩波書店, 1932.
平野義太郎,『馬城大井憲太郎伝』, 大井馬城伝編纂部, 1938.
平野義太郎,『大アジア主義の歴史的基礎』, 河出書房, 1945.
廣松渉,『現代革命論への模索: 新左翼革命論の模索のために』, 盛田書店, 1970.
廣松渉,『「近代の超克」論: 昭和思想史への一視覚』(新訂·増補版), 講談社, 1989.
廣松渉,『廣松渉著作集』第14巻, 岩波書店, 1997.
福澤諭吉,『明治十年丁丑公論·痩我慢の説』, 講談社, 1985.
福澤諭吉,『文明論之概略』, 岩波書店, 1995.
福家崇洋,『満川亀太郎: 慷慨の志猶存す』, ミネルヴァ書房, 2016.
藤井厳喜,『教科書では教えない戦後民主主義の幻想: 戦後体制の呪縛から脱出せよ』, 日新報道, 1997.
藤岡信勝,『汚辱の近現代史: いま, 克服のとき』, 徳間書店, 1996.
藤岡信勝,『近現代史教育の改革: 善玉·悪玉史観を超えて』, 明治図書出版, 1996.

藤田省三,『維新の精神』(藤田省三著作集 4), みすず書房, 1997.
藤田省三,『全体主義の時代経験』(藤田省三著作集 6), みすず書房, 1997.
藤間生大,『日本民族の形成: 東亞諸民族との連關において』, 岩波書店, 1951.
古谷経衡,『ネット右翼の逆襲「嫌韓」思想と新保守論』, 総和社, 2013.
星亮一,『会津戦争全史』, 講談社, 2005.
堀幸雄,『戦後の右翼勢力』(増補版), 勁草書房, 1993.
本多勝一,『中国の旅』, 朝日新聞社, 1972.
洪宗郁,『戦時期朝鮮の転向者たち: 帝国/植民地の統合と亀裂』, 有志舎, 2011.
増島宏·高橋彦博·大野節子,『無産政党の研究: 戦前日本の社会民主主義』, 法政大学出版局, 1969.
孫崎享,『日米同盟の正体: 迷走する安全保障』, 講談社, 2009.
孫崎享,『不愉快な現実: 中国の大国化, 米国の戦略転換』, 講談社, 2012.
松浦玲,『勝海舟』, 中公新書, 1968.
松浦玲,『徳川慶喜』, 中公新書, 1975.
松本健一,『思想としての右翼』, 論創社, 2007(초판: 第三文明社, 1976).
松本健一,『原敬の大正』, 毎日新聞社, 2013.
丸山眞男,『日本の思想』, 岩波新書, 1961.
丸山眞男,『現代政治の思想と行動』(増補版), 未来社, 1964.
三木清,「汪兆銘氏に寄す」,『中央公論』, 1939. 12.
三木清,「東亜思想の根拠」(『改造』, 1938. 12),『三木清全集』15, 岩波書店, 1967.
三島由起夫,『若きサムライのために』, 文藝春秋(文庫), 1996.
三島由紀夫·芥正彦·浅利誠·木村修·小阪修平·小松美彦,『三島由紀夫vs東大全共闘: 1969-2000』, 藤原書店, 2000.
三島由紀夫,『文化防衛論』, ちくま文庫, 2006.
水島治郎,『ポピュリズムとは何か: 民主主義の敵か, 改革の希望か』, 中公新書, 2016. 12.
三谷太一郎,『日本の近代とは何であったか: 問題史的考察』, 岩波新書, 2017.
三谷博,『明治維新とナショナリズム: 幕末の外交と政治変動』, 山川出版社, 1997.
満川亀太郎, 長谷川雄一 編·解説,『三国干渉以後』, 論創社, 2004.
三宅雄二郎,『偽悪醜日本人』, 政教社, 1891.
三宅雪嶺,『偉人の跡』, 丙午出版社, 1910.
宮台真司·鈴木弘輝·堀内進之介,『幸福論 〈共生〉の不可能と不可避について』, NHK出版, 2007.
陸奥宗光,『新訂 蹇蹇録 日清戦争外交秘録』, 岩波書店, 1994.
武藤秀太郎,『近代日本の社会科学と東アジア』, 藤原書店, 2009.
村上重良,『日本の宗教: 日本史·倫理社会の理解に』, 岩波書店, 1981.

明治文化研究会 編,『明治文化全集』 第12巻(宗教篇), 日本評論社, 1992.
毛利敏彦,『明治六年政変』, 中公新書, 1979.
森公章,『古代豪族と武士の誕生』, 吉川弘文館, 2013.
森田康夫,「イギリス自由主義の流入: 福沢諭吉と田口卯吉」,『講座・日本社会思想史: 明治社会思想の形成』(住谷悦治 他 偏), 芳賀書店, 1969.
森政稔,『迷走する民主主義』, ちくま書房, 2016.
森本藤吉,『大東合邦論』, 1893.
文部省,『国体の本義』, 1937.
野史台 編,『維新史料』(第1-30巻), 野史臺, 1887-1892.
保田與重郎,「反進步主義文学論」,『日本浪曼派』 第3号, 1935. 5.
保田與重郎,「『日本的なもの』批評について」,『文学界』 1937年 4月号.
保田與重郎,「「日本浪曼派」廣告」, 平野謙・小田切秀雄・山本健吉 編,『現代日本文学論争史』中巻, 未来社, 1957.
保田與重郎,『保田與重郎全集』 第2巻, 講談社, 1985.
保田與重郎,『保田与重郎全集』 第11巻, 講談社, 1986.
保田與重郎,『保田與重郎全集』 第16巻, 講談社, 1987.
保田與重郎,『保田與重郎全集』 第27巻, 講談社, 1988.
保田與重郎,『日本浪漫派の時代』(保田與重郎文庫 19), 新学社, 1999.
柳田泉編,『三宅雪嶺集』(明治文学全集 33), 筑摩書房, 1967.
山栄太郎,「サミット後の中曽根外交:「政治大国」への重要な契機(世界の焦点)」,『世界週報』64(23), 1983. 6. 14.
山口光朔,「フランス民主主義思想と自由民権」,『講座・日本社会思想史/明治社会思想の形成』(増補版), 芳賀書店, 1969.
山口重次,『満州建国の歴史: 満州国協和会史』, 栄光出版社, 1973.
山口定,『ヒトラーの抬頭: ワイマール・デモクラシーの悲劇』, 朝日新聞社, 1991.
山田盛太郎,「工業に於ける資本主義の端初的諸形態, マニュファクチュア・家内工業」,『日本資本主義発達史講座』(第二部 資本主義発達史), 1933.
山之内靖 編,『総力戦と現代化』, 柏書房, 1995.
山之内靖・成田龍一・J. Victor Koschman,『総力戦と現代化』, 柏書房, 1995.
山之内靖・酒井直樹,『総力戦体制からグローバリゼーションへ』, 平凡社, 2003.
山之城有美,「戦後日本における橋川文三の「1930年代像」:「日本浪曼派批判序説」を素材として」,『日本女子大学大学院人間社会研究科紀要』 20, 2014. 3.
湯治万藏 編,『建國大學年表』, 建國大學同窓會建大史編纂委員會刊, 1981.
吉田松陰,『吉田松陰全集』 第1巻, 岩波書店, 1940.
吉田松陰,『吉田松陰撰集』, 松風会, 1996.

吉田松陰·川口雅昭 編,『吉田松陰一日一言: 魂を鼓舞する感奮語録』, 致知出版, 2006.
吉野作造,『憲政の本義 吉野作造デモクラシー論集』, 中公文庫, 2016.
吉見俊哉,『新米と反米: 戦後日本の政治的無意識』, 岩波書店, 2007.
吉本隆明·埴谷雄高·谷川雁·森本和夫·梅本克己,『民主主義の神話: 安保闘争の思想的総括』, 現代思潮社, 1960.
米谷匡史,「戦間期日本の社会思想」,『思想』882号, 1997. 12.
米谷匡史,「マルクス主義の世界性とコロニアリズム」,『情況』, 2003. 3.
米谷匡史,『アジア/日本』, 思考のフロンティア, 岩波書店, 2006.
豊田穣,『革命家·北一輝:「日本改造法案大綱」と昭和維新』, 講談社, 1996.
陸軍参謀本部編纂課 編,『征西戦記稿』(復刻版), 青潮社, 1987(초판: 1887).
呂元明,「『満洲浪曼』の全体像」,『『満洲浪曼』研究東京 』, ゆまに書房, 2003.
蝋山政道,「東亜協同体の理論」(『改造』, 1938. 11),『東亜と世界』, 改造社, 1941.
和田民子,「19世紀末中国の伝統的経済·社会の特質と発展的可能性」,『日本大学大学院総合社会情報研究科紀要』第8号, 日本大学大学院総合社会情報研究科, 2007.
渡辺一衛 他,『新左翼運動40年の光と影』, 新泉社, 1999.
渡辺和靖,『保田與重郎研究』, ペリカン社, 2004.
汪精衛(汪兆銘),「特別寄稿 日本に寄す: 中国と東亜」,『中央公論』, 1939. 10.

일본어 번역본

アーネスト ゲルナー(Ernest Gellner), 加藤節監 訳,『民族とナショナリズム』, 岩波書店, 2000.
アレクセイ クロパトキン(Aleksei Kuropatkin), 大竹博吉 訳,「満州悲劇の序曲」, ロシア問題研究所 編,『ロシア革命の裏面史譚選輯. 特輯』, 1929.
E. H. ノーマン(E. Herbert Norman), 大窪愿二 訳,『日本における近代国家の成立』, 岩波文庫, 1993.
エドワード サイード(Edward W. Said), 大橋洋一 訳,『文化と帝国主義』, みすず書房, 1998.
エドワード サイード,『オリエンタリズム』, 平凡社, 1993.
エマニュエル レヴィナス(Emmanuel Lévinas)·フランソワ ポワリエ(François Poirié), 内田樹 訳,『暴力と聖性』, 国文社, 1991.
エルネスト ルナン(Ernest Renan), 津田穣 訳,『イエス伝』, 岩波文庫, 1941.
エルンスト ブロッホ(Ernst Bloch), 池田浩士 訳,『この時代の遺産』, 三一書房, 1982.
カール シュミット(Carl Schmitt), 橋川文三 訳,『政治的ロマン主義』, 未來社, 1982.
コミンテルン(Komintern), 世紀書房 訳編,『日本共産党テーゼ: 22年, 27年, 政治テーゼ, 32

年, 50年テーゼ』, 世紀書房, 1951.

ジャン ジャック ルーソー(Jean Jacques Rousseau), 服部徳 訳, 田中弘義 閲,『民約論』, 有村壮一 蔵版, 1877; 中江篤介 訳解,『民約訳解』第1巻, 仏学塾出版局, 1882.

ジョエル ロマン(Joël Roman),「二つの国民概念」, 鵜飼哲 他 編,『国民とは何か』, インスクリプト, 1997.

ジョージ L. モッセ(George L. Mossee), 佐藤卓己·佐藤八寿子 訳,『大衆の国民化』, 柏書房, 1994.

ドミトリー パヴロフ(Dmitry Pavlov),「日露戦争に関するロシアの研究史」,『戦争史研究国際フォーラム報告書 第3回』, 防衛省, 2005.

ドルワル ド レゼー(Lucien Drouart de Lézey), 教学研鑽和仏協会 訳,『社会主義ト自由思想』, 教学研鑽和仏協会, 1911.

ハインリヒ ハイネ(Heinrich Heine), 山崎章甫 訳,『ドイツ·ロマン派』, 未來社, 1994.

ヴァルター ベンヤミン(Walter Benjamin),『暴力批判論』, 晶文社, 1967.

ピーター ドウス(Peter Duus), 藤原帰一 訳,「植民地なき帝国主義:『大東亜共栄圏』の構想」,『思想』814, 1992. 4.

フランソワ フュレ(François Furet), 大津真作 訳,『フランス革命を考える』, 岩波書店, 1989.

フリードリヒ シュレーゲル(Friedrich von Schlegel), 山本定祐ほか 訳,「アテネ-ウム断章」,『シュレーゲル』(ドイツ·ロマン派全集 第12巻), 国書刊行会, 1990.

フレデリック グロ(Frédéric Gros), 露崎俊和 訳,『ミシェル·フーコー』, 白水社, 1998.

ホミ K. バーバ(Homi K. Bhabha), 本橋哲也 訳,『文化の場所: ポストコロニアリズムの位相』, 法政大学出版局, 2005.

ポール ケネディ(Paul Kennedy), 鈴木主税 訳,『大国の興亡: 1500年から2000年までの経済の変遷と軍事闘争』(上巻), 草思社, 1993.

マリーヌ ルペン(Marine Le Pen),『自由なフランスを取りもどす 愛国主義か, グローバリズムか』, 花伝社, 2017.

ヤン=ヴェルナー ミュラー(Jan-Werner Müller), 板橋拓己 訳,『ポピュリズムとは何か』, 岩波書店, 2017.

ルイーズ ヤング(Louise Young), 加藤陽子ほか 訳,『総動員帝国: 満州と戦時帝国主義の文化』, 岩波書店, 2001.

ロマノ ヴルピッタ(Romano Vulpitta),『ムッソリーニ: 一イタリア人の物語』, 中央公論新社, 2000.

ローラ フェルミ(Laura Fermi), 柴田敏夫 訳,『ムッソリーニ』, 紀伊国屋書店, 1967.

ヨーハン ゴツトリーブ フイヒテ(Johann Gottlieb Fichte),『ドイツ国民に告ぐ』, 帝国教育会, 1917.

기사 자료·인터넷 공개 자료

* 이 책에서 참고한 모든 인터넷 자료의 최종 검색(접근)일은 특별한 언급이 없는 경우 2018년 4월 30일.

「나카소네 訪韓(방한) 반대」, 『경향신문』 1면, 1986. 8. 30.

『두산백과』(www.doopedia.co.kr).

「마크롱 프랑스 대통령, 트럼프 비꼬는 트윗으로 화제」, 〈연합뉴스〉, 2017. 6. 13(http://www.yonhapnews.co.kr/bulletin/2017/06/12/0200000000AKR20170612136400009.HTML?input=1195m).

「"이토 히로부미, 명성황후 시해 개입" 뒷받침하는 근거 사료 일 국회도서관서 발굴」, 『조선일보』, 2005. 10. 5.

「日 현직 법무상, 개헌·對美 비판 발언 물의」, 〈연합뉴스〉, 1999. 1. 5.

「裁判宣告書」, 『韓国官報』 號外, 開國五百年十一月十四日(1895. 11. 14).

「중, 지부티 통해 아프리카 무역 차단할수도」, 〈연합뉴스〉, 2018. 3. 26.

ODA KOREA, 『2017 대한민국 ODA백서』, 2017.

외교부, 「17년 우리나라 ODA는 22억 불, DAC 국가 중 15위」(http://www.korea.kr/briefing/pressReleaseView.do?newsId=156263437).

코이카, 「원조 프로그래밍」(http://www.koica.go.kr/devaid/interaid/programming/index.html).

"Address of His Excellency Wang Ching-wei, President of the Executive Yuan of the Republic of China", November 5, 1943(http://www.sdh-fact.com/essay-article/378/).

"DARCY CARVALHO"(https://archive.org/details/JapansEmergenceAsAModernState.H.Norman).

"Nationalism", Encyclopedia of Stanford Philosophy(first published Thu. Nov. 29, 2001; substantive revision Mon. Dec. 15, 2014)(https://plato.stanford.edu/entries/nationalism/).

"The Millennium Development Goals Report 2015"(http://www.koica.go.kr/download/2016/2015mdgsreport.pdf).

"The Secretive Cult Shaping Japan's Future", *South China Morning Post*, 2016. 8. 14.

Chibber, Vivek, "How Does the Subaltern Speak?: Postcolonial Theory Discounts the Enduring Value of Enlightenment Universalism at Its Own Peril", *JACOBIN*, 2013. 4. 21(https://www.jacobinmag.com/2013/04/how-does-the-subaltern-speak).

Kato, Norihiro, "Tea Party Politics in Japan: Japan's Rising Nationalism", *New York Times*, September 12, 2014(https://www.nytimes.com/2014/09/13/opinion/tea-party-politics-in-japan.html).

Lewis, Charlton T., Charles Short, *A Latin Dictionary*(http://www.perseus.tufts.edu/hopper/text?doc=Perseus:text:1999.04.0059:entry=natio).

World Bank, "GNI, Atlas Method(current LCU)"(https://data.worldbank.org/indicator/NY.GNP.ATLS.CD).

「一水会「脱右翼宣言」と, これからのこと-鈴木邦男」(http://blogos.com/article/126630/).

「共同宣言「暴力を排し議会主義を守れ」」,『朝日新聞』, 1960. 6. 17.

「国民的大団結の主意を明かにす」,『郵便報知新聞』, 1894. 6. 8.

「詔勅」,『官報』号外, 内閣官報局, 1894. 8. 1.

「(試される憲法)社会学者 宮台真司さん 国家操縦の『憲法意思』大事」,『東京新聞』, 2007. 5. 8.

特集「人文学と軍産学の共同の行方」,『現代思想』, 2016. 11.

「中曽根外交第一幕の選択: 訪韓→訪米」,『朝日ジャーナル』25(3), 1983. 1. 21.

「米の軍事挑発で朝鮮をめぐる情勢緊迫」,『赤旗』, 1968. 1. 31.

「北山安世宛書簡, 安政六年四月七日, 吉田松陰の名文·手紙を読む」(http://www.yoshida-shoin.com/message/0soumoukukki.pdf).

「キングコング対ゴジラ」(http://www.allcinema.net/prog/show_c.php?num_c=86028).

「'軍事'と大学: 岐路に立つ科学者たち」, NHKクローズアップ現代 No.3868, 2016. 9. 28(水) 放送(http://www.nhk.or.jp/gendai/articles/3868/1.html?utm_int=detail_contents_news-link_003).

『月刊コモンズ』(http://com21.jp/topics/opinion).

「3·27全国集会 空港労働者との連帯, 安倍政権打倒を訴え 成田ニュータウンど真中 デモ 農地死守·最高裁決戦勝利へ 720人新たな闘い決意」, 週刊『三里塚』2頁(0940号01面01), 2016. 3. 28(http://www.zenshin.org/zh/s-kiji/2016/03/s09400101.html).

「10·18全国労学統一行動: 東京/北海道/東海/関西/九州/沖縄」(http://www.jrcl.org/img/L23943pho51.jpg).

「西南戦争, 140年目の「仲直り」, 南洲墓地で慰霊塔除幕」,『毎日新聞』(地方版), 2017. 9. 25(https://mainichi.jp/articles/20170925/ddl/k46/040/200000c).

「中東·北アフリカ子どもの貧困, 2,900万人」(https://www.unicef.or.jp/news/2017/0100.html).

「テルアビブ空港乱射, 岡本容疑者「一度は日本に帰りたい」」,『毎日新聞』, 2017. 5. 30

(https://mainichi.jp/articles/20170530/mog/00m/040/008000c).
「成田空港～その役割と現状～ 2017年度」(PDF), 成田国際空港会社(https://www.naa.jp/jp/issue/yakuwarigenjyo/2017/pdf/0_all.pdf).
「西山の歴史 概略」(https://sites.google.com/site/generalishiwara/history-of-nishiyama).
「日露戦争関連年表」, アジア歴史資料センター(https://www.jacar.go.jp/nichiro/nenpyou.htm).
「農地取り上げに反対する緊急3万人署名」(http://www.sanrizuka-doumei.jp/home/cat5/).
「'日本文化チャンネル桜二千人委員会'設立と委員就任へのお願い」(http://www.ch-sakura.jp/578.html).
「松下村塾記」小田村伊之助宛書簡, 安政三年十一月二十日(1856), 『吉田松陰撰集』, 松風会, 1996(http://www.yoshida-shoin.com/message/0shoukasonjyukuki.pdf).

池田信夫, 「首相の「破局願望」をめぐる与太話『日本戦後史論』」(2015. 5. 1), アゴラ-言論プラットフォーム(http://agora-web.jp/archives/1640441.html).
石川啄木, 「時代閉塞の現状」(http://www.aozora.gr.jp/cards/000153/files/814_20612.html).
石原慎太郎, 「日本の右翼はとっくに消滅している」(http://www.metro.tokyo.jp/GOVERNOR/ARC/20121031/tvkb2200.htm).
外務省 編, 「一九二四年米国移民法制定及之ニ関スル日米交渉経過[第1冊]」, 朝陽会, 1924(http://dl.ndl.go.jp/info:ndljp/pid/8238155).
外務省, 「中堅国家構想(MPI)訪日団による岡田外務大臣表敬」(http://www.mofa.go.jp/mofaj/press/release/21/12/1209_02.html).
外務省, 「2016年版開発協力白書 日本の国際協力」, 2017(http://www.mofa.go.jp/mofaj/gaiko/oda/press/shiryo/page22_000323.html).
外務省, 『日本外交文書 日中戦争』, 六一書房, 2011(http://www.mofa.go.jp/mofaj/annai/honsho/shiryo/bun sho/h22.html#2).
警察庁, 『昭和51年 警察白書』, 第7章(http://www.npa.go.jp/hakusyo/s51/s510700.html).
警視庁, 『昭和63年 警察白書』, 第1章, 第2節 1-(1)(https://www.npa.go.jp/hakusyo/s63/s630102.html).
広済寺, 「日蓮: 折伏の本来の意味」, 2006(http://www.kosaiji.org/hokke/nichiren/shakubuku.htm).
佐々木俊尚, 「〈断〉「ネット右翼」は新保守世論」, 『産経新聞』, 2005. 5. 8(http://image.blog.livedoor.jp/mumur/imgs/b/a/baa9f02c.jpg).
世界がわかる 明日が見える, 「外国人労働者100万人時代 "働く留学生"の実態は」, 2017. 2. 17(https://www.nhk.or.jp/seikatsu-blog/800/263801.html).

総務省統計局, 「労働力調査」(http://www.stat.go.jp/data/roudou/sokuhou/tsuki/index.htm).
田中英道, (學藝随想第53回)「日本「辺境」論の偏狭さ」(http://hidemichitanaka.net/?page_id=406).
独立行政法人国際協力機構, 「世界の援助潮流と日本の取り組みについて」(https://www.jica.go.jp/aboutoda/basic/06.html#a01).
古谷経衡, 「あの戦争に「負けたけど勝ったんだ論」の罪深さ」, 2017. 8. 15(https://news.yahoo.co.jp/byline/furuyatsunehira/20170815-00074544/).
松谷創一郎, 「改憲論者が反対する安保法制: 小林節·小林よしのり·宮台真司はなぜ反対するのか」, 2015. 9. 11(https://news.yahoo.co.jp/byline/soichirosutani/20150911-00049419/).
八重桜の会, 「移民·多文化共生政策に反対する日本国民の会(愛称: 八重桜の会)の趣旨について」(http://www.sakuranokai.org/article/395934766.html).

유튜브, 동영상 자료

〈세바시 597회 베이비부머가 청년에게 말걸다: 청장년 실업 동시 해결을 위한 제언-박광기 HungerZero2023 프로젝트팀 리더〉(https://www.youtube.com/watch?v=VbZHa7Vpy2s&t=14s).
〈인류대민사업 인류기아제로 프로젝트 선포 특별영상〉(https://www.youtube.com/watch?v=iyMqdKIvRuk).

〈怒りをうたえ ② 1969·1·15-19 東大闘争(医学部図書館砦戦, 工学部列品館砦戦, 法学部研究室砦戦, 安田講堂砦戦, 神田カルチェ·ラタン解放区闘争)〉(https://www.youtube.com/watch?v=FNEkO0Yu4AE).
〈佐世保でエンタープライズ入港反対闘争〉, NHKニュースハイライト, 1968. 12. 30(https://cgi2.nhk.or.jp/archives/shogenarchives/postwar/news/movie.cgi?das_id=D0012301002_00000).
〈新左翼戦闘史·1968年新宿制圧/新左翼, 新宿東口広場·駅構内を制圧·騒乱罪〉(https://www.youtube.com/watch?v=HKtFXATQCWk).
〈新左翼戦闘史·1968年, 解放派と革マル派の共同行動〉(https://www.youtube.com/watch?v=MEj5WmaUkr0).
〈新左翼戦闘史·1969年神田解放区闘争/東大安田講堂戦支援〉(https://www.youtube.com/watch?v=SkwKdFnzdos).
〈自民党の憲法改正案の恐ろしさ〉, 小林よしのりライジング Vol. 36(2013. 5. 7), Nico-

nico(http://ch.nicovideo.jp/yoshirin/blomaga/ar221933).
〈16-佐世保エンタープライズ寄港阻止闘争-1968〉(https://www.youtube.com/watch?v=TtNhDce6UgU).
〈戦後タブーをけっとばせ:「徴兵制と核武装」の議論に踏み込むべし〉(2010. 7. 31)(https://www.youtube.com/watch?v=1CkW_ZtRBCI).
〈東京裁判-東条英機の頭をはたく大川周明〉(https://www.youtube.com/watch?v=DiXcg36Oa-M).
〈日本の文化大革命〉(http://www.360doc.com/content/16/0503/00/32853411_555761339.shtml).
〈若松孝二, 実録·連合赤軍 あさま山荘への道程〉(https://www.youtube.com/watch?v=O7MpB3vHQHY).
〈1970年11月25日 三島由紀夫@東京 市市谷 陸上自衛隊駐屯地〉(https://www.youtube.com/watch?v=bprGPmEwiw0).
〈三島由紀夫-檄〉(https://www.youtube.com/watch?v=xG-bZw2rF9o).
〈三島由紀夫vs東大全共闘〉(長尺版)(https://www.youtube.com/watch?v=5wLaND09VF8).
〈三島由紀夫の死-実音収録〉(https://www.youtube.com/watch?v=a8mPVvXYkUg).

기 발표 일람

이 책의 각 장은 각종 학술 잡지 또는 공저에 수록된 원고를 대폭 수정·보완·가필하였다.

제1장:「일본의 내전과 내셔널 히스토리의 변주」,『일본사상』, 2017. 12.

제2장:「청일·러일 전쟁기의 사상과 동아시아의 변혁 일본의 아시아주의, 국수주의, 사회주의를 중심으로」,『翰林日本學』, 2018. 5.

제3장:「일본 우익의 국가주의와 아시아주의 연구: 기타 잇키의 국가개조론과 이시와라 간지의 쇼와유신론」,『翰林日本學』, 2017. 5.

제4장:「'사회과학 혁명논쟁'의 네트워크: 일본자본주의논쟁(1927-1937)을 중심으로」,『翰林日本學』, 2010. 11.

제5장:「제국 일본의 로망과 동아시아 민족주의: 일본낭만파에 대한 기억, 1950-1960년대」,『일본비평』, 2010. 2.

제6장:「일본 우익사상의 부흥과 '좌우합작'」,『일본연구』, 2014. 8.

제7장:「신좌익의 전후민주주의 비판과 조반 운동」,『일본사상』, 2018. 6.

제8장:「반미주체화와 아시아주의의 이중변주: 세기 전환기(1990-2010) 일본의 사상지형」,『아세아연구』, 2014. 6(『일본, 상실의 시대를 넘어서』(편저), 박문사, 2014에 재수록).

| 찾아보기 |

[인명]

[용어]

ㄱ

ㄴ

ㄷ

ㅈ

ㅎ

조관자

서울대학교 국어국문학과를 졸업하고 도쿄대학 대학원 총합문화연구과에서 지역문화 전공으로 석사와 박사학위를 받았다. 일본의 사상과 문화를 한일의 연관 속에서 연구하고 있으며, 주요 저서로 『植民地朝鮮/帝国日本の文化連環: ナショナリズムと反復する植民地主義』(2007), 공저로 『岩波講座アジア·太平洋戦争 第3巻: 動員·抵抗·翼賛』(2006), 『해방전후사의 재인식』(2006), 『식민지 공공성-실체와 은유의 거리』(2010), 『제국일본의 문화권력』(2011), 『전후 일본의 지식풍경』(2012), 『日本思想史講座5: 方法』(2015), 『가지무라 히데키의 내재적 발전론을 다시 읽다』(2015), 『난감한 이웃 일본을 이해하는 여섯 가지 시선』(2018), 편저로 『일본, 상실의 시대를 넘어서』(2014), 『탈 전후 일본의 사상과 감성』(2017), 논문으로 "Beyond the criticism of assimilation: rethinking the politics of ethno-national education in postwar Japan"(2015) 등이 있다. 일본 쥬부대학(中部大学) 인문학부 준교수를 거쳐, 현재 서울대학교 일본연구소 조교수로 재직 중이다.

joa@snu.ac.kr